NEXOS

SECOND EDITION

Sheri Spaine Long
University of Alabama at Birmingham

María Carreira
California State University at Long Beach

Sylvia Madrigal Velasco

Kristin Swanson

HEINLE
CENGAGE Learning

Australia • Brazil • Japan • Korea • Mexico • Singapore • Spain • United Kingdom • United States

Editor in Chief: PJ Boardman

Acquisitions Editor: Heather M. Bradley

Development Editor: Kim Beuttler

Senior Media Editor: Laurel Miller

Assistant Editor: Marissa Vargas-Tokuda

Media Editor: Morgen Murphy

Senior Content Project Manager:
Aileen Mason

Executive Marketing Manager: Lindsey
Richardson

Senior Marketing Communications
Manager: Stacey Purviance

Senior Manufacturing Buyer:
Mary Beth Hennebury

Composition: Nesbitt Graphics, Inc.

Text Illustrators: Fian Arroyo, Carlos
Castellanos, Rick Morgan, Patrice Rossi

Photo Researcher: Shirley Webster

Senior Art Director: Jill Haber Atkins

Text Designer: Jerilyn Bockorick

Cover Designer: Anne Katzeff

Text & Cover Printer: Transcontinental
Printing

Cover painting: #120 by Karen Deicas

For product information and technology assistance, contact us at
Cengage Learning Customer & Sales Support, 1-800-354-9706.

For permission to use material from this text or product,
submit all requests online at **www.cengage.com/permissions.**
Further permissions questions can be e-mailed to
permissionrequest@cengage.com.

Library of Congress Catalog Card Number: 2008938844

Student Edition:
ISBN-13: 978-0-547-17189-0
ISBN-10: 0-547-17189-7

Loose-leaf Edition:
ISBN-13: 978-0-495-79899-6
ISBN-10: 0-495-79899-1

Heinle
20 Channel Center Street
Boston, MA 02210
USA

Cengage Learning is a leading provider of customized learning
solutions with office locations around the globe, including
Singapore, the United Kingdom, Australia, Mexico, Brazil, and
Japan. Locate your local office at: **international.cengage.com/
region**

Cengage Learning products are represented in Canada by Nelson
Education, Ltd.

For your course and learning solutions, visit **www.cengage.com.**

Purchase any of our products at your local college store
or at our preferred online store **www.ichapters.com.**

Printed in Canada
2 3 4 5 6 7 12 11 10 09

To the Student

¡Bienvenidos! Welcome to the *Nexos* introductory Spanish program. Spanish is one of the most useful languages you can learn; it is spoken by nearly 500 million people across the globe, including over 40 million Hispanics in the United States alone. It is the most spoken language in the world after Mandarin Chinese and English. As you undertake your study of the Spanish language with *Nexos*, keep in mind the following:

- We strive to present the Spanish-speaking world in all its diversity, with particular attention to indigenous and African-Hispanic populations, as well as European and Latin American immigrant populations. We include a chapter on Spanish-speaking communities around the world, in such places as Morocco, Equatorial Guinea, and the Philippines, as a reminder that not all Spanish-speaking countries are located in Europe or the Americas.

- We guide you to make cross-cultural comparisons between the cultures you learn about and your own. Too often in the past the emphasis has been on the differences among cultures, when what may be surprising is the number of things we have in common with Spanish speakers around the world.

- We encourage you to look at your own community and to meet and interact with the Spanish speakers you encounter in both local and global communities. Spanish is all around you—just keep your eyes and ears open for it!

- *Nexos* is designed to enrich your language-learning experience—while you are learning another language, you are also gathering information *about* the people who speak it and the countries where it is spoken. At first, you may think that you are unable to read or understand much Spanish, but in *Nexos*, the focus is on getting the main ideas, and the tasks expected of you are limited to what you have already learned or what you can safely deduce from context. You will be surprised to see that you can comprehend more than you think you can!

- *Nexos* features a variety of resources to help you achieve your language-learning goals more easily. In-text media icons at relevant points throughout the print book tell you exactly which component to use for additional practice or support. Or, work right from the *eBook* for direct access to all of the program's resources, including audio recordings of key vocabulary and grammar terms, instant activity feedback, and online chat functionality.

- Learning a language is easier if you relax and have fun. Keeping this in mind, we've included humorous and contemporary content with the goal of making language learning enjoyable and interesting.

We hope you enjoy your introduction to the Spanish language and its many peoples and cultures. Learning a language sets you on a course of lifelong learning. It is one of the most valuable and exciting things you can do to prepare yourself to be a global citizen of the twenty-first century.

—The Authors

Student Components

Student Text

Your *Student Text* contains all the information and activities you need for in-class use. It is divided into fourteen chapters that contain vocabulary presentations and activities, grammar presentations and activities, video-related practice, cultural information, reading selections, and writing practice. There are also valuable reference sections at the back of the book, including Spanish-English and English-Spanish glossaries and verb charts.

In-Text Audio CD

The *In-Text Audio CD* contains the recorded material for the listening-based grammar activities in the *Student Text* that are marked with a listening icon as well as the quotes included in each chapter's **Voces de la comunidad** feature. Track numbers are included with the icons to help you find the corresponding audio quickly. This Audio CD is packaged with the *Student Text*. The in-text audio is also available as .mp3 files on the *Premium Website*.

Student Activities Manual (SAM): Workbook / Lab Manual

The *Student Activities Manual (SAM)* includes out-of-class practice of the material presented in the *Student Text*. It is divided into a *Workbook* **(Cuaderno de práctica)**, which focuses on written vocabulary and grammar practice, reading, and writing, and a *Lab Manual* **(Manual de laboratorio)**, which focuses on pronunciation and listening comprehension.

eBook

The *eBook* provides the entire text online for a completely interactive experience. With links to all of the program's media resources embedded at relevant points in the text, one click lets you immediately practice and reinforce what you have learned. The *eBook* also features on-page activity completion, instant activity feedback, audio pronunciations for all active vocabulary and grammar terms, and real-time voice chat.

eSAM (Workbook / Lab Manual)

The *eSAM* is the electronic version, available in Quia, of the printed *SAM* described above. It enables you to work online and receive immediate feedback for most exercises. In addition, you can link to the *Student Companion Site* for additional practice or to Personal Tutor for extra help. The audio associated with the *SAM* is also included with the questions.

SAM Audio CD Program

The *SAM Audio CD Program* corresponds to the audio portion of the *SAM* and reinforces your pronunciation and listening skills.

Video

This story line video follows the humorous adventures of six university students in Costa Rica as they cross paths and meet—or fail to meet. Each video episode integrates chapter vocabulary and grammar, and has related practice in the corresponding chapter of your *Student Text*. The video is designed to help you learn about Spanish-speaking cultures, to practice your listening skills, and to reinforce chapter vocabulary and grammar. Additional cultural segments are included at the end of every even-numbered chapter, and new geographic footage covers the regions of the Hispanic world featured in the book.

Student Companion Site

You will find a wealth of resources and practice on the *Nexos Student Companion Site*, to be used as you work through each lesson or as review for quizzes and exams. Each section of the website provides valuable resources:

- "Ace the Test" includes vocabulary and grammar practice tests, with automatic feedback that helps you understand errors and pinpoints areas for review. "Ace Video Activities" include practice based on short clips from the *DVD*. Completed activities can be printed or e-mailed directly to your instructor.

- "Improve Your Grade" features audio flashcards for additional practice of vocabulary, pronunciation, and verb conjugations. Web search activities provide practice with lesson vocabulary and grammar while exploring authentic Spanish-language websites. Cultural web links relate to the **Voces de la comunidad, ¡Fíjate!**, and **¡Conéctate!** activities as well as two new features: **Tú en el mundo hispano**, which covers volunteer, study abroad, and internship opportunities throughout the Hispanic world, and **Ritmos del mundo hispano**, a section that explores traditional and contemporary Hispanic music through music and video links.

Premium Website

- Passkey-protected premium content consists of the *In-Text Audio CD* files and *SAM Audio CD Program* in .mp3 format, the complete three-tier video in .mp4 format, and interactive multimedia activities. In addition, this section includes video grammar tutorials for every grammar topic covered in the textbook and the full *eBook* course.

- The *Student Companion Site* and *Premium Website* are accessible at http://college.cengage.com/languages/spanish/long/nexos/2e.

Personal Tutor

Access live online tutorial support with an experienced language teacher. Two-way audio will help you with pronunciation and syntax, while tutors' explanations of sections of the textbook will improve your aptitude. In addition, careful reviews of text-related homework will help you master the material and enhance your test scores. You can access Personal Tutor at http: //academic/cengage.com.

Acknowledgments

We would like to acknowledge the helpful suggestions and useful ideas of our reviewers, whose commentary was invaluable to us as we created and revised the *Nexos* program.

Esther Aguilar, San Diego State University
Bárbara Avila-Shah, University at Buffalo, SUNY
Kurt Barnada, Elizabethtown College
Karen Brunschwig, University of La Verne
Elizabeth Calvera, Virginia Polytechnic Institute and State University
José R. Carrasquel, Florida International University
Carole A. Champagne, University of Maryland Eastern Shore
Stephen J. Clark, California State University Channel Islands
Richard Curry, Texas A&M University
Dorothy Diehl, Saint Mary's University of Minnesota
María de Lourdes Dorantes, University of Michigan
Joseph R. Farrell, California State Polytechnic University, Pomona
Charles Fleis, Bridgewater College
Kathie Filby, Greenville College
Olgalucía G. González, Washington and Jefferson College
Yolanda L. Gonzalez, Valencia Community College
Hannelore Hahn, College of Saint Elizabeth
Judy Haisten, Central Florida Community College
Ellen Haynes, University of Colorado, *Emeritus*
Polly J. Hodge, Chapman University
Carolina Ibáñez-Murphy, Pima Community College
Luis E. Latoja, Columbus State Community College
Bro. Francisco Martin, Christian Brothers University
Timothy McGovern, University of California, Santa Barbara
Maureen Spillane McKenna, Centenary College of Louisiana
Christine S. Stanley, Texas A&M University
Lois Pontillo Mignone, Suffolk County Community College
Geoffrey Mitchell, Maryville College
Alice A. Miano, Stanford University
Maria M. Montalvo, University of Central Florida, Valencia Community College

Malinda Blair O'Leary, University of Alabama at Birmingham
Michelle Renee Orecchio, The University of Michigan
Peter Podol, Lock Haven University, *Emeritus*
Elizabeth Polli, Dartmouth College
Lynn C. Purkey, University of Tennessee at Chattanooga
Ronald Rapin, Oakland University, Emeritus
Roberto A. Rodríguez, Northwest Vista College
Regina F. Roebuck, University of Louisville
Beatriz Rosado, Virginia State University
Marcela Ruiz-Funes, East Carolina University
Marveta Ryan-Sams, Indiana University of Pennsylvania
Patricia Rush, Ventura College
Vanisa D. Sellers, Ohio University
George R. Shivers, Washington College, *Emeritus*
Louis Silvers, Monroe Community College
Lourdes Sánchez-López, University of Alabama at Birmingham
José A. Soler-Tossas, San Diego City College
Julie L. Stephens-DeJonge, Central Missouri State University
Kathleen Wheatley, University of Wisconsin–Milwaukee
Linda Zee, Utica College

Thank you also to the following focus group and survey participants for their constructive ideas and contributions in shaping the program.

María Amores, West Virginia University
Debra D. Andrist, Sam Houston State University
Carole A. Champagne, University of Maryland Eastern Shore
Dorothy Diehl, Saint Mary's University of Minnesota
Charles Dietrick, Tufts University and University of Massachusetts at Boston
Robert E. Eckard, Lenoir-Rhyne College
Donald B. Gibbs, Creighton University, *Emeritus*
Monica Mendy Grigera, Penn State York
Lily Anne Goetz, Longwood University
Miguel González-Abellás, Washburn University

Curtis D. Goss, Southwest Baptist University

Hannelore Hahn, College of Saint Elizabeth

Margarita Esparza Hodge, Northern Virginia Community College, Alexandria Campus

Manel Lacorte, University of Maryland-College Park

Jeff Longwell, New Mexico State University

Esmeralda Martínez-Tapia, Oberlin College

Frank W. Medley, Jr. Professor Emeritus, West Virginia University

Maria M. Melendez, Albright College

Joyce Michaelis, Nebraska Wesleyan University

Luisa Piemontese, Southern CT State University

Barbara Place, Manchester Community College

Peter Podol, Lock Haven University, *Emeritus*

Harriet N. Poole, Lake City Community College

Orlando M. Reyes-Cairo, Owens Community College

Rita Ricaurte, Nebraska Wesleyan University

Lawrence Rich, Northern Virginia Community College

Esperanza Román Mendoza, George Mason University

Kimberley Sallee, University of Missouri–St. Louis

Jacquelyn Sandone, University of Missouri, Columbia

Julie Stephens-DeJonge, Central Missouri State University

Joyce L. Szewczynski, Springfield College

Beatriz Teleki, Trinity College

Katalin A. Volker, Hagerstown Community College

Linda Zee, Utica College

We would also like to thank the World Languages Group at Cengage Learning for their ongoing support of this project and for guiding us along the long and sometimes difficult path to its completion! Many thanks especially to PJ Boardman and Heather Bradley for their professional guidance and support. We would also like to thank Kim Beuttler, our development editor, for her enthusiastic support and dedication to the project, her unflagging energy and enthusiasm, and her unerring eye for detail, and to Laurel Miller and Morgen Murphy for their dedication to the quality of the media package. Thanks also to Aileen Mason, our production editor, for her meticulous care, and for her cheerful and good-humored tenacity in keeping the production side of things moving efficiently. We would like to extend our appreciation to Lindsey Richardson, Executive Marketing Manager, for her outstanding creative vision and hard work on campus, and to Stacey Purviance, Senior Marketing Communications Manager, for her phenomenal work on marketing and promotional materials. We would like to acknowledge our copyeditor Margarita Cárdenas, our proofreaders Grisel Lozano-Garcini, Mary Kanable, and Cecilia Molinari, our illustrators Rick Morgan, Carlos Castellanos, Fian Arroyo, and Patrice Rossi, and the many design, art, and production staff and freelancers who contributed to the creation of this program.

We owe special thanks to Giuseppina Daniel for her excellent direction and management, and to Janet Edmonds, for keeping on track the second edition of the *Nexos* interactive *eBook*, a component that more closely parallels and further enhances its print counterpart than we could ever have imagined.

Special appreciation for his careful review of new materials to ensure accuracy in Spanish goes to Carlos Calvo.

¡Mil gracias a todos!

To my inspirational students, who helped shape *Nexos*, and to *mi querida familia*, John, Morgan, and John, who have accompanied me on my life's magical journey as a Hispanist. *Gracias por el apoyo infinito.*

—S.S.L.

I am particularly appreciative of the help and encouragement of my husband, Bartlett Mel, my father, Domingo Carreira, and my colleagues Ana Roca, Najib Redouane and Irene Marchegiani Jones.

—M.C.

I would like to thank my parents, Dulce and Óscar Madrigal, for bequeathing to me their language, their culture, their heritage, their passion for life and their *orgullo* in *México, lindo y querido.*

—S.M.V.

A special thanks to Mac Prichard and to Shirley and Bill Swanson for their constant support and encouragement, both personal and professional.

—K.S.

Scope and Sequence

¡Bienvenidos a la

The purpose of these pages is to introduce you to some of the "nuts and bolts" of Spanish you'll need right away. Familiarize yourself with these words and expressions and do the activities described. Don't worry about memorizing it all—you'll have many more opportunities to work with these words as you progress through *Nexos*.

El alfabeto

Flashcards

The Spanish alphabet has 29 characters—the same as the English alphabet, plus the extra letters **ch**, **ll**, and **ñ**. When using a Spanish dictionary to look up words that begin with **ch** and **ll**, note that they do not have a separate listing, but are instead listed alphabetically under the letters **c** and **l**.

Go to the *Lab Manual* in the *Student Activities Manual* and practice the sounds of the alphabet.

letter	name	example
a	*a*	**A**rgentin**a**
b	*be*	**B**olivia
c	*ce*	**C**osta Ri**c**a
ch	*che*	**Ch**ich**é**n Itzá
d	*de*	República **D**ominicana
e	*e*	**E**cuador
f	*efe*	las **F**ilipinas
g	*ge*	**G**uatemala
h	*hache*	**H**onduras
i	*i*	**I**nglaterra
j	*jota*	**J**alisco
k	*ka*	**K**enya
l	*ele*	**L**os Ángeles
ll	*elle*	Va**ll**adolid
m	*eme*	**M**arruecos
n	*ene*	**N**icaragua
ñ	*eñe*	Espa**ñ**a
o	*o*	**O**taval**o**
p	*pe*	**P**araguay
q	*cu*	**Q**uito
r	*ere*	Pe**r**ú
s	*ese*	**S**antiago de Compo**s**tela
t	*te*	**T**oledo
u	*u*	C**u**ba
v	*ve*	**V**enezuela
w	*doble ve*	Bots**w**ana
x	*equis*	Mé**x**ico
y	*i griega*	**Y**ucatán
z	*zeta*	**Z**acatecas

Ir

clase de español!

Los números 1–100

0	*cero*	**20**	*veinte*	**40**	*cuarenta*
1	*uno*	21	*veintiuno*	41	*cuarenta y uno*
2	*dos*	22	*veintidós*	42	*cuarenta y dos*
3	*tres*	23	*veintitrés*	43	*cuarenta y tres*
4	*cuatro*	24	*veinticuatro*	44	*cuarenta y cuatro*
5	*cinco*	25	*veinticinco*	45	*cuarenta y cinco*
6	*seis*	26	*veintiséis*	46	*cuarenta y seis*
7	*siete*	27	*veintisiete*	47	*cuarenta y siete*
8	*ocho*	28	*veintiocho*	48	*cuarenta y ocho*
9	*nueve*	29	*veintinueve*	49	*cuarenta y nueve*
10	*diez*	**30**	*treinta*	**50**	*cincuenta*
11	*once*	31	*treinta y uno*	51	*cincuenta y uno*
12	*doce*	32	*treinta y dos*	52	*cincuenta y dos*
13	*trece*	33	*treinta y tres*	53	*cincuenta y tres*
14	*catorce*	34	*treinta y cuatro*	54	*cincuenta y cuatro*
15	*quince*	35	*treinta y cinco*	55	*cincuenta y cinco*
16	*dieciséis*	36	*treinta y seis*	56	*cincuenta y seis*
17	*diecisiete*	37	*treinta y siete*	57	*cincuenta y siete*
18	*dieciocho*	38	*treinta y ocho*	58	*cincuenta y ocho*
19	*diecinueve*	39	*treinta y nueve*	59	*cincuenta y nueve*
				60	*sesenta*
				70	*setenta*
				80	*ochenta*
				90	*noventa*
				100	*cien*

Memorize the numbers 1–15.

Notice the pattern for the numbers from 16 to 29: **diez + seis = dieciséis; veinte + uno = veintiuno**. Notice that 11–15 do not follow that pattern.

Notice the pattern for the numbers over 30: **treinta + uno = treinta y uno; cuarenta + dos = cuarenta y dos; cincuenta + tres = cincuenta y tres**; etc.

Do not confuse sixty and seventy. Notice that **sesenta** is formed from **sei<u>S</u>**, with an s and **setenta** is formed from **sie<u>T</u>e**, with a t.

With a partner, practice counting in Spanish by taking turns (Student 1: **uno**; Student 2: **dos**, etc.). Or, practice a sequence; for example, multiples of three (Student 1: **tres, seis, nueve**; Student 2: **doce, quince, dieciocho**, etc.).

Las personas

With a partner, name ten people you know. Take turns identifying them first by age and gender, and then by their relationship to you: **Marcos Martínez—20 años, hombre, amigo.**

el hombre   la mujer   el muchacho/   la muchacha/   el niño   la niña
                            el chico   la chica

el estudiante   el profesor   la instructora   el instructor
la profesora   la estudiante

el compañero de cuarto   la compañera de cuarto   la amiga   el amigo

En el salón de clase

En el libro de texto

la actividad	*activity*
el capítulo	*chapter*
el dibujo	*drawing*
la foto	*photo*
la lección	*lesson*
la página	*page*

Mandatos comunes

Abran los libros.	*Open your books.*
Adivina. / Adivinen.	*Guess.*
Cierren los libros.	*Close your books.*
Contesten.	*Answer.*
Entreguen la tarea.	*Turn in your homework.*
Escriban en sus cuadernos.	*Write in your notebooks.*
Escuchen la cinta / el CD.	*Listen to the tape / CD.*
Estudien las páginas... a...	*Study pages . . . to . . .*
Hagan la tarea para mañana.	*Do the homework for tomorrow.*
Lean el Capítulo 1.	*Read Chapter 1.*
Repitan.	*Repeat.*

La pregunta *The question*

¿Cómo se dice... ?	*How do you say . . . ?*
¿Qué significa... ?	*What does . . . mean?*

La respuesta *The answer*

Se dice...	*It's said . . .*
Significa...	*It means . . .*

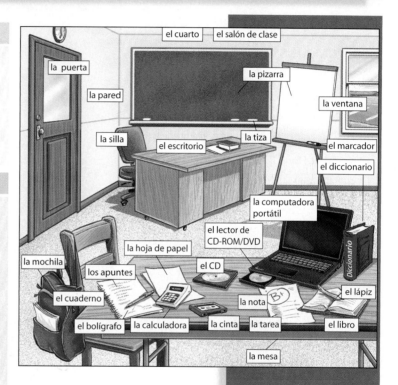

el cuarto — el salón de clase — la pizarra — la puerta — la pared — la ventana — la silla — la tiza — el escritorio — el marcador — el diccionario — la computadora portátil — el lector de CD-ROM/DVD — la hoja de papel — el CD — la mochila — los apuntes — el lápiz — el cuaderno — la nota — la tarea — el libro — el bolígrafo — la calculadora — la cinta — la mesa

Flashcards

With a partner, take turns pointing out objects shown in the illustration that you can see in your classroom.

Your professor will practice the most common classroom commands with the entire class and before you know it, you will know them by heart! Do not worry about memorizing them.

Capítulo 1

¿Cómo te llamas?

> La identidad personal

As individuals we value our uniqueness while drawing strength from the similarities and experiences we share with others. How do you define yourself, both as an individual and as a member of various groups, in your daily interactions with other people?

Unos estudiantes conversan y tocan la guitarra después de las clases. Students in Spanish-speaking countries socialize before and after class in many different places: on campus, in cafés, at the mall, in the plaza, or at home. Where do students at your school socialize?

> Communication

By the end of this chapter you will be able to

- exchange addresses, phone numbers, and e-mail addresses
- introduce yourself and others, greet, and say good-bye
- make a phone call
- tell your and others' ages
- address friends informally and acquaintances politely
- write a personal letter

> Cultures

By the end of this chapter you will have learned about

- Spanish around the world
- Hispanics and Spanish in the United States and Canada
- Spanish-language telephone conventions
- formal and informal ways to address people

¿Cómo te llamas?

¿Yo? Yo soy Javier...

>Los datos

Spanish is spoken in many countries around the world. Try to guess the answers to the following questions.

❶ El español es la lengua oficial en _____ países (*countries*).
a. 22
b. 19
c. 21

❷ El _____ es la lengua extranjera (*foreign*) más popular entre los estudiantes de Estados Unidos y Canadá.
a. español
b. francés
c. chino

❸ El español es una lengua oficial ¿de qué país en África?
a. Kenya
b. Tanzania
c. Guinea Ecuatorial

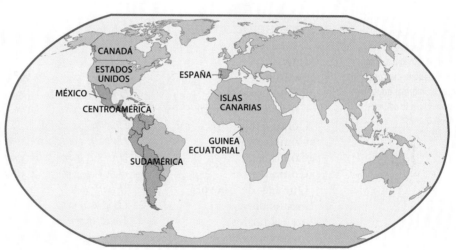

>¡Adivina!

How much do you know about the Spanish-speaking world? Match the information on the left with the correct country. Check your answers on page 30.

❶ ___ el país con la mayor (+) área
❷ ___ el país con la menor (-) área
❸ ___ el país con la mayor población (*population*)
❹ ___ el país con la menor población
❺ ___ un país sudamericano (*South American*) que produce mucho petróleo
❻ ___ el país con la costa más larga
❼ ___ dos países sin (*without*) costa

a. México
b. Chile
c. Venezuela
d. Argentina
e. Guinea Ecuatorial
f. Bolivia
g. Puerto Rico
h. Paraguay

¡Imagínate!

Vocabulario útil ①

JAVIER:	**¡Hola!**
ANILÚ:	Hola, Beto. **¿Cómo te va?**
JAVIER:	**Bastante bien,** pero… ¿Beto? Yo no soy Beto.

00:00:00

Spanish has formal and informal means of address: singular formal (*s. form.*), singular familiar (*s. fam.*), and plural (*pl.*) for more than one person, formal or informal. You will learn more about how to address people on pages 22–23.

Para saludar *To greet*

Hola.	*Hello.*
¿Qué tal?	*How are things going?*
¿Cómo estás (tú)?	*How are you? (s. fam.)*
¿Cómo está (usted)?	*How are you? (s. form.)*
¿Cómo están (ustedes)?	*How are you? (pl.)*
¿Cómo te va?	*How's it going with you? (s. fam.)*
¿Cómo le va?	*How's it going with you? (s. form.)*
¿Cómo les va?	*How's it going with you? (pl.)*
¿Qué hay de nuevo?	*What's new?*
Buenos días.	*Good morning.*
Buenas tardes.	*Good afternoon.*
Buenas noches.	*Good night. Good evening.*

Para responder *To respond*

Bien, gracias.	*Fine, thank you.*
Bastante bien.	*Quite well.*
(No) Muy bien.	*(Not) Very well.*
Regular.	*So-so.*
¡Terrible! / ¡Fatal!	*Terrible! / Awful!*
No mucho.	*Not much.*
Nada.	*Nothing.*
¿Y tú?	*And you? (s. fam.)*
¿Y usted?	*And you? (s. form.)*

www Flashcards

>> Actividades

1 **Conversaciones** With a classmate, take turns greeting each other and responding. Choose an appropriate response from those provided.

1. Hola, ¿qué tal?
   a. Buenos días.
   b. Muy bien, gracias.
   c. ¿Y tú?

2. Buenas tardes. ¿Qué hay de nuevo?
   a. No mucho.
   b. Bastante bien.
   c. Terrible.

3. Buenas noches. ¿Cómo le va?
   a. Nada.
   b. ¿Y usted?
   c. Fatal.

4. Buenos días. ¿Cómo están?
   a. Regular.
   b. Buenas noches.
   c. No mucho.

5. Hola, ¿cómo está?
   a. ¿Cómo te va?
   b. Bien, gracias, ¿y usted?
   c. Nada.

6. Buenas tardes.
   a. Terrible.
   b. Buenas tardes. ¿Qué hay de nuevo?
   c. No muy bien. ¿Y tú?

2 **Saludos** Exchange greetings with a classmate. Follow the cues.

1. **Greeting:** It is morning, and you want to know how your classmate is doing.

   Response: You had a terrible night and don't feel well.

2. **Greeting:** It is evening, and you run into two classmates; you want to know if anything new has come up.

   Response: Not much has happened since you last saw your friend.

3. **Greeting:** You run into a professor in the afternoon; you want to know how things are going.

   Response: You're doing quite well and want to know how your student is doing.

3 **¿Qué tal?** Have a conversation with one of your friends when you first see him or her that day.

MODELO: Tú: *¡Hola, Adriana! ¿Cómo te va?*
Compañero(a): *Bien, gracias, Rosa. Y tú, ¿cómo estás?*
Tú: *Regular.*

Interactive Practice /
Ace the Test

¿Cómo te llamas? 9

In Spain, a cell phone is called a **móvil**. Can you guess what it means?

Note that most Spanish speakers give their phone number by using pairs after the first digit. For example: **Mi número es el dos, treinta y seis, diez, dieciocho.**

Interactive Practice / Ace the Test

>> ¡Fíjate! >>

Web Links / Web Search

Los celulares

Cellular phone technology has revolutionized telecommunications throughout the Spanish-speaking world. Cell phones are just as popular in Latin America and Spain as they are in the United States, and not just for phoning—they are used for photos, video, text messaging, and Internet access in Spanish, too!

Although customs for speaking on the phone vary from one Spanish-speaking country to another, here are some useful phrases to get you started.

Unas chicas usan sus celulares para recibir mensajes de texto.

Familiar Conversation

—¡Hola!   *Hello?*

—¿Está...?   *Is . . . there?*

—Sí. Aquí está. / No, no está.   *Yes. Here he / she is. / No, he's / she's not here.*

—Soy... Mi número es el...   *I'm . . . My number is . . .*

—Muy bien. Hasta luego.   *OK. See you later.*

—Chau.   *Bye.*

Formal Conversation

—¡Hola! / ¿Aló?   *Hello?*

—Hola. ¿Puedo hablar con...?   *Hi, may I speak with . . . ?*

—Sí. / Lo siento. No está.   *Yes. / I'm sorry. He's / She's not here.*

—Por favor, dígale que llamó (nombre). Mi número es el...   *Please tell him / her that (name) called. My number is . . .*

—Muy bien.   *OK.*

—Muchas gracias.   *Thank you very much.*

—De nada. Adiós.   *You're welcome. Good-bye.*

—Adiós.   *Good-bye.*

●●**Práctica** With a partner, role-play two different phone calls, using the expressions provided. In the first call, you dial a friend's apartment and speak to his roommate. In the second call, you dial a friend's home and speak to his grandmother. In both cases, the person you are trying to reach is not in and you need to leave a message. Don't forget to use the correct level of address (familiar or formal).

Vocabulario útil ②

ANILÚ:	Pues, **¿cómo te llamas?**
JAVIER:	¿Yo? **Soy** Javier de la Cruz. Y yo, ¿con quién hablo?
ANILÚ:	**Me llamo** Anilú. Ana Luisa Guzmán. ... Pero, **¿cuál es tu número de teléfono?** Yo marqué el 3-39-71-94.
JAVIER:	No, ése no es mi número de teléfono. **Mi número es el 3-71-28-12.**

Spanish speakers now often ask **¿Cuál es tu / su e-mail?**, using the English term rather than **dirección electrónica.**

In an e-mail address in Spanish, @ is pronounced **arroba** and **.com** is pronounced **punto com.**

▣ ▶   00:00:00

Para pedir y dar información personal   *To exchange personal information*

¿Cómo te llamas?	*What's your name? (s. fam.)*
¿Cómo se llama?	*What's your name? (s. form.)*
Me llamo…	*My name is . . .*
(Yo) soy…	*I am . . .*
¿Cuál es tu número de teléfono?	*What is your phone number? (s. fam.)*
¿Cuál es su número de teléfono?	*What is your phone number? (s. form.)*
Mi número de teléfono es el 3-71-28-12.	*My telephone number is 371-2812.*
Es el 3-71-28-12.	*It's 371-2812.*
¿Dónde vives?	*Where do you live? (s. fam.)*
¿Dónde vive?	*Where do you live? (s. form.)*
Vivo en…	*I live in / at / on . . .*
la avenida…	*avenue*
la calle…	*street*
el barrio… / la colonia…	*neighborhood*
¿Cuál es tu dirección?	*What is your address? (s. fam.)*
¿Cuál es su dirección?	*What is your address? (s. form.)*
Mi dirección es…	*My address is . . .*
¿Cuál es tu dirección electrónica?	*What's your e-mail address? (s. fam.)*
¿Cuál es su dirección electrónica?	*What's your e-mail address? (s. form.)*
Aquí tienes mi dirección electrónica.	*Here's my e-mail address. (s. fam.)*
Aquí tiene mi dirección electrónica.	*Here's my e-mail address. (s. form.)*

 Flashcards

>> Actividades

4 **Respuestas** Pick the correct response from the second column to the questions in the first column.

1. ¿Dónde vives?
2. ¿Cuál es su dirección electrónica?
3. ¿Cómo se llama?
4. ¿Cuál es tu número de teléfono?

a. Yo soy Rita Rivera.
b. Es el 4-87-26-91.
c. Es Irene29@yahoo.com.mx
d. En la colonia Villanueva.

5 **En la reunión** You are at the first meeting of the Spanish International Students' Association at your college. You have been elected secretary and must record the name, address, and phone number of every member. With a male and female classmate playing the parts of the members, ask for the information you need. Without looking at the book, listen to their responses and record their personal information on your computer or in writing. Then ask your partners for their real personal information and record that.

MODELO: Jorge Salinas, Avenida B 23, 2-91-66-45
Tú: *¿Cómo te llamas?*
Compañero(a): *Me llamo Jorge Salinas.*
Tú: *¿Dónde vives?*
Compañero(a): *Vivo en la Avenida B, veintitrés.*
Tú: *¿Cuál es tu número de teléfono?*
Compañero(a): *Es el dos, noventa y uno, sesenta y seis, cuarenta y cinco.*

Notice in the example how Spanish telephone numbers are given in pairs.

Notice that unlike English, the street name precedes the number in Spanish addresses: **Calle Iturbide 12** vs. *12 Iturbide Street.*

1. Amanda Villarreal, Calle Montemayor 10, 8-13-02-55
2. Diego Ruiz, Colonia del Valle, Calle Iturbide 89, 7-94-71-30
3. Irma Santiago, Avenida Flores Verdes 12, 9-52-35-27
4. Baldemar Huerta, Calle Otero 39, 7-62-81-03
5. Ingrid Lehmann, Avenida Aguas Blancas 62, 4-56-72-93
6. ¿...?
7. ¿...?

6 **¡Mucho gusto!** With a classmate, role-play a cell phone conversation in which one of you has dialed the wrong number. You are curious about the person you have accidentally reached. Try to get as much information from each other as possible.

MODELO: —Hola. *¿Marcos?*
—*No, yo no soy Marcos.*
—*Bueno, ¿cómo se llama usted?*
—...

¿Dónde vives?
¿...?

Interactive Practice /
Ace the Test

Vocabulario útil ③

00:00:00

ANILÚ:	Beto, **quiero presentarte a** Javier de la Cruz.
BETO:	**Mucho gusto,** Javier.
JAVIER:	**Encantado,** Beto.
BETO:	Aquí está tu celular.
JAVIER:	Gracias, Beto. Y aquí está tu celular.
BETO:	**Bueno, ¡tengo que irme! Muchas gracias,** Javier. Y gracias a ti también, Anilú.
ANILÚ:	Pues, Javier, **mucho gusto en conocerte.**
JAVIER:	**El gusto es mío.**
ANILÚ:	Pues, entonces, **¡nos vemos!**
JAVIER:	**¡Hasta luego! Chau.**

Para presentar a alguien   *To introduce someone*

Soy…	*I am …*
Me llamo… / Mi nombre es…	*My name is …*
Quiero presentarte a…	*I'd like to introduce you (s. fam.) to …*
Quiero presentarle a…	*I'd like to introduce you (s. form.) to …*
Quiero presentarles a…	*I'd like to introduce you (pl.) to …*

Para responder   *To respond*

Mucho gusto.	*My pleasure.*
Mucho gusto en conocerte.	*A pleasure to meet you (s. fam.).*
Encantado(a).	*Delighted to meet you.*
Igualmente.	*Likewise.*
El gusto es mío.	*The pleasure is mine.*
Un placer.	*My pleasure.*

Para despedirse   *To say good-bye*

Adiós.	*Good-bye.*
Hasta luego.	*See you later.*
Hasta mañana.	*See you tomorrow.*
Hasta pronto.	*See you soon.*
Nos vemos.	*See you later.*
Chau.	*Bye.*
Bueno, tengo que irme.	*Well / OK, I have to go.*

> The word **chau** comes from the Italian word **ciao**, which means *good-bye*. The spelling is changed to reflect Spanish pronunciation.

 Flashcards

>> Actividades

7 **Quiero presentarte a…** Introductions are a normal part of everyday life. Study the drawing and, with a partner, create four short conversations in which one person introduces another person to a third party. In each conversation, pick one of the characters in the group and play that role. The labels show the four groups.

Grupo 1

Grupo 2

Grupo 3

Grupo 4

8 **E-mail** You're on the Internet and you meet someone you really like in a chat room for Spanish speakers. Write out the conversation you might have with that person. Include the following.

greeting
response
introduction
exchange of phone numbers
exchange of addresses
good-byes

9 **Otro e-mail** Write an e-mail to your Spanish professor introducing yourself. In it, give your name, address, e-mail address, phone number, and any other personal information you think it is important for your Spanish professor to have. Send it!

Web Search /
Interactive Practice /
Ace the Test

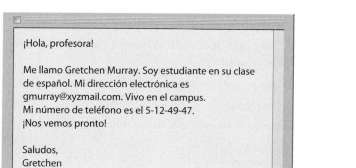

¡Hola, profesora!

Me llamo Gretchen Murray. Soy estudiante en su clase de español. Mi dirección electrónica es gmurray@xyzmail.com. Vivo en el campus. Mi número de teléfono es el 5-12-49-47.
¡Nos vemos pronto!

Saludos,
Gretchen

Antes de ver el video

1 In this video segment, you will meet some of the main characters in the video. How many do you already know? Go back to pages 8, 11, and 13 in the **Vocabulario útil** sections and identify the people you see in the photos.

2 The following is a list of key new vocabulary used in the video. Quickly review this list and the video dialog segments on pages 8, 11, and 13 before watching the video segment.

Ha sido un placer.	*It's been a pleasure.*
marqué	*I dialed*
¡Tengo prisa!	*I'm in a hurry!*
voy a marcar	*I'm going to dial*

Based on the list of words above, which of the following topics do you think might play a role in this video segment?

- una conversación en clase
- una conversación por teléfono
- una conversación entre dos personas que no se conocen (*don't know each other*)
- una conversación entre amigos

3 Before you watch the video segment, look at the following pieces of information you'll need to identify as you watch. Then, as you watch the video, listen for this specific information.

1. Las personas que hablan por celular: ¿Cómo se llaman?

2. Las personas al final: ¿Cómo se llaman?

3. _____ tiene (*has*) el celular de _____ .

Estrategia

Viewing a segment several times

When you first hear authentic Spanish, it may sound very fast to you. Stay calm! Remember that you don't have to understand absolutely everything and that with video, unlike real life, you have the opportunity to replay it! The first time you view the segment, listen for a general idea of what it is about. The second time, listen for more details.

El video

Now watch the video segment for **Chapter 1.** View it as many times as you need to in order to answer the questions in **Activity 3.**

Después de ver el video

4 Now say whether the following statements about the video segment are true **(cierto)** or false **(falso)**. Correct the false statements to provide correct information.

1. Javier tiene el celular de Anilú.
2. Anilú es una amiga de Javier.
3. Beto es un amigo de Anilú.
4. El número del teléfono celular que tiene Javier es el 3-39-71-94.
5. El número de teléfono de Beto es el 3-39-71-94.
6. Anilú le presenta Javier a Beto.

 Interactive Practice / Ace the Test

¿**Por qué estudias español?** What are your reasons for studying Spanish? Do you want to use it for professional or personal reasons?

Voces de la comunidad

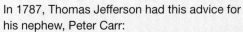 Flashcards

In 1787, Thomas Jefferson had this advice for his nephew, Peter Carr:

❝ Apply yourself to the study of the Spanish language with all of the assiduity you can. It and the English covering nearly the whole of America, they should be well known to every inhabitant who means to look beyond the limits of his farm. ❞

Time has proven these words to be remarkably prescient. Today, the U.S. is the fourth largest Spanish-speaking country in the world. The 44 million Hispanics (or Latinos) that make their home in this country represent the fastest-growing segment of the U.S. population. They are also the nation's largest minority group, comprising nearly 14% of the total population. For its part, Canada is also home to a thriving community of over 300,000 Hispanics, with significant Spanish-speaking populations located in Toronto, Quebec, and Vancouver.

U.S. Hispanics are enjoying a period of unprecedented prosperity. They have an estimated buying power of $800 billion a year, a number which more than doubles the combined buying power of all other Spanish-speaking countries in the world. American companies have taken notice of the lucrative Hispanic market. From launching Spanish-language websites to creating new Spanish-language publications, they are striving to understand, entice, and better serve Latino consumers.

En Florida, una familia cubanoamericana celebra en una reunión.

In this favorable social and economic climate, U.S. Hispanics are making their mark in all areas of American life, including the arts and entertainment, politics, the media, and the business sector. The **Voces de la comunidad** section of Chapters 2–14 of *Nexos* features an outstanding North American Hispanic from these and other areas, people whose contributions have direct relevance to the theme of the chapter.

¡Prepárate!

Gramática útil ①
Identifying people and objects: Nouns and articles

Cómo usarlo

Nouns identify people, places, and things: **señora Velasco, calle,** and **teléfono** are all nouns. *Articles* supply additional information about the noun.

1. *Definite* articles refer to a specific person, place, or thing.

> **La** Avenida Central es **la** calle más importante de **la** universidad. *(You already know which avenue and university you are talking about.)*
>
> *Central Avenue is **the** most important street in **the** university.*

2. *Indefinite* articles refer to a noun without identifying a specific person, place, or thing.

> **Un** amigo es **una** persona que te gusta mucho. *(You are making a generalization, true of any friend.)*
>
> *A friend is **a** person you like a lot.*

 Video Tutorial

 Flashcards

> The idea of gender for non-person nouns and for articles does not exist in English, although it is a feature of Spanish and many other languages. When learning new Spanish words, try to memorize the article with the noun so that you can remember the gender.

Cómo formarlo

> #### Lo básico
>
> - *Number* indicates whether a word is singular or plural:
>   **la calle** *(sing.)*, **las calles** *(pl.)*, **un escritorio** *(sing.)*, **unos escritorios** *(pl.)*
>
> - *Gender* indicates whether a word is masculine or feminine:
>   **una avenida** *(fem.)*, **el teléfono** *(masc.)*

3. Noun gender and number

- **Gender:** Often you can tell the gender of a Spanish noun by looking at its ending. Here are some general guidelines.

> When nouns ending in **-ión** become plural, they lose the accent on the **-o: la corporación,** but **las corporaciones.**

Masculine	Feminine
1. Nouns ending in **-o:** **el amigo, el muchacho**	Exception to rule #1: **la mano** *(hand)*
Exceptions to rule #2: words ending in **-ma: el sistema, el problema, el tema, el programa;** also **el día, el mapa**	2. Nouns ending in **-a: la compañera de cuarto, una chica**
Exceptions to rule #3: **el avión, el camión**	3. Nouns ending in **-ión, -dad, -tad,** and **-umbre** are usually feminine: **la información, una universidad, la libertad, una costumbre** *(custom)*

Nouns referring to people often reflect gender by changing a final **-o** to **-a** (**chico / chica, amigo / amiga**) or adding **-a** to a final consonant (**profesor / profesora**). For nouns ending in **-e, -ista,** or **-a** that refer to people, the article or context indicates gender (**el estudiante / la estudiante, el guitarrista / la guitarrista, Juan / Juanita es atleta**).

- **Number:** Spanish nouns form their plurals in several ways.

Singular	Plural
1. Ends in vowel: **calle**	1. Add **-s: calles**
2. Ends in consonant: **universidad**	2. Add **-es: universidades**
3. Ends in **-z: lápiz**	3. Change **z** to **c** and add **-es: lápices**

PERROS
GATOS
PÁJAROS
PECES
ACCESORIOS Y MUCHO MÁS.

Comisariato de las Mascotas

How many plural nouns can you find in this advertisement from Ecuador? Can you find the definite article?

4. Definite and indefinite articles

- Here are the Spanish definite articles, which correspond to the English article *the*.

	Singular		Plural	
masculine	**el**	**el amigo**	**los**	**los amigos**
		the friend (male)		*the friends (male or mixed group)*
feminine	**la**	**la amiga**	**las**	**las amigas**
		the friend (female)		*the friends (female)*

In the past, **los** and **unos**, rather than **las** and **unas**, were used to refer to groups containing one or more males. The **Real Academia de la Lengua Española** recently ruled that the feminine forms should be used for groups with more females than males, but usage is changing slowly.

- Here are the Spanish indefinite articles, which correspond to the English articles *a*, *an*, and *some*.

	Singular		Plural	
masculine	un	un amigo	unos	unos amigos
		a friend (male)		*some friends (male or mixed group)*
feminine	una	una amiga	unas	unas amigas
		a friend (female)		*some friends (female)*

- Remember that you use masculine articles with masculine nouns and feminine articles with feminine nouns. When a noun is in the plural, the corresponding plural article (masculine or feminine) is used: **el hombre, los hombres.**
- When referring to a person's *profession*, the article is omitted: **Liana es profesora y Ricardo es dentista.**
- However, when you use a *title* to refer to someone, the article is used: **Es el profesor Gómez.** When you address that person directly, using their title, the article is not used: **Buenos días, profesor Gómez.**

The following titles are typically used with the article when referring to the person, and without the article when addressing the person directly.

señor (Sr.)	*Mr.*	**señorita (Srta.)**	*Miss / Ms.*
señora (Sra.)	*Mrs. / Ms.*	**profesor / profesora**	*professor*

>> Actividades

1 **¿Femenino o masculino?** Listen to the speaker name a series of items and people. First, write down if the item or person is masculine (**M**) or feminine (**F**), or both (**M/F**). Then write the singular noun with its correct definite article. Lastly, write the plural noun with its correct definite article.

MODELO: *M*
el libro
los libros

2 **¿Definido o indefinido?** Work with a partner. Try to guess from the context whether it makes more sense to use the definite article, the indefinite article, or no article in each of the following pairs of sentences.

1. Es ———— calle en mi colonia.

   Es ———— calle central de mi colonia.

2. Es ———— profesor en mi universidad.

   Es ———— profesor de español.

3. Es ———— estudiante más *(most)* inteligente de mi clase.

   Es ———— en mi clase.

4. Es _____ avenida más importante de mi colonia.

Es _____ avenida en mi colonia.

5. Es _____ universidad en mi estado *(state)*.

Es _____ universidad más importante de mi estado.

3 **Presentaciones** With a partner, complete the following introductions with the correct definite or indefinite articles where needed.

1. —Sra. Oliveros, quiero presentarle a _____ Srta. Martínez.

—Un placer. ¿Dónde vive usted?

—Vivo en _____ calle Colón, en _____ colonia Robles.

2. —Oye, Ricardo, quiero presentarte a mi amiga Rebeca. Ella es _____ dentista.

—¡Mucho gusto, Rebeca! Yo soy _____ profesor de matemáticas.

—¿De veras? Yo tengo *(I have)* _____ amigo que es profesor también.

3. —Buenas tardes. Yo soy _____ Sr. Bustelo.

—Sr. Bustelo, ¿cuál es su número de teléfono?

—Es _____ 8-21-98-32.

4. —¡Hola!

—Buenos días. ¿Puedo hablar con _____ Sr. Lezama?

—Lo siento. No está.

—Por favor, dígale que llamó _____ Sra. Barlovento. Tenemos *(We have)* clase de administración mañana y necesito darle *(I need to give him)* _____ apuntes.

4 **Más presentaciones** Introduce yourself to another classmate. Exchange information about where you live, phone numbers, and e-mail addresses. Then prepare to introduce your classmate to the entire class.

Interactive Practice / Ace the Test

¿Cómo te llamas? **21**

Gramática útil ②

Identifying and describing: Subject pronouns and the present indicative of the verb **ser**

> **Estar,** which you have already used in the expression **¿Cómo estás?,** also means *to be.* You will learn other ways to use **estar** in Ch. 4.

Cómo usarlo

The Spanish verb **ser** can be used to identify people and objects, to describe them, to make introductions, and to say when something will take place. It is one of two Spanish verbs that are the equivalents of the English verb *to be.*

Mi teléfono **es** el 2-39-71-49.	*My telephone number **is** 2-39-71-49.*
Yo **soy** Mariela y ella **es** Elena.	*I **am** Mariela and this **is** Elena.*
La fiesta **es** el miércoles.	*The party **is** on Wednesday.*

Video Tutorial

Flashcards

Cómo formarlo

> #### Lo básico
>
> - *Pronouns* are words used to replace nouns. (Some English pronouns are *it, she, you, him,* etc.)
>
> - Verbs change form to reflect *number* and *person. Number* refers to singular versus plural. *Person* refers to different subjects.
>
> - A verb's *tense* indicates the time frame in which an event takes place (for example, *talk, talked, will talk*). The *present indicative tense* refers to present-time events or conditions (*I talk, I am talking*).

1. Subject pronouns

   - Subject pronouns are pronouns that are used as the subject of a sentence. Here are the subject pronouns in Spanish.

¿**Tú** eres Javier?

Singular		Plural	
yo	*I*	**nosotros / nosotras**	*we*
tú	*you (fam.)*	**vosotros / vosotras**	*you (fam.)*
usted (Ud.)	*you (form.)*	**ustedes (Uds.)**	*you (fam., form.)*
él, ella	*he, she*	**ellos, ellas**	*they*

- The **vosotros / vosotras** forms are primarily used in Spain. They allow Spaniards to address more than one person informally. These forms are not generally used in the rest of the Spanish-speaking world. Instead, in most other places **ustedes** is used to address several people, regardless of the formality of the relationship. The **vosotros** forms of verbs are provided in *Nexos* so that you can recognize them, but they are not included for practice in activities.

> In Spanish, it is not always necessary to use the subject pronoun with the verb, as long as the subject is understood. For example, it's usually not necessary to say **Yo soy Rafael,** because **Soy Rafael** is clear enough on its own.

2. Formal vs. familiar

English has a single word—*you*—to address people directly, regardless of how well you know them. As you have already seen, Spanish has two basic forms of address: the **tú** form and the **usted** form.

- **Tú** is used to address a family member, a close friend, a child, or a pet.

- **Usted** (often abbreviated **Ud.**) is a more formal means of address used with older people, strangers, acquaintances, and sometimes with colleagues.

Levels of formality vary throughout the Spanish-speaking world, so it's important when traveling to listen to how **tú** and **usted** are used. Then follow the local practice.

> In some countries, you will hear the form **vos** (Argentina and parts of Uruguay, Chile, and Central America). This is a variation of **tú** that is used only in these regions.
>
> To show respect, you sometimes hear the titles **don** and **doña** used with people you address as **usted. Don** and **doña** are used with the person's first name: **don Roberto, doña Carmen.**

3. The present tense of the verb **ser**

The present indicative forms of the verb **ser** are as follows. Note the subject pronouns associated with each form.

ser *(to be)*	
Singular	
yo soy	*I am*
tú eres	*you (s. fam.) are*
usted es	*you (s. form.) are*
él es	*he is*
ella es	*she is*
Plural	
nosotros / nosotras somos	*we are*
vosotros / vosotras sois	*you (pl. fam.) are*
ustedes son	*you (pl. form. or fam.) are*
ellos son	*they (masc. or mixed) are*
ellas son	*they (fem.) are*

>> Actividades

⑤ Descripciones With a partner, match each of the following descriptions with the correct group of individuals.

_____ **1.** two teens   a. Son compañeras de cuarto.

_____ **2.** one professor   b. Es profesor de periodismo.

_____ **3.** two roommates   c. Somos profesores en la universidad.

_____ **4.** two professors   d. Son estudiantes.

⑥ Manuel Manuel writes an e-mail to a new Internet friend describing himself and his two best friends. Complete his e-mail with the correct forms of **ser**.

¡Hola! Yo (1) _____ Manuel Ybarra. (2) _____ estudiante en la Universidad Nacional Autónoma de México, que (3) _____ una de las universidades más importantes de las Américas. ¡La población estudiantil (4) _____ de más de 250.000 estudiantes!

Tengo dos amigos íntimos. Mi amiga Susana (5) _____ una persona muy sincera. Ella y yo (6) _____ inseparables. Mi amigo Hernán (7) _____ muy cómico. Hernán y yo (8) _____ compañeros de cuarto. Susana y Hernán (9) _____ buenos amigos también. Y tú, ¿cómo (10) _____ ?

⑦ ¿Quiénes son? Use **ser** to say who the following people are.

1. [Nombre] _____ mi compañero(a) de clase.

2. [Nombre] _____ el profesor (la profesora) de español.

3. [Nombre] _____ el instructor (la instructora) en la clase de español.

4. Nosotros _____ estudiantes de español.

5. Tú…

6. Usted…

7. Ustedes…

8. Ellos…

⑧ Le presento a… In groups of three or four, act out an introduction in front of the class. Decide beforehand the ages and the social standing of the people you are role-playing, as well as how informal or formal the situation is. The class must guess whether the introduction is formal or informal. Follow the model.

MODELO: —*Buenos días, profesora García.*
         —*Buenos días, Susana.*
         —*Profesora García, le presento a mi amigo Paul. Es estudiante.*
         —*Encantada, Paul.*
         —*¿Es usted profesora de español?*
         —*Sí, Paul. Soy profesora de español.*

Interactive Practice /
Ace the Test

Gramática útil ❸
Expressing quantity: **Hay** + nouns

Cómo usarlo

1. **Hay** is the Spanish equivalent of *there is* or *there are* in English.

Hay una reunión en la cafetería.	**There is** a meeting in the cafeteria.
Hay tres estudiantes en la clase.	**There are** three students in the class.
Hay unos libros en la mesa.	**There are** some books on the table.
Hay una fiesta el viernes.	**There is** a party on Friday.

Aquí **hay** un problema.

2. **Hay** is used with both singular and plural nouns, and in both affirmative and negative contexts.

   Hay un bolígrafo, pero no **hay** lápices en la mesa.

3. **Hay** can be used with numbers or with indefinite articles (**un, una, unos, unas**), but it is never used with definite articles (**el, la, los, las**).

   ¡**Hay** tres profesores en la clase, pero sólo **hay** una estudiante! — **There are** three professors in the class, but **there is** only one student!

4. With a plural noun or negative, typically no article is used with **hay** unless you are providing extra information: "some people" as opposed to just "people."

Hay papeles en la mesa.	**There are papers** on the table.
No hay libros en el escritorio.	**There aren't (any) books** on the desk.
Hay quince personas en la clase.	**There are fifteen people** in the class.

   BUT:

Hay unas personas en el cuarto.	**There are some people** in the room.

Cómo formarlo

Hay is an *invariable verb form* because it never changes to reflect number or person. This means **hay** can be used with both singular and plural nouns.

 Video Tutorial

 Flashcards

>> Actividades

9 **Hay…** Say how many of the following things are in the places mentioned.

MODELO: ventana (5): salón de clase
Hay cinco ventanas en el salón de clase.

1. computadora (15): laboratorio
2. policía (2): calle
3. libro (5): escritorio
4. profesor (3): reunión
5. estudiante (40): cafetería
6. persona (20): fiesta
7. verbo (35): pizarra
8. celular (1): mochila

10 **¿Cuántos *(How many)* hay?** In groups of four or five, find out how many of the following objects there are in your group.

MODELO: *Hay tres teléfonos celulares en el grupo.*

1. teléfonos celulares
2. calculadoras
3. diccionarios
4. asistentes electrónicos
5. estéreos personales
6. ¿…?

11 **¿Hay o no hay…?** You are looking for something you need for class. Tell a classmate what you're looking for, and he or she will tell you if that item is or is not in the classroom. If what you ask for is there, he or she will tell you where to find it.

MODELO: Tú: *¿Hay un diccionario en la clase?*
Compañero(a): *Sí, hay un diccionario en la mesa. (No, no hay diccionario en la clase.)*
Tú: *¡Muchas gracias!*

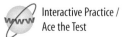

Interactive Practice /
Ace the Test

:) Sonrisas

/////////////////////////////

Comprensión Answer the following questions about the cartoon.

1. Según (*According to*) Dieguito, ¿qué hay en su cuarto?
2. En realidad, ¿qué hay en el cuarto de Dieguito?
3. Según el papá de Dieguito, ¿qué hay en el jardín (*garden*)?
4. En realidad, ¿hay un elefante en el jardín?

Gramática útil 4

Expressing possession, obligation, and age:
Tener, tener que, tener + años

Tienes el celular de
mi amigo Beto.

Cómo usarlo

1. The verb **tener** means *to have*. It is used in Spanish to express possession and to give someone's age. You may also use it with **que** and another verb to say what you have to do: **Tengo que irme.** *(I have to go.)*

Ya **tienes** mi dirección.	You already **have** my address.
Tengo dos teléfonos en casa.	I **have** two telephones in my house.
Elena **tiene** veinte años. ¿Cuántos años **tienen** Sergio y Dulce?	Elena **is** twenty years old. How old **are** Sergio and Dulce?
Tengo que irme porque **tengo** clase.	I **have to** go because I **have** class.

2. When **tener** is used to express possession, the article is usually omitted, unless number is emphasized or you are referring to a specific object.

3. Note that where Spanish uses **tener... años** to express age, the English equivalent is *to be . . . years old.*

4. Remember, it's better to use the verb without a subject pronoun unless the subject is unclear or you want to emphasize it.

Video Tutorial

Flashcards

Cómo formarlo

1. Here are the forms of the verb **tener** in the present indicative tense.

tener *(to have)*			
yo	**tengo**	nosotros / nosotras	**tenemos**
tú	**tienes**	vosotros / vosotras	**tenéis**
Ud., él, ella	**tiene**	Uds., ellos, ellas	**tienen**

2. When talking about age, it's helpful to know the months of the year so that you can say when people's birthdays are celebrated.

¿Cuándo es tu cumpleaños? *When is your birthday?*

enero	julio
febrero	agosto
marzo	septiembre
abril	octubre
mayo	noviembre
junio	diciembre

In Spanish the word for birthday is **cumpleaños**, which literally means "completes (**cumple**) years (**años**)." Many Spanish speakers celebrate their saint's day (**el día de su santo**), which is the birthday of the saint whose name is the same as or similar to their own. For example: **El 19 de marzo es el día de San José.**

3. When giving dates in Spanish, the day of the month comes first: **el quince de abril** = *April 15th*. When writing the date with numbers, the day always comes before the month: 15/4/10 = **el quince de abril de 2010**.

>> Actividades

12 **¿Qué tienen?** Say what each person has.

MODELO: Yo _____ un cuaderno en el escritorio.
         Yo *tengo un cuaderno en el escritorio.*

1. Yo _____ un celular en la mochila.
2. Nosotros _____ tres computadoras en casa.
3. Ellos _____ unos apuntes en el cuaderno.
4. Tú _____ dos libros en la mochila.
5. El profesor _____ cinco lápices en el escritorio.
6. Ustedes _____ dos calculadoras en la mesa.

13 **¿Cuántos años tienen?** Tell a friend the birthdays and ages of the following people.

> The number **veintiuno** shortens to **veintiún** when it's used with a noun: **veintiún años.**

MODELO: Arturo (28/3; 25 años)
         El cumpleaños de Arturo es el veintiocho de marzo. Tiene veinticinco años.

1. Martín (12/4; 21 años)
2. Sandra y Susana (14/7; 24 años)
3. mamá (16/6; 45 años)
4. papá (22/2; 47 años)
5. Gustavo (7/9; 17 años)
6. Irma y Daniel (19/1; 19 años)

14 **La fiesta** Listen to the conversation between Marta and Juan. They are talking about the birthdays and ages of various friends. Write down the age and the birthday of each person.

	Edad	Cumpleaños
1. Miguel		
2. Arturo		
3. Enrique		
4. Isabel		

Interactive Practice / Ace the Test

¿Cómo te llamas? **29**

¡Explora y exprésate!

Exploraciones culturales

¿Adivinaste? *(Did you guess correctly?)* Answers to the questions on page 7: 1. d 2. g 3. a 4. e 5. c 6. b 7. f, h

El español: ¡una lengua global!

With almost 500 million native and second-language speakers internationally, Spanish is one of the most widely spoken languages in the world. Here are some additional facts about the Spanish language.

- Spanish is the official language of 21 countries and is spoken by large groups of people in numerous others.
- Spanish is one of the six official languages used by the United Nations.
- Spanish is spoken by more than 40 million people in the United States and by approximately 300,000 people in Canada. It is one of the most widely studied and fastest-growing languages in both countries.
- Like all languages, Spanish exhibits some regional variations which are mostly limited to vocabulary and pronunciation. In spite of these variations, Spanish speakers from all over the world communicate without difficulty.

●● **Los beneficios de hablar el español** With a partner, discuss your reasons for studying Spanish. What professional or personal benefits do you expect to get out of your study of this language?

Países de habla hispana

●● **El mundo hispanohablante** With a partner, look at the maps on the inside covers of your textbook. Take turns naming each country and pointing it out on the map. If you need help, use the categories in the chart to help you locate individual countries.

África	Guinea Ecuatorial
El Caribe	Cuba, Puerto Rico*, la República Dominicana
Centroamérica	Costa Rica, El Salvador, Guatemala, Honduras, Nicaragua, Panamá
Europa	España
Norteamérica	Canadá y Estados Unidos**, México
Sudamérica	Argentina, Bolivia, Chile, Colombia, Ecuador, Paraguay, Perú, Uruguay, Venezuela

*Es un Estado Libre Asociado *(Commonwealth)*, no un país independiente.
**Se habla español pero no es la lengua oficial.

●● **El mapa** In future chapters, you'll be studying these countries in greater detail. To help you learn about maps and geography, look at the map of South America with a partner and locate the following places.

1. cordillera: los Andes
2. volcán: Ojos del Salado
3. monte: Aconcagua
4. isla: Malvinas
5. río: Orinoco
6. lago: Maracaibo
7. catarata: Salto Ángel
8. cabo: Cabo de Hornos
9. océano: Atlántico
10. país: Chile
11. mar: Caribe

Now use the terms above to identify each of the following as **una catarata, una cordillera, una isla, un lago, un mar, un monte, un océano, un río,** or **un volcán.**

1. the Colorado
2. McKinley
3. Superior
4. Mediterranean
5. Oahu
6. Mount St. Helens
7. Niagara Falls
8. the Rockies

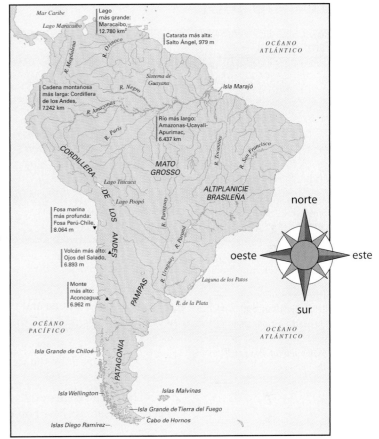

 >> ¡Conéctate! Web Links

Práctica Choose one of the 23 places listed in the chart on page 30. Find out the following information about it and prepare a brief profile. Follow the links on the *Nexos* website to see a list of suggested websites.

1. population and area
2. capital and major cities
3. major indigenous groups
4. official language
5. major industries
6. major geographic features

 Interactive Practice

A leer

Antes de leer

> ### Estrategia
>
> **Identifying cognates to aid comprehension**
>
> You have already learned a number of *cognates*. These are words that look similar in both Spanish and English, although they are pronounced differently. Some cognates you have already learned in this chapter are **regular, terrible, teléfono,** and **avenida.** Looking for cognates in a passage you are reading helps you get the general idea of the content, even if you don't know many of the other words and structures.
>
> **¡OJO!** Occasionally you will come across *false cognates*, words that look similar in English and Spanish, but that mean two different things. For example, as you have learned, the Spanish word **dirección** usually means *address*, not *direction*, in English. If a word that looks like a cognate doesn't make sense in the context of what you are reading, it could be a false cognate, and you may need to look it up in a dictionary to discover its true meaning.

> **¡Ojo!** (literally, *Eye!*) is used in Spanish to direct a person's attention to something. It is similar to saying "Watch out!" or "Be careful!" in English.

1 Look at the headline and the four sections of the following article. See if you can get the main idea of the article by relying on cognates and words you already know.

1. Put a check mark by the words that you already know in the title and the four bulleted sections.

2. Underline the cognates that appear in these sections. Can you guess their general meaning, based on context and where they appear in the sentence?

2 Now read the article, concentrating on the cognates and words you already know. Then answer the following questions, based on what you have read.

1. Según (*According to*) el artículo, las personas que tienen una dirección electrónica con su nombre son...

   a. misteriosas   c. emocionales
   b. honestas   d. introvertidas

2. Las personas que son lógicas y poco emocionales tienen una dirección electrónica...

   a. con números   c. de fantasía
   b. con su nombre   d. descriptiva

3. Las personas que se describen con su dirección electrónica son...

   a. un poco inocentes   c. agresivas
   b. aventureras   d. introvertidas

4. ¿Cuál es el nombre de fantasía que usan en el artículo?

5. En tu opinión, ¿es correcta o falsa la información sobre tu personalidad?

Lectura

¡Tu dirección electrónica revela tu personalidad!

¿Es simbólica la dirección electrónica que usas? Muchas personas creen[1] que no, pero en realidad, los "nombres de computadora" que usamos revelan información importante sobre nuestras características más secretas. ¿Revela todo[2] tu dirección electrónica? ¡Vamos a ver!

Escoge[3] el tipo de dirección electrónica más similar a la tuya[4]...

▶ **Nombre**

ejemplo: lucidíaz@woohoo.org

En este caso, la dirección electrónica puede[5] representar a una persona directa y honesta. Prefiere la realidad y es práctica y realista. No le interesa el misterio o la fantasía. Estas personas son muy aptas para los negocios[6] a causa de su estilo directo.

▶ **Números**

ejemplo: 1078892@compluservicio.com

Las personas con los números en las direcciones electrónicas no tienen mucho interés en las cortesías diarias o las interacciones sociales. ¡Prefieren el mundo[7] superracional de los números y las matemáticas puras! Otra explicación es que prefieren ser anónimos —quieren[8] mantener su misterio con un nombre que revela muy poco[9]!

▶ **Autodescripción**

ejemplo: romántico29@universidad.edu

Las personas que se describen con la dirección electrónica necesitan comprensión y cariño[10]. Pueden ser amables, afectuosas y un poco ingenuas o inocentes. Pero, ¡cuidado[11]! ¡Estos nombres pueden ser totalmente falsos! Los nombres que indican que una persona es honesta o responsable pueden distorsionar la realidad completamente...

▶ **Fantasía**

ejemplo: frodo4ever@ciberífico.net

Por lo general, estas personas consideran al ciberespacio como una oportunidad para reinventarse. Prefieren identificarse como un personaje imaginario para participar en lo que es, para ellos, ¡un drama cibernético! Pueden ser aventureras, emocionales y extrovertidas. Estos nombres también pueden atraer a las personas introvertidas que tienen la fantasía de presentarse completamente diferente de su realidad diaria.

[1]think [2]everything [3]Choose [4]yours [5]can [6]business [7]world
[8]they want to [9]very little [10]affection [11]careful

Después de leer

●● **3** With a partner, try to invent as many names in each of the last two categories (**autodescripción** and **fantasía**) as you can. Try to use cognates from the reading when possible and be as creative as possible! You have five minutes.

♣ **4** Now take the list of e-mail names you created in **Activity 3** and add your own e-mail name to the list. (Or, if your e-mail name is simply your name or number, create one that you would like to use.) Then, you and your partner from **Activity 3** should form a group with two other pairs. Share your lists and see if you can guess each other's e-mail addresses.

> All of the reading passages in *Nexos* include translations of some words that you may not be able to guess from context. Try to get the gist of the passage before you look for the definitions. Saving them as a last resort allows you to read the passage more quickly and to concentrate on getting the main idea.

 Interactive Practice

A escribir

Antes de escribir

As you use *Nexos,* you will learn to write as a *process* that moves from prewriting (identifying ideas and organizing them) through writing (creating a rough draft) and ends with revising (editing and commenting on writing). In each **A escribir** section (odd-numbered chapters only), you will learn strategies that help you improve your techniques in each of the three phases of the writing process. In addition, the even-numbered chapters of the *Student Activities Manual* contain extra **A escribir** sections not found in your student text.

1 You are going to write a letter or e-mail message to your new roommate. This person has been assigned to you, but you have not yet met. With a partner, create a list of the information you should include in your message and identify its tone—how you want it to sound.

2 Taking your list of information from **Activity 1**, study the following partial model and see if you have included everything you need.

> Querido Roberto/Querida Susana,
>
> *(Greeting)* Me llamo... . Soy tu nuevo(a) compañero(a) de cuarto. Vivo en... . *(Ask about him/her.)*
>
> Aquí tienes mi dirección..., mi teléfono... y mi dirección electrónica... Mi cumpleaños es... . *(Ask for his/her personal information.)*
>
> Tengo un estéreo, un refrigerador y un televisor para el cuarto. ¿Qué tienes tú?
>
> Bueno, ya es todo por ahora. Nos vemos pronto. *(Say good-bye.)* Tu amigo(a),
>
> ...

Composición

3 Using the previous model, write a rough draft of your letter to your room-mate. Try to write freely without worrying too much about mistakes or mis-spellings. You will have an opportunity to revise your work later. Here are some additional phrases that may be useful.

tu nuevo(a) compañero(a) de cuarto	*your new roommate*
para el cuarto	*for the room*
un estéreo	*stereo*
un microondas	*microwave oven*
un refrigerador	*refrigerator*
un televisor	*television set*
una lámpara	*lamp*
una videocasetera	*VCR*
un DVD	*DVD player*
Eso es todo por ahora.	*That's all for now.*

Después de escribir

4 Exchange your rough draft with a partner. Read each others' work and comment on its content and structure. For example, put a check mark next to places where you would like more information. Put a star by your favorite sen-tence. Put a question mark where meaning is not clear. Underline errors in spelling and grammar.

5 Now go back over your letter and revise it. Incorporate your partner's comments. Use the following checklist to check your final copy. Did you . . .

- make sure you included all the necessary information?
- match the tone of your writing to your audience?
- follow the model provided in **Activity 2?**
- look for misspellings?
- check to make sure you used the correct forms of **ser** and **tener?**
- watch to make sure articles and nouns agree?

 Interactive Practice

Vocabulario

Para saludar *To greet*

Hola.	*Hello.*
¿Qué tal?	*How are things going?*
¿Cómo estás (tú)?	*How are you? (s. fam.)*
¿Cómo está (usted)?	*How are you? (s. form.)*
¿Cómo están (ustedes)?	*How are you? (pl.)*
¿Cómo te va?	*How's it going with you? (s. fam.)*
¿Cómo le va?	*How's it going with you? (s. form.)*
¿Cómo les va?	*How's it going with you? (pl.)*
¿Qué hay de nuevo?	*What's new?*
Buenos días.	*Good morning.*
Buenas tardes.	*Good afternoon.*
Buenas noches.	*Good night. Good evening.*

Para responder *To respond*

Bien, gracias.	*Fine, thank you.*
Bastante bien.	*Quite well.*
(No) Muy bien.	*(Not) Very well.*
Regular.	*So-so.*
¡Terrible! / ¡Fatal!	*Terrible! / Awful!*
No mucho.	*Not much.*
Nada.	*Nothing.*
¿Y tú?	*And you? (s. fam.)*
¿Y usted?	*And you? (s. form.)*

Para pedir y dar información personal *To exchange personal information*

¿Cómo te llamas?	*What's your name? (s. fam.)*
¿Cómo se llama?	*What's your name? (s. form.)*
Me llamo...	*My name is . . .*
(Yo) soy...	*I am . . .*
¿Cuál es tu número de teléfono?	*What is your phone number? (s. fam.)*
¿Cuál es su número de teléfono?	*What is your phone number? (s. form.)*
Mi número de teléfono es el 3-71-28-12.	*My telephone number is 371-2812.*
Es el 3-71-28-12.	*It's 371-2812.*
¿Dónde vives?	*Where do you live? (s. fam.)*
¿Dónde vive?	*Where do you live? (s. form.)*
Vivo en...	*I live at . . .*
la avenida...	*avenue . . .*
la calle...	*street . . .*
el barrio... / la colonia...	*neighborhood . . .*

¿Cuál es tu dirección?	*What is your address? (s. fam.)*
¿Cuál es su dirección?	*What is your address? (s. form.)*
Mi dirección es...	*My address is . . .*
¿Cuál es tu dirección electrónica?	*What's your e-mail address? (s. fam.)*
¿Cuál es su dirección electrónica?	*What's your e-mail address? (s. form.)*
Aquí tienes mi dirección electrónica.	*Here's my e-mail address. (s. fam.)*
Aquí tiene mi dirección electrónica.	*Here's my e-mail address. (s. form.)*
arroba	*@*
punto com	*.com*

Para presentar a alguien *To introduce someone*

Soy...	*I am . . .*
Me llamo... / Mi nombre es...	*My name is . . .*
Quiero presentarte a...	*I'd like to introduce you (s. fam.) to . . .*
Quiero presentarle a...	*I'd like to introduce you (s. form.) to . . .*
Quiero presentarles a...	*I'd like to introduce you (pl.) to . . .*

Para responder *To respond*

Mucho gusto.	*My pleasure.*
Mucho gusto en conocerte.	*A pleasure to meet you.*
Encantado(a).	*Delighted to meet you.*
Igualmente.	*Likewise.*
El gusto es mío.	*The pleasure is mine.*
Un placer.	*My pleasure.*

Para despedirse *To say good-bye*

Adiós.	*Good-bye.*
Hasta luego.	*See you later.*
Hasta mañana.	*See you tomorrow.*
Hasta pronto.	*See you soon.*
Nos vemos.	*See you later.*
Chau.	*Bye.*
Bueno, tengo que irme.	*Well / OK, I have to go.*

Para hablar por teléfono
To talk on the telephone

Familiar

—¡Hola! / ¿Aló?	*Hello?*
—¿Está…?	*Is . . . there?*
—Sí. Aquí está. / No, no está.	*Yes. Here he / she is. / No, he's / she's not here.*
—Soy… Mi número es el…	*I'm . . . My number is . . .*
—Muy bien. Hasta luego.	*OK. See you later.*
—Chau.	*Bye.*

Formal

—¡Hola! / ¿Aló?	*Hello?*
—Hola. ¿Puedo hablar con…?	*Hi, may I speak with . . . ?*
—Sí. / Lo siento. No está.	*Yes. / I'm sorry. He's / She's not here.*
—Por favor, dígale que llamó (nombre). Mi número es el…	*Please tell him / her that (name) called. My number is . . .*
—Muy bien.	*OK.*
—Muchas gracias.	*Thank you very much.*
—De nada. Adiós.	*You're welcome. Good-bye.*
—Adiós.	*Good-bye.*

¿Cuándo es tu cumpleaños?
When is your birthday?

enero	*January*
febrero	*February*
marzo	*March*
abril	*April*
mayo	*May*
junio	*June*
julio	*July*
agosto	*August*
septiembre	*September*
octubre	*October*
noviembre	*November*
diciembre	*December*

Palabras útiles *Useful words*

Títulos

don	*title of respect used with male first name*
doña	*title of respect used with female first name*
señor / Sr.	*Mr.*
señora / Sra.	*Mrs., Ms.*
señorita / Srta.	*Miss, Ms.*

Los artículos definidos

el, la, los, las	*the*

Los artículos indefinidos

un, una	*a*
unos, unas	*some*

Los pronombres personales

yo	*I*
tú	*you (fam.)*
usted (Ud.)	*you (form.)*
él	*he*
ella	*she*
nosotros / nosotras	*we*
vosotros / vosotras	*you (fam. pl.)*
ustedes (Uds.)	*you (fam. or form. pl.)*
ellos / ellas	*they*

Los verbos

estar	*to be*
hay	*there is, there are*
ser	*to be*
tener	*to have*
tener… años	*to be . . . years old*
tener que	*to have to (+ verb)*

Expresiones

Tengo prisa.	*I'm in a hurry.*

Capítulo 2

¿Qué te gusta hacer?

> Gustos y preferencias

We express aspects of our personalities through our likes and dislikes. In this chapter, we explore the relationship between personalities and preferences. Do you have any strong likes or dislikes? How do you think that the activities you like and dislike define who you are?

A ella le gusta patinar.

> Communication

By the end of this chapter you will be able to

- express likes and dislikes
- compare yourself to other people and describe personality traits
- ask and answer questions
- talk about leisure-time activities
- indicate nationality

> Cultures

By the end of this chapter you will have learned about

- Hispanics in the United States
- world nationalities
- Mother's Day celebrations
- bilingual culture in the U.S. and Canada
- Spanish-language media in the U.S. and Canada

¿Qué te gusta hacer los domingos?

Generalmente estudio en la biblioteca...

❯ Los datos

Analiza el gráfico y luego contesta las preguntas.

❶ ¿Qué grupo de hispanos es el más grande (+)?

❷ ¿Qué grupo de hispanos representa el 10% de la población hispana en Estados Unidos?

❸ ¿Cuáles son los tres grupos que cada uno representan un 3% de la población hispana en Estados Unidos?

❹ ¿Puedes nombrar por lo menos otros tres grupos hispanos en Estados Unidos?

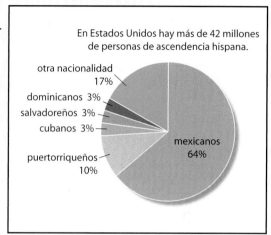

En Estados Unidos hay más de 42 millones de personas de ascendencia hispana.

otra nacionalidad 17%
dominicanos 3%
salvadoreños 3%
cubanos 3%
puertorriqueños 10%
mexicanos 64%

❯ ¡Adivina!

¿Qué sabes (*do you know*) sobre el español en Estados Unidos? (Las respuestas están en la página 64.)

❶ Hay 13 estados (*states*) que tienen una población hispana de por lo menos (*at least*) 500,000. ¿Cuál de los siguientes estados **no** forma parte de este grupo?
a. Georgia
b. North Carolina
c. Massachusetts

❷ ¿Cuál de estas ciudades (*cities*) no tiene una población hispana significativa?
a. Toronto
b. Omaha
c. Denver

❸ Un 49% de la población hispana total de Estados Unidos vive (*lives*) en _____.
a. Nueva York y Nueva Jersey
b. California y Texas
c. Texas y Nuevo México

39

¡Imagínate!

Vocabulario útil ①

BETO: Autora14, ¿**qué te gusta hacer** los domingos?
DULCE: Los domingos generalmente **estudio** en la biblioteca.
ANILÚ: ¡Qué aburrida!
BETO: **¡Estudias!**
ANILÚ: Dile que **bailas** y **cantas** y **escuchas** música.
BETO: ¿No te gusta hacer otras cosas?
DULCE: Pues sí. A veces mis amigos y yo **tomamos un refresco** en el Jazz Café o **alquilamos un video.**

00:00:00

Las actividades *Activities*

A ti, ¿qué te gusta hacer los fines de semana (los viernes, los sábados y los domingos)?

What do you like to do on the weekends (Fridays, Saturdays, and Sundays)?

A mí me gusta ...

alquilar videos

estudiar en la biblioteca/ en casa

conversar

escuchar música

cocinar

bailar

caminar

cantar

A mi amiga le gusta ...

practicar deportes

pintar

patinar

navegar por Internet

mirar televisión

hablar por teléfono

levantar pesas

A mis amigos les gusta ...

tocar un instrumento

el piano

la trompeta

la guitarra

el violín

visitar a amigos

sacar fotos

tomar el sol

tomar un refresco

trabajar

Flashcards

¿Qué te gusta hacer? **41**

>> Actividades

1 **Los verbos** What Spanish verbs do you associate with the following? Choose from the list. (Some items can have more than one answer.)

1. ＿＿＿ los murales
2. ＿＿＿ la música
3. ＿＿＿ los deportes
4. ＿＿＿ una presentación oral
5. ＿＿＿ un instrumento musical
6. ＿＿＿ la familia

a. preparar
b. pintar
c. tocar
d. visitar
e. escuchar
f. practicar
g. conversar
h. estudiar
i. mirar

2 **Le gusta...** Your friends like to participate in certain activities. Say what they like to do, based on the information provided.

MODELOS: Ernestina: murales
Le gusta pintar.
Leo: orquesta de música clásica
Le gusta tocar un instrumento musical.

1. Neti: ballet
2. Antonio: himnos y ópera
3. Javier: paella y enchiladas
4. Clara: cámara
5. Ernesto: estéreo

6. Beti: programas de comedia, noticias
7. Susana: celular
8. Luis: páginas web

3 **Mis actividades favoritas**

1. Make a list of five activities you like to do.

MODELO: *Me gusta patinar en el parque.*

2. Now ask three other students what their favorite activities are and record their responses.

MODELO: —*¿Qué te gusta hacer?*
—*Me gusta caminar.*
You write: *A Heather le gusta caminar.*

3. Compare responses to see who, if anyone, has similar favorite activities, and share this list with the class.

MODELO: *A Marta y a Juan les gusta sacar fotos.*

4. Make a list of the most frequent activities mentioned by your classmates. Write a short paragraph about what students like to do and what activities they don't like to do.

Interactive Practice / Ace the Test

Vocabulario útil ②

SERGIO: ¿Con quién hablas?

BETO: No sé. Es una estudiante de la Universidad. Su nombre electrónico es Autora14.

SERGIO: Dile que tienes un amigo muy **guapo.**

`00:00:00`

Características físicas *Physical traits*

Tiene el pelo castaño.

alto

viejo

baja

Es pelirroja.

joven

pelo negro

pelo rubio

muy, muy pequeño

delgado

Es linda.

Es guapo.

gordo

feo

Notice that you say **Tiene el pelo negro / rubio / castaño,** etc., but when someone is a redhead, you say **Es pelirrojo(a).** You can also say **Es rubio(a)** to indicate that someone is a blond. **Es moreno(a)** may indicate that someone is either a brunette or has dark skin.

 Flashcards

>> Actividades

4 **Sergio, Beto, Anilú y Dulce** Complete the following descriptions of the video characters.

1. Sergio...
   a. es rubio.
   b. es muy, muy pequeño.
   c. es guapo.

2. Anilú...
   a. es pelirroja.
   b. tiene el pelo castaño.
   c. es gorda.

3. Beto...
   a. es viejo.
   b. es gordo.
   c. es delgado.

4. Dulce...
   a. tiene el pelo negro.
   b. tiene el pelo rubio.
   c. es baja.

5 **Descripciones** Describe the people in the illustrations below. Use as many physical descriptions as you can.

1. Eduardo

2. el señor Bernal

3. Sofía

4. Roque

6 **¿Cómo soy yo?** Describe yourself in a paragraph for your Internet blog. You can also include activities that you like to do. Read your description to your partner. Then have him or her read their description to you.

MODELO: *Soy alta y tengo el pelo negro. Me gusta tomar el sol y escuchar música.*

Interactive Practice / Ace the Test

Vocabulario útil ③

ANILÚ: Y tú, Experto10, ¿qué te gusta hacer los domingos?
SERGIO: Autora14, soy un hombre **activo.** Bailo, canto, toco la guitarra, cocino...
BETO: ¡Sergio! **¡Mentiroso!** ¡No me gusta bailar, no me gusta cantar, no toco la guitarra y no cocino!
SERGIO: ¡Qué **aburrido** eres, hombre!

▶ 00:00:00

Características de la personalidad *Personality traits*

aburrido(a)	**divertido(a); interesante**	*boring / fun; interesting*
activo(a)	**perezoso(a)**	*active / lazy*
antipático(a)	**simpático(a)**	*unpleasant / pleasant*
extrovertido(a)	**introvertido(a); tímido(a)**	*extroverted / introverted; timid, shy*
generoso(a)	**egoísta**	*generous / selfish, egotistic*
impaciente	**paciente**	*impatient / patient*
impulsivo(a)	**cuidadoso(a)**	*impulsive / cautious*
inteligente	**tonto(a)**	*intelligent / silly, stupid*
mentiroso(a)	**sincero(a)**	*liar / sincere*
responsable	**irresponsable**	*responsible / irresponsible*
serio(a)	**cómico(a)**	*serious / funny*
trabajador(a)	**perezoso(a)**	*hard-working / lazy*

🌐 Flashcards

>> Actividades

7 **¿Cómo son?** Benjamín describes himself and several of his friends and relatives. Which adjectives best describe each person?

1. No me gusta mirar televisión. Prefiero practicar deportes o levantar pesas.
   a. serio
   b. activo
   c. impulsivo

2. A mi amiga Marta le gusta ayudar (to help) a sus amigos.
   a. antipática
   b. mentirosa
   c. generosa

3. Mi profesora es una maestra muy buena. Explica la lección y repite todas las instrucciones.
   a. paciente
   b. impaciente
   c. interesante

4. Mi amigo Joaquín tiene una imaginación muy buena. Le gusta inventar historias falsas.
   a. tímido
   b. tonto
   c. mentiroso

5. Mi amigo Alberto habla y habla y habla... ¡pero no es muy interesante!
   a. aburrido
   b. serio
   c. divertido

6. Mi amiga Linda tiene muchas ideas buenas sobre qué hacer los fines de semana. Además es una persona muy cómica.
   a. inteligente
   b. tonta
   c. divertida

8 **La clase de psicología** What personality traits does it take to succeed in various professions? Choose characteristics on the right that you think best fit the professions on the left. Follow the model.

MODELO: *Los políticos tienen que ser honestos,...*

Profesiones	Características	
los políticos	sistemáticos	serios
los artistas	deshonestos	estudiosos
los criminales	honestos	sinceros
los actores	inteligentes	pacientes
los científicos	creativos	talentosos
los doctores	simpáticos	impulsivos
los policías	extrovertidos	egoístas
los estudiantes	trabajadores	mentirosos
	curiosos	cuidadosos
	temperamentales	¿...?
	responsables	

Interactive Practice / Ace the Test

9 **Mis amigos** Describe two people from your family to your partner. Provide both physical and personality traits in your descriptions. Then have your partner describe two people from his or her family.

MODELO: —*Es una persona alta y delgada. Tiene el pelo castaño. También (Also) es una persona cómica y divertida...*

:) Sonrisas

Comprensión Answer the following questions about the cartoon.

1. Según el gato (cat), ¿cómo es?
2. Según el perro, ¿cómo es?
3. En realidad, ¿cómo es el gato? ¿Y el perro?
4. ¿Tienen consecuencias serias las mentiras del gato? En tu opinión, ¿son sinceras o mentirosas las personas cuando se comunican por Internet?

A ver

Antes de ver el video

Again, notice that you use the -a form of all the adjectives in **Activity 1.** You will learn more about adjective endings later in this chapter.

1 Look back at the photos in the **Vocabulario útil** sections on pages 40 and 43. Give a short description of each person shown in the photos.

MODELO: *Anilú es una persona baja y guapa. Tiene el pelo negro.*

2 Before watching the video, quickly review the following list of unknown words that are used in the video. The video also uses many words you have already learned so far in this chapter.

apagar	*to turn off*
Dile que...	*Tell him / her that...*
No sé.	*I don't know.*

Estrategia

Using questions as an advance organizer

One way to prepare yourself for the content of the video segment you are about to view is to familiarize yourself thoroughly with the questions you will be expected to answer. Knowing what information to listen for helps you focus on the key sections of the video.

For example, look at the questions in **Activities 3** and **4** on the next page. Before you watch the video, use these questions to create for yourself a short list of information you need to find.

Example: **la dirección electrónica de Beto, la dirección electrónica de Dulce, el amigo de Beto,** etc.

Once you have completed your list, make sure you have it at hand as you watch the video so that you can jot down the answers as you hear them.

El video

Now watch the video segment for **Chapter 2.** As you watch, pay special attention to locating the information you need to complete **Activities 3** and **4.**

Después de ver el video

3 Answer in Spanish the following questions about the video.

1. ¿Cuál es la dirección electrónica de Beto? ¿Y la de Dulce?
2. ¿Cómo se llama el amigo de Beto? ¿Y la amiga de Dulce?
3. ¿Cuáles son las actividades preferidas de Dulce?
4. Según *(According to)* Sergio, ¿cuáles son las actividades preferidas de Experto10?

4 Now say whether the following statements about the video segment are true **(cierto)** or false **(falso).**

1. Según Anilú, Dulce es una persona muy aburrida.
2. Sergio es una persona muy sincera.
3. Dulce generalmente estudia en casa los domingos.
4. A Beto le gusta bailar, cantar y tocar la guitarra.
5. Según Anilú, un hombre que cocina y canta y baila es el hombre ideal.
6. Sergio apaga la computadora porque Anilú quiere *(wants)* su número de teléfono.

> Try to get the main idea of these sentences from your knowledge of the basic vocabulary. Don't worry about understanding every single word.

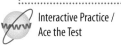 Interactive Practice / Ace the Test

> **Los gustos y preferencias de los hispanos, ¿son diferentes o similares a los de los americanos?**
> What are your interests? Do you identify yourself as part of a market segment? If so, which one(s)?

Voces de la comunidad

 Web Links

NAME Isabel Valdés

❝Hispanics are becoming more and more entrenched in American society. Their participation is reflected in the growing number of Hispanic associations, libraries, research centers, and businesses throughout the United States. Furthermore, Hispanics are increasingly active in government at the federal, state, county, and city levels. They have also made significant contributions to American art, theater, literature, film, music, and sports.❞

Isabel Valdés es la persona responsable de muchas campañas publicitarias en español en Estados Unidos y Latinoamérica. Sus clientes incluyen firmas tales como Johnson & Johnson, American Airlines, Kraft, Nike y Colgate. Esta chilena-estadounidense es autora de dos volúmenes (tomos) sobre el mercado hispano en Estados Unidos, *Marketing to American Latinos, A Guide to the In-Culture Approach, Part I,* y *Marketing to American Latinos, A Guide to the In-Culture Approach, Part II.* También es cofundadora de una firma publicitaria especializada en los mercados *(markets)* de Estados Unidos, España y América Latina.

¡Prepárate!

Gramática útil ①
Describing what you do or are doing: The present indicative of **-ar** verbs

Cómo usarlo

In English we use a variety of structures to express different present-tense concepts. In Spanish many of these are communicated with the same grammatical form. The present indicative tense in Spanish can be used . . .

- to describe routine actions:

¡Estudias mucho! *You study a lot!*

- to say what you are doing now:

Estudias matemáticas hoy. *You are studying mathematics today.*

- to ask questions about present events:

¿Estudias con Enrique todas las semanas? *Do you study with Enrique every week?*

The use of the present tense to talk about future plans is used more in some regions of the Spanish-speaking world than others.

- to indicate plans in the immediate future:

Estudias con Enrique el viernes, ¿no? *You're going to study with Enrique on Friday, right?*

Notice how the same form in Spanish, **estudias,** can be translated four different ways in English.

 Video Tutorial

 Flashcards

Cómo formarlo

> ### Lo básico
>
> - An *infinitive* is a verb before it has been conjugated to reflect person and tense. **Bailar** *(To dance)* is an infinitive.
>
> - A *verb stem* is what is left after you remove the **-ar, -er,** or **-ir** ending from the infinitive. **Bail-** is the verb stem of **bailar.**
>
> - A *conjugated verb* is a verb whose endings reflect person *(I, you, he/she, we, you, they)* and tense *(present, past, future, etc.)*. **Bailas** *(You dance)* is a conjugated verb (person: *you familiar singular;* tense: *present*).

Bailo, canto, toco la guitarra, **cocino...**

1. Spanish infinitives end in **-ar, -er,** or **-ir.** For now, you will learn to form the present indicative tense of verbs ending in **-ar.** To form the present indicative tense of a regular **-ar** verb, simply remove the **-ar** and add the following endings.

bailar *(to dance)*			
yo	bail**o**	nosotros / nosotras	bail**amos**
tú	bail**as**	vosotros / vosotras	bail**áis**
Ud., él, ella	bail**a**	Uds., ellos, ellas	bail**an**

2. Remember, as you learned in **Chapter 1,** you do not need to use the subject pronouns (**yo, tú, él, ella,** etc.) unless the meaning is not clear from the context of the sentence, or you wish to clarify, add emphasis, or make a contrast.

Camino en el parque todos los días. *I walk in the park every day.*

But:

Yo camino en el parque, pero Lidia camina en el gimnasio. *I walk in the park, but Lidia walks in the gymnasium.*

3. You may use certain conjugated present-tense verbs with infinitives. However, do not use two verbs conjugated in the present tense together unless they are separated by a comma or the words **y** *(and)* or **o** *(or).*

Necesitamos trabajar el viernes. *We have to work on Friday.*

Los sábados, **trabajo, practico** deportes y **visito** a amigos. *On Saturdays I work, play sports, and visit friends.*

Los domingos, **dejo de trabajar.** ¡**Bailo, canto** o **escucho** música! *On Sundays I stop working. I dance, sing, or listen to music!*

> Notice that in this usage, Spanish infinitives are often translated into English as *-ing* forms: *I stop working.*

4. To say what you don't do or aren't planning to do, use **no** before the conjugated verb.

¡**No estudio** los fines de semana! *I don't study on the weekends!*

5. Add question marks to turn a present-tense sentence into a *yes / no* question.

¿**No estudias** los fines de semana? *Don't you study on the weekends?*

¿**Tienes que estudiar** este fin de semana? *Do you have to study this weekend?*

6. Other regular **-ar** verbs:

apagar	*to turn off*	**llegar**	*to arrive*
acabar de	*to have just*	**necesitar**	*to need (to do*
(+ *infinitive*)	*done something*	(+ *infinitive*)	*something)*
buscar	*to look for*	**pasar**	*to pass (by),*
cenar	*to eat dinner*		*to happen*
comprar	*to buy*	**preparar**	*to prepare*
dejar de	*to leave, to stop*	**regresar**	*to return*
(+ *infinitive*)	*(doing something)*	**usar**	*to use*
descansar	*to rest*		
llamar	*to call*		

> The expression **acabar de** can be used with any infinitive to say what activity you and others have just completed: **Acabo de llegar.** *(I just arrived.)* **Acabamos de cenar.** *(We just ate dinner.)*

>> Actividades

1 **Beto** Beto describes his day in an e-mail to a friend. Complete his description with the correct form of the verb in parentheses.

A las siete de la mañana, (1. caminar) a la universidad. (2. Llegar) a las siete y media. Si tengo tiempo, (3. estudiar) un poco antes de las clases.

A veces (4. necesitar) comprar unos libros. (5. Comprar) los libros en la librería. Generalmente (6. cenar) en la cafetería. A veces (7. pasar) por la tienda de videos y (8. alquilar) un DVD. (9. Regresar) al dormitorio a las siete de la noche. (10. Hablar) con mis amigos por teléfono o (11. navegar) por Internet. Todas las noches, (12. apagar) la computadora a las diez y (13. descansar).

2 **Anilú y Sergio** Anilú and Sergio do different things. Say what each of them does. Use **pero** *(but)* to contrast what they do. Follow the model.

MODELO: Anilú: cenar en un restaurante; Sergio: cocinar en casa
Anilú cena en un restaurante, pero Sergio cocina en casa.

1. Anilú: bailar; Sergio: levantar pesas
2. Anilú: trabajar; Sergio: descansar
3. Anilú: tomar un refresco; Sergio: tomar café
4. Anilú: estudiar; Sergio: navegar por Internet
5. Anilú: alquilar un DVD; Sergio: mirar televisión
6. Anilú: escuchar música rap; Sergio: tocar la guitarra

3 **Tú** Interview a partner about his or her activities.

MODELO: estudiar en la biblioteca o en casa
Tú: *¿Estudias en la biblioteca o en casa?*
Compañero(a): *Estudio en la biblioteca. / Estudio en casa.*

1. caminar a la universidad todos los días
2. tocar la guitarra
3. visitar a la familia los fines de semana
4. trabajar los fines de semana
5. cenar en la cafetería o en casa
6. necesitar una computadora
7. escuchar música clásica o música moderna

4 **Ellos y nosotros** Work in pairs to compare the activities of you and your friends **(nosotros)** and someone else's friends **(ellos).**

MODELO: estudiar
Nosotros estudiamos en la biblioteca. Ellos estudian en casa.

1. estudiar
2. cenar
3. trabajar
4. visitar a la familia
5. necesitar
6. llegar a la universidad
7. navegar por Internet
8. ¿...?

5 **Los fines de semana** What do you generally do on the weekends? First, make a chart like the one below and fill in the **Yo** column. Compare your list with that of two classmates. Then write a paragraph comparing your typical weekend to theirs. (**¡OJO!: por la mañana / tarde / noche** *in the morning / afternoon / night*)

¿Cuándo?	Yo	Amigo(a) #1	Amigo(a) #2
viernes por la noche:	*descansar en casa*		
sábado por la mañana:			
sábado por la tarde:			
sábado por la noche:			
domingo por la mañana:			
domingo por la tarde:			
domingo por la noche:			

MODELO: *Los viernes por la noche generalmente descanso en casa. Mi amigo Eduardo generalmente...*

6 **¿Quién?** You work at a dating service and you have to decide who to introduce to whom. You have some descriptions in writing and some on audio. First read the following descriptions. Then listen to the audio descriptions. For each description you hear, write the person's name next to the description below that is most compatible with that person.

Personas en el CD: Andrés, Marta, Jorge, Ángela, Rudy, Sara

> **Rosa:** «Me gusta escuchar música de todo tipo. ¡Soy muy divertida!»
> Sugerencia para Rosa: _____
> **Isidro:** «Levanto pesas tres veces por semana. Soy muy atlético.»
> Sugerencia para Isidro: _____
> **Roberta:** «Me gusta alquilar videos. No practico deportes.»
> Sugerencia para Roberta: _____
> **Carmen:** «Uso Internet mucho en mis estudios. Soy introvertida.»
> Sugerencia para Carmen: _____
> **José Luis:** «Estudio mucho. Soy un poco serio.»
> Sugerencia para José Luis: _____
> **Antonio:** «Todos los días hablo por teléfono con mis amigos. Mis amigos son muy divertidos.»
> Sugerencia para Antonio: _____

Now use the information above to find the best match for you and your classmates, based on the information you provided in **Activity 5**.

MODELO: *Antonio es la persona más compatible con* (with) *Katie.*

Interactive Practice /
Ace the Test

Gramática útil ❷

Saying what you and others like to do:
Gustar + infinitive

Un hombre que cocina... y también ¡**le gusta bailar** y **cantar**!

Cómo usarlo

The Spanish verb **gustar** can be used with an infinitive to say what you and your friends like to do. Note that **gustar,** although often translated as *to like,* is really more similar to the English *to please.* **Gustar** is always used with pronouns that indicate *who is pleased* by the activity mentioned.

—**Me gusta bailar** salsa.   *I like to dance salsa. (Dancing salsa pleases me.)*

—¿**Te gusta bailar** también?   *Do you like to dance, too? (Does dancing please you, too?)*

—No, pero a **Luis le gusta** mucho.   *No, but **Luis likes it** a lot. (No, but it pleases Luis a lot.)*

Cómo formarlo

Video Tutorial

Flashcards

> ### Lo básico
>
> The pronouns used with **gustar** are *indirect object pronouns*. They show the person who is being pleased or who likes something. You will learn more about them in **Chapter 8**.

---

1. When **gustar** is used with one or more infinitives, it is always used in its third-person singular form **gusta.** Sentences with **gusta** + *infinitive* can take —the form of statements or questions without a change in word order.

—**Nos gusta cocinar** y **cenar** en restaurantes.   *We like to cook and to eat out in restaurants.*

—¿**Te gusta cocinar** también?   *Do you like to cook also?*

2. **Gusta** + *infinitive* is used with the following pronouns.

¡OJO! Do not confuse **me, te, le, nos, os,** and **les** with the subject pronouns **yo, tú, él, ella, Ud., nosotros, vosotros, ellos, ellas,** and **Uds.** that you have already learned.

gusta + *infinitive*	
Me gusta cantar. *I like to sing.*	**Nos** gusta cantar. *We like to sing.*
Te gusta cantar. *You like to sing.*	**Os** gusta cantar. *You (fam. pl.) like to sing.*
Le gusta cantar. *You (form.) / He / She like(s) to sing.*	**Les** gusta cantar. *You (pl.) / They like to sing.*

3. When you use **gusta**, you can also use **a** *person* to emphasize or clarify *who* it is who likes the activity mentioned. Clarification is particularly important with **le** and **les,** because they can refer to several people.

Le gusta navegar por Internet.	*He / She likes to surf the Internet.* *(Who does?)*
A Beto / A él le gusta navegar por Internet.	*Beto / He likes to surf the Internet.*
A ellos les gusta cantar.	*They like to sing.*
A nosotros nos gusta conversar.	*We like to talk.*
A Sergio y a Anilú les gusta bailar.	*Sergio and Anilú like to dance.*

4. If you want to emphasize or clarify what you or a close friend like, use **a mí** (with **me gusta**) and **a ti** (with **te gusta**).

A mí me gusta alquilar videos, pero **a ti te gusta** mirar televisión.	*I like to rent videos, but you like to watch television.*

> Notice that **mí** has an accent, but **ti** does not.

5. To create negative sentences with **gusta** + *infinitive*, place **no** before the *pronoun* + **gusta.**

No nos gusta trabajar.	*We don't like to work.*
A Roberto **no le gusta cocinar.**	*Roberto doesn't like to cook.*

6. To express agreement with someone's opinion, use **también.** If you want to disagree, use **no** or **tampoco.** If you want to ask a friend if they like an activity you've already mentioned, ask **¿Y a ti?**

—¿Te gusta cocinar?	*Do you like to cook?*
—**A mí, no.** No me gusta. Me gusta cenar en restaurantes. **¿Y a ti?**	*No, not me. I don't like it. I like to eat in restaurants. And you?*
—**A mí también.** Pero no me gusta cenar en restaurantes elegantes.	*Me too. But I don't like to eat in fancy restaurants.*
—**¡A mí tampoco!**	*Me neither!*

>> Actividades

7 **Atleta 23** Can you tell what the following people like to do, based on their electronic names? Pick their preferred activities from the column to the right.

MODELO: Cantante29
A Cantante29 le gusta cantar.

1. Pianista18
2. Atleta23
3. Artista12
4. Estudiante31
5. Fotógrafo11
6. Cocinero13
7. Bailarina39

a. estudiar
b. cocinar
c. cantar
d. tocar el piano
e. sacar fotos
f. bailar
g. practicar deportes
h. pintar

●● **8** **En el parque** With a partner, describe what everyone in the illustration likes to do.

Las personas: Ana, David, Miguel y Natalia, Carlos, Elena y Francisco, Héctor, Melinda y Celia

9 **Les gusta** Susana and Alberto like to participate in certain activities together, but prefer to do other things alone. First listen to what they say and decide who likes to do the activity mentioned. After you listen, use the verbs indicated to create a sentence saying who likes to do what. Follow the models.

MODELOS: *(A Susana y a Alberto) Les gusta bailar.*

	Susana	Alberto	Susana y Alberto
bailar			x

(A Susana) Le gusta caminar en el parque.

	Susana	Alberto	Susana y Alberto
caminar en el parque	x		

	Susana	Alberto	Susana y Alberto
1. hablar por teléfono			
2. cocinar comida mexicana			
3. sacar fotos			
4. navegar por Internet			
5. tocar la guitarra			

10 **Mi amigo hispanohablante** You have a Spanish-speaking friend who is coming to visit you today. You want to let him know what activities you and your friends like to do so he can think about which activities he'd like to do with you. Write a note to post on your door that tells your friend what you and your friends typically like to do and where, so that when he arrives, he can decide what he wants to do with you.

1. First fill out the following chart to help you organize the information. Here are some possible locations: **el parque, el gimnasio, el restaurante, la cafetería, la residencia estudiantil, la biblioteca, la discoteca, el café, la oficina** *(office)*.

Me gusta...	Nos gusta...	¿Dónde?

2. Once you complete the chart, use the information to write a note to your friend, telling what you and your friends like to do and where, so that he can make plans to join you or not.

Interactive Practice / Ace the Test

Gramática útil ③
Describing yourself and others: Adjective agreement

Cómo usarlo

Find at least three adjectives in this advertisement from a Spanish magazine. What nouns do they modify?

¿una revista sobre libros... y divertida?

¡intolerable!

Un contenido aún más ameno y divertido

As you learned in **Chapter 1,** Spanish nouns must agree with definite and indefinite articles in both gender and number. This agreement is also necessary when using Spanish adjectives. Their endings change to reflect the number and gender of the nouns they modify.

Anilú es **delgada.**	Anilú is **thin.**
Sergio y Beto son **inteligentes.**	Sergio and Beto are **intelligent.**
Sergio es un hombre **alto.**	Sergio is a **tall** man.
Dulce y Anilú son mujeres **jóvenes.**	Dulce and Anilú are **young** women.

Notice that in these cases the adjectives go *after* the noun, rather than before, as in English.

Cómo formarlo

 Video Tutorial

 Flashcards

Lo básico

- *A descriptive adjective* is a word that describes a noun. It answers the question *What is . . . like?*

- *To modify* is to limit or qualify the meaning of another word. A descriptive adjective *modifies* a noun by specifying characteristics that apply to that noun: **un estudiante** vs. **un estudiante inteligente.**

1. If an adjective is used to modify a masculine noun, the adjective must have a masculine ending. If it is used to modify a feminine noun, it must have a feminine ending.

- The masculine ending for adjectives ending in **-o** is the **o** form.
- The feminine ending for adjectives ending in **-o** is the **a** form.
- Adjectives ending in **-e** or most consonants don't change to reflect gender.
- Adjectives ending in **-or** add **-a** to the ending for the feminine form.

Un profesor	Una profesora
simpático	simpática
interesante	interesante
trabajador	trabajadora

2. If an adjective is used to modify a plural noun or more than one noun, it must be used in its plural form.

- To create the plural of an adjective ending in a vowel, add **-s.**
- To create the plural of an adjective ending in a consonant, add **-es.**
- To create the plural of an adjective ending in **-or,** add **-es** to the masculine form and **-as** to the feminine form.

El profesor	Los profesores	Las profesoras
simpático	simpáticos	simpáticas
interesante	interesantes	interesantes
trabajador	trabajadores	trabajadoras

3. As with articles and subject pronouns, adjectives that apply to mixed groups of males and females use the masculine form.

Remember that Puerto Ricans are U.S. citizens.

4. Adjectives of nationality follow slightly different rules. These adjectives add **-a / -as** feminine endings for nationalities whose names end in **-l, -s,** and **-n.** See the nationalities in the following group for examples.

Nacionalidades		
África		
guineano(a) Guinea Ecuatorial		
Asia		
chino(a) China	**indio(a)** India	
coreano(a) Corea	**japonés, japonesa** Japón	
Australia		
australiano(a) Australia		
Centroamérica y el Caribe		
costarricense Costa Rica	**guatemalteco(a)** Guatemala	**panameño(a)** Panamá
cubano(a) Cuba	**hondureño** Honduras	**puertorriqueño(a)** Puerto Rico
dominicano(a) República Dominicana	**nicaragüense** Nicaragua	**salvadoreño(a)** El Salvador
Europa		
alemán, alemana Alemania	**francés, francesa** Francia	**italiano(a)** Italia
español, española España	**inglés, inglesa** Inglaterra	**portugués, portuguesa** Portugal
Norteamérica		
canadiense Canadá	**estadounidense** Estados Unidos	**mexicano(a)** México
Sudamérica		
argentino(a) Argentina	**colombiano(a)** Colombia	**peruano(a)** Perú
boliviano(a) Bolivia	**ecuatoriano(a)** Ecuador	**uruguayo(a)** Uruguay
chileno(a) Chile	**paraguayo(a)** Paraguay	**venezolano(a)** Venezuela

Estados Unidos is often abbreviated as **EEUU** or **EE.UU.** in Spanish. Some native speakers do not use the article **los** with **EEUU: en Estados Unidos** or **en EEUU.**

Notice the umlaut on the **ü** in **nicaragüense.** It is called a **diéresis** in Spanish. The **diéresis** is placed on the **u** in the syllables **gue** and **gui** to indicate that the **u** needs to be pronounced. Compare: **bilingüe, pingüino** and **guerra, Guillermo.**

Grande has different meanings when used *before* the noun (*great, famous*) and *after* the noun (*big, large*).

5. The descriptive adjectives you have learned so far in this chapter are almost always used *after the noun*, rather than before. Adjectives of nationality are always used after the noun.

6. Several adjectives in Spanish may be used *before* or *after* the noun they modify. Three common adjectives of this type are **bueno** (*good*), **malo** (*bad*), and **grande** (*big, large*). When **bueno** and **malo** are used before a singular masculine noun, they have a special shortened form. Whenever **grande** is used before any singular masculine or feminine noun, its shortened form **gran** is used.

un estudiante bueno	BUT:	un **buen** estudiante
una estudiante buena		una buena estudiante
un día malo	BUT:	un **mal** día
una semana mala		una mala semana
un hotel grande	BUT:	un **gran** hotel
una universidad grande	BUT:	una **gran** universidad

>> Actividades

11 **El profesor y la profesora** Say whether the description refers to **la profesora, el profesor** or if it could refer to both of them.

MODELO: Es trabajadora.
la profesora

1. Es serio.
2. Es activo.
3. Es extrovertida.
4. Es responsable.
5. Es inteligente.

6. Es cuidadosa.
7. Es paciente.
8. Es interesante.
9. Es sincera.
10. Es generoso.

12 **Marcos y María** Marcos and María are two of your best friends. They are not at all similar. Describe what they are like. Follow the model.

MODELO: Marcos es divertido.
María no es divertida. Es aburrida.

1. Marcos es paciente.
2. María es responsable.
3. Marcos es extrovertido.
4. María es perezosa.

5. Marcos es sincero.
6. María es antipática.
7. Marcos es rubio.
8. María es delgada.

13 **También** Your partner tells you that a person you both know has a certain personality or physical trait. Say that two of your friends are just like that person.

Rocío

MODELO: Compañero(a): *Rocío es alta.*
Tú: *Tomás y Marcelo también son altos.*

1. Gerardo

2. Ángela

3. Miguel

4. Carmela

5. Pablo

6. Jimena

14 **Las nacionalidades** With your partner, take turns asking the nationalities of the following people. Then mention another person of the same nationality.

MODELO: Rosario Dawson (Puerto Rico)
Tú: *¿De qué nacionalidad es Rosario Dawson?*
Compañero(a): *Es puertorriqueña.*
Tú: *¿De veras? Rosie Pérez es puertorriqueña también.*

1. Penélope Cruz y Pedro Almodóvar (España)
2. Venus y Serena Williams (Estados Unidos)
3. David Ortiz (República Dominicana)
4. Hugh Laurie (Inglaterra)
5. Gabriel García Márquez (Colombia)
6. Rigoberta Menchú (Guatemala)
7. Steffi Graf y Boris Becker (Alemania)
8. Gloria y Emilio Estefan (Cuba)

15 **Personas famosas** In groups of four or five, each person takes a turn describing a famous person. The rest of the group tries to guess who is being described.

Palabras útiles: actor (actriz), atleta, cantante, músico(a), político(a)

MODELO: Tú: *Es actriz. Es estadounidense. Es alta, delgada y rubia. Es muy inteligente y simpática. Habla inglés, francés y español. ¿Quién es?*
Grupo: *Es Gwyneth Paltrow.*

16 **Los anuncios personales**

1. Look at the Spanish-language personal ads on the next page. Don't worry if you can't understand every word; just focus on getting the main idea.
2. Discuss the ads with a classmate. Play matchmaker. Who would you pair up? Why?

MODELO: *(Nombre 1) es bueno(a) para... (Nombre 2), porque (because)...*

Palabras útiles: soltero(a): *single;* **estatura:** *height;* **fines:** *intentions;* **cajón:** *mailbox;* **tez:** *skin, complexion;* **casarme:** *to get married;* **hogar:** *home;* **desear:** *to want;* **conocer:** *to meet;* **disfrutar la vida:** *to enjoy life*

Encuentros

Las mujeres

- **Ana Lilla Flores Ramírez.** Educadora, soltera, 23 años, de estatura mediana, delgada, cubana, de tipo polinesio. Me gustan los hombres altos y delgados de Estados Unidos, Canadá o Europa, con profesión estable y fines matrimoniales. **Cajón M2398-1.**
- **Marisa Fernández.** Médica, divorciada, 26 años, guapa, de tez castaña. Soy una chica de sentimiento positivo. Me gusta el estudio y el trabajo, pero también me gusta hacer deportes. Corro en maratones. Busco hombre francés, canadiense, alemán o norteamericano para casarme y formar un hogar feliz. **Cajón M2258-0.**
- **Gladiz Torres.** Intérprete, soltera, 20 años, atractiva, sincera. Deseo correspondencia con un hombre de buen carácter y de 20 a 40 años, atractivo, con fines serios y posición estable. **Cajón M2291-3.**

Encuentros

Los hombres

- **Guillermo Bustamante.** Soltero, 24 años, atractivo, sincero, busco mujer con fines matrimoniales. No importa si es divorciada o tiene hijos. No soy machista ni egoísta. Tengo una posición buena y muy económica. Me gusta sacar fotos, hacer deporte, caminar y conversar. **Cajón M3294-2.**
- **Selim Quintero.** Divorciado. Tengo dos hijos. 23 años. Deseo conocer a una mujer seria para casarme y formar un hogar. Soy serio y responsable, de nacionalidad hispano-árabe. Me gusta escuchar música y tocar la guitarra y el violín. **Cajón M3629-1.**
- **Efraín Ramos.** Soy un hombre español, residente en Estados Unidos. Tengo 21 años. Soy estudiante. Busco una mujer activa para hacer deportes, patinar, bailar y disfrutar la vida. Ella tiene que ser delgada, alta y muy atlética. **Cajón M2029-9.**

●● **17** **Tus cualidades** You want to write your own personal ad for an online matchmaking site or for a newspaper or magazine. First, make a list of the qualities you wish to include. If you want to, include a physical description. Then make a list of all of your favorite activities. Exchange your lists with a classmate and suggest changes you think would be helpful.

♣♣ **18** **Tu anuncio personal** Now, using the information you listed in **Activity 17,** write your own personal ad. Present yourself as positively as possible. In groups of three or four, exchange your ads and see if you can guess whose ad is whose. If possible, as a follow-up, post your ad on the class website under a false name and see if others can guess who it is.

Web Search /
Interactive Practice /
Ace the Test

¿Qué te gusta hacer? **63**

¡Explora y exprésate!

Exploraciones culturales

Hispanos en Norteamérica

La identidad bilingüe Look at the following article, divided into five lettered paragraphs. Try to get the gist of each, and don't worry about understanding every word.

¿Adivinaste? Answers to the questions on page 39: 1. c 2. b 3. b

Doble identidad: Los latinos en Estados Unidos y Canadá

A. Los cinco grupos de latinos de mayor número en Norteamérica son los mexicoamericanos (o los chicanos), los puertorriqueños, los cubanoamericanos, los dominicanos y los salvadoreños. Cada grupo tiene una historia larga y distinta. Sin embargo, tienen en común la doble identidad del bilingüe.

B. Nueva York es el hogar de más de un millón de puertorriqueños. El Museo del Barrio en la Quinta Avenida, La Marqueta en el Este de Harlem, el Desfile Puertorriqueño de Nueva York y el "Nuyorican Poets Café" son testimonios de la vida bicultural de los "Nuyoricans".

C. En Miami, la pequeña Habana es el centro cultural de la vida cubanoamericana. Un 50% de los cubanoamericanos de Estados Unidos vive en el condado de Miami-Dade. Aquí se escucha español en las tiendas, los restaurantes, los mercados y los cafés. En la pequeña Habana, la vida tiene un ritmo especial gracias a la influencia cubanoamericana.

D. Los mexicoamericanos (o los chicanos) son una parte integral de la vida norteamericana en el suroeste de EEUU. En las fronteras de Texas, en las ciudades de California y en las comunidades de Nuevo México, Arizona, Nevada y Colorado existe un ambiente bicultural y bilingüe en las áreas del arte, el teatro, la literatura, la televisión, la radio y la cocina, ¡por supuesto!

E. En el área metropolitana de Toronto viven más de 300.000 hispanos de varios países hispanohablantes. Aunque la población de hispanos en Canadá es más pequeña que la de EEUU, cada año la población va creciendo. Recientemente, el número de hispanos en Canadá ha aumentado un 6% cada año. Debido a este crecimiento dramático, una red televisiva mexicana, TV Azteca, ofrece programación en español en Canadá.

Datos del texto Now, read each sentence on the next page and decide which paragraph it relates to (A, B, C, D, or E).

El Desfile Puertorriqueño es causa de celebración para los puertorriqueños de Nueva York.

Unas personas toman café en la pequeña Habana.

En Los Ángeles, un niño chicano juega *(plays)* béisbol cerca de un mural del artista Óscar Zender.

Esta mujer hispana vive en Canadá y trabaja en un restaurante mexicano allí.

1. La existencia bicultural de los puertorriqueños es muy evidente en la ciudad de Nueva York.
2. Los cinco grupos más grandes de habla española en EEUU tienen en común la identidad bilingüe, pero no la historia nacional.
3. Hay un canal de televisión en español que transmite programas en Canadá.
4. Los **nuyoricans** son puertorriqueños que viven *(live)* en Nueva York.
5. Hay restaurantes cubanos en Miami.
6. La cultura mexicoamericana tiene mucha influencia en la parte suroeste de EEUU.
7. En la sección de Miami que se llama la pequeña Habana, hay una atmósfera cubanoamericana muy distinta.
8. **Chicano** es otro nombre para una persona mexicanoamericana.

 Interactive Practice

>> Conexión cultural

Watch the cultural segment that concludes this chapter's video. Then in groups of three or four, answer the following questions:

1. ¿Cómo saludas a tus amigos y a los miembros de tu familia? ¿Con un beso *(kiss)*? ¿Con un abrazo *(hug)*?
2. Cuando te reúnes *(you get together)* con ellos, ¿qué les gusta hacer?

>> ¡Conéctate! Web Links

Práctica In recent years, magazines and newspapers targeted at the Latino market in North America have proliferated. Spanish has also become a major force in the television industry.

1. Divide into groups of three. Choose one of the following to investigate: Spanish-language magazines, newspapers, or television stations in Canada and the U.S.
2. Follow the links on the *Nexos* website to see a list of suggested websites. Use the information there to answer the following questions about your chosen category.

- ¿Cuáles son los nombres de dos revistas *(magazines)*, periódicos *(newspapers)* o canales de televisión?
- ¿Cuántas personas leen *(read)* o miran cada uno? ¿Cómo es la audiencia principal?
- ¿Qué secciones o programas principales tiene cada uno?

3. Put together your group's findings and prepare a short presentation to give to the class.

>>Tú en el mundo hispano

To explore opportunities to use your Spanish to study, volunteer, or do internships in the U.S. and Canada, follow the links on the *Nexos* website.

♪ Ritmos del mundo hispano

To listen to Hispanic music popular in North America, follow the links on the *Nexos* website.

A leer

Antes de leer

For more on using a bilingual dictionary, see the **A escribir** section of the *Student Activities Manual*.

① *People en español* is a monthly magazine that focuses on famous Latinos in the U.S., as well as Spanish speakers from other countries. Its feature **"Dime la verdad"** (*"Tell me the truth"*) always poses a question to a number of well-known Spanish speakers and asks them to answer it. Here they ask, "How are you similar to your mother **(madre)**?"

1. Look at the quotes of the five people featured. Are there any words that you don't know? If so, what are they?

2. Can you guess from context any of the words you identified? For example, Chef Pepín has a television show called "**La cocina de Chef Pepín.**" Based on the knowledge that he is a chef, and having learned the verb **cocinar**, what might the word **cocina** mean?

3. Of the remaining words, how many do you really need to know in order to understand the basic idea of what the person is saying—how he or she is like his or her mother? With a partner, decide if the words are necessary to get the main idea.

If **era** is one of the words you have left, it will be hard to find in the dictionary. It is a past-tense form of **ser** meaning *I was, he / she was, you (form.) were.*

② Now that you have narrowed your list of unknown but key words down to one or two, look them up in the dictionary. Be sure to read all the English definitions. Which one(s) fit(s) best in the context of the article?

Lectura

Dime la verdad

¿En qué crees que te pareces a tu madre?

CHRIS ARMAS
futbolista, *Chicago Fire y Selección Nacional de Estados Unidos* "Los dos somos personas reservadas y generosas".

DANIELA LUJÁN
actriz, *El diario de Daniela* "Tenemos el mismo carácter. Como a ella, a mí me gusta mandar".

CHEF PEPÍN
La cocina del chef Pepín
"De mi mamá aprendí a cocinar y también a cultivar el amor por la cocina".

BOB VILA
Bob Vila's Home Again
"Soy muy franco como lo era ella".

LESLEY ANN MACHADO
presentadora, *Control*
"Yo soy super perfeccionista y ella también".

LUJÁN: LUZ MONTERO, ARMAS: ANDY LYONS/ALLSPORT; PEPÍN: CORTESÍA DEL CHEF PEPÍN; MACHADO: CORTESÍA DE UNIVISIÓN; VILA: BRIAN SMITH/OUTLINE

3 Now, as you read the entire article, complete the following chart with the information that says how each person is like his or her mother.

Chris Armas	Daniela Luján	Bob Vila	Chef Pepín	Lesley Ann Machado

Después de leer

4 Look at the drawing and, with a partner, describe how the mother and her children are similar and how they are different. Follow the model.

MODELO: *La madre es... y Mariela también es...*
           La madre es..., pero Mario es...

5 With a partner, discuss how you are similar to and different from your mother or other family members. Follow the models and use the list of family members as necessary.

MODELO: with **ser:**   *Mi madre y yo...*
                            Mi madre..., pero (but) yo...
           with **gustar:** *Nos...*
                            A mí..., pero a mi madre...

> You will learn more names for family members in **Chapter 5.**

Otros parientes: padre: *father;* **hermano:** *brother;* **hermana:** *sister;* **primo(a):** *cousin;* **tío:** *uncle;* **tía:** *aunt;* **abuelo:** *grandfather;* **abuela:** *grandmother*

>> ¡Fíjate! >>

El Día de las Madres

In the United States, Mother's Day is usually a simple celebration marked by gifts and cards for Mom and perhaps breakfast in bed or dinner out. However, in many Spanish-speaking cultures, this holiday takes on a much greater importance. In Mexico, for example, **El Día de las Madres** is a much bigger celebration than the more internationally famous **Cinco de Mayo.**

Because Mexico has its religious origins in both indigenous religions and Catholicism, the idea of the Madonna or mother figure has particular resonance there.

In addition to giving cards and presents, many Mexican families also make pilgrimages to the Basilica of Guadalupe in Mexico City. Some hire **mariachi** bands to play mournful songs at their mother's graves or sing themselves. Traditional celebrations include closing offices and factories, presenting concerts and pageants in the schools, and enjoying lengthy lunch-time celebrations. Throughout Southern California, many immigrant families follow these traditions and even bring their mothers from Mexico for the occasion.

Some Mexican feminists and sociologists see a downside to the intensity of these celebrations: once the mother is put on a pedestal, she is no longer a real person with flaws, needs, and aspirations. The cult of motherhood places Mexican and Mexican-American women at a cultural crossroads, standing between the old-fashioned Mexican mother and the more liberated working woman who juggles motherhood and a career.

Regardless of one's viewpoint, as the Spanish saying goes: **Madre sólo hay una** and **El Día de las Madres** is the day to express your feelings, regardless of your nationality or the type of celebration you choose.

Web Search
Web Links

La Virgen de Guadalupe es la santa religiosa y figura de la madre más importante de todo México.

Práctica Discuss the following questions in groups of three or four.

1. ¿Qué diferencias hay entre las celebraciones de México y las de EEUU? Indica los aspectos de la celebración que se asocian con México (M), con EEUU (E) o con los dos (D).

_____ **más (+) importante**   _____ **menos (-) importante**

_____ **visita al cementerio**   _____ **regalos** (*gifts*)

_____ **tarjetas** (*cards*)   _____ **cenar en un restaurante**

_____ **mariachis u otra música**   _____ **no hay trabajo**

_____ **espectáculos en las escuelas** (*schools*)   _____ **una celebración religiosa**

2. Miren el artículo en la página 67 (**Dime la verdad**). Según ustedes, ¿es común que los hombres de los EEUU se comparen con sus madres?

3. Según ustedes, ¿tiene la religión alguna influencia en la representación de la madre en la sociedad estadounidense?

> Notice the **u** in the phrase **mariachis u otra música.** In Spanish, the conjunction **o** (*or*) changes to a **u** when it precedes another word beginning with the letter **o.** This change occurs for pronunciation reasons: it avoids the repetition of the **o** sound.
>
> septiembre **u** octubre
>
> siete **u** ocho

Vocabulario

Para expresar preferencias
To express preferences

¿Qué te gusta hacer?	*What do you like to do?*
A mí me gusta...	*I like . . .*
A ti te gusta...	*You like . . .*
A... le gusta...	*You / He / She like(s) . . .*
A... les gusta...	*You (pl.) / They like . . .*
¿Y a ti?	*And you?*

alquilar videos	*to rent videos*
bailar	*to dance*
caminar	*to walk*
cantar	*to sing*
cocinar	*to cook*
escuchar música	*to listen to music*
estudiar en la biblioteca / en casa	*to study at the library / at home*
hablar por teléfono	*to talk on the phone*
levantar pesas	*to lift weights*
mirar televisión	*to watch television*
navegar por Internet	*to surf the Internet*
patinar	*to skate*
pintar	*to paint*
practicar deportes	*to play sports*
sacar fotos	*to take photos*
tocar un instrumento musical	*to play a musical instrument*
la guitarra	*the guitar*
el piano	*the piano*
la trompeta	*the trumpet*
el violín	*the violin*
tomar un refresco	*to have a soft drink*
tomar el sol	*to sunbathe*
trabajar	*to work*
visitar a amigos	*to visit friends*

Para describir *To describe*

¿Cómo es?	*What's he / she / it like?*
muy	*very*

Características de la personalidad
Personality traits

aburrido(a)	*boring*
activo(a)	*active*
antipático(a)	*unpleasant*
bueno(a)	*good*
cómico(a)	*funny*
cuidadoso(a)	*cautious*
divertido(a)	*fun, entertaining*
egoísta	*selfish, egotistic*
extrovertido(a)	*extroverted*
generoso(a)	*generous*
impaciente	*impatient*
impulsivo(a)	*impulsive*
inteligente	*intelligent*
interesante	*interesting*
introvertido(a)	*introverted*
irresponsable	*irresponsible*
malo(a)	*bad*
mentiroso(a)	*dishonest, lying*
paciente	*patient*
perezoso(a)	*lazy*
responsable	*responsible*
serio(a)	*serious*
simpático(a)	*nice*
sincero(a)	*sincere*
tímido(a)	*shy*
tonto(a)	*silly, stupid*
trabajador(a)	*hard-working*

Características físicas *Physical traits*

alto(a)	*tall*
bajo(a)	*short*
delgado(a)	*thin*
feo(a)	*ugly*
gordo(a)	*fat*
grande	*big, great*
guapo(a)	*handsome, attractive*
joven	*young*
lindo(a)	*pretty*
pequeño(a)	*small*
viejo(a)	*old*
Es pelirrojo(a) / rubio(a).	*He / She is redheaded / blond.*
Tiene el pelo negro / castaño / rubio.	*He / She has black / brown / blond hair.*

Nacionalidades *Nationalities*

alemán (alemana)	*German*
argentino(a)	*Argentinian*
australiano(a)	*Australian*
boliviano(a)	*Bolivian*
canadiense	*Canadian*
chileno(a)	*Chilean*
chino(a)	*Chinese*
colombiano(a)	*Colombian*
coreano(a)	*Korean*
costarricense	*Costa Rican*
cubano(a)	*Cuban*
dominicano(a)	*Dominican*
ecuatoriano(a)	*Ecuadoran*
español (española)	*Spanish*
estadounidense	*U.S. citizen*
francés (francesa)	*French*
guatemalteco(a)	*Guatemalan*
hondureño(a)	*Honduran*
indio(a)	*Indian*
inglés (inglesa)	*English*
italiano(a)	*Italian*
japonés (japonesa)	*Japanese*
mexicano(a)	*Mexican*
nicaragüense	*Nicaraguan*
panameño(a)	*Panamanian*
paraguayo(a)	*Paraguayan*
peruano(a)	*Peruvian*
portugués (portuguesa)	*Portuguese*
puertorriqueño(a)	*Puerto Rican*
salvadoreño(a)	*Salvadoran*
uruguayo(a)	*Uruguayan*
venezolano(a)	*Venezuelan*

Palabras útiles

Los verbos

acabar de *(+ inf.)*	*to have just done something*
apagar	*to turn off*
buscar	*to look for*
cenar	*to eat dinner*
comprar	*to buy*
dejar	*to leave*
dejar de *(+ inf.)*	*to stop (doing something)*
descansar	*to rest*
llamar	*to call*
llegar	*to arrive*
necesitar	*to need*
pasar	*to pass (by)*
preparar	*to prepare*
regresar	*to return*
usar	*to use*

Otras palabras

los fines de semana	*weekends*
los viernes	*Fridays*
los sábados	*Saturdays*
los domingos	*Sundays*
el gato	*cat*
el perro	*dog*
pero	*but*
también	*also*
tampoco	*neither*

¿Qué clases vas a tomar?

> Investigaciones

"Los campos *(fields)* de estudio más populares de un país *(country)* o región frecuentemente representan los valores *(values)* de esa sociedad".

En tu opinión, ¿es cierta o falsa esta idea? ¿Representa tus valores tu campo de estudio? Observa la tabla de la página 73. ¿Cuáles son los campos de estudio más populares de cada país? ¿Qué diferencias hay?

Estos estudiantes conversan y trabajan en la computadora antes de ir a clase.

> Communication

By the end of this chapter you will be able to
- talk about courses and schedules and tell time
- talk about present activities and future plans
- talk about possessions
- ask and answer questions

> Cultures

By the end of this chapter you will have learned about
- Puerto Rico, the Dominican Republic, and Cuba
- the 24-hour clock
- three unusual schools in the Caribbean

¿Cuántas clases tienes?

¡Prefiero hablar de mi tiempo libre!

>Los datos

Indica si los siguientes comentarios son ciertos o falsos, según la información de la tabla.

Campos de estudio	Cuba (%)	República Dominicana (%)	Estados Unidos / Puerto Rico (%)
Educación	45,9	11,6	7,0
Humanidades	1,7	6,3	13,0
Ciencias sociales / Negocios	7,1	31,1	30,1
Ciencias naturales	17,2	10,0	17,2
Ciencias médicas	16,2	6,0	10,3
Otros	11,9	35,0	22,4

❶ La educación es el campo de estudio más popular en EEUU.

❷ El campo de estudio menos popular en Cuba es la educación.

❸ Las ciencias sociales y los negocios son los campos de estudio más populares en EEUU y la República Dominicana.

>¡Adivina!

¿Qué sabes de Cuba, la República Dominicana y Puerto Rico? (Las respuestas están en la página 98.)

❶ ¿Cuál es el más pequeño? ¿Y el más grande?

❷ ¿Cuáles tienen una influencia africana muy importante?

❸ ¿Dónde se originó (originated) la música merengue? ¿la rumba y el mambo? ¿la bomba y la plena?

OCÉANO ATLÁNTICO

La Habana

LA REPÚBLICA DOMINICANA

CUBA

San Juan

Santo Domingo

PUERTO RICO

¡Imagínate!

Vocabulario útil ①

`00:00:00`

CHELA: Para empezar, dime, ¿cuántas clases tienes?

ANILÚ: Ay, ¡qué aburrido!, ¿no crees? Si voy a salir por Internet, quiero hacer más que recitar mis clases: **computación, diseño gráfico, psicología,** bla, bla, bla...

CHELA: Comprendo que no son las preguntas más interesantes del mundo, pero...

ANILÚ: Prefiero hablar de mi tiempo libre, los **sábados,** por ejemplo.

> Notice that many of the courses of study are cognates of their English equivalents. Be sure to notice the difference in spelling, accentuation, and pronunciation, for example: **geografía:** *geography*.

Campos de estudio

Los cursos básicos

la arquitectura
las ciencias políticas
la economía
la educación
la geografía
la historia
la ingeniería
la psicología

Las humanidades

la filosofía
las lenguas / los idiomas
la literatura

Las lenguas / Los idiomas

el alemán
el chino
el español

el francés
el inglés
el japonés

Las matemáticas

el cálculo
la computación / la informática
la estadística

Las ciencias

la biología
la física
la medicina
la química (*chemistry*)
la salud (*health*)

Los negocios

la administración de empresas

la contabilidad (*accounting*)
el mercadeo (*marketing*)

La comunicación pública

el periodismo (*journalism*)
la publicidad

Las artes

el arte
el baile
el diseño gráfico
la música
la pintura

Lugares en la universidad

¿Dónde tienes la clase de...?	*Where does your . . . class meet?*
En el centro de computación.	*In the computer center.*
...el centro de comunicaciones.	*. . . the media center.*
...el gimnasio.	*. . . the gymnasium.*
la cafetería	*the cafeteria*
la librería	*the bookstore*
la residencia estudiantil	*the dorm*

Notice that the week begins on Monday in most Spanish-speaking countries. Also notice that the days of the week are not capitalized in Spanish as they are in English.

To say that something happens *on a* certain day, use the singular article with the day of the week: **La fiesta va a ser** *el* **sábado.**

 Flashcards

To say that something happens on the same day every week, use the plural article with the day of the week: *Los* **sábados visito a mi madre.**

Los días de la semana

lunes	martes	miércoles	jueves	viernes	sábado	domingo
8	9	10	11	12	13	14

>> Actividades

1 **Las carreras** Say what course you would take if you were interested in a certain career.

MODELO: journalist
el periodismo

1. psychologist
2. accountant
3. software programmer
4. architect
5. graphic designer
6. teacher

2 **Las clases de Mariana** With a partner, say on which days Mariana has each of her classes, based on her class schedule.

MODELO: economía
Mariana tiene economía los lunes, los miércoles y los viernes.

1. psicología
2. literatura
3. francés
4. contabilidad
5. pintura
6. música

	lunes	martes	miércoles	jueves	viernes
8:00	economía		economía		economía
10:00	psicología	literatura	psicología	literatura	
11:30	francés	francés	francés	francés	francés
3:00		contabilidad		contabilidad	
4:00	pintura		música	pintura	música

3 **Mis clases** Fill out a page from your agenda with your class schedule. Include days, times, and locations. Then, with a partner, ask each other questions about each day of the week. Be sure to save your schedule for later activities.

MODELO: Tú: *¿Qué clases tienes los lunes?*
Compañero(a): *Los lunes tengo psicología, arte y computación.*

4 **¿Dónde?** Ask your partner where he / she does certain activities.

MODELO: levantar pesas
Tú: *¿Dónde levantas pesas?*
Compañero(a): *En el gimnasio.*

1. visitar a tus amigos
2. navegar por Internet
3. escuchar los CDs de la clase de español
4. practicar deportes

5. comprar libros
6. vivir
7. tener clase de baile
8. estudiar

Interactive Practice / Ace the Test

>> ¡Fíjate! >> Web Links

El reloj de veinticuatro horas

The 24-hour clock is used globally, and in all Spanish-speaking countries, for schedules and official times. The system is based on counting the hours of the day from zero through twenty-four. The first twelve hours of the day (from midnight until noon) are represented by the numbers 0–12. Any time after noon is represented by that time + 12. The **h** after the time stands for **horas.**
For example:

1:00 P.M. = 1:00 + 12 = 13:00h
2:30 P.M. = 2:30 + 12 = 14:30h
5:45 P.M. = 5:45 + 12 = 17:45h

The 24-hour clock is almost always used in written form. In conversation, Spanish speakers use the 12-hour format, adding **de la mañana, de la tarde,** and **de la noche** for clarification.

Práctica With a partner, look at the schedules that you used in **Activity 3**. Convert the times on your schedules to hours on the twenty-four-hour clock. Follow the model.

MODELO: Tú: *Mi (My) clase de matemáticas es a las 3:00 de la tarde.*
Compañero(a): *Tu (Your) clase de matemáticas es a las 15:00 horas.*

Vocabulario útil ②

00:00:00

CHELA:	¿Qué haces los sábados?
ANILÚ:	**Por la mañana,** corro por el parque. **A las dos de la tarde,** tengo clase de danza afrocaribeña.
CHELA:	¿Y **por la noche**?
ANILÚ:	Por la noche escucho música con mis amigos o vamos al cine o a un restaurante.
CAMARÓGRAFO:	Uy, **¿qué hora es?** ¡Tengo que irme!
CHELA:	Pero, ¿adónde vas? ¡Necesito otra entrevista!
CAMARÓGRAFO:	¡Tengo clase **a las once**!
CHELA:	**Son las once menos cuarto.** Espera un minuto, por favor.

Para pedir y dar la hora   *To ask for and give the time*

¿Qué hora es?   *What time is it?*

Compare the following two questions and responses.

¿Qué hora es? *(What time is it?)*

Es la una. *(It's one o'clock.)*

¿A qué hora es la clase de español? *([At] what time is Spanish class?)*

Es a la una. *(It's at one o'clock.)*

Es la una.

Son las dos.

**Son las cinco y cuarto.
Son las cinco y quince.**

Son las cinco y media.

Son las cinco y diez.

Son las cinco menos cuarto. Faltan quince para las cinco.

—**¿Tienes tiempo** para tomar un café?
—**Sí, es temprano.** / —¡Ay, no, **ya es muy tarde**!

¿Qué clases vas a tomar?   **77**

Flashcards

De la mañana is used for the morning hours between midnight and noon. De la tarde is used for daylight hours after noon. De la noche is used only for nighttime hours. These hours vary from country to country, given that in some countries it gets dark earlier or stays light later.

Compare the use of de and por in the following sentences.

La clase es a las diez de la mañana.

En general estudio por la mañana.

Note that you use de la mañana / tarde / noche to give a specific time of day. You use por la mañana / tarde / noche to give a more general time frame.

Mañana, tarde o noche *Morning, afternoon, or night*

Mira el reloj para decir la hora. *Look at the clock to tell the time.*

Son las ocho de la mañana.

Son las tres de la tarde.

Son las nueve de la noche.

Es mediodía.	*It's noontime*
Es medianoche.	*It's midnight.*
Es tarde.	*It's late.*
Es temprano.	*It's early.*

>> Actividades

5 **¿Qué hora es?** Ask your partner what time it is. He / She will tell you what time it is. Take turns asking the time.

MODELO: 1:00 P.M.
            Tú: *¿Qué hora es?*
            Compañero(a): *Es la una de la tarde.*

1. 3:15 P.M.	**3.** 10:30 A.M.	**5.** 6:55 A.M.
2. 2:45 P.M.	**4.** 12:00 noon	**6.** 9:25 P.M.

6 **Mi horario** Get out the agenda page that you completed for **Activity 3.** Ask your partner about his / her class schedule. You name a day and a time, and your partner tells you what class he / she has at that time. Talk about all five days of the week.

MODELO: Tú: *Es lunes y son las diez de la mañana.*
            Compañero(a): *Tengo clase de cálculo.*

7 **Tu horario** Exchange your agenda page with your partner. Your partner names a day and a time, and you tell him / her where he / she is at that time. Take turns with each other's schedules.

MODELO: Compañero(a): *Es viernes y son las dos de la tarde. ¿Dónde estoy?*
            Tú: *Estás en la clase de danza afrocaribeña.*

Interactive Practice / Ace the Test

Vocabulario útil ❸

00:00:00

CHELA:	¿Así que te gustan más los fines de semana que los días de **entresemana**?
ANILÚ:	Pues sí, por supuesto. Los fines de semana son mucho más divertidos. Ay, **es tarde.** Yo también tengo clase a las once.
CHELA:	Gracias por la entrevista....
ANILÚ:	Oye, ¿cuándo sale la entrevista en la red?
CHELA:	**Mañana.**

Para hablar de la fecha

¿Qué día es hoy?
Hoy es martes treinta.

What day is today?
Today is Tuesday the 30th.

¿A qué fecha estamos?
Es el treinta de octubre.
Es el primero de noviembre.

What is today's date?
It's the 30th of October.
It's the first of November.

¿Cuándo es el Día de las Madres?
Es el doce de mayo.

When is Mother's Day?
It's May 12th.

el día
la semana
el fin de semana
el mes
el año
todos los días
entresemana

day
week
weekend
month
year
every day
during the week / on weekdays

ayer
hoy
mañana

yesterday
today
tomorrow

 Flashcards

>> Actividades

8 **¿Qué es?** Say what each of the following time periods are.

MODELO: febrero
          el mes

1. enero
2. sábado y domingo
3. 2012
4. el 7 de septiembre
5. 7 de noviembre a 14 de noviembre
6. hoy

9 **Las fechas** Form pairs and look at a current yearly calendar. Your professor will give each team five minutes to answer the following questions. Write out your answers in Spanish. There are some words that you might not know. Try to guess at their meaning, but don't let it hold you up!

1. ¿Qué día de la semana es Navidad (25 de diciembre) este año?
2. ¿Qué día de la semana es el Día de la Independencia (4 de julio) este año?
3. ¿Qué día de la semana es el Día de los Enamorados (14 de febrero) este año?
4. ¿A qué fecha estamos? ¿Cuándo es el próximo *(next)* examen de español?
5. ¿Cuándo son las próximas vacaciones? ¿Qué día regresan los estudiantes de las próximas vacaciones?

10 **Fechas importantes** Write out in Spanish ten to fifteen dates that are important for you. Then transfer them to your calendar. The following are some examples of the dates you might include.

los cumpleaños de los miembros de mi familia
los cumpleaños de mis amigos
el Día de las Madres
el Día del Padre
las fechas de las vacaciones
el aniversario de...
las fechas de mis exámenes finales

Interactive Practice /
Ace the Test

Voces de la comunidad

 Web Links

NAME Erick Carreira

66 Though English is the international language of science, as a bilingual Hispanic, I take great pleasure and pride in my ability to communicate with my colleagues throughout Latin America and Spain, in my native language—Spanish. My Hispanic identity has enabled me to forge alliances with these colleagues that extend beyond the confines of science to encompass a long and rich array of shared cultural, social, and personal experiences. 99

66 Estudiar, aprender y explorar son actividades esenciales para mi felicidad y satisfacción personal. En mi opinión, estas actividades forman parte de un instinto exploratorio que define a los seres humanos. 99

Erick José Carreira es investigador y profesor de química en el Instituto ETH, un centro de investigaciones científicas en Zurich, Suiza. Este cubanoamericano recibe fama internacional por su trabajo relacionado con el colesterol. Tiene un doctorado en química de la Universidad de Harvard. Sus honores académicos incluyen el Premio Nóbel Signature, el Premio Pecase de la Fundación Nacional de Ciencias (NSF) y el premio Thieme-IUPAC de la Unión Internacional de Química Pura y Aplicada. Entre sus últimas publicaciones figura el libro *Classics in Stereoselective Synthesis*, publicado en el 2007.

A Erick Carreira, ¿qué le gusta hacer? What do you like to do? How do your studies reflect your interests and career choice?

Antes de ver el video

1 Look at the **Vocabulario útil** sections on pages 74, 77, and 79 and identify the three main characters you see in the photographs. Then match the person on the left with their concern on the right.

1. _____ Chela   a. Tiene que ir a clase.

2. _____ camarógrafo   b. Busca información sobre la vida universitaria.

3. _____ Anilú   c. Prefiere hablar sobre los fines de semana.

2 The following is a list of key words that are used in the video. Quickly review this list.

la entrevista	*the interview*	**transmitir**	*to transmit*
la red	*the Web, the Internet*		

3 It is obvious from the list in **Activity 2** that the video segment will probably include an interview. Write a list of five questions that you might ask a university student in an interview for your university's web page.

MODELO: *¿Cómo te llamas?*   *¿Cuándo...?*
          ¿Qué...?

Estrategia

Using body language to aid in comprehension

In video, as in life, you can gain insight by observing the body language of the person speaking. Even if you don't understand every word that you hear, you can get clues to a person's meaning by watching facial expressions, gestures, hand movements, and overall body motion. If you ask a woman a question and she shrugs and walks away, her meaning is clear even if she hasn't uttered a single word.

The deciphering of body language is an automatic habit all people use in their daily interactions. This skill, which you have already developed through your day-to-day interactions with other people, will come in handy as you try to understand the characters in the video.

As a previewing strategy to help guide your comprehension of the video segment, read the items in **Activity 4** on page 83 *before* you view the video.

El video

Now watch the video segment for **Chapter 3** without sound. Pay special attention to the body language of the characters as you watch.

1. What do you think Chela is asking the students that are walking by? Are they responding positively or negatively to her?

2. What do you think Anilú is like?

3. What does the cameraman's body language indicate?

Después de ver el video

4 Say whether or not the following statements are true **(cierto)** or false **(falso)**, based on your observation of the characters' body language in the segment.

1. Muchos estudiantes prefieren no participar en la entrevista con Chela.
2. Chela indica algo *(something)* al estudiante con la cámara.
3. El estudiante con la cámara no tiene prisa *(is not in a hurry)*.
4. Chela es una persona muy responsable y trabajadora.
5. Anilú observa a Javier (el estudiante que aparece al final del segmento) con mucho interés.

5 Now, watch the video again with sound. Use the information you gathered from observing body language, along with what you understood from listening to the video, to complete the following statements.

1. En la opinión del estudiante con la cámara y de Anilú, el tema del programa de Chela es _____.
2. Anilú tiene clases de computación, diseño gráfico y _____.
3. Los _____, Anilú corre en el parque.
4. Los sábados por la noche, Anilú escucha música con amigos o va al _____ o a un restaurante.
5. El estudiante con la cámara tiene clase a las _____.

6 Watch the video segment again. With a partner, make a list of the questions that Chela asks Anilú in her interview. Then interview two or three of your classmates, asking them those questions.

7 With a partner, dramatize one of the following situations.

- You are the reporter and you are attracted to the interviewee. Try to get the interviewee's phone number.
- You are the interviewee and you are attracted to the cameraman. Try to get the cameraman's phone number.
- You are the interviewee and you don't like the reporter's attitude. Try to evade the reporter's questions.

Interactive Practice /
Ace the Test

Gramática útil ①

Asking questions: Interrogative words

Cómo usarlo

You have already seen, learned, and used a number of interrogative words to ask questions. **¿Cómo te llamas?**, **¿Cuál es tu dirección electrónica?**, **¿Dónde vives?**, and **¿Qué tal?** are all questions that begin with interrogatives: **cómo, cuál, dónde, qué.**

As in English, we use interrogatives in Spanish to ask for specific information. Here are the Spanish interrogatives.

¿Cuál(es)?	*What? Which one(s)?*	**¿Dónde?**	*Where?*
¿Qué?	*What? Which?*	**¿Adónde?**	*To where?*
¿A qué hora?	*(At) What time?*	**¿De dónde?**	*From where?*
¿De qué?	*About what? Of what?*	**¿Quién(es)?**	*Who?*
¿Cuándo?	*When?*	**¿De quién(es)?**	*Whose?*
¿Cuánto(a)?	*How much?*	**¿Cómo?**	*How?*
¿Cuántos(as)?	*How many?*	**¿Por qué?**	*Why?*

1. **¿Qué?** and **¿cuál?** may appear interchangeable at first sight, but they are used in very specific ways.

   ¿Qué? is . . .

   - used to ask for a definition: **¿Qué es el reloj de veinticuatro horas?**
   - used to ask for an explanation or further information: **¿Qué vas a estudiar este semestre?**
   - generally used when the next word is a noun: **¿Qué libros te gustan más? ¿Qué clase tienes a las ocho?**

   ¿Cuál? is . . .

   - used to express a choice between specified items: **¿Cuál de los libros prefieres? ¿Cuál prefieres, las matemáticas o las ciencias?**
   - used when the next word is a form of **ser** but the question is *not* asking for a definition: **¿Cuál es tu número de teléfono? ¿Cuáles son tus clases favoritas?**

2. **¿Dónde?** is used to ask where something is.

   ¿Dónde está la biblioteca?   ***Where** is the library?*

3. **¿Adónde?** is used to ask where someone is going.

¿**Adónde** vas ahora?   ***Where** are you going now?*

> Notice that **dónde** and **adónde** are both translated the same way into English.

4. **¿De quién es?** and **¿De quiénes son?** are used to ask about possession. You answer using **de**.

—¿**De quién** es la computadora?   ***Whose** computer is this?*
—**Es de** Miguel.   ***It's** Miguel's.*

—¿**De quiénes** son los libros?   ***Whose** books are these?*
—**Son de** Anita y Manuel.   ***They're** Anita's and Manuel's.*

5. Questions using **¿por qué?** can be answered using **porque** *(because)*.

—¿**Por qué** tienes que trabajar?   ***Why** do you have to work?*
—¡**Porque** necesito el dinero!   ***Because** I need the money!*

> Note that the interrogative is two separate words with an accent on **qué**. **Porque** is one single word with no accent.

Cómo formarlo

 Video Tutorial

 Flashcards

1. Interrogatives are always preceded by an inverted question mark (¿). The question requires a regular question mark (?) at the end.

2. Notice that in a typical question the subject *follows* the verb.

¿Dónde estudia **Marcos**?   *Where does **Marcos study?***
¿Qué instrumento **tocan Uds.**?   *What instrument do **you play?***

3. **¿Quién?** and **¿cuál?** change to reflect number.

¿**Quién** es el hombre alto? / ¿**Quiénes** son los hombres altos?
¿**Cuál** de los libros tienes? / ¿**Cuáles** son tus idiomas favoritos?

4. **¿Cuánto?** changes to reflect both number and gender.

¿**Cuánto** dinero tienes?   ***How much** money do you have?*
¿**Cuánta** comida compramos?   ***How much** food should we buy?*
¿**Cuántos** años tienes?   ***How many** years old are you? / How old are you?*
¿**Cuántas** personas hay?   ***How many** people are there?*

¿**Cuántas** entrevistas tenemos que hacer?

5. When you want to ask "how much" in a general way, use **¿cuánto?**

¿**Cuánto es?**   ¿**Cuánto necesitamos?**

6. Note that interrogatives always require an accent.

7. You have already learned how to form simple *yes / no* questions by adding **no** to a sentence.

¿**No escribes** e-mails hoy?   ***Aren't you writing** any e-mails today?*

8. You can also form simple *yes / no* questions by adding a tag question, such as **¿verdad?** *(Isn't that right?)* and **¿no?** to the end of a statement.

Cantas en el coro con Ana, **¿no?**   *You sing in the chorus with Ana, **right?***
Enrique baila salsa muy bien, **¿verdad?**   *Enrique dances salsa very well, **right?***

> When a Spanish speaker adds **¿verdad?** or **¿no?** to a question, he or she is expecting an affirmative answer.

>> Actividades

1 **Las preguntas** What question would you have to ask to produce the response shown? You will hear three questions. Choose the correct one.

1. La clase de informática es a las once de la mañana.
2. Tengo que ir al centro de computación para la clase de informática.
3. La computadora portátil es de mi compañero de cuarto.
4. Hay que comprar tres libros para la clase de informática.
5. Porque me gustan mucho las computadoras y quiero aprender a programarlas.
6. La señora Delgado es la profesora de informática.

2 **En la cafetería** You overhear a conversation between two students in the cafeteria. Fill in the correct form of the question words to complete their conversation.

—¿(1)_____ clases tienes este semestre?
—Tengo arte, literatura, cálculo, química y economía.

—¿(2)_____ son tus clases favoritas?
—El arte y la literatura.

—¿(3)_____ son tus autores favoritos?
—Gabriel García Márquez, Mario Vargas Llosa, Julia Álvarez e Isabel Allende.

—¿(4)_____ es tu profesor de literatura?
—El señor Banderas.

—¿(5)_____ libros necesitas para la clase de literatura?
—Diez, más o menos, pero son libros que puedo sacar de la biblioteca.

—¿A (6)_____ hora tienes la clase de literatura?
—A las diez de la mañana.

—¿(7)_____ vas ahora?
—Al centro de computación.

—¿(8)_____ vas allí?
—Porque necesito usar las computadoras para hacer mi tarea.

—Pero tienes computadora portátil. ¿(9)_____ es la computadora portátil?
—Es de mi compañero de cuarto. ¡Haces demasiadas *(You ask too many)* preguntas!

3 **Más preguntas** For each activity indicated, take turns asking and answering questions with a partner.

MODELO: bailar
Estudiante #1: *¿Cuándo bailas?*
Estudiante #2: *Bailo los viernes.*

1. estudiar
2. visitar a amigos
3. hablar con la profesora
4. caminar
5. mirar televisión
6. escuchar música

4 **Encuesta #1** In the chapter activities labeled **"Encuesta"** you will gather information from your fellow students in order to write a description of life at your college or university in the **A escribir** section at the end of the chapter.

1. First prepare a questionnaire by creating two questions for each category, using the cues provided or coming up with your own.

   El horario: clases por día / semana, lugar preferido para estudiar

   El trabajo: lugar de trabajo, horas de trabajo

   La computadora: tiempo que pasas en la computadora y por Internet, sitios interesantes en Internet

   La universidad: clases difíciles y fáciles, las horas por semana que estudias, profesores buenos y malos

2. Now work with another group and ask the members to answer your questionnaire. Be sure to answer their questions as well. Keep track of your results. You will need them later in the chapter.

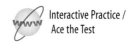

Interactive Practice /
Ace the Test

Gramática útil ②

Talking about daily activities:
-er and -ir verbs in the present indicative

Cómo usarlo

In **Chapter 2,** you learned how to use the present indicative of regular **-ar** verbs to talk about daily activities. The present indicatives of **-er** and **-ir** verbs are used in the same contexts.

Remember:

1. The present indicative, depending on how it is used, can correspond to the following English usages: *I read* (in general), *I am reading, I am going to read, I do read,* and, if used as a question, *Do you read?*

2. You can often omit the subject pronoun when the subject is clear from the verb ending used or from the context of the sentence.

Por la mañana, **corro** en el parque.

Leo en la biblioteca todos los días.   *I read in the library every day.*
Lees en la residencia estudiantil, ¿no?   *You read in the dorm, right?*

3. You may use an infinitive after certain conjugated verbs.

¿**Tienes que imprimir** esto?   *Do you have to print this?*
¿**Necesitas leer** este libro?   *Do you need to read this book?*
¡**Dejo de leer** después de las nueve!   *I stop reading after nine!*

4. However, do not use two verbs conjugated in the present tense together unless they are separated by a comma or the words **y** *(and)* or **o** *(or).*

Leo, estudio y **escribo** composiciones en la biblioteca.   *I read, study, and write compositions in the library.*

5. Remember that you can negate sentences in the present indicative tense to say what you don't do or aren't planning to do.

No comemos en la cafetería hoy.   *We're not eating in the cafeteria today.*
No leo todos los días.   *I don't read every day.*

Video Tutorial

Flashcards

Cómo formarlo

To form the present indicative tense of **-er** and **-ir** verbs, simply remove the **-er** or **-ir** and add the following endings.

comer *(to eat)*			
yo	**como**	nosotros / nosotras	**comemos**
tú	**comes**	vosotros / vosotras	**coméis**
Ud. / él / ella	**come**	Uds. / ellos / ellas	**comen**

vivir *(to live)*			
yo	**vivo**	nosotros / nosotras	**vivimos**
tú	**vives**	vosotros / vosotras	**vivís**
Ud. / él / ella	**vive**	Uds. / ellos / ellas	**viven**

> Notice that the present indicative endings for **-er** and **-ir** verbs are identical except for the **nosotros** and **vosotros** forms.

Here are some commonly used **-er** and **-ir** verbs.

-er verbs			
aprender a (+ *inf.*)	*to learn to (do something)*	**creer (en)**	*to believe (in)*
beber	*to drink*	**deber** (+ *inf.*)	*should, ought (to do something)*
comer	*to eat*	**leer**	*to read*
comprender	*to understand*	**vender**	*to sell*
correr	*to run*		

-ir verbs			
abrir	*to open*	**escribir**	*to write*
asistir a	*to attend*	**imprimir**	*to print*
compartir	*to share*	**recibir**	*to receive*
describir	*to describe*	**transmitir**	*to broadcast*
descubrir	*to discover*	**vivir**	*to live*

>> Actividades

5 **¿Qué hacen?** Based on the information provided, what do the people indicated do? Choose verbs from the list. Follow the model.

MODELOS: Carlos ya no necesita esa cámara digital.
  Vende la cámara.

  Tú y yo necesitamos hacer ejercicio.
  Corremos en el parque.

Verbos posibles: vender / comer / compartir / asistir / correr / aprender

1. ¡Olivia tiene la clase de biología a las tres y ya son las tres y cinco! _____ a la universidad.
2. A Susana no le gusta esa bicicleta. _____ la bicicleta.
3. Raúl y Enrique tienen que viajar a Puerto Rico en dos meses. _____ español.
4. Elena y yo no comprendemos las lecturas del libro. _____ a una clase de estudio.
5. No me gustan los restaurantes aquí. _____ en la cafetería todos los días.
6. Susana vive con una compañera de cuarto. _____ el apartamento con ella.

6 **La vida estudiantil** Say what the people indicated are doing today on campus. The numbers indicate how many actions are going on for each person.

1. Juan Carlos e Isabel (1)

2. Marcos (2)

3. Cecilia y Marta (2)

4. Radio WBRU (1)

5. Y tú, ¿qué haces *(what are you doing)*?

7 **¿Qué hacemos?** Using an element from each of the three columns, create eight sentences describing what you and people you know do in and around campus.

MODELO: *Yo asisto a clases los lunes, los miércoles y los jueves.*

A	B	C
yo	aprender a hablar	café por la mañana
tú	español	en el centro de comunicaciones
compañero(s) de	asistir a	clases (*número*) días de la semana
cuarto	beber	correspondencia electrónica todos
profesor(es)	comprender	los días
estudiante(s)	correr	en el estadio
amigo(s)	creer (en)	la importancia de Internet
	escribir	clases los (*día de la semana*)
	leer	novelas latinoamericanas
	recibir	en el parque
		poemas para la clase de literatura
		las lecturas del libro
		mensajes instantáneos (*text messages*)
		¿...?

8 **Encuesta #2** Use the cues provided to create a questionnaire. Use the interrogatives you learned earlier in the chapter along with the cues provided. Once your group has completed the questionnaire, ask the questions to members of another group. Remember to save your responses for use later in the chapter.

1. leer libros / por semana
2. compartir cuarto / con compañero(a) de cuarto
3. asistir a clase / todos los días / todas las semanas
4. comer en la cafetería / por semana
5. vender / libros de texto

9 **La vida universitaria** Write an e-mail to a friend describing your university life. Mention the following things or anything else you might want to talk about. Save your work for use later in the chapter.

- cuántas clases tienes y los días que asistes a clase
- dónde y cuándo comes
- dónde vives
- qué libros lees
- qué actividades te gustan (correr, levantar pesas, mirar televisión, navegar por Internet, leer, escribir, etc.)

Interactive Practice /
Ace the Test

Gramática útil ❸

Talking about possessions: Simple possessive adjectives

What possessive adjective is used three times in this advertisement for mineral water?

Cómo usarlo

1. You already have learned to express possession using **de** + a noun or name.

Es la computadora portátil **de la profesora.**	It's **the professor's** laptop computer.

2. You can also use possessive adjectives to describe your possessions, other people's possessions, or items that are associated with you. You are already familiar with some possessive adjectives from the phrases **¿Cuál es _tu_ dirección?** and **Aquí tienes _mi_ número de teléfono.**

—¿Cuándo es **tu** clase de historia?	When is **your** history class?
—A las dos. Y **mi** clase de español es a las tres.	At two. And **my** Spanish class is at three.

3. When you use **su** (which can mean _your, his, her, its,_ or _theirs_), the context will usually clarify who is meant. If not, you can follow up with **de** + name.

Es **su** libro. Es **de la profesora.**	It's **her** book. It's **the professor's.**

Cómo formarlo

Lo básico

Possessive adjectives modify nouns in order to express possession. In other words, they tell who owns the item.

1. Here are the simple possessive adjectives in Spanish.

mi **mis**	*my*	**nuestro / nuestra** **nuestros / nuestras**	*our*
tu **tus**	*your (fam.)*	**vuestro / vuestra** **vuestros / vuestras**	*your (fam. pl.)*
su **sus**	*your (form.), his, her, its*	**su** **sus**	*your (pl.), their*

> The subject pronoun **tú** *(you)* has an accent on it to differentiate it from the possessive adjective **tu** *(your)*.
>
> **Tú** trabajas los lunes, ¿verdad?
>
> **Tu** libro está en mi casa.

2. Notice that . . .

- all possessive adjectives change to reflect number: **mi clase, mis clases; nuestro compañero de cuarto, nuestros compañeros de cuarto**.

- **mi, tu,** and **su** do not change to reflect gender, but **nuestro** and **vuestro** do: **nuestro libro, nuestros amigos, nuestras clases,** but **mi libro, mi clase.**

- unlike other adjectives, which often go after the noun they modify, simple possessive adjectives always go before the noun: **su profesora, nuestras amigas.**

>> Actividades

10 **¿De quién es?** Say who the following things belong to.

MODELO: computadora portátil (yo)
Es mi computadora portátil.

1. apuntes, tarea, CDs, silla (yo)
2. bolígrafos, lápiz, celular, examen (María)
3. calculadoras, cuadernos, dibujos, mochilas (nosotros)
4. diccionario, notas, escritorio, DVDs (tú)
5. libros, tiza, cuarto, papeles (la profesora Roldán)
6. computadora, fotos, salón de clase, apuntes (ustedes)

11 **¿Es de quién?** Look at the pictures and state whom these things belong to.

MODELO: *Marta tiene su guitarra.*

Marta

1.
Martín

2.
Felipe y Eusebio

3.
Sarita y Estela

4.
tú y yo

5.
tú

6.
ustedes

12 **Conversaciones** You just met someone from Cuba at the library. You want to learn more about that person. Write him or her an e-mail asking for more information. Use the following ideas for your e-mail if you want to, and if not, make up your own questions. Make sure to express possession correctly.

- dirección
- número de teléfono
- cumpleaños
- clases
- amigos / compañeros de cuarto
- actividades favoritas
- ¿...?

13 **Nuestros amigos** Make two semantic maps like the one below—one each for two of your friends. Put your name at the bottom of each map. In groups of four, one map gets circulated to each person. The person whose map it is has to start the conversation. Then, each of the others must say something about the friend using a possessive adjective. Notice who you're talking to!

Mi amigo(a) se llama _____ . ¿Cómo es?

¿nacionalidad?	¿características físicas?	¿características de personalidad?	¿nacionalidad de sus papás?
_____	_____	_____	_____

MODELO:
Estudiante #1: *Mi amigo es puertorriqueño.*
Estudiante #2: *Tu amigo puertorriqueño es alto.* (talking to Estudiante #1)
Estudiante #3: *Su amigo puertorriqueño es responsable.* (talking to others)
Estudiante #4: *Su amigo se llama Carlos y sus padres son puertorriqueños también.* (talking to others)

:) Sonrisas

Comprensión In your opinion, how would you describe the characters in the cartoon?

1. En tu opinión, ¿es generoso y romántico o manipulador el hombre? ¿Por qué?
2. En tu opinión, ¿es inocente y romántica o manipuladora la mujer? ¿Por qué?
3. ¿Crees que los contratos prenupciales son una buena idea o una mala idea?

Gramática útil 4

Indicating destination and future plans: The verb **ir**

Quiero hacerle una entrevista para un programa que **vamos a transmitir** en la página web de la Universidad.

You have already used similar expressions: **necesitar** + infinitive *(to need to do something)*, **tener que** + infinitive *(to have to do something)*, and **dejar de** + infinitive *(to stop doing something)*.

 Video Tutorial

 Flashcards

Cómo usarlo

You can use the Spanish verb **ir** to say where you and others are going. You can also use it to say what you and others are going to do in the near future.

Vamos a la biblioteca mañana.	***We'are going** to the library tomorrow.*
Vamos a estudiar.	***We're going to study.***

Cómo formarlo

> #### Lo básico
>
> - An *irregular verb* is one that does not follow the normal rules, such as **tener,** which you learned in **Chapter 1.**
>
> - A *preposition* links nouns, pronouns, or noun phrases to the rest of the sentence. Prepositions can express location, time sequence, purpose, or direction. *In, to, after, under,* and *for* are all English prepositions.

1. Here is the verb **ir** in the present indicative tense. **Ir,** like the verbs **ser** and **tener** that you have already learned, is an irregular verb.

ir *(to go)*			
yo	**voy**	nosotros / nosotras	**vamos**
tú	**vas**	vosotros / vosotras	**vais**
Ud. / él / ella	**va**	Uds. / ellos / ellas	**van**

2. Use the preposition **a** with the verb **ir** to say where you are going.

Voy a la cafetería.	*I'm going to the cafeteria.*

3. When you want to use the verb **ir** to say what you are going to do, use this formula: **ir + a +** *infinitive.*

Vamos a comer a las cinco hoy.	***We're going to eat** at 5:00 today.*
Después, **vamos a ir** al concierto.	*Afterward, **we're going to go** to the concert.*

4. When you use **a** together with **el,** it contracts to **al.** The same holds true for **de + el: del.**

a + el = **al**	de + el = **del**

Voy **a la** biblioteca y luego **al** gimnasio. Después, **al** mediodía, voy a estudiar en la biblioteca **del** centro de comunicaciones.

>> Actividades

14 Vamos a... Say what the people indicated plan to do and where they are going to do it.

MODELO: yo (estudiar: biblioteca)
Voy a estudiar. Voy a la biblioteca.

1. Pedro y Rafael (levantar pesas: gimnasio)
2. mi compañero de cuarto y yo (correr: parque)
3. Fabiola (escuchar los CDs de español: centro de comunicaciones)
4. Tomás, Andrea y yo (tomar un refresco: cafetería)
5. tú (comprar libros: librería)
6. Lourdes (descansar: residencia estudiantil)
7. tú (leer libros: biblioteca)
8. David y Patricia (comer: restaurante argentino)

15 ¡Pobre Miguel! Listen as Miguel describes his schedule to his best friend Cristina. As you listen, write down where he goes on each day of the week. Then use **ir + a** to create seven complete sentences that describe his schedule.

1. los lunes: _____
2. los martes: _____
3. los miércoles: _____
4. los jueves: _____
5. los viernes: _____
6. los sábados: _____
7. los domingos: _____

16 Encuesta #3 You need to get more information about student life for the description you will be writing later in this chapter. Find out as much as you can about your partner's leisure activities. Ask questions such as the following and take notes. Then, as a class, tally the information you collected.

El tiempo libre

1. ¿Adónde vas los viernes y los sábados por la noche? ¿Con quién vas?
2. ¿Adónde vas entresemana cuando no estudias? ¿Con quién vas?
3. ¿...?

Vocabulario útil: un club, una discoteca, el cine *(movie theater)*, un restaurante, un centro comercial *(mall)*, un partido *(game)* de fútbol americano / de básquetbol / pasar tiempo en línea, ir a una fiesta, etc.

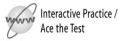 Interactive Practice / Ace the Test

¡Explora y exprésate!

Exploraciones culturales

Puerto Rico, Cuba, la República Dominicana

Los países hispanohablantes del Caribe Can you guess which text is about which island or country? Don't try to understand every word; simply skim rapidly through each passage until you've gathered enough clues to make an identification.

———— el Estado Libre Asociado (*Commonwealth*) de Puerto Rico
———— la República Dominicana
———— la República de Cuba

¡Adivinaste? *(Did you guess correctly?)* Answers to the questions on page 73: 1. Puerto Rico; Cuba 2. Puerto Rico, Cuba y República Dominicana 3. el merengue: República Dominicana; la rumba y el mambo: Cuba; la bomba y la plena: Puerto Rico

Una visita a los países del Caribe

La música de la rumba es muy popular aquí.

Unos músicos tocan la plena durante una celebración callejera (*street*).

¡Aquí escuchamos la música de la rumba día y noche! La rumba tiene su origen en los ritmos folclóricos africanos y europeos y ha afectado mucho el estilo y el espíritu de la música tan famosa y popular de este país *(country)*. Además de las influencias culturales africanas y europeas, también hay una población china significativa, resultado de la inmigración china a Norteamérica y al Caribe durante los años 1800. Cada año, miles de turistas visitan la capital del país, La Habana. En 1982 la parte antigua de esta ciudad fue declarada Patrimonio de la Humanidad por la UNESCO.

En este país los ritmos más populares son la bomba y la plena, formas musicales que reflejan las culturas africanas e indígenas del país. Esta isla tropical es famosa por su arquitectura colonial, sus playas *(beaches)* tropicales y su naturaleza abundante. Tal vez la atracción natural más importante es el bosque *(forest)* tropical El Yunque. El Yunque es el único en su clase dentro del sistema nacional de parques de Estados Unidos y exhibe una exótica e increíble variedad de flora y fauna.

Santo Domingo es el centro urbano más vital de este país. La ciudad, famosa por sus clubes de salsa y merengue, es alegre, hospitalaria, moderna y antigua a la vez. Es la primera ciudad del Nuevo Mundo *(New World)* y, a causa de los ataques constantes de piratas, en 1503 se inicia la construcción de la Fortaleza de Santo Domingo. Como todos los países del Caribe, la influencia africana es evidente aquí, especialmente en la música y la cocina.

Una pareja *(couple)* baila el merengue.

>> ¡Conéctate!   Web Links   Web Search

Práctica Divide into three groups. Each group should choose one of the two countries mentioned (Cuba and the Dominican Republic) or the Commonwealth of Puerto Rico. Find the answers to the questions shown, and report back to the class with a brief summary. Follow links on the *Nexos* website to see a list of suggested websites.

Estado Libre Asociado de Puerto Rico (Group 1)

1. Why are Puerto Ricans U.S. citizens?
2. Do they have all of the same rights as the other citizens of this country?
3. How many Puerto Ricans live in the United States?

Cuba (Group 2)

1. How many Cuban Americans live in the United States? How does that number compare to the total population of Cuba?
2. When did Cuba gain its independence from Spain?
3. Who is Fidel Castro and when did he rise to power?

La República Dominicana (Group 3)

1. How did Haiti and the Dominican Republic come to share the same island?
2. Who is the current head of state in the Dominican Republic?
3. How many Dominicans live in the United States? Do they live in a particular area?

>>Tú en el mundo hispano

To explore opportunities to use your Spanish to study, volunteer, or do internships in Puerto Rico, Cuba, and the Dominican Republic, follow the links on the *Nexos* website.

♫ Ritmos del mundo hispano

To listen to the music of Puerto Rico, Cuba, and the Dominican Republic, follow the links on the *Nexos* website.

Interactive Practice /
Ace the Test

A leer

Antes de leer

1 Look at the following articles about three different schools (**escuelas**) in the Caribbean. Focus on the photos, captions, and headlines, then match the general information on the right with the photos on the left.

1. _____ Foto A   a. Aquí los estudiantes estudian técnicas para filmar programas de televisión y cine.

2. _____ Foto B   b. Los estudiantes de esta escuela toman clases de música.

3. _____ Foto C   c. Esta escuela ofrece cursos de bellas artes, ilustración, diseño gráfico y diseño digital.

2 The following are some unknown words and phrases you will encounter in the reading passages. Although not all the words are cognates, they are somewhat similar to their English counterparts. See if you can match them up.

1. _____ pagar nada   a. *was inaugurated*

2. _____ se han graduado   b. *village*

3. _____ está afiliada con   c. *to pay nothing*

4. _____ se admiten   d. *editing*

5. _____ construyó   e. *are admitted*

6. _____ villa   f. *constructed*

7. _____ fue inaugurado   g. *have received*

8. _____ se ofrecen   h. *is affiliated with*

9. _____ edición   i. *have graduated*

10. _____ han recibido   j. *are offered*

3 Now, using the information you gained from looking at the visuals, read the article, and focus on getting the main idea. Don't forget to use cognates and active vocabulary to help you understand the content. Try not to worry about unknown words and just focus on getting the main information.

Lectura

Tres escuelas interesantes del Caribe

La Escuela Libre[1] de Música Ernesto Ramos Antonini

En Puerto Rico muchos estudiantes de música toman cursos sin pagar nada, gracias a cinco escuelas públicas de educación musical. Establecidas a finales de los años 40 por un político local, estas escuelas han graduado a miles[2] de estudiantes. Entre los graduados famosos están el saxofonista de jazz David Sánchez y el cantante salsero Gilberto Santa Rosa.

La escuela más grande es la de San Juan, que está afiliada con el prestigioso Berklee College of Music en Boston. Los cursos de estudio incluyen la música clásica, rock, jazz, contemporánea y tradicional, y el currículum prepara a los estudiantes para estudiar cursos más avanzados en el Conservatorio de Música de Puerto Rico. En San Juan sólo se admiten 100 estudiantes al año, aunque se reciben solicitudes[3] de más de 600 personas, así que los estudiantes de la escuela son unos de los más talentosos de la isla.

El saxofonista puertorriqueño David Sánchez, uno de los graduados famosos de "La Libre[1]"

Unos estudiantes de arte de La Escuela de Diseño

Un estudiante de la EICTV

La Escuela de Diseño Altos de Chavón

Esta escuela data de los años 70 cuando la República Dominicana construyó un centro cultural en la pequeña villa de Altos de Chavón. La Escuela de Diseño, que forma parte del centro, fue inaugurado por Frank Sinatra en 1982 y está afiliada con el famoso Parsons The New School for Design en la ciudad[4] de Nueva York.

Los 110 estudiantes de La Escuela de Diseño se especializan en campos de estudio como bellas artes e ilustración, diseño gráfico, diseño de modas[5], diseño digital y diseño de interiores. Más de 1.000 estudiantes dominicanos e internacionales se han graduado de la escuela. Los graduados de la escuela son elegibles para transferirse directatmente a Parsons en Nueva York o París.

La Escuela Internacional de Cine y Televisión

En la Escuela Internacional de Cine y Televisión (EICTV) de San Antonio de los Baños, Cuba, se ofrecen cursos de formación audiovisual para estudiantes cubanos e internacionales. La EICTV fue inaugurada en 1986 y es presidida por el famoso escritor colombiano Gabriel García Márquez. Los profesores, además de ser instructores, son cineastas profesionales que dirigen películas[6] y documentales a nivel mundial[7].

Los estudiantes de la EICTV estudian siete especialidades en el curso regular: guión[8], producción, dirección, fotografía, sonido[9], edición y documentales. También se presentan unos veinte talleres[10] especializados cada año. Más de 1.500 estudiantes de unos treinta países se han graduado de la EICTV desde su incepción y los graduados de la escuela han recibido más de 100 premios[11] en varios festivales nacionales e internacionales.

[1]Free; [2]thousands; [3]**aunque**...: although they receive applications; [4]city; [5]fashion; [6]**dirigen**...: they direct movies; [7]**a**...: worldwide; [8]script; [9]sound; [10]workshops; [11]prizes

Después de leer

4 Answer the following questions about the readings to see how well you understood them.

1. ¿Quiénes son dos graduados famosos de la Escuela Libre de la Música?
2. ¿Con qué institución estadounidense está afiliada la Escuela Libre de la Música?
3. ¿Cuáles son tres tipos de música que los estudiantes estudian en la Escuela Libre?
4. ¿Con qué institución estadounidense está afiliada la Escuela de Diseño Altos de Chavón?
5. ¿Cuáles son cuatro campos de estudio que se ofrecen en la Escuela de Diseño?
6. ¿Cuántos graduados de la Escuela de Diseño hay?
7. ¿Qué autor está afiliado con la EICTV?
8. ¿Cuáles son cuatro campos de estudio que se ofrecen en la EICTV?

5 With a partner, answer the following questions about the reading and about your own interests.

1. ¿Cuál de las tres escuelas les interesa (*interests you*) más?
2. ¿Cuál de los campos de estudio de esa escuela les interesa más?
3. ¿Conocen (*Are you familiar with*) unas escuelas similares en Estados Unidos? ¿Cómo se llaman?

 Interactive Practice

A escribir

Antes de escribir

> **Estrategia**
>
> **Prewriting—Brainstorming ideas**
>
> When you are planning to write and need ideas, brainstorming is a good technique to use. You can do this verbally with a partner, writing down your ideas, or on your own, writing freely and without restriction. The important thing is to write down ideas as they occur, without evaluating them. Once you have created a list, you can go over each idea and see if it is feasible.

1 Retrieve the information from the three **Encuesta** activities (**Activity 4** on p. 87, **Activity 8** on p. 91, and **Activity 16** on p. 97). With a partner, study the results and brainstorm ideas to describe the life of a typical student at your university.

> It is important to try to brainstorm in Spanish. This will get you to start "thinking" in Spanish, which in turn will lead to increased comfort and ease with the language.

2 Look at the following partial diary entry, and organize your information into a similar format. Try to use only words you've already learned.

> viernes, 10 de octubre
>
> ¡Tengo muchas actividades hoy! A las ocho, tengo clase de química. Luego, voy a ir al café para estudiar para el examen de historia a las diez...
>
> Por la tarde, tengo que... Por la noche, voy a...

Composición

3 Using the previous model, work with your partner on a rough draft of your diary entry. For now, just write freely without worrying about mistakes. Here are some additional words and phrases that may be useful as you write.

primero	*first*	**finalmente**	*finally*
luego	*later*	**mucho que hacer**	*a lot to do*
entonces	*then*	**un día (muy) ocupado**	*a (very) busy day*
después	*after that*	**con**	*with*

Después de escribir

4 Now, with your partner, go back over your diary entry and revise it.

Did you . . .

- look for misspellings?
- check to make sure the verbs are conjugated correctly?
- watch to make sure articles, nouns, and adjectives agree?
- use possessive adjectives correctly?
- make sure you included all the necessary information?

Interactive Practice

Vocabulario

Campos de estudio *Fields of study*

Los cursos básicos *Basic courses*

la arquitectura	architecture
las ciencias políticas	political science
la economía	economy
la educación	education
la geografía	geography
la historia	history
la ingeniería	engineering
la psicología	psychology

Las humanidades *Humanities*

la filosofía	philosophy
las lenguas / los idiomas	languages
la literatura	literature

Las lenguas / Los idiomas

el alemán	German
el chino	Chinese
el español	Spanish
el francés	French
el inglés	English
el japonés	Japanese

Las matemáticas *Mathematics*

el cálculo	calculus
la computación	computer science
la estadística	statistics
la informática	computer science

Las ciencias *Sciences*

la biología	biology
la física	physics
la medicina	medicine
la química	chemistry
la salud	health

Los negocios *Business*

la administración de empresas	business administration
la contabilidad	accounting
el mercadeo	marketing

La comunicación pública *Public communications*

el periodismo	journalism
la publicidad	public relations

Las artes *The arts*

el arte	art
el baile	dance
el diseño gráfico	graphic design
la música	music
la pintura	painting

Lugares en la universidad *Places in the university*

¿Dónde tienes la clase de...?	Where does your . . . class meet?
En el centro de computación.	In the computer center.
...el centro de comunicaciones.	. . . the media center.
...el gimnasio.	. . . the gymnasium.
la cafetería	the cafeteria
la librería	the bookstore
la residencia estudiantil	the dorm

Los días de la semana *The days of the week*

lunes	Monday
martes	Tuesday
miércoles	Wednesday
jueves	Thursday
viernes	Friday
sábado	Saturday
domingo	Sunday

Para pedir y dar la hora *To ask for and give the time*

Mira el reloj para decir la hora...	Look at the clock to tell the time . . .
¿Qué hora es?	What time is it?
Es la una.	It's one o'clock.
Son las dos.	It's two o'clock.
Son las... y cuarto.	It's . . . fifteen.
Son las... y media.	It's . . . thirty.
Son las... menos cuarto.	It's a quarter to . . .
Faltan quince para las...	It's a quarter to . . .
tarde	late
temprano	early
¿A qué hora es la clase de español?	(At) what time is Spanish class?
Es a la / a las...	It's at . . .

Mañana, tarde o noche *Morning, afternoon, or night*

de la mañana	*in the morning* (with precise time)
de la tarde	*in the afternoon* (with precise time)
de la noche	*in the evening* (with precise time)
Es mediodía.	*It's noon.*
Es medianoche.	*It's midnight.*
por la mañana	*during the morning*
por la tarde	*during the afternoon*
por la noche	*during the evening*

Para hablar de la fecha
To talk about the date

¿Qué día es hoy?	*What day is today?*
Hoy es martes treinta.	*Today is Tuesday the 30th.*
¿A qué fecha estamos?	*What is today's date?*
Es el treinta de octubre.	*It's the 30th of October.*
Es el primero de noviembre.	*It's the first of November.*
¿Cuándo es el Día de las Madres?	*When is Mother's Day?*
Es el doce de mayo.	*It's May 12th.*
el día	*day*
la semana	*week*
el fin de semana	*weekend*
el mes	*month*
el año	*year*
todos los días	*every day*
entresemana	*during the week / on weekdays*
ayer	*yesterday*
hoy	*today*
mañana	*tomorrow*

Para hacer preguntas *To ask questions*

¿Cómo?	*How?*
¿Cuál(es)?	*What? Which one(s)?*
¿Cuándo?	*When?*
¿Cuánto(a)?	*How much?*
¿Cuántos(as)?	*How many?*
¿De quién es?	*Whose is this?*
¿De quiénes son?	*Whose are these?*
¿Dónde?	*Where?*
¿Por qué?	*Why?*
¿Qué?	*What? Which?*
¿Quién(es)?	*Who?*

Verbos

abrir	*to open*
aprender	*to learn*
asistir a	*to attend*
beber	*to drink*
comer	*to eat*
compartir	*to share*
comprender	*to understand*
correr	*to run*
creer (en)	*to believe (in)*
deber	*should, ought*
dejar de	*to stop (doing something)*
describir	*to describe*
descubrir	*to discover*
escribir	*to write*
imprimir	*to print*
ir	*to go*
ir a	*to be going to (do something)*
leer	*to read*
recibir	*to receive*
transmitir	*to broadcast*
vender	*to sell*
vivir	*to live*

Adjetivos posesivos

mi(s)	*my*
tu(s)	*your (fam.)*
su(s)	*your (sing. form., pl.) his, her, their*
nuestro(a) / nuestros(as)	*our*
vuestro(a) / vuestros(as)	*your (pl. fam.)*

Contracciones

al (a el)	*to the*
del (de el)	*from the, of the*

Otras palabras

porque	*because*

¿Te interesa la tecnología?

❯ Conexiones

La tecnología tiene un impacto tremendo en el mundo de las comunicaciones. ¿Cómo afectan tu vida los nuevos avances tecnológicos? ¿Usas un asistente electrónico, un MP3 u otros productos electrónicos? ¿Son estos productos importantes en tu vida? ¿Cómo ha cambiado *(has changed)* la comunicación entre tú y tus amigos y familia? En este capítulo, vas a ver cómo la tecnología facilita las conexiones entre los seres humanos.

El Museo Guggenheim en Bilbao, España

Dibujo digital del Museo Guggenheim

❯ Communication

By the end of this chapter you will be able to
- talk about computers and technology
- identify colors
- talk about likes and dislikes
- describe people, emotions, and conditions
- talk about current activities
- say how something is done

❯ Cultures

By the end of this chapter you will have learned about
- Spain
- Spanish emoticons on the Internet
- virtual classes around the Spanish-speaking world
- borrowed words on the Internet

¿Es éste tu asistente electrónico?

¡Sí! Muchas gracias.

> Los datos

Mira la información sobre el uso de Internet en España, la Unión Europea, Canadá y Estados Unidos. Luego indica si los siguientes comentarios son ciertos o falsos.

País	Porcentaje de la población que usa Internet	Cambio (Change) en el número de usuarios de Internet durante los años 2000 a 2007
Canadá	67,8%	+73,2%
España	43,9%	+266,8%
Estados Unidos	69,7%	+120,8%

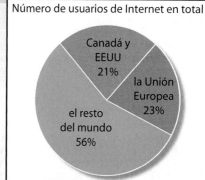

Número de usuarios de Internet en total

Canadá y EEUU 21%
la Unión Europea 23%
el resto del mundo 56%

❶ Más personas usan Internet en la Unión Europea que en Norteamérica.

❷ Canadá tiene el cambio más grande en el número de usuarios de Internet.

❸ Estados Unidos tiene el porcentaje más grande de usuarios de Internet.

Bilbao
★Madrid
ESPAÑA
OCÉANO ATLÁNTICO

> ¡Adivina!

¿Qué sabes de España? (Las respuestas están en la página 134.)

❶ La arquitectura española tiene muchas influencias _____.
   a. alemanas
   b. italianas
   c. árabes

❷ Pablo Picasso, Salvador Dalí y Joan Miró son tres _____ españoles.
   a. actores
   b. autores
   c. artistas

❸ El autor de *Don Quijote*, la primera novela moderna, es _____.
   a. Federico García Lorca
   b. Camilo José Cela
   c. Miguel de Cervantes

❹ ¿Cuál de los siguientes artistas no es de origen español, aunque se le considera uno de los grandes maestros españoles?
   a. El Greco
   b. Diego de Velázquez
   c. Francisco de Goya

¡Imagínate!

Vocabulario útil ①

BETO: ¡Estoy furioso!

CHELA: Pero, ¿por qué?

BETO: Primero llego tarde a la clase de literatura.

CHELA: Llegar tarde no es una tragedia.

BETO: ¡Tenemos examen! Abro mi **computadora portátil,** pero en la **pantalla** dice que no tengo suficiente **memoria** para abrir la **aplicación.**

CHELA: ¿Tienes una computadora portátil de las nuevas? **¿A colores?**

BETO: No, es **negra,** pero, si no te molesta, ¡vuelvo a mi historia!

00:00:00

La tecnología

El hardware

> **Notice:** In Spain, the **computadora** is called an **ordenador. Pulsar** is also used for **hacer clic. El computador** is also used, mostly in Latin America.

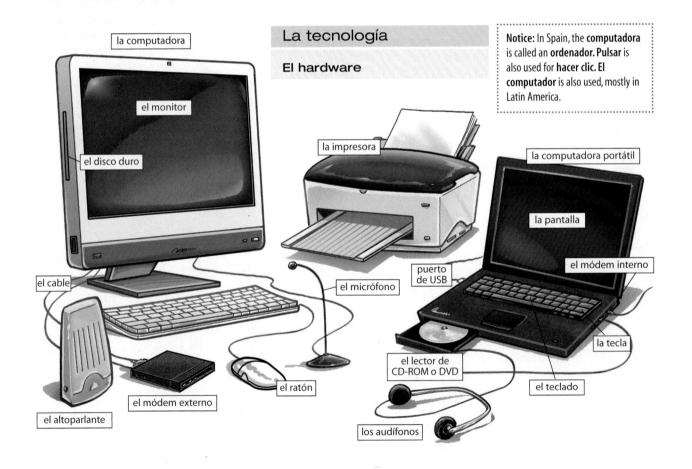

- la computadora
- el monitor
- el disco duro
- el cable
- el altoparlante
- el módem externo
- la impresora
- el micrófono
- el ratón
- el lector de CD-ROM o DVD
- los audífonos
- la computadora portátil
- la pantalla
- el módem interno
- puerto de USB
- la tecla
- el teclado

La tecnología

El software

la aplicación	*application*
los archivos	*files*
el ícono del programa	*program icon*
el juego interactivo	*interactive game*
el programa antivirus	*anti-virus program*
el programa de procesamiento de textos	*word-processing program*

Funciones de la computadora

archivar	*to file*
conectar	*to connect*
descargar	*to download*
enviar	*to send*
funcionar	*to function*
grabar	*to record*
guardar	*to save*
hacer clic / doble clic	*to click / double click*
instalar	*to install*
tener 4 GB de memoria	*to have 4 GB of memory*

When a color is used as an adjective, it comes after the noun it modifies.

- If it ends in **-o**, it changes to match the gender and number of that noun: **la silla negra, los cuadernos rojos.**
- If the color ends in **-e**, add an **-s** to the plural: **las pizarras verdes.**
- If the color ends in a consonant, add **-es** to the plural: **los libros azules.**
- **Marrón** in the plural changes to **marrones,** with no accent. Can you figure out why, for pronunciation reasons, it loses the accent?
- Note that **rosa** and **café** change to reflect number, but not gender.
- If you want to say that a color is dark, use **fuerte.** For example, **amarillo fuerte.** If you want to say that a color is light, use **claro.** For example, **azul claro.**

Los colores

azul   amarillo   anaranjado   blanco   café, marrón   gris

morado   negro   rojo   rosa, rosado   verde

 Flashcards

>> Actividades

Starting in this chapter, many of the activity direction lines will be presented in Spanish. Here are a few words that will help you understand Spanish direction lines: **di** *(say),* **haz** *(do),* **escoge** *(choose),* **luego** *(then, later),* **siguiente** *(following),* **oración** *(sentence),* **párrafo** *(paragraph).*

1 **La computadora** Un amigo necesita hacer *(needs to do)* ciertas cosas en la computadora. ¿Qué parte de la computadora va a necesitar para hacer lo que quiere? Escoge de la segunda columna.

1. _____ Necesito imprimir el correo electrónico.
2. _____ Necesito conectar a Internet.
3. _____ Necesito conectar el teclado al monitor.
4. _____ Necesito escuchar música mientras trabajo.
5. _____ Necesito abrir el programa de procesamiento de textos.
6. _____ Necesito archivar el documento.
7. _____ Necesito grabar un mensaje para enviar a mis amigos.
8. _____ Necesito instalar el programa antivirus.

a. audífonos
b. módem
c. ratón
d. disco duro
e. impresora
f. cable
g. micrófono
h. lector de CD-ROM

2 **El sitio web** Tu compañero(a) quiere buscar información sobre ciertos temas en el servicio ¡VIVA! Latino. Tú le dices *(You tell him / her)* en qué ícono debe hacer doble clic. Luego, él o ella te dirige a los íconos que corresponden a tus intereses.

In some countries, the Internet is referred to as **la Internet,** in others as **el Internet,** and in others still, it is referred to simply as **Internet,** with no article to indicate gender.

¡VIVA! Latino

Directorio de sitios web

Arte y cultura
Literatura, Teatro, Museos, Guías

Internet y computadoras
WWW, Aplicaciones, Chat, Redes

Educación
Primaria, Secundaria, Universidades

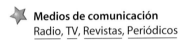
Medios de comunicación
Radio, TV, Revistas, Periódicos

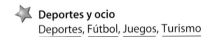
Deportes y ocio
Deportes, Fútbol, Juegos, Turismo

Salud
Medicina, Enfermedades, Ejercicio, Dietas

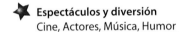
Espectáculos y diversión
Cine, Actores, Música, Humor

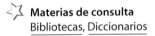
Materias de consulta
Bibliotecas, Diccionarios

MODELO: el Museo del Prado en Madrid
Tú: *Necesito más información sobre el Museo del Prado en Madrid.*
Compañero(a): *Haz doble clic en el ícono rojo.*

1. una dieta vegetariana
2. mi actor (actriz) favorito(a)
3. un diccionario español / inglés
4. la Copa Mundial de Fútbol
5. un programa de procesamiento de textos
6. la Universidad Complutense de Madrid
7. el periódico *El País* de Madrid
8. ¿...?

3 **Mi computadora** ¿Puedes describir tu computadora? Incluye en tu descripción todos los componentes de tu computadora y menciona el color de cada uno si es apropiado.

MODELO: *El monitor de mi computadora es azul y blanco. Los cables son grises. El ratón es blanco. Los altoparlantes son negros. Las teclas en el teclado son blancas...*

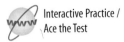
Interactive Practice /
Ace the Test

Vocabulario útil ②

`00:00:00`

BETO: Empiezo a salir del salón de clases. No sé en dónde, pero entre el salón y la biblioteca, pierdo mi **asistente electrónico.**

CHELA: Ya me voy. Estoy muy **aburrida** con tu cuento trágico.

Las emociones

aburrido(a)	*bored*
cansado(a)	*tired*
contento(a)	*happy*
enfermo(a)	*sick*
enojado(a)	*angry*
furioso(a)	*furious*
nervioso(a)	*nervous*
ocupado(a)	*busy*
preocupado(a)	*worried*
seguro(a)	*sure*
triste	*sad*

Aparatos electrónicos

el asistente electrónico	*electronic notebook*
la cámara digital	*digital camera*
la cámara web	*webcam*
el CD / MP3 portátil	*portable CD / MP3 player*
el organizador electrónico	*electronic organizer*
el reproductor / grabador de discos compactos	*CD player / burner*
el reproductor / grabador de DVD	*DVD player / burner*
la videocámara	*videocamera*

Products like the iPod®, the iPhone®, the Blackberry®, Bluetooth®, etc., can all be referred to in English when speaking in Spanish. For example, **¿Tienes un iPhone? ¿De qué color es tu iPod?**

 Flashcards

>> Actividades

4 **Las emociones** Las siguientes personas están en ciertas situaciones. ¿Cómo crees que están?

1. A Raúl le gusta navegar por Internet y jugar videojuegos. Hay una tormenta (*thunderstorm*) y por eso no hay electricidad en su casa. No tiene nada (*nothing*) que hacer.

2. Blanca acaba de comprar una computadora portátil pero cuando llega a casa, no funciona.

3. Julio tiene que escribir una composición de diez páginas para su clase de historia mañana y todavía no ha empezado (*hasn't begun*).

4. Mañana Luis tiene que ir al trabajo por tres horas, estudiar para un examen y hacer una investigación en Internet para la clase de filosofía.

5. Sabrina trabaja diez horas en la biblioteca, va a su clase de aeróbicos y camina a casa del gimnasio.

6. Marcos y Marina toman un refresco, escuchan música y conversan en un café en la Plaza Mayor.

5 **¿Eres "tecnofóbico"?** With a partner, come up with a list of technological items and other things related to technology. Use a point system of 1–5 to rate how technologically advanced someone is if he or she possesses or has experience with that item (1 = the least advanced and 5 = the most advanced). Then, in groups of four or five, ask each person in the group about each item. Based on your findings, decide who is the most technologically advanced and who is the most technologically inexperienced in the group. Report your findings to the class.

Sample items

teléfono celular

computadora portátil

perfil (*profile*) en MySpace™

asistente electrónico

más de una dirección de e-mail

revista (*magazine*) de tecnología

tomar clases virtuales en línea
  (*take online classes*)

descargar videos de YouTube™

Web Search

6 **El Corte Inglés** El Corte Inglés es el almacén (*department store*) más grande en España. Con un(a) compañero(a), visiten el sitio web del Corte Inglés. (Hay un enlace en el sitio web de *Nexos*.) Entren en el Departamento de Electrónica y contesten las siguientes preguntas.

1. ¿Cuáles son las subcategorías en el Departmento de Electrónica?

2. Entren en la subcategoría DVD de DVD/Video. Nombren tres productos que hay allí y sus precios en euros (€).

3. Quieren comprarle un regalo (*gift*) a un amigo a quien le gusta la música. Busquen un regalo apropiado. ¿Qué es? ¿Cuánto cuesta?

4. Quieren comprarle un regalo a una amiga a quien le gusta grabar videos, pero no tienen mucho dinero (*money*). Busquen la videocámara con el precio más bajo (*lowest price*).

5. ¿Qué producto electrónico quieres comprar? ¿Cuánto cuesta?

Interactive Practice /
Ace the Test

Vocabulario útil ③

00:00:00

BETO: ¿Tú? ¿Tú eres Autora14?
DULCE: Sí, yo soy Autora14. ¿Por qué preguntas?
BETO: No, no, nada. ¿Te gustan los **grupos de conversación**?
DULCE: No, en realidad, no. Prefiero el **correo electrónico.**

Funciones de Internet

el buscador	*search engine*
el buzón electrónico	*electronic mailbox*
chatear	*to chat online*
el ciberespacio	*cyberspace*
la conexión	*connection*
hacer una conexión	*to go online*
cortar la conexión	*to go offline, disconnect*
la contraseña	*password*
el correo electrónico /	*e-mail*
el e-mail	
en línea	*online*
el enlace	*link*
el grupo de conversación	*chat room*
el grupo de debate	*news group*
la página web	*web page*
el proveedor de acceso	*Internet provider*
la red mundial	*World Wide Web*
el sitio web	*website*
el usuario	*user*

> You are learning two words for e-mail: **correo electrónico** and **e-mail. Correo electrónico** refers more to the whole system of e-mail or a group of e-mails, while **el e-mail** refers to a specific e-mail message.

 Flashcards

>> Actividades

7 **¡Gran sorteo!** Completa el cuestionario para el concurso *(contest)* de *Newsweek en español*. Compara tus respuestas a las preguntas 1, 3, 8, 9 y 10 con las respuestas de diez compañeros de clase. Haz una gráfica como la de la página 115 que muestre *(shows)* los resultados de tu cuestionario. Llena los espacios en blanco *(Fill in the blanks)* con el número de estudiantes que marcaron *(marked)* esa respuesta.

Newsweek
EN ESPAÑOL

¡Gran sorteo!

Participe en el sorteo de Canon y NEWSWEEK EN ESPAÑOL y gánese un Scanner Canon FB 630P

El CanonScan FB 630P puede colocarse perfectamente sobre cualquier escritorio. Además, resulta fácil de usar y es perfecto para el escaneo personal. Este modelo puede ser conectado fácilmente a su PC, a través de un puerto paralelo.

1. ¿Tiene usted una computadora en su casa?
Sí ❏   No ❏

2. ¿En su oficina?
Sí ❏   No ❏

3. ¿Cuántas horas pasa diariamente en la computadora de su casa?
❏ menos de 2 horas
❏ 2 a 4 horas
❏ 4 horas o más

4. ¿Utiliza un software antivirus?
Sí ❏   No ❏

5. ¿Tiene usted, o su compañía, un sistema de seguridad, contabilidad, inventario, administración etc.?
Sí ❏   No ❏

6. ¿Cuántas horas pasa diariamente en la computadora de su oficina?
❏ menos de 2 horas
❏ 2 a 4 horas
❏ 4 horas o más

7. ¿Tiene acceso a la Internet?
Sí ❏   No ❏

8. ¿Cuál es su razón primordial para utilizar la Internet?
❏ Compras
❏ Investigación
❏ Inversiones/Banca
❏ Correo electrónico
❏ Otro

9. ¿Tiene usted un teléfono celular?
Sí ❏   No ❏

10. ¿Cuántas horas pasa por semana leyendo revistas?
❏ 1 a 2
❏ 3 a 4
❏ 5 horas o más

11. Edad:
❏ 25 a 35
❏ 36 a 45
❏ 46 a 65
❏ Otra_____

12. Sexo:
M ❏   F ❏

13. Número de personas en su casa:
1 2 3 4 5 6 ó más

14. Ingresos Anuales:
❏ Menos de $25,000
❏ $25,000 a $45,999
❏ $46,000 a $65,999
❏ $66,000 a $75,999
❏ $76,000 o más

Pregunta 1:	_____ Sí
	_____ No
Pregunta 3:	_____ menos de 2 horas
	_____ 2 a 4 horas
	_____ 4 horas o más
Pregunta 8:	_____ Compras
	_____ Investigación
	_____ Inversiones / Banca
	_____ Correo electrónico
	_____ Otro
Pregunta 9:	_____ Sí
	_____ No
Pregunta 10:	_____ 1 a 2 horas
	_____ 3 a 4 horas
	_____ 5 horas o más

8 **¿Cómo usas Internet?** ¿Qué más quieres saber sobre *(do you want to know about)* los hábitos de tus compañeros acerca de Internet? Escribe cinco preguntas más como las del cuestionario en la **Actividad 7.** Luego, hazle las preguntas a tu compañero(a) de clase y que él o ella te haga *(have him or her ask you)* sus preguntas.

MODELO: *¿Te gusta chatear por Internet? ¿Cuántas horas al día pasas en los grupos de conversación?*
¿Tienes correo electrónico? ¿Cuántas veces al día lees tu correo electrónico?

9 **Los cursos virtuales** Hoy en día es posible tomar cursos virtuales por Internet, pagar el costo del curso en línea y luego leer las materias y participar en el curso por correo electrónico. Hay muchas universidades de habla española que ofrecen una gran variedad de cursos a distancia.

Web Search

En grupos de cuatro, escojan *(choose)* un país de la lista de abajo. Visiten los sitios web que corresponden a este país, usando la lista de enlaces que está en el sitio web de *Nexos.*

Países: España, México, Argentina

1. ¿Qué cursos virtuales ofrece la universidad o escuela?
2. ¿En el sitio web es posible hacer una visita virtual? ¿Hay información sobre los profesores de los cursos? ¿Sobre los otros estudiantes?
3. Después de obtener toda la información sobre este sitio web, compárenla con la información de los otros grupos.

Interactive Practice / Ace the Test

Antes de ver el video

1 Based on the conversation and photos shown in the **Vocabulario útil** sections on pages 108, 111, and 113, complete these statements about the main characters.

1. Beto pasa por muchas emociones en este episodio. En varios puntos en el episodio, Beto está _____, _____ y_____.

2. La computadora de Beto no tiene suficiente _____ para abrir la aplicación.

3. Chela quiere saber *(wants to know)* si Beto tiene una _____ a colores.

4. El color de la _____ de Beto es _____.

5. Dulce tiene el _____ de Beto.

2 Before you watch the video segment, look at the following actions that occur in it. Take time to familiarize yourself with the list.

_____ Beto descubre que su computadora no tiene suficiente memoria.
_____ Dulce tiene el asistente electrónico de Beto.
_____ Beto está furioso porque tiene que escribir el examen con bolígrafo y papel.
_____ Beto llega tarde a clase.
_____ Beto ve una hoja de papel con el e-mail de Autora14.
_____ Beto deja su asistente electrónico en el salón de clase.

Estrategia

Listening without sound

Sometimes a good way to approach a video segment is to watch it first with the sound turned off. This technique works especially well when the segment contains action and visuals that can help you understand what it is about. As you first watch the segment without sound, focus on the actions and interactions of the characters. What do you think is happening? Once you have gotten some ideas, watch the segment a second time with the sound turned on. How does the language help you flesh out your idea of the content?

El video

Now watch the video segment for **Chapter 4** with the sound off.

Después de ver el video

3 Now go back to **Activity 2** and place the events on the list in the order in which they appeared in the video segment.

4 Watch the video segment again with the sound turned on. Once you have watched it, complete the following statements about the segment.

1. Beto llega tarde a la clase de _____.
2. Beto escribe más rápidamente en _____ que con bolígrafo y papel.
3. Beto pierde _____ entre el salón de clases y la biblioteca.
4. Según Chela, ella está muy _____ con la historia trágica de Beto.
5. La dirección electrónica de _____ es Autora14.
6. Dulce prefiere el correo electrónico a _____.

5 What do you think that Beto and Dulce talk about as they walk off together at the end of the episode? Based on what you know of their personalities and interests, write a short "getting-to-know-you" conversation between these two characters.

 Interactive Practice / Ace the Test

> ¿Qué tipo de preparacíon escolar y características personales son necesarias para ser un líder en el campo de la tecnología? ¿Por qué?

Voces de la comunidad

 Web Links

NAME Thaddeus Arroyo

En la escuela, las matemáticas y la lógica siempre fueron las asignaturas (materias) preferidas de Thaddeus Arroyo. Hoy en día, Arroyo es uno de los líderes del campo de la informática y uno de los ejecutivos más importantes del país. Como Principal Oficial de Información *(Chief Information Officer)* de Cingular Wireless, Arroyo hizo posible la fusión *(merger)* de Cingular Wireless y AT&T Wireless, creando así la mayor red del país, con unos 60 millones de usuarios. De padre español y madre mexicana, Arroyo explica su éxito *(success)* profesional de esta manera: **"Mi mamá y mi papá, los dos, fueron inmigrantes y se concentraron en la educación. Ellos no me permitieron creer que existían barreras insuperables. Creo que más que otra cosa es la fe en el arte de la posibilidad."** *("Both my parents were immigrants and focused on education. They would never let me believe there was any barrier I couldn't overcome. I think more than anything else it was believing in the art of the possibility.")*

Gramática útil ①

Expressing likes and dislikes:
Gustar with nouns and other verbs like gustar

¿Te gustan los grupos
de conversación?

> Remember that when you use
> gustar + infinitive you only use gusta:
> **Les gusta comer en la cafetería.**

Cómo usarlo

As you learned in **Chapter 2,** you can use **gustar** with an infinitive to say what activities you and other people like to do.

Me gusta estudiar en la biblioteca, pero a Vicente **le gusta estudiar** en la cafetería.	*I like to study in the library, but **Vicente** **likes to study** in the cafeteria.*

You can also use **gustar** with nouns, to say what thing or things you (and others) like or dislike. In this case, you use **gusta** with a single noun and **gustan** with plural nouns or a series of nouns.

—¿**Te gusta** esta **computadora?**	*Do you like this **computer?***
—Sí, ¡pero **me gustan** más estas **computadoras portátiles!**	*Yes, but **I like** these **laptop computers** more!*

When you make negative sentences with **gusta** and **gustan,** you use **no** before the pronoun + **gusta / gustan.**

Nos gustan los programas de diseño gráfico, pero **no nos gustan** los programas de arte.	*We like the graphic design programs, but we don't like the art programs.*

Cómo formarlo

Video Tutorial

Flashcards

> You will learn more about Spanish
> indirect object pronouns in **Chapter 8.**

Lo básico

- In Spanish, an *indirect object pronoun* is used with **gustar** to say who likes something. Because **gustar** literally means *to please,* the indirect object answers the question: *Pleases whom?*

- A *prepositional pronoun* is a pronoun that is used after a preposition, such as **a** or **de.**

1. As you have already learned, you must use forms of **gustar** with the correct indirect object pronoun.

Me gusta	el video.		**Nos gusta**	el video.
Me gustan	los videos.		**Nos gustan**	los videos.
Te gusta	el video.		**Os gusta**	el video.
Te gustan	los videos.		**Os gustan**	los videos.
Le gusta	el video.		**Les gusta**	el video.
Le gustan	los videos.		**Les gustan**	los videos.

2. As you have learned, if you want to *emphasize* or *clarify* who likes what, you can use **a** + name or noun, or **a** + prepositional pronoun. Note that when **a** + prepositional pronoun is used, there is often no direct translation in English. Notice that except for **mí** and **ti**, the prepositional pronouns are the same as the subject pronouns you already know.

Prepositional pronoun	Indirect object pronoun	Form of *gustar* + noun
A mí	**me**	gustan los videos.
A ti	**te**	gustan los videos.
A Ud. / a él / a ella	**le**	gustan los videos.
A nosotros / a nosotras	**nos**	gustan los videos.
A vosotros / a vosotras	**os**	gustan los videos.
A Uds. / a ellos / a ellas	**les**	gustan los videos.

> Notice that while **mí** takes an accent, **ti** does not.

A mí me gustan los asistentes electrónicos, pero **a Elena** no le gustan.	*I like electronic notebooks, but **Elena** doesn't like them.*
A ella le gustan los organizadores electrónicos.	***She** likes electronic organizers.*

3. A number of other Spanish verbs are used like **gustar.** These verbs are usually just used in two forms, as is **gustar.**

—**Me interesan** mucho estos celulares.	***I'm interested** in these cell phones.*
—¿No **te molesta** hablar por teléfono todo el día?	*Doesn't **it bother you** to talk on the phone all day?*

Other verbs like *gustar*	
encantar *to like a lot*	¡**Me encanta** la tecnología!
fascinar *to fascinate*	A Ana **le fascinan** Internet y los sitios web.
importar *to be important to someone; to mind*	**Nos importa** tener acceso a Internet. ¿**Te importa** si usamos la computadora?
interesar *to interest, to be interesting*	A ellos **les interesan** los grupos de noticias.
molestar *to bother*	**Nos molestan** las computadoras viejas.

> In Spanish-speaking cultures, courtesy is of utmost importance. It is very common to use phrases like **¿Le importa?** or **¿Le molesta?** to ask someone a question. **¿Le importa si uso la computadora?** would be more likely heard than **Voy a usar la computadora** or **¿Puedo usar la computadora?** It's also common to use **por favor** before asking a question and **gracias** at receiving the answer. Other common expressions of courtesy are:
>
> **¡Perdón! / ¡Disculpe! / ¡Lo siento!** *Pardon me! / Excuse me! / I'm sorry!*
>
> **No hay de qué. / No se preocupe.** *No problem. / Not to worry.*
>
> **Con permiso.** *Excuse me... / With your permission...*
>
> **Cómo no.** *Of course. / Certainly.*

>> Actividades

1 **¿Te gusta?** Di si te gustan o no las siguientes cosas.

MODELO: (me gustan o no me gustan) las computadoras portátiles
A mí me gustan las computadoras portátiles.

1. (me gustan o no me gustan) los juegos interactivos de tenis
2. (me gusta o no me gusta) el sitio web del Museo del Prado
3. (me gusta o no me gusta) la clase virtual de literatura en la Universidad Complutense
4. (me gustan o no me gustan) los productos electrónicos de El Corte Inglés
5. (me gusta o no me gusta) el nuevo CD de Shakira
6. (me gustan o no me gustan) los grupos de conversación sobre las playas más bellas de España

2 **Los gustos** Pregúntales a varios compañeros de clase sobre sus gustos.

MODELO: AOL (Latino.net, Yahoo, ¿...?)
Tú: *¿Les gusta AOL?*
Compañero(a): *No, no nos gusta AOL, pero sí nos gusta Latino.net.*

1. el grupo de debate de profesores de español (de artistas chilenos, de actores de teatro, ¿...?)
2. la página web de Yahoo en español (de *Time* en español, de *Newsweek en español*, ¿...?)
3. el grupo de conversación de estudiantes de español (de profesores de español, de estudiantes de francés, ¿...?)
4. los juegos interactivos (de mesa, de niños, ¿...?)
5. las computadoras portátiles (PC, Mac, ¿...?)
6. el programa de arte (de diseño gráfico, de contabilidad, ¿...?)

3 **¿Te interesa?** Pregúntale a un(a) compañero(a) qué opina *(feels)* sobre varios aspectos de la tecnología.

MODELO: interesar: los blogs de personas desconocidas *(strangers)*
Tú: *¿Te interesan los blogs de personas desconocidas?*
Compañero(a): *No, no me interesan los blogs de personas desconocidas.*

1. molestar: recibir mucha correspondencia electrónica
2. interesar: grupos de debate sobre la política
3. gustar: enviar mensajes de texto
4. molestar: buscadores muy lentos *(slow)*
5. interesar: sitios web comerciales
6. gustar: chatear con personas en otros países
7. importar: recibir e-mails de personas desconocidas

4 **En resumen** Pregúntales a seis compañeros qué les gusta de la tecnología y qué les molesta. Escribe un resumen sobre los resultados.

1. Nombra tres cosas que te gustan de la tecnología.
2. Nombra tres cosas que te molestan de la tecnología.

Interactive Practice /
Ace the Test

≫ ¡Fíjate! ≫  Web Links

El lenguaje de Internet

The brave new world of the Internet has created entirely new words in the English language. This in turn has created language issues for everyone, including translators and Internet users. Online word forums in which people from different countries discuss how to translate Internet terms into their own languages have sprouted to help people deal with these issues. In many cases, the universal Internet terms have simply stayed in English. Here are some examples of words that either have translations in Spanish that are commonly or not commonly used, and others that do not yet (and may never!) have translations.

Un hombre trabaja en un café de Internet en España.

Blog: This is an abbreviated form of Web-log, and is usually referred to simply as *blog*, losing the *We* of Web. In Spanish, it is common to simply say **blog,** but it can also be defined as: **un diario personal en un sitio web que contiene reflexiones, comentarios, fotos, video o enlaces.**

Forum: Foro is the common Spanish translation. If you are referring to an announcement board, you would say **un tablón de anuncios.** A message board is **un tablón de mensajes.**

Podcast: Un podcast is a radio broadcast that is Portable On Demand. If you want to try to say this in Spanish, you could say **una emisora radial en Internet. Los podcasts** are downloaded to **un reproductor portátil,** where the user can listen to them at leisure.

Video conferencing: Chat with your friends via Internet using **un sistema de video conferencia.**

WiFi: Most Spanish speakers simply say **WiFi,** with a wide variation in pronunciation from country to country. To be technically correct, you could refer to it as **la red inalámbrica. (Alambre** means *wire,* which is why **inalámbrica** means *wireless.*) Although you would be understood with this mouthful of a phrase, you would probably be considered rather geeky. Stick with WiFi for now.

Text messaging: Everyone text messages these days. In Spanish this would be **enviar un mensaje de texto.**

Instant messaging: You could also instant message someone via your computer, and this is referred to as **enviar un mensaje instantáneo.**

Sound files: Everybody likes to download music, or **archivos de sonido** or **MP3s,** onto their **MP3 portátiles.**

Without a doubt, the world of the Internet will continue to create new functions and new words as its uses multiply. Don't panic! You can find a site on the Internet that will help you find just the word you are looking for!

●● **Práctica** Escribe una lista de términos de Internet en inglés que no sabes decir en español. Con un(a) compañero(a), busca en Internet un sitio con las traducciones y las pronunciaciones, o simplemente verifica que lo más común es usar el término en inglés.

Gramática útil ❷

Describing yourself and others and expressing conditions and locations: The verb **estar** and the uses of **ser** and **estar**

Estoy muy **aburrida** con tu cuento trágico.

Cómo usarlo

You already know that the verb **ser** is translated as *to be* in English. You have already used the verb **estar,** which is also translated as *to be*, in expressions such as **¿Cómo estás?** While both these Spanish verbs mean *to be*, they are used in different ways.

1. Use **estar** . . .

    ■ to express location of people, places, or objects.

La profesora Suárez **está** en la biblioteca.	*Professor Suárez **is** in the library.*
Los libros **están** en la mesa.	*The books **are** on the table.*

    ■ to talk about a physical condition.

—¿Cómo **está** Ud.?	*How **are** you?*
—**Estoy** muy bien, gracias.	***I'm** well, thank you.*
—Yo **estoy** un poco cansada.	***I'm** a little tired.*

    ■ to talk about emotional conditions.

El señor Albrega **está** un poco nervioso hoy.	*Mr. Albrega **is** a little nervous today.*
Estoy muy ocupada esta semana.	***I'm** very busy this week.*

2. Use **ser** . . .

    ■ to identify yourself and others.

Soy Ana y ésta **es** mi hermana Luisa.	***I'm** Ana and this **is** my sister Luisa.*

    ■ to indicate profession.

Pablo Picasso **es** un artista famoso.	*Pablo Picasso **is** a famous artist.*

    ■ to describe personality traits and physical features.

Somos altos y delgados.	***We are** tall and thin.*
Somos estudiantes buenos.	***We are** good students.*

    ■ to give time and date.

Es la una. Hoy **es** miércoles.	***It is** one o'clock. Today **is** Wednesday.*

    ■ to indicate nationality and origin.

—**Eres** española, ¿no?	***You are** Spanish, right?*
—Sí, **soy** de España.	*Yes, **I am** from Spain.*

    ■ to express possession with **de.**

Este celular **es de Anita.**	*This **is Anita's** cell phone.*

    ■ to give the location of an event.

La fiesta **es** en la residencia estudiantil.	*The party **is** in the dorm.*

> Notice that expressing the location of people, places, and things (other than events) requires the use of **estar. Ser** is used only to indicate *where an event will take place.*

Cómo formarlo

Video Tutorial

Flashcards

1. Here are the forms of the verb **estar** in the present indicative tense.

estar *(to be)*			
yo	**estoy**	nosotros / nosotras	**estamos**
tú	**estás**	vosotros / vosotras	**estáis**
Ud. / él / ella	**está**	Uds. / ellos / ellas	**están**

2. In the **¡Imagínate!** section you learned some adjectives that are commonly used with **estar** to describe physical and emotional conditions.

aburrido(a)
cansado(a)
contento(a)
enfermo(a)
enojado(a)
furioso(a)

nervioso(a)
ocupado(a)
preocupado(a)
seguro(a)
triste

Don't forget that when you use adjectives with **estar,** as with any other verb, they need to agree with the person or thing they are describing in both gender and number.

Los estudiantes están preocupados por Miguel.

The students are worried about Miguel.

Elena está nerviosa a causa del examen.

Elena is nervous because of the exam.

>> Actividades

5 **¿Dónde están?** Todos participan en diferentes actividades en diferentes lugares de la universidad. ¿Dónde están?

MODELO: Ricardo y Juana estudian. _____ en la biblioteca.
Están en la biblioteca.

1. Javier toma un refresco. _____ en la cafetería.

2. Mi compañero(a) de cuarto y yo descansamos. _____ en la residencia estudiantil.

3. Paula y Pedro navegan por Internet. _____ en el centro de computación.

4. La profesora Martínez lee una novela. _____ en el parque.

5. Usted escribe en la pizarra. _____ en el salón de clase.

6. Nosotros escuchamos los CDs de español. _____ en el centro de comunicaciones.

7. Teresa levanta pesas. _____ en el gimnasio.

8. Tú compras un libro para la clase de filosofía. _____ en la librería.

6 **¿Cómo están?** Tú y varias personas están en las siguientes situaciones. Usa **estar** + *adjetivo* para describir cómo están.

MODELO: Sales bien en el examen de francés, tomas el sol por la tarde, cenas con tu mejor amigo(a) y alquilas un video que te gusta mucho.
Estoy contento(a).

1. Tienes una entrevista con el director de la universidad para un trabajo que necesitas.

2. Carlos tiene una infección y tiene que ir al hospital.

3. Marta y Mario no tienen nada *(nothing)* que hacer —no hay nada interesante en la tele y su computadora no funciona.

4. Compras una nueva computadora. Llegas a casa y cuando tratas de usarla, no funciona. La tienda de computadoras no abre hasta el lunes.

5. Tú y tu familia tienen mucho que hacer *(to do)*. Entre los estudios, el trabajo, los deportes, la familia y los amigos, no hay suficiente tiempo en el día para hacerlo todo.

6. Elena practica deportes por la mañana, trabaja en la biblioteca por la tarde y estudia por la noche. Cuando llega a casa, descansa.

7. La tarea de matemáticas es muy difícil —Martín no comprende las instrucciones. Es muy tarde para llamar a un amigo. Tiene que entregar la tarea muy temprano por la mañana.

8. El abuelo *(grandfather)* de Pedro y Delia está muy enfermo. Pedro y Delia lo visitan en el hospital.

7 **Yo soy...** Completa las oraciones con la forma correcta de **ser** o **estar.**

MODELO: Yo _____ estudiante. _____ en clase.
Yo soy estudiante. Estoy en clase.

1. El señor Ortega _____ muy ocupado.
_____ en la oficina.

2. Nosotros _____ divertidos.
_____ contentos ahora.

3. Roger _____ tenista.
_____ alto y delgado.

4. Alejandro y yo _____ de Nicaragua.
_____ en los Estados Unidos
por un año.

5. Pedro y Arturo _____ enfermos.
_____ en el hospital.

6. Esta computadora _____ de Lucía.
Lucía _____ una estudiante muy trabajadora.

8 *¿Ser o estar?* Trabaja con un(a) compañero(a) de clase para completar las oraciones. Lean las oraciones y juntos decidan si se debe usar **ser** o **estar**. Escriban la forma correcta del verbo. Luego, escriban por qué se usa **ser** o **estar**.

MODELO: *Soy* María Hernández Catina.
          razón (reason): identidad

Razones: nacionalidad, posesión, estado físico, característica física, característica de personalidad, profesión, fecha, hora, estado temporáneo, identidad, posición *(location)*, lugar de un evento

1. ¿Cómo _____ usted, profesor Taboada? razón:

2. Yo _____ un poco cansado hoy. razón:

3. Isabel _____ de España. razón:

4. ¿Dónde _____ la biblioteca? razón:

5. Mi padre _____ profesor de lenguas. razón:

6. Hoy _____ miércoles, el 22 de octubre. razón:

7. Nati _____ alta, delgada y tiene el pelo castaño. razón:

8. Esta semana Leonardo _____ muy ocupado. razón:

9. Este libro, ¿_____ de la profesora? razón:

10. ¿Dónde _____ la clase de filosofía? razón:

9 **¡Pobre Mónica!** Trabaja con un(a) compañero(a) de clase. Miren el dibujo y juntos escriban una descripción de Mónica y de la situación en general. Traten de usar **ser** o **estar** en cada oración y de escribir por lo menos cinco oraciones.

In Spanish-speaking countries, **martes 13,** or Tuesday the 13th, rather than Friday the 13th, is considered an unlucky day.

Interactive Practice / Ace the Test

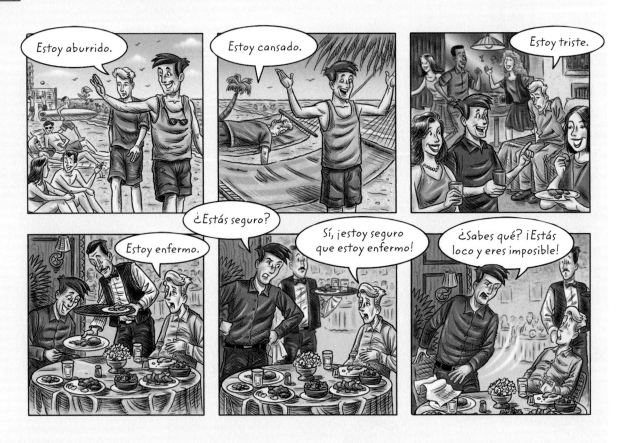

////////////////////////////////

Comprensión En tu opinión, ¿cuáles de los siguientes adjetivos describen al hombre rubio? Y al hombre moreno?

- ¿Quién está...?
  aburrido / cansado / contento / enfermo / furioso / nervioso /
  ocupado / preocupado / seguro / triste
- ¿Quién es...?
  activo / antipático / cómico / cuidadoso / divertido / egoísta /
  extrovertido / impaciente / introvertido / perezoso / serio /
  simpático / tonto

Gramática útil ③

Talking about everyday events: Stem-changing verbs in the present indicative

Cómo usarlo

In **Chapters 1** and **2** you learned the present indicative forms of regular **-ar**, **-er**, and **-ir** verbs in Spanish. There are other Spanish verbs that use the same endings as regular **-ar, -er,** and **-ir** verbs in this tense, but they also have a small change in their stem. (Remember that the stem is the part of the infinitive that is left after you remove the **-ar / -er / -ir** ending.)

—¿Qué **piensas** de este asistente electrónico?

—Me gusta, pero **prefiero** éste.

—¿Verdad? Bueno, ¿por qué no le **pides** el precio al dependiente?

What **do you think** of this electronic notebook?

I like it, but **I prefer** this one.

Really? Well, why don't **you ask** the sales clerk the price?

¡Pobre Beto! **Siento** tu frustración.

Cómo formarlo

 Video Tutorial

 Flashcards

1. There are three categories of stem-changing verbs in the present indicative.

	o → ue: **encontrar** *(to find)*	**e → ie:** **preferir** *(to prefer)*	**e → i:** **pedir** *(to ask for)*
yo	enc**ue**ntro	pref**ie**ro	p**i**do
tú	enc**ue**ntras	pref**ie**res	p**i**des
Ud. / él / ella	enc**ue**ntra	pref**ie**re	p**i**de
nosotros / nosotras	encontramos	preferimos	pedimos
vosotros / vosotras	encontráis	preferís	pedís
Uds. / ellos / ellas	enc**ue**ntran	pref**ie**ren	p**i**den

2. Note that the stem changes in all forms except the **nosotros / nosotras** and **vosotros / vosotras** forms.

3. Remember, all the endings for the present indicative are the same for these verbs as for the other regular verbs you've learned: **-o, -as, -a, -amos, -áis, -an** for **-ar** verbs; **-o, -es, -e, -emos / -imos, -éis / -ís, -en** for **-er** and **-ir** verbs. The only thing that is different here is the change in the stem.

4. Here are some commonly used Spanish verbs that experience a stem change in the present indicative tense.

e → ie

cerrar	to close
comenzar (a)	to begin (to)
empezar (a)	to begin (to)
entender	to understand
pensar de	to think (of), have an opinion about
pensar en	to think about, to consider
perder	to lose
preferir	to prefer
querer	to want, to love
sentir	to feel

o → ue

contar	to tell, to relate; to count
dormir	to sleep
encontrar	to find
jugar*	to play
poder	to be able to
sonar	to ring, to go off (phone, alarm clock, etc.)
soñar (con)	to dream (about)
volver	to return

e → i

pedir	to ask for something
repetir	to repeat
servir	to serve

***Jugar** is the only **u → ue** stem-changing verb in Spanish. It's grouped with the **o → ue** verbs, because its change is most similar to those.

>> Actividades

10 **En la clase de computación** Estás en la clase de computación. Escoge la forma correcta del verbo entre paréntesis para describir lo que hacen todos.

1. Yo (pido / pide) el correo electrónico del nuevo estudiante.
2. La profesora (repite / repiten) las instrucciones de la actividad.
3. Nosotros (sirvo / servimos) refrescos después de la clase.
4. Él (prefiere / prefieren) usar el correo electrónico para comunicarse con su familia.
5. Tú (encontramos / encuentras) la clase muy difícil.
6. Ellos (piden / pedimos) la dirección electrónica de la universidad.
7. Nosotras (preferimos / prefieren) ir al café Internet después de clase.
8. Yo (encuentras / encuentro) la clase muy divertida.

11 **¿Entiendes?** Tú eres el (la) profesor(a) de la clase de computación. Les preguntas a varias personas si entienden cómo hacer ciertas cosas en la computadora. Tu compañero(a) hace el papel de los diferentes estudiantes y te contesta.

MODELO: ¿_____ (tú) cómo instalar el programa antivirus? (sí)
Tú: *¿Entiendes cómo instalar el programa antivirus?*
Compañero(a): *Sí, entiendo cómo instalar el programa antivirus.*

1. ¿ _____ (ustedes) cómo abrir la aplicación? (no)
2. ¿ _____ (usted) cómo archivar los documentos al disco duro? (sí)
3. ¿ _____ (tú) cómo funciona el buscador? (no)
4. ¿ _____ (ellos) cómo cortar la conexión a Internet? (sí)
5. ¿ _____ (ustedes) cómo entrar a los grupos de conversación? (no)
6. ¿ _____ (tú) cómo visitar el sitio web de El Corte Inglés? (sí)

12 **¿A qué hora vuelves?** Un amigo te pregunta cuándo vuelven a casa tú, tus amigos y varios miembros de tu familia. Escucha la pregunta y escribe la respuesta correcta en una oración completa. Estudia el modelo.

MODELO: Ves: 10:30 A.M.
Escuchas: ¿A qué hora vuelves de la clase de computación?
Escribes: *Vuelvo de la clase de computación a las diez y media de la mañana.*

1. 4:00 P.M.
2. 1:00 A.M.
3. 3:15 P.M.
4. 8:00 P.M.
5. 7:00 P.M.
6. 11:30 A.M.

13 **En la clase de español** Todos los estudiantes en la clase de español están en medio de alguna actividad. Di lo que hace cada persona.

MODELO: Olga (no entender las instrucciones)
Olga no entiende las instrucciones.

1. Joaquín (cerrar el libro)
2. Iris (perder su lugar en el capítulo)
3. Paulo (dormir en su escritorio)
4. Lisa (empezar a hacer la tarea)
5. Arturo (pensar en las vacaciones)
6. Andrés y Marta (jugar en la computadora)
7. Roberto y Humberto (querer ir al gimnasio)
8. Ingrid (preferir hacer la tarea en la computadora)
9. Francisco (no poder abrir la aplicación)
10. la profesora (volver a repetir la tarea)
11. yo (pedir el número de la página de la lectura)
12. yo (repetir la pregunta)

> **Volver a** + *infinitive* means to go back and do something, or to do it over.

14 **¿Quieres ir?** Pregúntale a tu compañero(a) si quiere hacer una actividad contigo. Él o ella te dice que prefiere hacer otra cosa.

Actividades posibles

ir a tomar un refresco
alquilar un video
estudiar en la biblioteca
mirar televisión
navegar por Internet
tomar el sol
visitar a amigos
bailar
¿...?

MODELO: Tú: *¿Quieres alquilar un video?*
Compañero(a): *No, prefiero navegar por Internet.*

15 **La vida universitaria** ¿Es la vida del estudiante muy difícil hoy en día? Con tres compañeros de clase, contesten las siguientes preguntas sinceramente. Basándose en las respuestas de sus compañeros, decidan juntos si la vida universitaria produce mucho estrés para el estudiante. Presenten su conclusión a la clase.

1. ¿Sientes mucho estrés? ¿Por qué?
2. ¿A qué hora vuelves a la residencia estudiantil de la universidad?
3. ¿A qué hora duermes? ¿Dónde duermes? ¿Cuántas horas duermes por noche? ¿Duermes lo suficiente?
4. ¿Juegas videojuegos? ¿Juegos interactivos? ¿Juegos en la red? ¿Cuánto tiempo pasas a diario jugando estos juegos?
5. ¿Pierdes tus llaves *(keys)* con frecuencia? ¿Tus gafas *(glasses)*? ¿Tu dinero *(money)*? ¿Tu tarea? ¿Tus libros? ¿Tus cuadernos? ¿Tu mochila?
6. ¿Prefieres tener o no tener un celular? ¿Por qué?
7. ¿Piensas en tu futuro? ¿Estás preocupado(a) por tu futuro? ¿Puedes imaginar tu futuro?

16 **Los hábitos del universitario** Haz una gráfica como la de abajo. Si quieres, puedes escribir tus propias preguntas. Luego, hazles las preguntas a diez compañeros de clase. Según sus respuestas, apunta el número de estudiantes en la columna apropiada. Luego, escribe una descripción de tus resultados.

Preguntas	Número de estudiantes
dormir más de seis horas por noche:	*6*
no dormir más de seis horas por noche:	*4*
preferir hablar por teléfono para comunicarse:	
preferir escribir e-mail para comunicarse:	
preferir enviar un mensaje de texto para comunicarse:	
jugar un deporte:	
jugar en Internet:	
jugar videojuegos:	
jugar videos interactivos:	
sentir mucho estrés:	
no sentir mucho estrés:	
pensar en su futuro todos los días:	
no pensar en su futuro todos los días:	
encontrar la vida universitaria difícil:	
encontrar la vida universitaria fácil:	
¿...?	

MODELO: *Seis estudiantes duermen más de seis horas por noche.*
Cuatro estudiantes no duermen más de seis horas por noche.

17 **Mi blog** Escribe un perfil personal para tu blog en Internet. Describe tus características físicas, tu personalidad, tus clases preferidas, tus hábitos en la universidad, tus emociones y lo que te gusta, molesta o interesa, etc. Ponle a tu descripción todo el detalle que puedas.

Interactive Practice /
Ace the Test

Gramática útil ④
Describing how something is done: Adverbs

EL MEJOR SERVIDOR DE E-MAIL *

ISOCOR
N-PLEX®
http://www.isocor.com

Indudablemente, el producto más versátil... *

N-PLEX es un software de servidor potente e integrado para transmitir información electrónica de forma segura sobre Internet o Intranets. Diseñado especialmente para cumplir las demandas más exigentes de las empresas, organismos gubernamentales y proveedores de acceso a Internet, N-PLEX proporciona un sistema completo y ampliable para realizar intercambio de información electrónica en entornos de redes globales con facilidades de gestión centralizada y remota.

Según la revista iWorld, N-PLEX de ISOCOR es el mejor software servidor de correo electrónico para Windows NT.

LLAME AHORA PARA INFORMARSE: (91) 677.61.85

Cómo usarlo

When you want to say how an activity is carried out (slowly, thoroughly, generally, etc.), you use an adverb.

Generalmente, prefiero usar una contraseña secreta.	***Generally,*** *I prefer to use a secret password.*
Escribo más **rápidamente** en computadora que con bolígrafo.	*I write more **rapidly** on the computer than I do with a pen.*
Este programa es **muy** lento.	*This program is **very** slow.*

Video Tutorial

Flashcards

Cómo formarlo

Lo básico

An adverb is a word that modifies a verb, an adjective, or another adverb. *Generally, rapidly,* and *very* are all adverbs. You can identify an adverb by asking the question, *"How?"*

1. To form an adverb from a Spanish adjective, it is often possible to add the ending **-mente** to the adjective: **fácil → fácilmente.** If the adjective ends in an **-o**, change it to **-a** before adding **-mente: rápido → rápidamente.**

2. Here are some frequently used Spanish adjectives that can be turned into **-mente** adverbs.

fácil *(easy)*	→	**fácilmente**	**lento** *(slow)*	→	**lentamente**
difícil *(difficult)*	→	**difícilmente**	**rápido** *(fast)*	→	**rápidamente**

3. **-mente** adverbs are also useful to talk about your routine and what you normally do.

frecuentemente	*frequently*	**normalmente**	*normally*
generalmente	*generally*		

4. Here are some other common Spanish adverbs.

bastante	*somewhat, rather*	Este sistema es **bastante** lento.
bien	*well*	Tu computadora funciona **bien.**
demasiado	*too much*	Navego **demasiado** por Internet.
mal	*badly*	¡Mi cámara web funciona muy **mal**!
mucho	*a lot*	Me gustan **mucho** los juegos interactivos.
muy	*very*	Guardo archivos **muy** frecuentemente.
poco	*little*	Chateo **poco** por Internet.

> Remember, adverbs can be used to modify other adverbs, so it's perfectly acceptable to use **muy** with **frecuentemente** or **mal**, for example!

>> Actividades

13 18 ¿Cómo? Escucha a Miriam mientras describe su vida a una amiga. Completa sus oraciones. Escoge el adjetivo más lógico del grupo y conviértelo en un adverbio añadiendo el sufijo **-mente**.

constante	cuidadoso	directo	fácil	total	paciente	rápido
frecuente	general	lento	normal	inmediato	tranquilo	

1. Puedes instalar el programa antivirus _____.
2. Yo chateo por Internet _____.
3. Hay algunos sitios web que funcionan _____.
4. _____, navego por Internet dos o tres horas por día.
5. Con este módem interno, puedo hacer una conexión _____.
6. Instalo los programas de software en mi computadora _____.
7. Tengo tarea _____.
8. Los domingos prefiero pasar el día _____.

19 ¿Cómo te sientes? Averigua *(Find out)* cómo se sienten tus compañeros de clase en ciertas situaciones. Hazles las siguientes preguntas a varios compañeros y apunta sus respuestas. Luego, dale los resultados de tu encuesta a la clase.

¿Cómo te sientes cuando...

1. vas a tener un examen?
2. tu computadora no funciona bien?
3. recibes la cuenta *(bill)* de tu teléfono celular?
4. la batería de tu teléfono no funciona?
5. pierdes los archivos de tu tarea?
6. ¿...?

Posibles respuestas

bien	bastante nervioso (triste, preocupado, etc.)
mal	demasiado nervioso (cansado, furioso, etc.)
muy bien	no me afecta
muy mal	¿...?

Interactive Practice /
Ace the Test

¡Explora y exprésate!

Exploraciones culturales

España

Tradición e innovación en España Look at the photos, then read the paragraphs and titles on the pages that follow. Can you match the photos and the correct title to each paragraph? Try to read quickly to get the gist of each paragraph. Once you have identified the correct title and photo for each paragraph, read the paragraphs again to see if you understood the basic content of each one.

¿Adivinaste? Answers to the questions on page 107: 1. c 2. c 3. c 4. a

Foto 1

Foto 2

Foto 3

Foto 4

Títulos: La literatura   La arquitectura   El arte   La tecnología

Párrafo 1: España tiene mucha fama por su producción literaria. *El ingenioso hidalgo Don Quijote de la Mancha* (1605), escrito por el español Miguel de Cervantes, se considera la primera novela moderna. Sus protagonistas, Don Quijote, el idealista sincero, y Sancho Panza, el realista cómico, son unos de los personajes más famosos de la literatura. En la actualidad *(Currently)*, cuatro autores españoles son ganadores *(winners)* del Premio Nóbel de la Literatura: Jacinto Benavente (dramaturgo), Juan Ramón Jiménez, Vicente Aleixandre (poetas) y Camilo José Cela (novelista).

Párrafo 2: España ha producido muchos pintores importantes e influyentes. Los grandes maestros de la pintura española incluyen a El Greco (1541–1614), Diego de Velázquez (1599–1660) y Francisco de Goya (1746–1828). En el siglo *(century)* XX, Pablo Picasso, Joan Miró y Salvador Dalí son unos de los innovadores más importantes del arte moderno.

Párrafo 3: La influencia árabe en la arquitectura del siglo VIII, construida por los colonizadores musulmanes comúnmente llamados "los moros", es evidente por todo el sur de España, en particular en Granada, Córdoba y Sevilla. Pero España también es muy conocida *(known)* por su arquitectura más contemporánea. El Museo Guggenheim en Bilbao y las diversas obras de los arquitectos españoles Antoni Gaudí y Santiago Calatrava representan la importancia de la innovación arquitectónica.

Párrafo 4: España tiene una reputación impresionante por su innovación tecnológica. Es el segundo productor de energía eólica *(wind)* del mundo. También tiene una industria aeroespacial importante. Se ha dedicado al desarrollo de vías para ferrocarriles de alta velocidad *(high-speed rail)*, con el objetivo de hacer accesibles las conexiones de alta velocidad a un 90% de la población española. También es un líder activo en los proyectos de desalinización que producen agua potable *(drinking water)* para millones de personas.

 Interactive Practice

>> Conexión cultural

🔵 Mira el segmento cultural del video. Después, en grupos de tres o cuatro, hablen de las siguientes preguntas: ¿Cómo es su universidad? ¿Es moderna con muchas computadoras y aparatos electrónicos o no es moderna? ¿Cuáles son los cursos más populares?

>> ¡Conéctate! Web Links

🔵 **Práctica** Your class needs to plan a virtual vacation to Sevilla, Spain, in order to get away from all the stress of modern life! Divide into four groups. Each group will choose one of the following categories and research it by following links on the *Nexos* website to see a list of suggested websites. Each group should come up with a list of three suggestions for their category. Then, based on the group's suggestions, the class will prepare an itinerary for a virtual vacation to Sevilla.

Group 1: Housing / Lodging   Group 3: Museums and other cultural sites

Group 2: Entertainment   Group 4: Where to eat

>> Tú en el mundo hispano

To explore opportunities to use your Spanish to study, volunteer, or do internships in Spain, follow the links on the *Nexos* website.

♫ Ritmos del mundo hispano

To experience the music of Spain, follow the links on the *Nexos* website.

A leer

Antes de leer

1 Mira el siguiente artículo de *Netmaní@*, una revista de tecnología e Internet publicada en España. ¿Cuántas de las siguientes claves *(clues)* de formato puedes identificar en el artículo?

- título de sección
- título de artículo
- texto de interés *(highlighted text)*
- texto del lado *(sidebar)*

- citas *(quotations)*
- fotos
- ilustraciones y dibujos
- otros tipos de gráficos

2 Ahora, estudia las claves de formato para ver si puedes entender el tema principal del artículo. ¿De qué trata el artículo?

- programas para la computadora
- los emoticons *(smiley faces used in cyberspace)*
- técnicas de diseño gráfico para crear los emoticons

Lectura

3 Ahora lee el artículo completo en la página 137. Trata de comprender las ideas más importantes. Busca los cognados para comprenderlo mejor.

Después de leer

4 Ahora di si las siguientes oraciones son **ciertas (C)** o **falsas (F)** según el artículo.

1. _____ Este artículo habla de los smileys, también llamados "emoticons".
2. _____ Hay muchos smileys.
3. _____ Desgraciadamente, no existen diccionarios de los smileys.
4. _____ Los smileys clásicos son :-) :-(y ;-).
5. _____ l-I quiere decir "dormido".

Trucos de navegación: Smileys al completo

¿Sabes[1] lo que significa C=}>;*{))?

Si estás perdido en el mundo[2] de los smileys, he aquí una solución a tus problemas...

¿Quién no sabe todavía qué son los smileys? Esos populares símbolos, resultado de combinar paréntesis, letras y otros símbolos alfanuméricos, creados[3] para manifestar distintos sentimientos como alegría, diversión, complicidad u otros difícilmente expresables a través del lenguaje escrito[4], pueblan[5] en la actualidad gran parte de los mensajes que se envían[6] por e-mail o se escriben en los grupos de noticias de Usenet.

Aparte de los clásicos :-) :-(;-) existen muchísimos más smileys, con una gran diversidad de significados... Una solución para no perderse[7] en este mundillo consiste en recurrir[8] a las recopilaciones de smileys que se han ido realizando[9] últimamente por la Red. Son, claro, los diccionarios de smileys.

Uno de ellos es *The Unofficial Smiley Dictionary* (el diccionario no oficial de smileys), que es uno de los más visitados. Se trata de una colección bastante completa de estos símbolos, divididos en varios grupos, tales como smileys sencillos[10], smileys emocionales o mega smileys, por citar algunos.

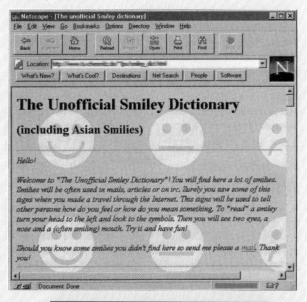

Idioma cibernético

:-)	contento	;-)	sarcástico
:-/	escéptico	*-)	muy contento
>:-[	furioso	:-X	muy discreto
:-D	muy cómico	>>:-[	muy furioso
O:-)	soy un santo	:-(	triste
I-I	dormido	>:->	soy un diablo
:'-(	muy triste	:-I	indiferente
		@--->---	romántico (una flor para ti)

[1]*Do you know* [2]**perdido...** *lost in the world* [3]*created* [4]*written* [5]*populate* [6]*se envían people send each other* [7]*to lose oneself* [8]*to fall back on, to resort to* [9]*se han... that are being created* [10]*simple*

5 ¿Puedes identificar el equivalente en inglés de los siguientes símbolos?

1. _____ I-I   a. *I'm a devil.*
2. _____ O:-)   b. *asleep*
3. _____ >:->   c. *a flower for you*
4. _____ @--->---   d. *I'm a saint.*

6 En grupos pequeños, creen (*create*) nuevos emoticons para las emociones indicadas. Cuando terminen, escriban sus emoticons en la pizarra y voten para decidir cuáles van a ser los emoticons "oficiales" para cada emoción indicada. Luego, escribe un e-mail breve usando los emoticons nuevos.

1. aburrido
2. enfermo
3. nervioso
4. ocupado
5. preocupado
6. seguro

Interactive Practice

Vocabulario

La tecnología *Technology*

El hardware *Hardware*

La computadora *Computer*

el altoparlante	*speaker*
el cable	*cable*
el disco duro	*hard drive*
el módem externo	*external modem*
el micrófono	*microphone*
el monitor	*monitor*
el puerto de USB	*USB port*
el ratón	*mouse*

La computadora portátil *Laptop computer*

los audífonos	*earphones*
el módem interno	*internal modem*
la impresora	*printer*
el lector de CD-ROM o DVD	*CD-ROM / DVD drive*
la pantalla	*screen*
la tecla	*key*
el teclado	*keyboard*

El software *Software*

la aplicación	*application*
los archivos	*files*
el ícono del programa	*program icon*
el juego interactivo	*interactive game*
el programa antivirus	*anti-virus program*
el programa de procesamiento de textos	*word-processing program*

Funciones de la computadora *Computer functions*

archivar	*to file*
conectar	*to connect*
enviar	*to send*
funcionar	*to function*
grabar	*to record*
hacer clic / doble clic	*to click / double click*
instalar	*to install*
tener 4 GB de memoria	*to have 4 GB of memory*

Los colores *Colors*

amarillo(a)	*yellow*
anaranjado(a)	*orange*
azul	*blue*
blanco(a)	*white*
café / marrón	*brown*
gris	*gray*
morado(a)	*purple*
negro(a)	*black*
rojo(a)	*red*
rosa / rosado(a)	*pink*
verde	*green*

Las emociones *Emotions*

aburrido(a)	*bored*
cansado(a)	*tired*
contento(a)	*happy*
enfermo(a)	*sick*
enojado(a)	*angry*
furioso(a)	*furious*
nervioso(a)	*nervous*
ocupado(a)	*busy*
preocupado(a)	*worried*
seguro(a)	*sure*
triste	*sad*

Aparatos electrónicos *Electronics*

el asistente electrónico	*electronic notebook*
la cámara digital	*digital camera*
la cámara web	*webcam*
el CD / MP3 portátil	*portable CD / MP3 player*
el organizador electrónico	*electronic organizer*
el reproductor / grabador de discos compactos	*CD player / burner*
el reproductor / grabador de DVD	*DVD player / burner*
la videocámara	*videocamera*

Funciones de Internet *Internet functions*

el buzón electrónico	*electronic mailbox*
el buscador	*search engine*
chatear	*to chat online*
el ciberespacio	*cyberspace*
la conexión	*the connection*
hacer una conexión	*to go online*
cortar la conexión	*to go offline, disconnect*
la contraseña	*password*
el correo electrónico / e-mail	*e-mail*
en línea	*online*
el enlace	*link*
el grupo de conversación	*chat room*
el grupo de debate	*newsgroup*
la página web	*web page*
el proveedor de acceso	*Internet provider*
la red mundial	*World Wide Web*
el sitio web	*web site*
el (la) usuario(a)	*user*

Verbos como **gustar**

encantar	*to like a lot*
fascinar	*to fascinate*
importar	*to be important to someone; to mind*
interesar	*to interest, to be interesting*
molestar	*to bother*

Otros verbos*

cerrar (ie)	*to close*
comenzar (ie)	*to begin*
contar (ue)	*to tell, to relate; to count*
dormir (ue)	*to sleep*
empezar (ie)	*to begin*
entender (ie)	*to understand*
jugar (ue)	*to play*
pedir (i)	*to ask for something*
pensar (ie) de	*to think, have an opinion about*
pensar (ie) en	*to think about, to consider*
perder (ie)	*to lose*
poder (ue)	*to be able to*
preferir (ie)	*to prefer*
querer (ie)	*to want; to love*
repetir (i)	*to repeat*

sentir (ie)	*to feel*
servir (i)	*to serve*
sonar (ue)	*to ring, to go off (phone, alarm clock, etc.)*
soñar (ue) con	*to dream (about)*
volver (ue)	*to return*

Adjetivos

difícil	*difficult*
fácil	*easy*
lento	*slow*
rápido	*fast*

Adverbios

difícilmente	*with difficulty*
fácilmente	*easily*
frecuentemente	*frequently*
generalmente	*generally*
lentamente	*slowly*
normalmente	*normally*
rápidamente	*rapidly*
bastante	*somewhat, rather*
bien	*well*
demasiado	*too much*
mal	*badly*
mucho	*a lot*
muy	*very*
poco	*little*

*Starting now stem-changing verbs will be indicated in vocabulary lists with the stem change in parentheses.

Capítulo 5

¿Qué tal la familia?

> Relaciones familiares

Nos describimos con relación a diferentes aspectos de nuestra vida: los intereses, la personalidad, las características físicas, la profesión y muchos más. En el mundo hispanohablante, las relaciones familiares son un aspecto muy importante de la identidad personal. ¿Es tu familia una parte importante de tu vida diaria? ¿Cuánto tiempo pasas con miembros de tu familia en una semana? En este capítulo, vas a explorar el concepto de la familia y de las relaciones interpersonales.

Esta familia salvadoreña posa para una foto en frente de su casa.

> Communication

By the end of this chapter you will be able to
- talk about and describe your family
- talk about professions
- describe daily routines
- indicate current actions

> Cultures

By the end of this chapter you will have learned about
- Honduras and El Salvador
- professions and gender in Spanish
- careers where knowledge of Spanish is helpful
- the Afro-Hispanic **Garífuna** culture of Honduras

> Los datos

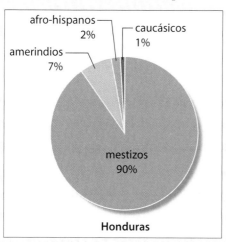

Mira los gráficos y luego indica si las siguientes oraciones se refieren a Honduras o a El Salvador.

❶ Hay más diversidad étnica en este país.

❷ Hay más amerindios en este país.

❸ Hay más caucásicos en este país.

afro-hispanos
2%

caucásicos
1%

amerindios
7%

mestizos
90%

Honduras

caucásicos
9%

amerindios
1%

mestizos
90%

El Salvador

> ¡Adivina!

¿Qué sabes de Honduras y El Salvador? Di si las oraciones se refieren a Honduras, a El Salvador o a los dos. (Las respuestas están en la página 164.)

❶ La mayoría de la población es de origen mestizo.

❷ Hay una pequeña pero significante población afro-hispana.

❸ Hay una pequeña pero significante población caucásica.

❹ Tiene ruinas de la civilización maya.

❺ Es el país más pequeño de Centroamérica.

OCÉANO ATLÁNTICO

HONDURAS
Tegucigalpa ★

San Salvador ★

OCÉANO
PACÍFICO   **EL SALVADOR**

¡Imagínate!

Vocabulario útil ①

> **ANILÚ:** Son fotos de mi **familia.**
> **DULCE:** ¿De veras? ¿En la computadora?
> **ANILÚ:** Sí, mi **hermanito** Roberto tiene una cámara digital. Saca fotos de la familia y me las manda por Internet.

> In Spanish, the masculine plural **hermanos** can mean both *brothers* (all males) and *brothers and sisters / siblings* (both males and females).

> To refer to a couple, use **la pareja.** For example: **Es una pareja muy elegante.** Also, to ask about someone's partner, you can say: **¿Quién es la pareja de Juan?** Or: **Su pareja es doctor.**

> Notice that **parientes** is a false cognate: it does *not* mean *parents;* it means *family members.* **Los padres** is the correct term for *parents.*

 Flashcards

La familia nuclear

la madre (mamá)	*mother*	la tía	*aunt*
el padre (papá)	*father*	el tío	*uncle*
los padres	*parents*	la prima	*female cousin*
la esposa	*wife*	el primo	*male cousin*
el esposo	*husband*	la sobrina	*niece*
la hija	*daughter*	el sobrino	*nephew*
el hijo	*son*	la abuela	*grandmother*
la hermana (mayor)	*(older) sister*	el abuelo	*grandfather*
el hermano (menor)	*(younger) brother*	la nieta	*granddaughter*
		el nieto	*grandson*

La familia política

la suegra	*mother-in-law*
el suegro	*father-in-law*
la nuera	*daughter-in-law*
el yerno	*son-in-law*
la cuñada	*sister-in-law*
el cuñado	*brother-in-law*

Otros parientes

la madrastra	*stepmother*
el padrastro	*stepfather*
la hermanastra	*stepsister*
el hermanastro	*stepbrother*
la media hermana	*half-sister*
el medio hermano	*half-brother*

>> Actividades

1 **Los parientes** Completa las oraciones con la respuesta correcta para describir las relaciones entre los parientes de Anilú. Usa el árbol genealógico (*family tree*) de Anilú para identificar las relaciones.

1. Rodrigo es _____ de Adela.
   a. el esposo   b. el suegro   c. el tío
2. Tomás y Rafael son _____.
   a. hermanas   b. primos   c. hermanos
3. Sonia es _____ de Anilú.
   a. la tía   b. la prima   c. la hermanastra
4. Roberto es _____ de Rosa.
   a. el sobrino   b. el nieto   c. el yerno
5. Gloria es _____ de Rodrigo y Adela.
   a. la suegra   b. la hija   c. la nieta
6. Adela es _____ de Amelia.
   a. la madrastra   b. la cuñada   c. la suegra

Arturo Villa González **y** Beatriz Vega Chapa de Villa   Rodrigo Guzmán Corona **y** Adela Flores Romero de Guzmán

Carlos   Irene   Amelia   Pedro   Hernán   Rosa

Tomás   Rafael   Gloria   Anilú   Roberto   Alberto   Sonia

2 **La familia de Anilú** Con un(a) compañero(a) de clase, háganse preguntas sobre el árbol genealógico (*family tree*) de Anilú de la **Actividad 1.** Túrnense nombrando la persona y diciendo cuál es su relación con Anilú.

MODELO: Compañero(a): *¿Quién es Beatriz Vega Chapa?*
Tú: *Es la abuela de Anilú.*

3 **El árbol genealógico** Dibuja el árbol genealógico de tu familia nuclear. Empieza con tus abuelos y sigue con el resto de tu familia. Luego, en grupos de tres, intercambien sus árboles y háganse preguntas sobre sus familias.

MODELO: Tú: *¿Tom es tu hermano?*
Compañero(a): *Sí, es mi hermano menor. Tiene quince años y es muy divertido.*
Tú: *¿Quién es Elisa?*
Compañero(a): *Es mi sobrina. Es la hija de mi hermana mayor.*

4 **Mi familia** Escribe un párrafo corto sobre cada miembro de tu familia nuclear. Para cada individuo, di quién es, cómo se llama y cuántos años tiene. Incluye algunas características físicas y también unas de personalidad. Luego, en grupos de tres, lean sus descripciones al grupo. El grupo te hace preguntas sobre cada miembro de tu familia y tú contestas.

> Notice that two surnames are given for the grandparents in Anilú's family tree. In Spanish-speaking countries, first surnames come from one's father, and second surnames come from the mother's side. Anilú's full name will be Anilú Guzmán Villa until she marries. Then she will add her husband's first surname (Anilú Guzmán Villa de Rodríguez (for example), and be known simply as Sra. Rodríguez. This tradition is changing in many Spanish-speaking countries.

www Interactive Practice / Ace the Test

> In Spanish, diminutives are common. You form the diminutive by adding **-ito** or **-ita** to a noun: **hermano → hermanito.** (Other diminutives are formed by adding **-cito / -cita: coche → cochecito.**)
>
> A diminutive is used: 1) to indicate that something or someone is small, or younger. **Una casita** is a small house; **una hermanita** is a younger sister. 2) to express love or fondness. For example, Anilú probably refers to her grandmother as **abuelita** to indicate that she loves her dearly.
>
> To express affection, Spanish speakers also use nicknames. In the video, **Anilú** is a nickname for Ana Luisa, **Beto** for Roberto, and **Chela** for Graciela.

Vocabulario útil ②

DULCE: ¿Quién es este señor?

ANILÚ: Es mi papá. Se enoja cuando Roberto le saca fotos. No le gusta salir en fotos. Dice que se ve muy gordo.

DULCE: ¿Qué hace tu papá?

ANILÚ: Es **arquitecto.** Diseña edificios para negocios.

> Notice that when you describe someone's profession, you don't use an article as we would in English: **Es abogada** translates as *She is a lawyer.*

▶ 00:00:00

Las profesiones y las carreras

la abogada
el periodista
la médica
la artista

El policía means a single policeman. La policía can mean a single policewoman or the entire police force. You have to extract the correct meaning from context. Other professions whose meaning depends on the context and the article are: **el químico / la química, el físico / la física, el músico / la música, el matemático / la matemática, el guardia / la guardia.**

el bombero
la carpintera
la policía
el plomero
el arquitecto

Más profesiones

el actor / la actriz	*actor / actress*
el / la asistente	*assistant*
el (la) camarero(a)	*waiter, waitress*
el (la) cocinero(a)	*cook, chef*
el (la) contador(a)	*accountant*
el (la) dentista	*dentist*
el (la) dependiente	*salesclerk*
el (la) diseñador(a) gráfico(a)	*graphic designer*
el (la) dueño(a) de...	*owner of . . .*
el (la) enfermero(a)	*nurse*
el (la) gerente de...	*manager of . . .*
el hombre / la mujer de negocios	*businessman / businesswoman*
el (la) ingeniero(a)	*engineer*
el (la) maestro(a)	*teacher*
el (la) mecánico(a)	*mechanic*
el (la) peluquero(a)	*barber / hairdresser*
el (la) programador(a)	*programmer*
el (la) secretario(a)	*secretary*
el (la) trabajador(a)	*worker*
el (la) veterinario(a)	*veterinarian*

Flashcards

>> ¡Fíjate! >> Web Links

Las profesiones y el mundo

Gracias a la tecnología, el mundo va cambiando *(is changing)* muy rápido. Algunas profesiones que no existían ayer, existen hoy. Antes, más profesiones eran locales, es decir, consistían en lo que se podía hacer dentro de *(consisted of what could be done inside)* la comunidad: policía, bombero, dentista, doctor, profesor. Ahora es posible elegir una profesión que puede tener un impacto global. ¿En qué campos existen profesiones mundiales?

Asistencia sanitaria internacional	*International health care*
Programas de conservación ambiental	*Environmental programs*
Telecomunicaciones	*Telecommunications*
Política exterior	*Foreign policy*
Servicios financieros	*Financial services*
Banca internacional	*International banking*
Ingeniería multinacional	*International engineering*
Derecho internacional	*International law*
Consultoría de negocios	*Consulting*

Práctica Ve a Internet y busca tres profesiones mundiales que te interesan. ¿En qué campo están? ¿Qué puedes hacer en tus estudios para empezar a prepararte para cada profesión?

>> Actividades

5 **Quiere ser...** Tú y tu compañero(a) hablan de varios amigos. Tú le dices a tu compañero(a) qué es lo que estudia esa persona y tu compañero(a) te dice qué quiere ser esa persona.

MODELO: medicina
Tú: *Marcos estudia medicina.*
Compañero(a): *Quiere ser médico.*

1. contabilidad
2. administración de empresas
3. ingeniería
4. informática
5. diseño gráfico
6. arte
7. pedagogía
8. periodismo

6 **Presentaciones** Estás en la fiesta de un amigo. Él te presenta a varios miembros de su familia. Lee sus presentaciones. Luego, para cada persona, indica cuál es su relación con el narrador y su profesión.

1. Quiero presentarte a Antonio. Él es el hijo de mi tía Rosa. Antonio trabaja en el Hospital Garibaldi. Ayuda a las personas enfermas.

   Nombre: Antonio   *Relación:* _____   *Profesión:* _____

2. Te presento a Miranda. Miranda es la hija de mi tío Ricardo. Miranda enseña francés en el Colegio Del Valle.

   Nombre: Miranda   *Relación:* _____   *Profesión:* _____

3. Mira, te presento a Olga. Olga trabaja para el periódico *El Universal*. Olga es la esposa de mi hermano.

   Nombre: Olga   *Relación:* _____   *Profesión:* _____

4. Quiero presentarte a César. César es el hijo de mi hermano. César trabaja en una pizzería después del colegio.

   Nombre: César   *Relación:* _____   *Profesión:* _____

5. Éste es Raúl. Raúl es el hermano de mi padre. Él diseña casas y edificios.

   Nombre: Raúl   *Relación:* _____   *Profesión:* _____

6. Te presento al señor Domínguez, el padre de mi esposa. Él escribe software para una compañía multinacional.

   Nombre: señor Domínguez   *Relación:* _____   *Profesión:* _____

7 **¿Qué quieres ser?** En grupos de tres, hablen sobre sus planes para el futuro.

MODELO: Tú: *¿Qué profesión te interesa?*
Compañero(a): *¿A mí? Yo quiero ser abogado(a).*
Tú: *¿Dónde quieres trabajar?*
Compañero(a): *Quiero trabajar aquí, en Los Ángeles.*

8 **El español y las profesiones** En Estados Unidos, hay muchas oportunidades profesionales para personas que hablan español. Aquí hay algunas carreras que utilizan el español.

- abogado(a)
- académico(a)
- banquero(a) o financiero(a) que se especializa en Latinoamérica
- enfermero(a)
- hombre / mujer de negocios para una compañía multinacional
- intérprete
- médico(a)
- policía
- profesor(a) o maestro(a) de español
- secretario(a) bilingüe

> With some professions, there is a lot of confusion about how to specify gender, especially for traditionally male professions like **piloto, bombero, ingeniero, general, mecánico, plomero.** The ambiguity is also due to the number of options for specifying gender. Some professions change the ending, like **el actor** and **la actriz; el maestro** and **la maestra; el alcalde** *(mayor)* and **la alcaldesa.** Other professions simply change the article, with no change to the noun, like **el gerente** and **la gerente, el dentista** and **la dentista.** Sometimes, the word **mujer** or **señora** is used to specify the gender: **la señora juez** *(judge)*, **la mujer policía.**

Con un(a) compañero(a) de clase, contesten las siguientes preguntas.

1. ¿Te interesa alguna de estas carreras? ¿Por qué? ¿Crees que poder hablar español es importante para tu futuro?

2. En Europa, los estudiantes de colegio aprenden inglés y muchas veces otro idioma además de su lengua nativa. ¿Crees que es buena idea? ¿Por qué? ¿Crees que los estadounidenses deben aprender otro idioma además del inglés? ¿Por qué?

Interactive Practice / Ace the Test

Vocabulario útil ③

ANILÚ: Mamá, ¿está Roberto por allí? Necesito hablar con él.

MAMÁ: No puede venir al teléfono. Se está bañando.

ANILÚ: ¿Está bañándose? ¿A esta hora?

MAMÁ: Acaba de regresar de su partido de fútbol. ¡Ay! ¡No hay ni **toallas** ni **jabón** en el baño! Me tengo que ir. Tengo que llevarle a tu hermano una toalla, el jabón y el **champú**...

En el baño *In the bathroom*

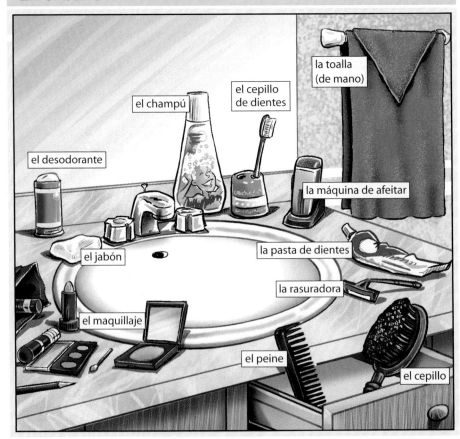

- la toalla (de mano)
- el cepillo de dientes
- el champú
- el desodorante
- la máquina de afeitar
- el jabón
- la pasta de dientes
- la rasuradora
- el maquillaje
- el peine
- el cepillo

www Flashcards

>> Actividades

9 **¿Qué necesitan comprar?** Según la situación, ¿qué necesita comprar cada persona?

MODELO: *Él necesita comprar champú.*

1.   2.   3.

4.   5.   6.

10 **El HiperMercado** Tú y tu hermano(a) ven un anuncio para el HiperMercado en el periódico. Tú le dices qué quieres comprar y él o ella te dice cuánto dinero necesitas para comprar ese artículo.

(¡Ojo! *Dollars* = **dólares** y *cents* = **centavos.**)

MODELO: Tú: *¿Quiero comprar un cepillo y un peine.*
Hermano(a): *Necesitas tres dólares y setenta y nueve centavos para comprar el cepillo y el peine.*

> Unlike grocery stores, which focus mostly on food items, **hipermercados** in Spanish-speaking countries are similar to supermarkets, but tend to sell an even wider range of household products.

HiperMercado
¡Todo para la familia!
¡Los mejores precios de la ciudad!

Cepillo y peine "La Bella":
$~~$4,39~~ **$3,79**

Jabón antibacterial "Sanitario":
$~~$1,49~~ **$1,19**

Champú "Largo y limpio":
$~~$3,39~~ **$2,79**

Máquina de afeitar "El Varonil":
$~~$24,99~~ **$19,99**

Cepillo de dientes y pasta de dientes "Brillante":
$~~$4,75~~ **$3,75**

Paquete de seis rasuradoras "Para ella":
$~~$3,97~~ **$3,47**

Desodorante "Frescura":
$~~$2,69~~ **$1,99**

Paquete de dos toallas de mano "Elegantes":
$~~$4,99~~ **$3,99**

Interactive Practice /
Ace the Test

Antes de ver el video

1 Mira las fotos y el guión *(script)* en las páginas 142, 144 y 148 para ver si puedes encontrar la información necesaria para evaluar los siguientes comentarios.

¿Cierto o falso?

1. _____ Este segmento es sobre Anilú y su familia.

2. _____ Conocemos a *(We meet)* Roberto, el hermano de Anilú, a su papá y a su hermana Dulce.

3. _____ El papá de Anilú es abogado.

4. _____ El papá de Anilú tiene una cámara digital.

5. _____ La mamá de Anilú dice *(says)* que Roberto necesita toalla y jabón en el baño.

6. _____ Anilú quiere hablar con su hermano.

2 Antes de ver el video, mira las fotos a la izquierda *(on the left)* como preparación para el contenido del segmento. A ver si puedes relacionar las fotos y los diálogos que siguen. Escribe la letra de la foto al lado de la parte del diálogo que le corresponde.

a.

_____ **1.** Dulce: ¿Qué hace tu papá?

          Anilú: Es arquitecto. Diseña edificios para negocios.

_____ **2.** Mamá: Bueno, pero siempre hay que hacer tiempo para llamar a tu mamá.

          Anilú: Sí, mamá, está bien. Perdóname.

_____ **3.** Anilú: Mira, ven a ver.

          Dulce: ¿Qué es?

          Anilú: Son fotos de mi familia.

b.

c.

Estrategia

Listening for the main idea

When you are listening to Spanish, it's sometimes hard to know what to listen to first. There are often words you don't understand; also, the difference between seeing words on a page and hearing them spoken can be a big one. A good way to organize your viewing task is to focus on getting the main idea of the segment, or of each part of the segment. Don't try to understand every single word, but instead try to get the gist of each scene. Later, with the help of textbook activities and another viewing, some of the other details of the segment will emerge.

El video

Ahora mira el video para el **Capítulo 5.** Trata de entender la idea principal de cada escena.

Después de ver el video

3 Conecta cada idea de la derecha *(on the right)* con su escena correspondiente a la izquierda *(on the left)*.

1. _____ **Escena 1:** Anilú está mirando *(is looking at)* la computadora.

2. _____ **Escena 2:** Anilú habla con su mamá por teléfono.

3. _____ **Escena 3:** Anilú y Dulce miran una foto en la impresora.

4. _____ **Escena 4:** Roberto llama a Anilú.

5. _____ **Escena 5:** Anilú mira la foto de la fiesta de cumpleaños del abuelo.

a. La mamá de Anilú dice que ella nunca la llama.

b. A Anilú no le gusta la foto pero Roberto cree que es muy cómica.

c. Roberto quiere saber *(to know)* si a Anilú le gustan las fotos.

d. Anilú dice *(says)* que tiene unas fotos digitales.

e. Ven una foto del papá de Anilú.

4 Ahora mira el segmento una o más veces para captar los detalles. Trabaja con un(a) compañero(a) para contestar las siguientes preguntas.

Interactive Practice / Ace the Test

1. ¿Cómo le manda Roberto las fotos a Anilú?

2. ¿Qué tipo de edificios *(buildings)* diseña el papá de Anilú y Roberto?

3. ¿Por qué no le gusta al papá cuando Roberto le saca fotos?

4. ¿Qué tiene que llevarle la mamá a Roberto?

¡Prepárate!

Gramática útil ①
Describing daily activities: Irregular **yo** verbs in the present indicative

Cómo usarlo

1. You have already learned the present indicative tense of many verbs. These include regular **-ar**, **-er**, and **-ir** verbs (**hablar, comer, vivir,** etc.), some irregular verbs (**ser, tener, ir**), and some stem-changing verbs (**pensar, poder, dormir,** etc.).

2. Now you will learn some verbs that are regular in all forms of the present indicative except the first-person singular, the **yo** form. Like the other verbs you learned to use in the present indicative tense, these verbs can be used to say what you routinely do, what you are doing at the moment, or what you plan to do in the immediate future.

Todos los días **salgo** para la universidad a las ocho.	*Every day **I leave** for the university at 8:00.*
Ahora mismo, **pongo** mis libros en la mochila y **digo** "hasta luego" a mi compañera de cuarto.	*Right now, **I put** / **I'm putting** my books in my backpack and **I say** / **I'm saying,** "See you later" to my roommate.*
Esta noche, **traigo** mis libros a casa otra vez y **hago** la tarea.	*Tonight, **I bring** / **I'll bring** my books home again and **I do** / **I'll do** my homework.*

 Video Tutorial

 Flashcards

Cómo formarlo

Irregular **yo** verbs
Many irregular **yo** verbs in the present indicative fall into several recognizable categories. Others have to be learned individually.

1. **-go** endings:

hacer	*to make; to do*	**hago,** haces, hace, hacemos, hacéis, hacen
poner	*to put*	**pongo,** pones, pone, ponemos, ponéis, ponen
salir	*to leave, to go out (with)*	**salgo,** sales, sale, salimos, salís, salen
traer	*to bring*	**traigo,** traes, trae, traemos, traéis, traen

2. **-zco** endings:

> **Conducir** is used more frequently in Spain. In most of Latin America, the verb **manejar** (a regular **-ar** verb) is used to talk about driving.

conducir	*to drive; to conduct*	**conduzco,** conduces, conduce, conducimos, conducís, conducen
conocer	*to know a person, to be familiar with*	**conozco,** conoces, conoce, conocemos, conocéis, conocen
traducir	*to translate*	**traduzco,** traduces, traduce, traducimos, traducís, traducen

3. Other irregular **yo** verbs:

dar	*to give*	**doy,** das, da, damos, dais, dan
oír	*to hear*	**oigo,** oyes, oye, oímos, oís, oyen
saber	*to know a fact, to know how to*	**sé,** sabes, sabe, sabemos, sabéis, saben
ver	*to see*	**veo,** ves, ve, vemos, veis, ven

> Note that **oír** requires a **y** in the **tú**, **él / ella / Ud.**, and **ellos / ellas / Uds.** forms.

4. Irregular **yo** verbs with a stem change:

decir	*to say, to tell*	**digo,** dices, dice, decimos, decís, dicen
venir	*to come, to attend*	**vengo,** vienes, viene, venimos, venís, vienen

5. Remember that most of these verbs are irregular only in the **yo** form. Otherwise, they follow the rules for regular **-ar**, **-er**, and **-ir** verbs that you have already learned. **Oír** uses the regular endings but includes a spelling change: the addition of **y** to all forms except the **yo** form. **Decir** and **venir** also have a stem change in addition to the irregular **yo** form, but they still use **-ir** present-tense endings.

Saber vs. conocer

Note that **saber** and **conocer** both mean *to know*. It's important to know when to use each one.

- Use **saber** to say that you know a fact or information, or that you know how to do something.

Eduardo **sabe** hablar alemán, jugar tenis y bailar flamenco. Además **sabe** dónde están todos los restaurantes buenos de la ciudad.	*Eduardo **knows how** to speak German, play tennis, and dance flamenco. He also **knows** where all the good restaurants in the city are.*

- Use **conocer** to say that you know a person or are familiar with a thing.

—¿**Conocen** a Sandra?	*Do you **know** Sandra?*
—No, pero **conocemos** a su hermana.	*No, but we **know** her sister.*
—¿**Conoces** bien Tegucigalpa?	*Do you **know** Tegucigalpa well?*
—Sí, pero no **conozco** las otras ciudades de Honduras.	*Yes, but I don't **know** the other cities in Honduras.*

Algún día vas a tener hijos y entonces vas a **saber** cómo es.

> One way to remember the difference between **saber** and **conocer** is that **saber** is usually followed by either a verb or a phrase, while **conocer** is often followed by a noun.

The personal a

When you use **conocer** to say that you know a person, you must use the preposition **a** before the noun referring to the person. This preposition is known as the personal **a** in Spanish and it must be used whenever a person receives the action of the verb. It has no equivalent in English.

Conocemos **a** Nina y **a** Roberto.	*We know Nina and Roberto.*
¿Ves **a** tus amigos frecuentemente?	*Do you see your friends frequently?*

>>Actividades

1 **La mamá de Anilú** La mamá de Anilú le describe un día normal a una amiga. Da su descripción desde su punto de vista *(viewpoint)*.

1. salir del trabajo a las cinco
2. generalmente, traer trabajo a casa
3. cuando llego a casa, venir muy cansada
4. hacer la cena *(dinner)* a las siete
5. poner la mesa *(set the table)* antes de hacer la cena
6. cuando la cena está preparada, decir «todo está listo»
7. conocer a mis hijos muy bien
8. saber que tengo que llamarlos varias veces
9. por fin, oír a los niños apagar la tele
10. dar las gracias por otro día más o menos normal

Ahora escribe un párrafo sobre un día normal en tu vida. Trata de usar los mismos verbos que usa la mamá de Anilú.

2 **Cuestionario** Primero, escribe tus respuestas a las preguntas. Luego, en grupos de tres, háganse las preguntas del siguiente cuestionario. Si quieren, pueden añadir algunas preguntas al cuestionario. Cada uno en el grupo debe contestar cada pregunta.

1. **Tu horario**

   ¿Cuándo haces ejercicio?
   ¿Cuándo haces la tarea?
   ¿Cuándo haces la cena?

2. **Tu vida social**

   ¿Cuántas veces sales cada semana?
   ¿Sales por la noche? ¿Adónde vas?
   ¿Con quién sales los fines de semana?

3. **Tu medio de transporte preferido**

   ¿Tienes coche? ¿Conduces a la universidad?
   ¿Conduces al trabajo?
   ¿Conduces todos los días o usas otro medio de transporte?

4. **Tu tiempo libre**

   ¿Sabes hablar varios idiomas? ¿Cuáles?
   ¿Sabes jugar algún deporte?
   ¿Sabes tocar un instrumento? ¿Cuál?

5. **¿Conoces el mundo?**

   ¿Conoces los países de Europa? ¿Cuáles?
   ¿Conoces Canadá?
   ¿Cuántos estados de EEUU conoces?

3 **¿Sabes...?** Con un(a) compañero(a), formen preguntas con las siguientes frases. Túrnense para hacerse las preguntas. Luego, inventen nuevas preguntas usando el verbo en cada frase y háganse esas preguntas.

MODELO: conducir para llegar a la universidad
Tú: *¿Conduces para llegar a la universidad?*
Compañero(a): *No, no conduzco para llegar a la universidad.*
Tú: *¿Conduces todos los días?*
Compañero(a): *No, conduzco tres días por semana.*

1. conocer al presidente de la universidad
2. dar tu contraseña a tus amigos
3. decir siempre la verdad
4. hacer la tarea puntualmente
5. saber navegar por Internet
6. salir frecuentemente con amigos
7. traducir poemas del inglés al español
8. traer la computadora portátil a la clase
9. venir cansado(a) o aburrido(a) de las clases
10. ver televisión por la mañana, la tarde o la noche

4 **¿Saber o conocer?** Con un(a) compañero(a), túrnense para hacer las siguientes preguntas. La persona que hace las preguntas tiene que decidir entre los verbos **saber** o **conocer.** Y ¡recuerden la **a** personal!

MODELO: ¿(Saber/Conocer) hablar español?
Tú: *¿Sabes hablar español?*
Compañero(a): *Sí, sé hablar español.*

1. ¿(Saber/Conocer/Conocer a) el (la) compañero(a) de cuarto de...?
2. ¿(Saber/Conocer/Conocer a) Nueva York, París o Londres?
3. ¿(Saber/Conocer/Conocer a) tocar el violín?
4. ¿(Saber/Conocer/Conocer a) el (la) profesor(a) de estadística?
5. ¿(Saber/Conocer/Conocer a) Honduras?
6. ¿(Saber/Conocer/Conocer a) cómo llegar a la residencia estudiantil de...?
7. ¿(Saber/Conocer/Conocer a) el (la) nuevo(a) estudiante salvadoreño(a)?
8. ¿(Saber/Conocer/Conocer a) preparar comida hondureña o salvadoreña?
9. ¿(Saber/Conocer/Conocer a) dónde está la biblioteca municipal?
10. ¿(Saber/Conocer/Conocer a) el número del celular de...?
11. ¿(Saber/Conocer/Conocer a) la dirección electrónica de...?

5 **Sé y conozco** Escribe cinco cosas que sabes hacer. Luego escribe el nombre de cinco personas o lugares que conoces. Intercambia tu lista con un(a) compañero(a). Tu compañero(a) tiene que informarle a la clase lo que tú sabes y conoces y tú tienes que hacer lo mismo con la lista de tu compañero(a).

MODELO: Tu lista: *Sé jugar tenis.*
Conozco a muchas personas que juegan tenis.
Tu compañero(a): *Javier sabe jugar tenis.*
Conoce a muchas personas que juegan tenis.

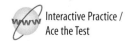
Interactive Practice /
Ace the Test

Gramática útil ②

Describing daily activities: Reflexive verbs

¡*graduarse*

está de *moda!*

Elige la Gafa de sol que más te guste
y llévatela con los cristales Graduados*
...sin ningún coste adicional

This advertisement for graduated-lens sunglasses contains a verb used reflexively. What is it? What play on words does the advertisement make?

Notice that the reflexive pronoun and verb must always match the subject of the sentence: **Nosotros nos bañamos, Ellos se afeitan, Mateo se lava,** etc.

Cómo usarlo

1. So far, you have learned to use Spanish verbs to say what actions people are doing or to describe people and things.

Elena **habla** por teléfono con Eduardo.	Elena **talks** on the phone with Eduardo.
La mujer **toca** la guitarra.	The woman **plays** the guitar.
Tu hermano **está** cansado y aburrido.	Your brother **is** tired and bored.

2. Spanish has another category of verbs, called *reflexive* verbs, where the action of the verb *reflects back* on the person who is doing the action. When you use reflexive verbs in Spanish, they are often translated as *with* or *to myself, yourself, himself, herself, ourselves, yourselves, themselves* in English.

Lidia **se maquilla** todos los días.	Lidia **puts makeup on (herself)** every day.
Antes de ir a clase, yo **me ducho, me visto** y me **peino.**	Before going to class, **I shower, get dressed,** and **comb my hair.**

3. Notice how a reflexive verb is always used with a reflexive pronoun. These pronouns always match the subject of the sentence. The action of the verb *reflects back* on the person when the pronoun is used.

Yo me acuesto a las once todos los días.	**I go to bed (put myself to bed)** at eleven every day.
Tú te despiertas a las diez los fines de semana.	**You get up (wake yourself up)** at ten on the weekends.
Nosotros nos bañamos antes de salir de casa.	**We bathe (ourselves)** before we leave the house.
Ellos se afeitan todos los días.	**They shave (themselves)** every day.

4. Almost all reflexive verbs can also be used without the reflexive pronoun to express non-reflexive actions, that is, actions that are performed on someone other than oneself.

Mateo **se lava** el pelo todos los días.	Mateo **washes** his hair every day.
Mateo **lava** los platos todos los días.	Mateo **washes** the dishes every day.

5. Reflexive pronouns can also be used to indicate *reciprocal actions.*

Roque y Rocío **se cortan** el pelo.	Roque and Rocío **cut each other's** hair.

Cómo formarlo

> **Lo básico**
>
> - A *reflexive verb* is one in which the action described reflects back on the subject.
> - A *reflexive pronoun* is a pronoun that refers back to the subject of the sentence. Reflexive pronouns in English are *myself, yourself, herself, ourselves,* etc.

1. You conjugate reflexive verbs the same way you would any other verb. The only difference is that you must always include the reflexive pronoun.

Video Tutorial

Flashcards

2. Here is the reflexive verb **lavarse** conjugated in the present indicative tense.

lavarse *(to wash oneself)*	
yo	**me** la**vo**
tú	**te** la**vas**
él / ella / Ud.	**se** la**va**
nosotros(as)	**nos** la**vamos**
vosotros(as)	**os** la**váis**
ellos / ellas / Uds.	**se** la**van**

3. The only difference in the way that reflexive and non-reflexive verbs are conjugated is the addition of the reflexive pronoun to the verb form. Verbs that are irregular or stem-changing when used non-reflexively have the same irregularities or stem changes when used with a reflexive pronoun.

Me despierto a las seis y media.   *I wake (myself) up at 6:30.*
Despierto a mi esposo a las siete.   *I wake my husband up at 7:00.*

4. When you use a reflexive verb in its infinitive form, the reflexive pronoun may attach at the end of the infinitive (most common) or go at the beginning of the entire verb phrase.

Voy a acostarme a las once.   OR: **Me voy a acostar** a las once.
Necesito acostarme a las once.   **Me necesito acostar** a las once.
Tengo que acostarme a las once.   **Me tengo que acostar** a las once.

> Remember that when you use a reflexive verb as an infinitive, you still need to change the pronoun to match the subject of the sentence: **Voy a acostar*me* a las once, pero tú vas a acostar*te* a medianoche.**

Notice that with **gustar** (and similar verbs), the reflexive pronoun *must* be attached at the end of the infinitive.

Me gusta acostarme a las once.

5. Here are some common reflexive verbs, many of which refer to daily routine. Many reflexive verbs have a stem change, which is indicated in parenthesis.

acostarse (ue) *to go to bed*	**lavarse los dientes** *to brush one's teeth*
afeitarse *to shave oneself*	**levantarse** *to get up*
bañarse *to take a bath*	**maquillarse** *to put on makeup*
cepillarse el pelo *to brush one's hair*	**peinarse** *to brush / comb one's hair*
cepillarse los dientes *to brush one's teeth*	**ponerse (la ropa)** *to put on (clothing)*
despertarse (ie) *to wake up*	**prepararse** *to get ready*
ducharse *to take a shower*	**quitarse (la ropa)** *to take off (clothing)*
lavarse *to wash oneself*	**secarse el pelo** *to dry one's hair*
lavarse el pelo *to wash one's hair*	**sentarse (ie)** *to sit down*
	vestirse (i) *to get dressed*

Reflexive actions always carry the meaning to *oneself*. Reciprocal actions always carry the meaning *to each other*.

6. Some Spanish verbs are used with reflexive pronouns to emphasize a change in state or emotion. Spanish has many more verbs that are used this way than English does. Note that some of these verbs (**casarse, comprometerse,** etc.) are usually used to express reciprocal actions, due to the nature of their meaning.

Reunirse carries an accent on the **u** when conjugated: **se reúnen**

casarse *to get married*	**irse** *to leave, to go away*
comprometerse *to get engaged*	**pelearse** *to have a fight*
despedirse (i) *to say goodbye*	**preocuparse** *to worry*
divertirse (ie) *to have fun*	**quejarse** *to complain*
divorciarse *to get divorced*	**reírse (i)** *to laugh*
dormirse (ue) *to fall asleep*	**reunirse** *to meet, to get together*
enamorarse *to fall in love*	**separarse** *to separate*
enfermarse *to get sick*	

7. Here are some useful words and phrases to use with these verbs.

a veces	*sometimes*	**todas las**	*every week*
antes	*before*	**semanas**	
después	*after*	**todos los días**	*every day*
luego	*later*	**... veces al día /**	*. . . times a day /*
nunca	*never*	**por semana**	*per week*
siempre	*always*		

>>Actividades

(14)

6 **Necesito...** Para vernos y sentirnos bien, todos tenemos que hacer ciertas cosas antes o después de participar en ciertas actividades. Escucha las descripciones y escoge el dibujo que le corresponde a cada descripción.

MODELO:

1. _____   2. _____   3. _____

4. _____   5. _____   6. _____

7 **De visita** Estás de visita en la casa de tu compañero(a) y quieres saber más de la rutina diaria de él (ella) y de su familia. Hazle las preguntas de la lista y si quieres, también inventa otras.

MODELO: Tú: ¿A qué hora (acostarse) tus padres?
Tú: *¿A qué hora se acuestan tus padres?*
Compañero(a): *Mis padres se acuestan a las diez o las once de la noche.*

1. ¿Tú (lavarse) el pelo todos los días?
2. ¿Cuántas veces por semana (afeitarse) tu abuelo?
3. ¿(Despertarse) tarde o temprano tu madre?
4. ¿(Ducharse) por la mañana o por la noche tu hermano?
5. ¿(Maquillarse) tu hermana antes de salir para la universidad?
6. ¿A qué hora (dormirse) tu abuela?
7. ¿A qué hora (levantarse) tu padre?
8. ¿(Peinarse) antes de salir para el colegio tu primo?
9. ¿Cuántas veces por día (lavarse) los dientes tú y tus hermanos?

8 **La telenovela** Miguel y Marta son los protagonistas de una telenovela famosa. Tú eres el (la) guionista *(script writer)* y tienes que escribir una descripción del desarrollo de su relación. Sigue el modelo.

MODELO: divertirse en la fiesta de unos amigos
Miguel y Marta se divierten en la fiesta de unos amigos.

1. enamorarse después de un mes
2. comprometerse después de un año
3. casarse en la casa de los padres de Marta
4. pelearse frecuentemente
5. quejarse mucho a sus amigos
6. separarse por seis meses
7. divorciarse después de dos años de matrimonio
8. despedirse en el aeropuerto
9. irse a diferentes regiones del país
10. por fin reunirse

9 **Preguntas personales** Tú y tu compañero(a) quieren saber más sobre sus vidas. Háganse las siguientes preguntas. Luego, inventen cinco preguntas más que usen los verbos de la rutina diaria o los otros verbos reflexivos en las páginas 157–158.

1. ¿A qué hora te acuestas durante la semana? ¿Los fines de semana?
2. ¿A qué hora te levantas durante la semana? ¿Los fines de semana?
3. ¿Te preocupas mucho por tus estudios?
4. ¿Cuántas veces por semana te reúnes con tus amigos?
5. ¿...?
6. ¿...?
7. ¿...?
8. ¿...?
9. ¿...?

Interactive Practice /
Ace the Test

¿Qué tal la familia? 159

Gramática útil ❸

Describing actions in progress: The present progressive tense

Las fotos. ¿**Estás viendo** las fotos?

Cómo usarlo

1. The present progressive tense is used in Spanish to describe actions that are in progress at the moment of speaking. It is equivalent to the *is / are + -ing* structure in English.

En este momento **estamos llamando** a los abuelos.	*Right now,* ***we are calling*** *the (our) grandparents.*
Están comiendo ahora.	***They are eating*** *right now.*

2. Note that the present progressive tense is used *much* more frequently in English than it is in Spanish. Whereas in English it is used to describe future plans, in Spanish the present indicative or the **ir + a** + infinitive structure is used instead.

Salimos con la familia este viernes.	***We are going out*** *with the family this Friday.*
Vamos a salir con la familia este viernes.	***We are going to go out*** *with the family this Friday.*

3. Use the present progressive in Spanish only to describe actions in which people are engaged at the moment. Do not use it to describe routine ongoing activities (use the present indicative), to describe generalized action (use the infinitive), or to describe future actions.

Right now:	No puedo hablar. **Estamos estudiando.**	*I can't talk.* ***We're studying*** *(right now).*
BUT:		
Routine:	**Estudio** español, biología, historia e informática.	***I am studying / I study*** *Spanish, biology, history, and computer science.*
Generalized action:	**Estudiar** es importante.	***Studying*** *is important.*
Future:	**Estudio** con Mario el lunes.	***I will study*** *with Mario on Monday.*

Video Tutorial

Flashcards

Cómo formarlo

Lo básico

A *present participle* is the verb form that expresses a continuing or ongoing action. It is equivalent to the *-ing* form in English.

1. Form the present progressive tense by using the present indicative forms of the verb **estar** (which you learned in **Chapter 4**) and the present participle.

> **estoy / estás / está / estamos / estáis / están** + present participle

2. Here's how to form the present participle of regular **-ar, -er,** and **-ir** verbs.

-ar verbs	-er / -ir verbs
Remove the **-ar** from the infinitive and add **-ando.**	Remove the **-er / -ir** from the infinitive and add **-iendo.**
caminar → **caminando**	ver → **viendo** escribir → **escribiendo**

Estamos caminando al centro.   *We're walking downtown.*
Estoy viendo la televisión.   *I'm watching television.*
Chali **está escribiendo** su trabajo.   *Chali is writing her paper.*

3. A few present participles are irregular.

leer: **leyendo**   oír: **oyendo**

4. All **-ir** stem-changing verbs show a stem change in their present participle as well.

e → i			
despedirse	**despidiéndose**	reírse	**riéndose**
divertirse	**divirtiéndose**	repetir	**repitiendo**
pedir	**pidiendo**	servir	**sirviendo**
o → u			
dormir	**durmiendo**	morir	**muriendo**

5. As you may have noticed in the list above, to form the present participle of reflexive verbs, you may attach the reflexive pronoun to the end of the present participle, or place it before the entire verb phrase, the same as when you use reflexive verbs in the infinitive. Note that when the pronoun is attached, the new present participle form requires an accent to maintain the correct pronunciation.

Lina **está levantándose** ahora mismo.   *Lina is getting up right now.*
Lina **se está levantando** ahora mismo.

Estoy divirtiéndome mucho.   *I'm having a lot of fun.*
Me estoy divirtiendo mucho.

>> Actividades

10 **¿Qué están haciendo?** Básandote en los dibujos, pregúntale a un(a) compañero(a) qué está haciendo la persona del dibujo. Menciona la profesión de la persona también.

MODELO: camarero (servir la comida)
Tú: *¿Qué está haciendo el camarero?*
Compañero(a): *Está sirviendo la comida.*

1. la profesora   **2.** la médica   **3.** la programadora   **4.** el cocinero   **5.** la asistente   **6.** la actriz

Ahora, digan qué están haciendo el (la) profesor(a) y sus compañeros de clase en este momento.

MODELOS: *Alberto está comiendo algo.*
La profesora está hablando con un estudiante.

> You might want to write down the infinitive verb forms for each person as you listen to the telephone conversation the first time. Then you can write out the sentences after.

11 **Preparaciones** La familia González va a una boda *(wedding)* y todos están preparándose. Escucha la conversación telefónica de un miembro de la familia y escribe qué está haciendo cada persona mencionada. Usa la forma del modelo.

MODELO: la prima
La prima está peinándose.

1. el padre
2. la madre
3. el hermano
4. la hermana
5. los abuelos
6. las tías

12 **¡Imagínense!** Trabaja con un(a) compañero(a) de clase. Juntos hagan una lista de diez personas famosas. Luego, digan qué (en su opinión) están haciendo en este momento. Escriban por lo menos dos frases para cada persona. ¡Sean creativos!

13 **¡Chismosos!** Ahora, intercambien sus frases de la **Actividad 12** con las de otra pareja. Juntos escriban una columna de chismes *(gossip)* para una revista semanal. Traten de escribir de una manera interesante y descriptiva. Pueden incluir dibujos de las personas, si quieren.

Interactive Practice /
Ace the Test

:) Sonrisas

⬤⬤ **Expresión** Trabaja con un(a) compañero(a) de clase para imaginar cómo es el día de un presidente de una compañía internacional (o de otra profesión). ¿Cuál es su rutina diaria? Hagan un horario de un día típico.

MODELO: *Son las ocho de la mañana. Está preparándose para una reunión.*

Exploraciones culturales

Honduras y El Salvador

Países diversos Mira los grupos de textos y fotos que describen varios aspectos de Honduras y El Salvador. Luego, di si las siguientes oraciones se refieren a la información del Grupo **1, 2, 3 o 4.**

Grupo	Oración
	1. Esta cultura es un ejemplo de una población afro-hispana.
	2. Muchos edificios de origen español todavía existen en Honduras y El Salvador.
	3. Hay mucha diversidad étnica en El Salvador y Honduras.
	4. Las catedrales de Centroamérica son un símbolo de la fe católica.
	5. Esta ciudad maya es un descubrimiento importante.
	6. Esta cultura también existe en Nicaragua y Belice.
	7. Este sitio tiene más de 1.400 años.
	8. Los amerindios son descendientes de los nativos originales de Centroamérica.

Grupo 1
¿Quiénes son los garífunas?

Los garífunas son de ascendencia africana, arauaca e indio-caribe. Sus antepasados, exiliados de la isla de San Vicente en 1797, viajaron a la costa Atlántica de Belice, Honduras y Nicaragua. Como no son descendientes de esclavos (slaves), la mayor parte de su cultura está intacta, incluso su música y arte tradicionales. Ahora cambios políticos, reformas territoriales, desastres naturales y la economía comienzan a influenciar a la comunidad garífuna.

Una mujer garífuna

Grupo 2
Un monumento maya

Joya de Cerén, un Monumento de la Humanidad de la UNESCO en El Salvador, es un descubrimiento de gran importancia. Es un pueblo (town) entero sepultado en el siglo VII por una erupción volcánica.

Como una Pompeya americana, Joya de Cerén es de inestimable valor arqueológico e histórico. Como no sabemos mucho de la vida cotidiana de los mayas, este sitio presenta una oportunidad inigualable para aprender algunos de los secretos de la cultura maya.

Joya de Cerén, El Salvador

Grupo 3
Diversidad étnica

En Centroamérica hay cuatro grupos étnicos principales:

1. Amerindios, descendientes directos de las culturas indígenas de la región.

2. Caucásicos, descendientes de colonizadores europeos o inmigrantes más recientes.

3. Afro-hispanos, descendientes de africanos negros.

4. La mezcla de varios grupos: mestizos (descendientes de europeos blancos y amerindios), mulatos (descendientes de europeos y africanos) y zambos (descendientes de africanos y amerindios).

Unos niños en una escuela hondureña

Grupo 4
La herencia colonial

Es posible ver muchas influencias de la época colonial española por toda Centroamérica. En Honduras y El Salvador, este período empieza en el siglo XVI y termina con la independencia en el siglo XIX. Las iglesias y catedrales son ejemplos muy típicos de la arquitectura colonial. Estos edificios abundan porque la idea de convertir a las poblaciones indígenas al catolicismo fue *(was)* muy importante para los colonizadores españoles.

La arquitectura colonial

>> ¡Conéctate! 🌐 Web Links / Web Search

🌐 Interactive Practice

●● **Práctica** El Salvador y Honduras son dos países bastante similares, pero también existen muchas diferencias. Con un grupo de tres a cinco estudiantes, hagan un informe que compare los dos países con relación a uno de los siguientes temas. Usen los enlaces sugeridos en el sitio web de *Nexos* para ir a otros sitios web posibles.

Temas posibles

- origen étnico
- museos y atracciones culturales
- industrias principales
- atracciones naturales y geográficas
- deportes

MODELO: *En Honduras hay....*
         En El Salvador también hay... O: Pero en El Salvador hay...

>>Tú en el mundo hispano

Para explorar oportunidades de usar el español para estudiar o hacer trabajos voluntarios o aprendizajes en Honduras y El Salvador, sigue los enlaces en el sitio web de *Nexos*.

♪ Ritmos del mundo hispano

Para escuchar música de Honduras y El Salvador, sigue los enlaces en el sitio web de *Nexos*.

A leer

Antes de leer

Estrategia

Skimming for the main idea

As you already know, it's important to focus on getting the main idea from an authentic reading in Spanish, rather than trying to understand every single word. Skimming is a reading strategy that helps you get the main idea of each paragraph. When you skim, you read quickly through a paragraph looking for key words and phrases. Together, these help you grasp the main idea of each paragraph.

In the reading that follows, focus on skimming for the main idea of each paragraph. You will have an opportunity to check yourself as you progress through the reading.

1 Mira otra vez la información del **Grupo 1** de **Exploraciones culturales** (pág. 164). Luego, completa las siguientes oraciones sobre la cultura garífuna.

1. La cultura garífuna es bastante antigua. Tiene aproximadamente... años.
- a. 350
- b. 250
- c. 200
- d. 150

2. Los garífunas son de origen...
- a. español
- b. europeo
- c. africano
- d. latinoamericano

3. Los garífunas todavía tienen su propia...
- a. economía
- b. grupo legislativo
- c. país
- d. cultura

2 Hay varias palabras que no conoces en el artículo. Trabaja con un(a) compañero(a) de clase para familiarizarse con algunas de las palabras y frases más importantes. Usen los cognados en negrilla **(boldface)** para relacionar las frases en inglés a la derecha *(right)* con las palabras y frases españolas a la izquierda *(left)*.

1. _____ a las **culturas** que los rodeaban

2. _____ querían que los dejaran en **paz**

3. _____ están **separados** por fronteras **nacionales**

4. _____ se mantienen... **unidos**

5. _____ los **antecesores** han legado

6. _____ han permanecido fieles a su **pasado**

a. *the **ancestors** have left to them*

b. *they maintain themselves **united***

c. *they are **separated** by **national** borders*

d. *have remained faithful to their **past***

e. *to the **cultures** that surround them*

f. *they wanted to be left in **peace***

Lectura

3 Ahora lee el siguiente artículo sobre la cultura garífuna de Centroamérica. Presta atención en particular a las frases en negrilla. Éstas son importantes para entender la sección. Después de cada sección, vas a tener la oportunidad de ver si entiendes bien las ideas principales.

La cultura garífuna

Durante siglos[1] los garífunas, que constituyen un grupo étnico disperso a lo largo de las costas de cinco países, **se han mantenido apartados**[2] de los demás pueblos[3]. Desde el principio, sus antepasados **no buscaron**[4] conquistar ni asimilarse a las culturas que los rodeaban. Sólo querían que los dejaran en paz. En la actualidad[5], alrededor de 200.000 garífunas viven en Honduras, unos 15.000 en Belice, 6.000 en Guatemala y otros pocos miles en las islas de Barlovento de Nicaragua. **Aunque están separados por fronteras nacionales, los garífunas se mantienen no obstante unidos** en su determinación por preservar su cultura, rica en influencias africanas y americanas.

¿Cierto o falso?

1. Los garífunas querían *(wanted to)* asimilarse a otras culturas.

2. Hay pueblos garífunas en Honduras, Belice, Guatemala y Nicaragua.

3. La cultura garífuna es rica en influencias europeas.

Las comunidades garífunas **conservan celosamente**[6] **su arte, su música, sus artesanías y sus creencias religiosas,** que en conjunto[7] constituyen una forma de vida muy particular. Los antecesores han legado a los garífunas su **música característica, que incorpora canciones y ritmos africanos y americanos,** y un **expresivo lenguaje** que contiene elementos arauacos y caribes —los idiomas originales de los indios caribes— y yoruba, una lengua proveniente de África Occidental. Los garífunas **han permanecido fieles a su pasado.**

¿Cierto o falso?

4. Mantener las tradiciones del arte, de la música y de las creencias religiosas es muy importante para los garífunas.

5. La música garífuna tiene elementos africanos y europeos.

6. La lengua garífuna tiene elementos de lenguas caribes y de una lengua africana.

A través de[8] los siglos, los garífunas sin duda han mantenido el fuego[9] de su vida cultural. En la actualidad, **la libre práctica de sus antiguas tradiciones asegura el conocimiento de su singular historia** y contribuye a acrecentar[10] la riqueza cultural de los países que los albergan[11], compartiendo las sagradas creencias y las ricas expresiones artísticas de sus orgullosos[12] antepasados.

¿Cierto o falso?

7. En realidad, los garífunas no pueden conservar sus tradiciones antiguas.

8. Los garífunas hacen contribuciones culturales a los países donde viven.

Check yourself: 1. F 2. C 3. F 4. C 5. F 6. C 7. F 8. C

---

[1]*centuries* [2]**se han...** *they kept themselves separate* [3]*grupos étnicos* [4]**no buscaron** *did not seek to* [5]**En...** *Hoy, Ahora mismo* [6]*jealously* [7]**en conjunto** *como un grupo* [8]**A...** *Across, Throughout* [9]*fire* [10]*to strengthen, increase* [11]**los albergan** *shelter them* [12]*proud*

Después de leer

●● **4** Ahora que entiendes las ideas principales de las secciones del artículo, trabaja con un(a) compañero(a) de clase. Lean los párrafos otra vez y luego contesten las siguientes preguntas.

1. ¿Qué país centroamericano tiene la población más grande de garífunas?
2. ¿Cómo es la lengua garífuna?
3. ¿Cómo es la música garífuna?

●● **5** En grupos de tres o cuatro estudiantes, identifiquen a uno o dos grupos culturales de Estados Unidos o de otros países que mantienen sus tradiciones y costumbres diferentes de las de sus países de residencia. En su opinión, ¿hay beneficios de mantenerse aislados? ¿Hay desventajas (disadvantages)?

wwww **Interactive Practice**

Voces de la comunidad

wwww **Web Links**

NAME Gloria G. Rodríguez

❝Essentially, to be Hispanic is to value children. . . . Rarely are children as welcomed and visible with adults as in the Latino culture. Indeed, los hijos son la riqueza de los padres, son nuestro gran tesoro.❞

La doctora Gloria G. Rodríguez es fundadora de Avance, una organización que ayuda a familias latinas pobres con niños pequeños. Originado en San Antonio, Texas en 1973, el programa de Rodríguez actualmente se implementa en 26 estados del país. En su libro, *Raising Nuestros Niños: Bringing Up Latino Children in a Bicultural World,* Rodríguez explica la filosofía de Avance así:

> Los padres tienen la esperanza y el deseo, hope and desire, that their children succeed, and that they feel un gran orgullo, a great sense of pride, when they do. Esta esperanza y orgullo de los padres, this hope and pride, become tremendous driving forces for Latino parents (p. 3).

Esta mexicana-americana de orígenes muy pobres es ganadora de muchos premios y reconocimientos, incluyendo el "Distinguished Service to Education Award" de la National Association of Elementary School Principals y el Hispanic Heritage Award.

¿Qué papel juega la familia en la educación de los niños? ¿Es importante tu familia en tu vida estudiantil?

A escribir

Antes de escribir

Estrategia

Writing—Creating a topic sentence

When you write, it's important to know what information you want to convey. Once you have chosen a topic, you should write a topic sentence that describes succinctly but completely the key ideas in each paragraph.

In the reading section, you looked for the main idea while reading. Usually it is expressed by the topic sentence. A good paragraph always contains a topic sentence that communicates the main idea and supporting detail to back it up.

1 Con un(a) compañero(a) de clase, miren el artículo en la página 167. Analicen cada párrafo para identificar la oración que mejor presente la idea principal del párrafo. Ésta es la **oración temática.**

MODELO: *Durante siglos los garífunas, que constituyen un grupo étnico disperso a lo largo de las costas de cinco países, se han mantenido apartados de los demás pueblos.*

2 Vas a escribir unas oraciones temáticas para una composición sobre tu profesión futura. Primero, limita el tema a un aspecto específico que puedes describir en tres párrafos. Después, piensa en tres párrafos que puedes escribir sobre tu tema y escribe una oración temática para cada uno. Sigue el modelo.

> For extra help, refer to the writing techniques in the **A escribir** section in Chapter 4 of the *Student Activities Manual.*

MODELO: **Tema:** *Las profesiones*
Aspecto específico del tema que vas a tratar: *La profesión que quiero tener en el futuro*
Párrafo 1: Description of what the profession is
Oración temática: *Me interesa el diseño gráfico.*
Párrafo 2: Reason you want to have this profession
Oración temática: *Me gusta esta profesión porque me interesa el arte y también me gusta trabajar en la computadora.*
Párrafo 3: What you need to do to prepare yourself for this profession
Oración temática: *Para prepararme, necesito tomar una combinación de cursos de diseño gráfico, de arte, de periodismo, de negocios y de computación.*

Composición

3 Usando las oraciones temáticas de la **Actividad 1** como modelo, escribe tres oraciones temáticas para tu composición. Usa la organización que se presenta en la **Actividad 2** para ayudarte a organizar tus ideas.

Después de escribir

4 Mira tu borrador otra vez. Usa la siguiente lista para revisarlo.

- ¿Tienen tus oraciones temáticas toda la información necesaria?
- ¿Corresponden los sujetos de las oraciones a los verbos correctos?
- ¿Corresponden las formas de los artículos, los sustantivos y los adjetivos?
- ¿Usas correctamente los verbos reflexivos y los verbos irregulares?

 Interactive Practice

Vocabulario

La familia nuclear *The nuclear family*

la madre (mamá)	*mother*
el padre (papá)	*father*
los padres	*parents*
la esposa	*wife*
el esposo	*husband*
la hija	*daughter*
el hijo	*son*
la hermana (mayor)	*(older) sister*
el hermano (menor)	*(younger) brother*
la tía	*aunt*
el tío	*uncle*
la prima	*female cousin*
el primo	*male cousin*
la sobrina	*niece*
el sobrino	*nephew*
la abuela	*grandmother*
el abuelo	*grandfather*
la nieta	*granddaughter*
el nieto	*grandson*

La familia política *In-laws*

la suegra	*mother-in-law*
el suegro	*father-in-law*
la nuera	*daughter-in-law*
el yerno	*son-in-law*
la cuñada	*sister-in-law*
el cuñado	*brother-in-law*

Otros parientes *Other relatives*

la madrastra	*stepmother*
el padrastro	*stepfather*
la hermanastra	*stepsister*
el hermanastro	*stepbrother*
la media hermana	*half-sister*
el medio hermano	*half-brother*

Las profesiones y carreras
Professions and careers

el (la) abogado(a)	*lawyer*
el (la) asistente	*assistant*
el actor / la actriz	*actor / actress*
el (la) arquitecto(a)	*architect*
el (la) artista	*artist*
el (la) bombero(a)	*firefighter*
el (la) camarero(a)	*waiter, waitress*
el (la) carpintero(a)	*carpenter*
el (la) cocinero(a)	*cook, chef*
el (la) contador(a)	*accountant*
el (la) dentista	*dentist*
el (la) dependiente	*salesclerk*
el (la) diseñador(a) gráfico(a)	*graphic designer*
el (la) dueño(a) de...	*owner of . . .*
el (la) enfermero(a)	*nurse*
el (la) gerente de...	*manager of . . .*
el hombre / la mujer de negocios	*businessman / businesswoman*
el (la) ingeniero(a)	*engineer*
el (la) maestro(a)	*teacher*
el (la) mecánico(a)	*mechanic*
el (la) médico(a)	*doctor*
el (la) peluquero(a)	*barber / hairdresser*
el (la) periodista	*journalist*
el (la) plomero(a)	*plumber*
el (la) policía	*policeman / woman*
el (la) programador(a)	*programmer*
el (la) secretario(a)	*secretary*
el (la) trabajador(a)	*worker*
el (la) veterinario(a)	*veterinarian*

En el baño *In the bathroom*

el cepillo	*hairbrush*
el cepillo de dientes	*toothbrush*
el champú	*shampoo*
el desodorante	*deodorant*
el jabón	*soap*
el maquillaje	*makeup, cosmetics*
la máquina de afeitar	*electric razor*
la pasta de dientes	*toothpaste*
el peine	*comb*
la rasuradora	*razor*
la toalla	*towel*
la toalla de mano	*hand towel*

Verbos con la forma **yo** irregular

conducir (-zc)	*to drive; to conduct*
conocer (-zc)	*to know a person, to be familiar with*
dar (doy)	*to give*
decir (-g) (i)	*to say, to tell*
hacer (-g)	*to make; to do*
oír (oigo)	*to hear*
poner (-g)	*to put*
saber (sé)	*to know a fact, to know how to*
salir (-g)	*to leave; to go out (with)*
traducir (-zc)	*to translate*
traer (-go)	*to bring*
venir (-g) (ie)	*to come*
ver (veo)	*to see*

Verbos reflexivos

Acciones físicas *Physical actions*

acostarse (ue)	*to go to bed*
afeitarse	*to shave oneself*
bañarse	*to take a bath*
cepillarse el pelo	*to brush one's hair*
cepillarse los dientes	*to brush one's teeth*
despertarse (ie)	*to wake up*
dormirse (ue)	*to fall asleep*
ducharse	*to take a shower*
lavarse	*to wash oneself*
lavarse el pelo	*to wash one's hair*
lavarse los dientes	*to brush one's teeth*
levantarse	*to get up*
maquillarse	*to put on makeup*
peinarse	*to brush / comb one's hair*
ponerse (la ropa)	*to put on (clothing)*
prepararse	*to get ready*
quitarse (la ropa)	*to take off (clothing)*
secarse el pelo	*to dry one's hair*
sentarse (ie)	*to sit down*
vestirse (i)	*to get dressed*

Estados / emociones *States / emotions*

casarse	*to get married*
comprometerse	*to get engaged*
despedirse (i)	*to say goodbye*
divertirse (ie)	*to have fun*
divorciarse	*to get divorced*
enamorarse	*to fall in love*
enfermarse	*to get sick*
irse	*to leave, to go away*
pelearse	*to have a fight*
preocuparse	*to worry*
quejarse	*to complain*
reírse (i)	*to laugh*
reunirse	*to meet, to get together*
separarse	*to get separated*

Otros verbos

bañar	*to swim; to give someone a bath*
despertar (ie)	*to wake someone up*
lavar	*to wash*
levantar	*to raise, to lift*
manejar	*to drive*
quitar	*to take off*
secar	*to dry something*
vestir (i)	*to dress someone*

Otras palabras y expresiones

a veces	*sometimes*
antes	*before*
después	*after*
luego	*later*
nunca	*never*
siempre	*always*
todas las semanas	*every week*
... veces al día / por semana	*. . . times a day / per week*

Capítulo 6

¿Adónde vas?

La comunidad local

El mundo es cada día más pequeño. Los avances en las telecomunicaciones hacen posible el contacto casi inmediato con el resto del mundo. ¿Crees tú que los vecinos *(neighbors)*, los barrios y los centros comerciales de nuestras comunidades locales todavía tienen importancia? ¿Por qué sí o por qué no? En este capítulo vas a explorar la importancia de la comunidad local y tu lugar en ella.

Estos jóvenes mexicanos se divierten paseándose por la calle.

Communication

By the end of this chapter you will be able to

- talk about means of transportation
- say where things are located
- talk about where you are and where you are going
- give directions
- agree and disagree
- indicate and talk about what you plan to buy
- make polite requests and commands
- refer to objects located close to you, farther away, and at a distance

Cultures

By the end of this chapter you will have learned about

- Mexico
- the indigenous populations of Mexico
- linguistic diversity in the Spanish-speaking world
- specialty stores and supermarkets
- where Mexico City teens go to have fun

¿Me puede decir dónde queda el Centro Comercial Paco?

Sí, señora, ¡con mucho gusto!

❯Los datos

Mira la información de los gráficos sobre México y sus diversos idiomas. Luego contesta las preguntas.

❶ ¿Qué porcentaje de la población mexicana habla una lengua indígena?

❷ ¿Cuál es la lengua indígena con el mayor (greatest) número de hablantes?

❸ ¿Cuál de las siguientes oraciones describe mejor las lenguas indígenas de México?
    a. La mayoría de la población mexicana habla maya.
    b. Hay muchos grupos indígenas, cada uno con su propio (own) idioma.
    c. No hay muchos idiomas indígenas en México.

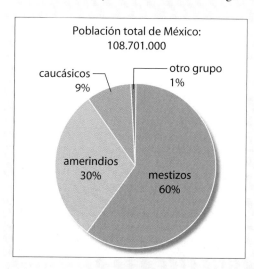

Población total de México:
108.701.000

caucásicos 9%
otro grupo 1%
amerindios 30%
mestizos 60%

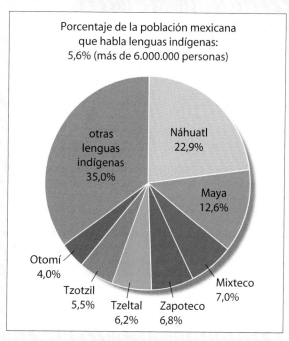

Porcentaje de la población mexicana que habla lenguas indígenas:
5,6% (más de 6.000.000 personas)

otras lenguas indígenas 35,0%
Náhuatl 22,9%
Maya 12,6%
Mixteco 7,0%
Zapoteco 6,8%
Tzeltal 6,2%
Tzotzil 5,5%
Otomí 4,0%

❯¡Adivina!

¿Qué sabes de México? (Las respuestas están en la página 196.) Di si las siguientes oraciones son ciertas o falsas.

❶ D.F. se refiere al Distrito Federal, otro nombre para la Ciudad de México.

❷ México se divide en estados, como Estados Unidos.

❸ La geografía de México es más o menos igual por todas partes del país.

❹ México tiene dos penínsulas grandes.

❺ México es la cuna (cradle) de dos civilizaciones indígenas prehispánicas muy importantes: la maya y la inca.

Río Grande
MÉXICO
Golfo de México
Ciudad de México ★
OCÉANO PACÍFICO

173

¡Imagínate!

Vocabulario útil ①

00:00:00

SERGIO: Oye, ¿adónde vas con tanta prisa?

JAVIER: Primero tengo que ir al gimnasio, y después al **centro estudiantil.**

SERGIO: Pero, ¿por qué la prisa, hombre?

JAVIER: Después del centro estudiantil, tengo que ir al **banco** a sacar dinero y después al **súper** para comprar la comida para la cena.

En la universidad

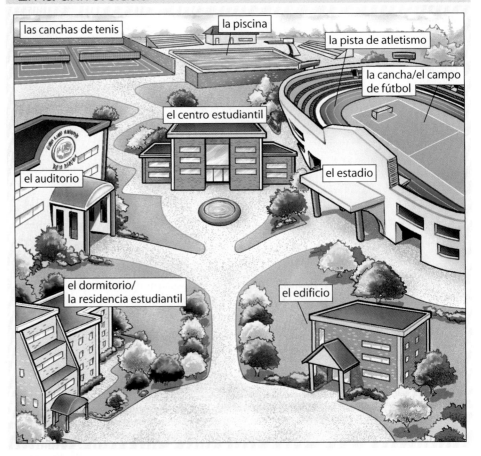

las canchas de tenis

la piscina

la pista de atletismo

la cancha/el campo de fútbol

el centro estudiantil

el auditorio

el estadio

el dormitorio/ la residencia estudiantil

el edificio

En la ciudad o en el pueblo

el aeropuerto	*airport*	la joyería	*jewelry store*
el almacén	*department store*	el mercado	*market*
el apartamento	*apartment*	el museo	*museum*
el banco	*bank*	la oficina	*office*
el barrio	*neighborhood*	la oficina de correos	*post office*
el cajero	*automated teller*	la papelería	*stationery store*
automático	*machine (ATM)*	el parque	*park*
la casa	*house*	la pizzería	*pizzeria*
el centro comercial	*mall*	la plaza	*plaza*
el cine	*cinema*	el restaurante	*restaurant*
el cuarto	*the room*	el supermercado	*supermarket*
la estación de trenes /	*train / bus station*	el teatro	*theater*
autobuses		la tienda...	*store*
el estacionamiento	*parking lot*	...de música	*music store*
la farmacia	*pharmacy*	...de ropa	*clothing store*
el hospital	*hospital*	...de videos	*video store*
la iglesia	*church*	el (la) vecino(a)	*neighbor*

Flashcards

>> Actividades

1 **¿Dónde está Javier?** Javier necesita varias cosas. ¿Dónde está él? Escoge de los lugares en la tercera columna.

1.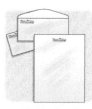

2.

a. la papelería

b. el cajero automático

3.

4.

c. el supermercado

d. la farmacia

5.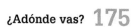

6.

e. la oficina de correos

f. la tienda de música

> Many of the places in the city are cognates. Cover the second and fourth columns in the lists above and try to identify as many as you can without looking at the English translation.
>
> Other places of worship beside **la iglesia** are: **la sinagoga, el templo, la mezquita** *(mosque)*.

2 **En la ciudad** Indica adónde debe ir cada persona, según lo que quiere hacer o comprar. ¡No te preocupes si no entiendes todas las palabras!

1. —Es hora de comer. Tengo muchas ganas de comerme una pizza enorme.
2. —¿Escuchaste el último disco compacto de Albita? ¡Es fenomenal! Tengo que comprar ese CD.
3. —No puedo hacer las compras todavía. Primero necesito ir a sacar dinero.
4. —El doctor dice que necesito esta medicina para controlar mi alergia.
5. —No quiero cocinar en casa. Quiero salir a comer.
6. —Necesito comprar unos cuadernos y bolígrafos para mi clase de literatura.
7. —¿Qué te parece si alquilamos unos DVDs para ver después de la cena?

3 **¿Adónde van?** Habla con varios compañeros. ¿Adónde van? ¿Qué van a hacer en ese sitio? También diles adónde vas tú y por qué vas allí.

MODELO: Tú: *¿Adónde vas?*
Compañero(a): *Voy al dormitorio.*
Tú: *¿Qué vas a hacer allí?*
Compañero(a): *Estoy cansado(a). Voy a descansar.*

Interactive Practice /
Ace the Test

In some varieties of Spanish, to indicate playing a sport, **jugar** is used with the preposition **a: jugar al tenis, jugar al fútbol.** Usage of **a** with **jugar** varies from region to region.

Ideas posibles: cenar, cocinar, correr, dormir, estudiar, hacer la tarea, jugar (al) tenis / fútbol, levantar pesas, mirar televisión, nadar, trabajar

---

>> ¡Fíjate! >>

Web Links

La diversidad lingüística en el mundo de habla hispana

Todas las lenguas exhiben variaciones geográficas. El español de México no es exactamente igual al español de Puerto Rico ni al español de España. Estas variantes regionales de una lengua se llaman *dialectos*.

En general, el léxico o vocabulario es lo que más varía de una zona dialectal a otra en el mundo hispano. Por ejemplo, algunas de las palabras referentes a los medios de transporte exhiben variación dialectal: **carro, máquina, auto, automóvil** y **coche** se usan en diferentes zonas del mundo hispano. De la misma manera, **autobús, bus, guagua, colectivo, camión, ómnibus** y **micro** son diferentes maneras de referirse a *bus*.

La fonología o pronunciación del español también varía de una zona dialectal a otra. Por ejemplo, en algunos lugares del mundo hispano, la letra **s** se puede pronunciar con aspiración, como el sonido inicial de la palabra *hand*. En los dialectos que aspiran, la palabra **español** se pronuncia frecuentemente como [ehpañol].

Es importante recordar que las diferencias entre los dialectos del español son relativamente pocas. Por esta razón, dos hablantes del español de zonas dialectales muy distantes generalmente pueden comunicarse con facilidad.

Práctica ¿Puedes dar unos ejemplos de variación léxica dentro de EEUU o entre los países de habla inglesa del mundo?

Vocabulario útil ②

SERGIO: ¿Vas **en bicicleta**?
JAVIER: No, voy **a pie**. Mi bici se desinfló. Bueno, adiós —¡me tengo que ir!

Medios de transporte

a pie	*on foot, walking*
en autobús	*by bus*
en bicicleta	*on bicycle*
en carro / coche / automóvil	*by car*
en metro	*on the subway*
en tren	*by train*
en / por avión	*by plane*

Flashcards

>> Actividades

4 **Para llegar...** Quieres llegar de un sitio a otro. ¿Cuál es la forma más lógica para llegar?

> In Mexico, **carro** is more commonly used than **coche**, and **camión** is more common for *bus* than **autobús**.

1. ¿Estoy en el dormitorio y quiero ir a la biblioteca. Voy...

   a. en avión. b. a pie. c. en tren.

2. Estoy en Los Ángeles y quiero ir a Nueva York. Voy...

   a. en bicicleta. b. a pie. c. en avión.

3. Estoy en casa y quiero ir al parque qué está a dos millas de mi casa. Quiero hacer ejercicio. Voy...

   a. en bicicleta. b. en tren. c. en autobús.

4. Estoy en la Calle 16 y quiero llegar a la Calle 112. Voy...

   a. en metro. b. en avión. c. a pie.

5. Estoy en la universidad y quiero visitar a mis padres. Tengo muchas cosas que llevar y quiero hacer muchas paradas *(make many stops)*. Voy...

   a. en bicicleta. b. a pie. c. en carro.

5 **¿Vas a pie?** Tu compañero(a) tiene que ir a varios sitios. Pregúntale cómo piensa llegar a esos sitios. Inventa destinos lógicos para cada forma de transporte.

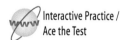

MODELO: Tú: *¿Cómo piensas ir a la fiesta de Carmen?*
Compañero(a): *Voy a ir en autobús.*

Interactive Practice / Ace the Test

1. 2. 3. 4. 5. 6.

Vocabulario útil ③

▣ ▶   00:00:00

DULCE: Pero, mujer, ¿adónde vas con tanta prisa?

CHELA: Quiero ir al gimnasio antes de **hacer las compras** en el supermercado.

DULCE: Pero si no es tarde, son sólo las tres.

CHELA: Ya sé, pero si me da tiempo, quiero ir a la **carnicería** para comprar unos **bistecs.**

Hacer las compras...

En la carnicería

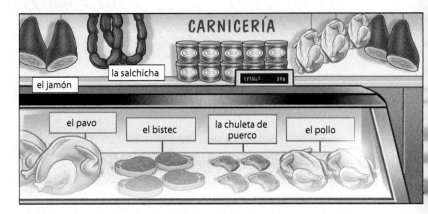

el jamón — la salchicha

el pavo — el bistec — la chuleta de puerco — el pollo

> In Spanish-speaking countries, the ending **-ía** indicates a store that specializes in a certain product. It is clear what the store specializes in because the name of the store contains the product. Notice the names of stores that end in -ía in **Vocabulario útil 1.** Notice that the í always carries an accent. Can you name any other specialty stores that end this way?

En el supermercado
La comida

el queso

el pan — los huevos — los vegetales — la leche

las papitas fritas — los refrescos — las frutas — el yogur

Flashcards
www

>> Actividades

6 **En el barrio** Hoy en día, las tiendas especializadas como la carnicería y la panadería no son tan comunes como en el pasado. En las ciudades grandes es más típico ir a un supermercado grande para comprar todos los comestibles en un solo sitio. Los mercados y las tiendas especializadas no pueden competir con los precios de los supermercados más grandes, pero sí ofrecen la oportunidad de hablar con los vecinos y los vendedores en un ambiente agradable e íntimo. Formen grupos de cuatro. Contesten las siguientes preguntas y presenten sus respuestas a la clase.

1. ¿Dónde prefieres hacer las compras, en un supermercado o en pequeñas tiendas especializadas? ¿Por qué?

2. ¿Cuál es el mejor lugar cerca de la universidad para comprar pan? ¿Carne? ¿Fruta? ¿Vegetales?

3. ¿Comes carne? ¿Cuántas veces a la semana comes carne? ¿Dónde?

4. Si eres vegetariano(a), ¿comes mucha fruta y vegetales? ¿Dónde compras la fruta y los vegetales?

5. ¿Qué te importa más cuando haces las compras, el precio de los productos, su calidad *(quality)* o las personas que trabajan en la tienda?

6. ¿Crees que la idea de ir de compras a varias tiendas especializadas es más común en Estados Unidos o en Europa y otros países?

7 **Las compras** Formen grupos de cuatro. Cada persona en el grupo debe preparar una lista de las compras que tiene que hacer. Intercambien *(Exchange)* las listas entre el grupo. Túrnense para describir lo que cada persona quiere comprar. Después preparen recomendaciones para cada persona sobre dónde ir de compras.

MODELO: *Mark necesita comprar unas salchichas, pan, queso y unos refrescos. Mark debe ir a la carnicería para las salchichas y al supermercado para el pan, el queso y los refrescos.*

8 **El día de hoy** Formen grupos de tres. Cada persona debe preparar una descripción de sus hábitos de consumidor. Intercambien las descripciones y túrnense para leerlas en voz alta. El grupo tiene que adivinar a quién describe cada descripción.

MODELO: Descripción: *Nunca voy al supermercado porque prefiero comer en restaurantes como McDonalds y Burger King. Cuando invito a amigos a comer en casa, voy a una pizzería y compro todo lo que necesito.*
Grupo: *¡Es Mark!*

Web Search /
Interactive Practice /
Ace the Test

Antes de ver el video

1 Mira las fotos y las conversaciones en las páginas 174, 177 y 178. Luego completa las siguientes oraciones sobre las personas de las fotos.

1. Javier habla con Sergio. Javier va al _____.
2. Javier también tiene que ir al _____ y al _____.
3. Javier va a ir _____ porque su bicicleta se desinfló (*got a flat tire*).
4. Chela habla con Dulce. Chela va al _____, al _____ y, si tiene tiempo, a la _____.

2 Aquí hay una lista de frases que se usan en el video y que contienen palabras que no conoces. Trabaja con un(a) compañero(a) de clase para ver si pueden encontrar el equivalente correcto en inglés para cada una.

1. ____ Oye, ¿adónde vas con tanta **prisa**?

2. ____ Tal vez hoy es mi día de **suerte**.

3. ____ Nunca sabes cuándo vas a conocer a la persona de tus **sueños**.

4. ____ **Siga derecho** hasta aquella **esquina**.

5. ____ **En la esquina, doble a la derecha** y camine dos **cuadras**.

a. *You never know when you're going to meet the person of your **dreams**.*

b. *So, where are you going in such a **hurry**?*

c. *Perhaps today is my **lucky** day.*

d. *At the corner turn (to the) right and walk two **blocks**.*

e. *Continue straight until that corner.*

Estrategia

Watching facial expressions

As you learned in **Chapter 3,** watching body language can often help you understand what the characters in the video are saying and feeling. The same is true of watching facial expressions: a smile, a frown, a raised eyebrow, or a laugh. These gestures, combined with the actual words you hear, give you a more complete understanding of what the character is trying to express.

El video

Ahora mira el video para el **Capítulo 6** sin sonido. Pon mucha atencíon en las expresiones faciales de los personajes para ver si te ayudan a mejor entender lo que están diciendo. Después, mira el video de nuevo con el sonido puesto.

Después de ver el video

3 Completa la tabla siguiente para indicar si las expresiones faciales de estas personas contribuyen significativamente al sentido de lo que dicen. Si contestas que sí, indica qué emoción expresa cada expresión. (En algunos casos puede haber más de una emoción.)

Emociones posibles: aburrimiento *(boredom)*, celos *(jealousy)*, cólera *(anger)*, humor, irritación, melancolía, curiosidad

	Sí	No	¿Qué emoción?
1. Javier: Primero tengo que ir al gimnasio y después al centro estudiantil.			
2. Sergio: Dicen que el supermercado es el lugar ideal para conocer a la mujer ideal.			
3. Dulce: ¿A la carnicería? ¿Viene alguna persona especial a cenar?			
4. Chela: Gracias. Nos vemos luego.			
5. Señora: Muchas gracias, joven.			
6. Javier: Siga derecho hasta aquella esquina.			
7. Sergio: Algún día, mi amigo, algún día.			
8. Chela: Sí, todavía sola.			

4 Ahora mira el video una vez más y pon las actividades de Javier y Chela en el orden correcto. Luego, contesta las siguientes preguntas. Mira el video una vez más para obtener toda la información si te es necesario.

Javier
_____ ir al banco
_____ ir al gimnasio
_____ ir al centro estudiantil
_____ ir al supermercado

Chela
_____ ir al gimnasio
_____ ir a la carnicería
_____ ir al supermercado

1. Según Sergio, el supermercado es el lugar ideal para conocer ¿a quién?

2. ¿Qué va a comprar Javier en el súper?

3. ¿Cómo va a ir Javier?

4. ¿Va alguien especial a la cena de Chela?

5. ¿Adónde quiere ir la mujer que le pide direcciones a Javier?

6. ¿Cuántas oportunidades de conocerse tienen Javier y Chela?

Interactive Practice /
Ace the Test

Gramática útil ①

Indicating location: Prepositions of location

En la última cuadra, **frente al** banco, va a ver el centro comercial.

 Video Tutorial

 Flashcards

Cómo usarlo

Use prepositions of location to say where something is positioned in relation to other objects, or where it is located in general.

La carnicería está **al lado del** supermercado.	*The butcher shop is **next to the** supermarket.*
La farmacia está **lejos de** aquí.	*The pharmacy is **far from** here.*
El restaurante está **frente a** la iglesia.	*The restaurant is **facing** the church.*
El café está **dentro del** almacén.	*The café is **inside** the department store.*

Cómo formarlo

1. Commonly used prepositions of location include the following.

al lado de	*next to, on the side of*	La farmacia está **al lado del** hospital.
entre	*between*	La farmacia está **entre** el hospital y la oficina de correos.
delante de	*in front of*	La joyería está **delante del** hotel.
enfrente de	*in front of, opposite*	La joyería está **enfrente del** hotel.
frente a	*in front of, facing, opposite*	La joyería está **frente al** hotel.
detrás de	*behind*	El hotel está **detrás de** la joyería.
debajo de	*below, underneath*	Los libros están **debajo de** la mesa.
encima de	*on top of, on*	El cuaderno está **encima de** los libros.
sobre	*on, above*	La comida está **sobre** la mesa.
dentro de	*inside of*	Las frutas están **dentro del** refrigerador.
fuera de	*outside of*	El pan está **fuera del** refrigerador.
lejos de	*far from*	El súper está **lejos de** la universidad.
cerca de	*close to*	La panadería está **cerca de** la universidad.

Usage of **enfrente de, delante de,** and **frente a** varies from country to country. However, they are more or less equivalent to each other.

Some of these prepositions can be used without the **de** as adverbs. For example, **El museo está cerca.**

Remember that when **de** or **a** follows a preposition of location, they combine with **el** to form **del** and **al: frente al hotel, dentro del refrigerador.**

2. Since these prepositions provide information about *location*, they are frequently used with the verb **estar**, which, as you learned in **Chapter 4,** is used to say where something is located.

>> Actividades

1 **¿Dónde está...?** Llegas a clase y te das cuenta de *(you realize)* que no tienes varias cosas que necesitas. Llama a tu compañero(a) de cuarto para pedirle que te traiga *(he or she bring)* las cosas que necesitas. Explícale a tu compañero(a) dónde están los siguientes objetos en tu cuarto. Usa las preposiciones en la lista.

al lado de   sobre   debajo de   enfrente de   encima de

1. los apuntes: la computadora
2. los cuadernos: la impresora
3. el diccionario de español: el escritorio
4. el MP3 portátil: el monitor
5. mi asistente electrónico: la mesa
6. mi mochila: el escritorio

Interactive Practice /
Ace the Test

2 **Treviño** En grupos de tres, estudien el mapa de Treviño. Luego, túrnense para describir dónde están situados por lo menos diez edificios o sitios. Usen las preposiciones en la página 182.

3 **Nuestro salón de clase** En grupos de tres, describan dónde están varios objetos en su salón de clase. Usen las preposiciones en la página 182.

4 **Nuestra universidad** Ahora, trabajen en grupos de tres a cinco para dibujar un mapa de su universidad. Incluyan por lo menos seis edificios principales. Luego, túrnense para describir la posición de uno de los edificios. El grupo tiene que adivinar qué edificio se describe.

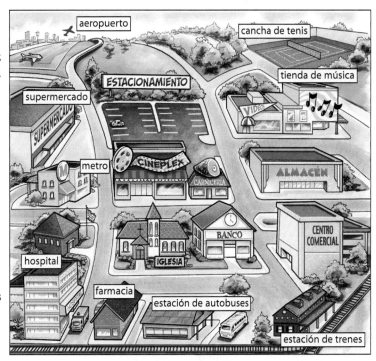

Gramática útil ②

Telling others what to do:
Commands with **usted** and **ustedes**

Cómo usarlo

1. You have already been seeing command forms in direction lines. In Spanish, there are two sets of singular command forms, since there are two ways to address people directly (**tú** and **usted**). The informal commands, which you will learn in **Chapter 7,** are used with people you would address as **tú.** In this chapter you will learn formal commands, as well as plural commands with **ustedes**.

2. Command forms are not used as frequently in Spanish as they are in English. For example, in **Chapter 4** you learned that courteous, softening expressions are often used instead of commands: **¿Le importa si uso la computadora?** instead of **Déjeme** (*Let me*) **usar la computadora.**

3. However, one situation in which command forms are almost always used is in giving instructions to someone, such as directions to a specific location.

Siga derecho hasta la esquina. Allí **doble** a la izquierda.
Camine tres cuadras hasta llegar a la farmacia. Allí **doble** a la derecha y **cruce** la calle. La carnicería está al lado del banco.

Continue straight ahead until the corner. ***Turn*** *left there.*
Walk *three blocks until you arrive at the pharmacy. There,* ***turn*** *right and* ***cross*** *the street. The butcher shop is next to the bank.*

Mira este anuncio mexicano para un servicio de televisión. ¿Puedes encontrar los dos mandatos formales?

DEJESE IMPACTAR POR DIRECTV™ Y PREPARESE PARA VIVIR UNA EXPERIENCIA ARROLLADORA.

PERFECCION DE IMAGEN Y AUDIO

DIRECTV™ está ahora disponible en México.
Para más información por favor llame al:
91 • 800 • DIRECTV (91 • 800 • 347 • 3288)

DIRECTV™
Emoción Digital.

Para más información, visítenos en nuestra dirección en el World Wide Web (http://www.satlv.com).

Cómo formarlo

 Video Tutorial

 Flashcards

Lo básico

A *command* form, also known as an *imperative* form, is used to issue a direct order to someone you are addressing: **Vaya a la esquina y doble a la derecha.** *(Go to the corner and turn right.)*

1. Study the following chart that shows the singular formal **(usted)** and plural **(ustedes)** command forms of the verb **seguir** *(to go, to follow)*.

	Singular	**Plural**
affirmative	**siga**	**sigan**
negative	**no siga**	**no sigan**

2. Here are the rules for forming the **usted** and **ustedes** command forms of most verbs. These are true for the affirmative and negative commands.

- Take the **yo** form of the verb in the present indicative. Remove the **-o** and add **-e** for **-ar** verbs or **-a** for **-er / -ir** verbs, to create the **usted** command.

poner: → pongo → pong- + -a → **ponga**

- Add an **-n** to the **usted** command form to create the **ustedes** command.

ponga → **pongan**

> By using the **yo** form of the present indicative, you have already incorporated any irregularities in the verb. Now they automatically carry over into the command form.

infinitive	**yo** form minus the **-o** ending	plus **-e / -en** for **-ar** verbs OR **-a / -an** for **-er / -ir** verbs	**usted / ustedes** command forms
hablar	habl-	+ -e / -en	**hable / hablen**
pensar	piens-	+ -e / -en	**piense / piensen**
tener	teng-	+ -a / -an	**tenga / tengan**
decir	dig-	+ -a / -an	**diga / digan**
escribir	escrib-	+ -a / -an	**escriba / escriban**
servir	sirv-	+ -a / -an	**sirva / sirvan**

3. A few command forms require spelling changes to maintain the original pronunciation of the verb.

- verbs ending in **-car:** change the **c → qu:**

buscar: → **busco** → **busque / busquen**

- verbs ending in **-zar:** change the **z → c:**

empezar: → **empiezo** → **empiece / empiecen**

- verbs ending in **-gar:** change the **g → gu:**

pagar: → **pago** → **pague / paguen**

4. A few verbs have irregular **usted** and **ustedes** command forms.

dar	**dé / den**
estar	**esté / estén**
ir	**vaya / vayan**
saber	**sepa / sepan**
ser	**sea / sean**

5. When you use command forms of reflexive verbs, you attach the reflexive pronoun to the *end* of *affirmative* **usted / ustedes** commands, and place it *before* negative **usted / ustedes** commands. A written accent is added to the stressed syllable of the affirmative command form in order to retain the original pronunciation.

Prepárese para una sorpresa. **Prepare yourself** for a surprise.
No se ponga nervioso. **Don't get** nervous.

6. Here are some useful words and phrases, some of which you already know, to use when giving directions. Remember, you will be using **usted** and **ustedes** command forms in this situation since you are talking to people you don't know.

¿Me puede decir cómo llegar a...?	*Can you tell me how to get to . . . ?*
¿Me puede decir dónde queda...?	*Can you tell me where . . . is located?*
Cómo no. Vaya...	*Of course. Go . . .*
...a la avenida...	. . . to the avenue . . .
...a la calle...	. . . to the street . . .
...a la derecha	. . . to the right
...a la esquina	. . . to the corner
...a la izquierda	. . . to the left
...dos cuadras	. . . two blocks
...(todo) derecho	. . . (straight) ahead
bajar (baje)	*to get down from, to get off of (a bus, etc.)*
caminar (camine)	*to walk*
cruzar (cruce)	*to cross*
doblar (doble)	*to turn*
seguir (i) (siga)	*to continue*
subir (suba)	*to go up, to get on*

One commonly used command in Spanish is **¡Vamos!** *(Let's go!)*, which the speaker uses to refer to several people, including himself or herself. Because it includes the speaker in the action, it is used instead of an **ustedes** command form.

7. Because direct commands can sound very abrupt to Spanish speakers, sometimes it is better to soften your language. Here are some additional ways to make requests, but in a more courteous way. You can also soften any direct command by adding, **por favor** *(please)*.

Me gustaría / Quisiera (+ infinitive)**...**	*I'd like (+ infinitive). . .*
Por favor, **¿me puede** (+ infinitive)**?**	*Please, can you (+ infinitive)?*
¿Pudiera usted (+ infinitive)**?**	*Could you (+ infinitive)?*

—Por favor, **me gustaría** comer en un restaurante bueno. **¿Pudiera** recomendarme uno?
—Cómo no. El Farol del Mar es buenísimo.
—¡Perfecto! **¿Me puede** decir si está lejos? **Quisiera** ir a pie, si es posible.
—Claro. ¿Sabe Ud. dónde está el museo? El restaurante está muy cerca.

>> Actividades

5 **Los anuncios** El campo de la publicidad hace uso frecuente de los mandatos formales para tratar de convencer al público que compre o use su producto. Completa los anuncios con mandatos, usando la forma de **usted** de los verbos entre paréntesis.

1. (abrir, poner, tener)

BANCO MUNDIAL

____ una cuenta en Banco Mundial.

____ su dinero en nuestras manos.

____ confianza en nuestros profesionales.

2. (venir, cocinar, comprar)

SUPERMERCADO CENTRAL

____ al Supermercado Central para hacer las compras.

____ con la comida más fresca y más natural de la ciudad.

____ las comidas favoritas de sus hijos.

3. (esperar, llamar, servir)

PIZZERÍA ITALIA

No ____ .

____ al 555-6677 para ordenar su pizza.

____ la pizza más fresca y deliciosa en su propia casa en menos de treinta minutos.

4. (trabajar, venir, descubrir)

Restaurante París

Esta noche, no____ en la cocina.

____ al Restaurante París para disfrutar de nuestro ambiente relajante y nuestro excelente servicio.

____ nuestra riquísima cocina francesa.

5. (levantar, hacer, recibir)

GIMNASIO LA SALUD

____ pesas en un ambiente agradable.

____ ejercicio todos los días para mantenerse en forma.

____ un relajante masaje después de su sesión de ejercicios.

6. (navegar, visitar, tomar, escribir)

CAFÉ CIBERESPACIO

____ por Internet.

____ con amigos.

____ un refresco.

¡ ____ e-mails a todos sus amigos!

6 **¡Niños!** Los padres también usan los mandatos con frecuencia al hablar con sus hijos. La señora Díaz tiene que salir esta noche. ¿Qué les dice a sus hijos? Indica sus mandatos con la forma de **ustedes.**

1. empezar la tarea al llegar a casa
2. apagar la computadora después de terminar la tarea
3. ser pacientes con la niñera *(babysitter)*
4. no abrir la puerta
5. no jugar fútbol dentro de la casa
6. no salir de la casa
7. no ir a visitar a sus amigos
8. no comer papitas fritas después de cenar
9. acostarse a las diez
10. cepillarse los dientes antes de acostarse
11. dormir bien
12. estar tranquilos

●● **7** **¡Compre, compre, compre!** Ahora, con un(a) compañero(a), escriban un anuncio comercial para la televisión. Usen el mandato formal con **usted** para convencer a su público. Presenten el anuncio a la clase.

●● **8** **¿Cómo llego?** Tu compañero(a) es turista y te pregunta cómo llegar a varios sitios. Dile cómo llegar y dile qué medio de transporte debe usar. Luego, haz tú el papel *(role)* del (de la) turista; tu compañero(a) te va a dar instrucciones. Pueden usar el mapa de la página 183, o pueden decirse cómo llegar a sitios en su comunidad.

1. el supermercado
2. el centro comercial
3. el metro
4. la estación de trenes

5. la estación de autobuses
6. la cancha de tenis
7. la oficina de correos
8. el banco

17 **9** **La oficina de correos** Escucha la conversación entre un señor y una señorita. La primera vez que escuches la conversación, apunta la información que vas a necesitar. Luego, escribe las instrucciones que le da la señorita al señor para llegar a la oficina de correos. Usa los siguientes verbos en tus oraciones.

1. caminar
2. doblar
3. seguir

4. cruzar
5. doblar
6. caminar

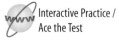
Interactive Practice /
Ace the Test

:) Sonrisas

Expresión En grupos de tres o cuatro personas, piensen en las órdenes que les gustaría dar a los profesores de la universidad. Luego, escriban una lista de sus ideas.

MODELO: *No den tarea para los fines de semana.*

Gramática útil ③

Affirming and negating:
Affirmative and negative expressions

Cómo usarlo

1. There are a number of words and expressions that are used to express affirmatives and negatives in Spanish. Notice that a double negative form is often used in Spanish, where it is hardly ever used in English.

No conozco a **nadie** aquí.	*I don't know anyone here.*
¿Conoces a **alguien** aquí?	*Do you know anyone here?*
No quiero ni este libro **ni** ése.	*I don't want this book or that one.*

2. Remember to use the personal **a** that you learned in **Chapter 5** when you refer to people.

No veo **a** nadie aquí.

 Video Tutorial

 Flashcards

Cómo formarlo

1. Here are some frequently used affirmative and negative words in Spanish. You have already learned some of these, such as **también, siempre,** and **nunca.**

alguien	*someone*	**nadie**	*no one, nobody*
algo	*something*	**nada**	*nothing*
algún / alguno (a, os, as)	*some, any*	**ningún / ninguno(a)**	*none, no, not any*
siempre	*always*	**nunca / jamás**	*never*
también	*also*	**tampoco**	*neither, not either*
o... o...	*either / or*	**ni... ni...**	*neither / nor*

¿Viene **alguna** persona especial a cenar?

2. Most of these words do not change, regardless of the number or gender of the words they modify. However, the words **alguno** and **ninguno** can also be used as *adjectives*. In this case, they must change to agree with the nouns they modify. Additionally, when they are used before a masculine noun they shorten to **algún** and **ningún.**

—¿Tienes **algún** libro sobre la informática?	*Do you have **a (any)** book about computer science?*
—No, no tengo **ningún** libro sobre ese tema. Pero tenemos **algunos** libros muy interesantes sobre la red mundial.	*No, I don't have **a (any)** book on that subject. But we do have **some** very interesting books about the World Wide Web.*
—No, gracias, ya tengo **algunas** revistas. ¿No tienes **ninguna** sugerencia sobre otros libros?	*No, thanks, I already have **some** magazines. You don't have **any** suggestions for other books?*

3. **Alguno** and **ninguno** can also be used as *pronouns* that replace a noun already referred to. In this case, they match the number and gender of the nouns they replace.

Notice that the plural forms of **ninguno** and **ninguna**—**ningunos** and **ningunas**—are hardly ever used.

—¿Quieres estos **libros?**   *Do you want these **books?***
—No, gracias, ya tengo **algunos.**   *No, thanks, I already have **some.***
—¿No quieres una de estas **revistas?**   *Don't you want one of these **magazines**?*
—No, no necesito **ninguna.**   *No, I don't need **any (one).***

4. Notice how in Spanish, unlike English, several negative words can be used in one sentence.

Nunca hay **nadie** aquí.   *There's **never anyone** here.*
Ni viene Laura **ni** Lorenzo **tampoco.**   ***Neither** Laura **nor** Lorenzo is coming **either.***

Notice that when a negative word precedes the verb, the word **no** is not used: **Nadie viene.** However, when the negative word comes after the verb, you must use **no** directly before the verb: **No viene nadie.**

>> Actividades

10 **¡Yo también!** Un(a) amigo(a) está en tu casa y tú le explicas algunas cosas sobre los hábitos de tu familia. Él (Ella) dice que su familia es igual. Con un(a) compañero(a), improvisen esta situación. El (La) amigo(a) siempre usa **también** o **tampoco** en su respuesta.

MODELO: Tú: *Mis tíos nunca cenan antes de las ocho de la noche.*
Amigo(a): *Mis tíos tampoco.*

1. Mis primos siempre se levantan temprano.
2. Mi abuelo nunca se viste informalmente.
3. Mi abuela siempre se viste elegantemente.
4. A mis padres les encanta salir a comer.
5. Mi hermana es fanática de la música rap.
6. A mis hermanos no les gusta levantarse temprano.
7. Yo siempre me baño y me visto elegantemente si voy a una fiesta.

Ahora describe los hábitos verdaderos de tu familia. Tu compañero(a) te dice si su familia es igual o no.

11 **El visitante** Un visitante pasa el fin de semana en tu casa. Te hace preguntas sobre tu barrio. Contesta sus preguntas en el negativo. Sigue el modelo.

MODELO: Escuchas: *¿Hay alguna estación de trenes en el barrio?*
Escribes: *No, no hay ninguna estación de trenes en el barrio.*

12 **Encuesta** Un encuestador te hace las siguientes preguntas. Primero, contesta la pregunta en afirmativo. Luego, contesta la pregunta en negativo. Usa las palabras entre paréntesis en tus respuestas.

MODELO: ¿Comes en la cafetería de la universidad? (siempre / nunca)
Sí, siempre como en la cafetería de la universidad.
No, nunca como en la cafetería de la universidad.

1. ¿Algunos de los estudiantes van a la biblioteca después de clase? (algunos / nadie)
2. ¿Te gusta comer algo antes de clase? (algo / nada)
3. ¿Hay algún cajero automático en la universidad? (algunos / ningún)
4. ¿Vas en metro a la universidad? (siempre / nunca)
5. ¿Hay alguna tienda de video cerca de la universidad? (algunas / ninguna)
6. ¿Estudias antes de clase o después de clase? (o... o... / ni... ni...)

13 **El fin de semana** Vas a pasar el fin de semana en casa de tu compañero(a). Le haces varias preguntas para determinar cómo vas a pasar el fin de semana. Escoge *(Choose)* ideas de la lista o inventa otras. Luego, cambia de papel *(role)* con tu compañero(a). Usa las palabras afirmativas y negativas que acabas de aprender en tus preguntas y tus respuestas.

Ideas posibles

divertido en la tele
comer en el refrigerador
libro de cocina mexicana
escritora mexicana preferida

revista de música popular
juego interactivo
disco compacto de Paulina Rubio
¿...?

> ¿Te interesa trabajar en el campo del servicio público? ¿Por qué?

MODELO: Tú: *¿Hay algo divertido en la tele?*
Compañero(a): *No, no hay nada divertido en la tele.*

 Interactive Practice / Ace the Test

Voces de la comunidad

 Web Links

NAME Mel Martínez

66 ...nuestro papel como funcionarios públicos es buscar soluciones a los desafíos *(challenges)* que Estados Unidos enfrenta, como la inmigración, el cuidado de la salud, los impuestos *(taxes)*, el crecimiento económico... nuestra nación se enfrenta a desafíos continuos, y necesitamos un verdadero liderazgo a fin de encontrar soluciones que mejoren la vida de nuestro pueblo. 99

Mel Martínez es Senador de los Estados Unidos y ex Secretario de Vivienda y Desarrollo Urbano *(Housing and Urban Development* [HUD]. Considerado uno de los legisladores más influyentes del país, Martínez representa a la Florida, un estado de mucha importancia electoral y también el lugar de residencia de la comunidad hispana más diversa del país. Como es el caso con muchos inmigrantes, la historia personal de Martínez es una de gran determinación y sacrificio. A los 15 años, escapó de Cuba sin sus padres y sin saber inglés. A pesar de esos obstáculos, logró licenciarse *(he managed to graduate)* en derecho por la Universidad Estatal de la Florida. Martínez practicó la abogacía por 25 años antes de entrar en la política.

Gramática útil ④

Indicating relative position of objects: Demonstrative adjectives and pronouns

Cómo usarlo

Demonstrative adjectives and pronouns are used to indicate *relative distance* from the speaker. **Este** refers to something that is very close to the speaker. **Ese** refers to something that is a little farther away. **Aquel** refers to something that is at a distance or *over there*. In everyday speech, **ese** and **aquel** are often used interchangeably.

1. Demonstrative adjectives:

   Esta casa es muy bonita. También me gusta **esa** casa. Pero **aquella** casa no me gusta nada.

   *This house is very pretty. I also like **that** house. But I don't like **that** house (**over there**) at all.*

2. Demonstrative pronouns:

   ¡Mira los edificios grandes! ¡**Éste** es grande, pero **ése** es aun más grande, y **aquél** es el más grande de los tres!

   *Look at the big buildings! **This one** is big, but **that one** is even bigger, and **that one (over there)** is the biggest of the three!*

Derecho hasta **aquella** esquina...

Cómo formarlo

Video Tutorial

www Flashcards

> #### Lo básico
>
> A *demonstrative adjective* is used *with* a noun to point out a person or thing and to indicate distance. A *demonstrative pronoun* is used *instead of* a noun to point it out and indicate its distance from the speaker.

1. These are the forms for demonstrative adjectives and pronouns.

	Demonstrative adjectives	Demonstrative pronouns
this; these *(close to speaker)*	este, esta; estos, estas	éste, ésta; éstos, éstas
that; those *(farther from speaker)*	ese, esa; esos, esas	ése, ésa; ésos, ésas
that; those *(at a distance from the speaker)*	aquel, aquella; aquellos, aquellas	aquél, aquélla; aquéllos, aquéllas

> Although previously accents on demonstrative pronouns were required, the **Real Academia de la Lengua Española** has said they are not necessary. However, most Spanish speakers continue to use these accents, and for the purpose of clarity, so will this textbook.

2. Notice that both demonstrative adjectives and pronouns change to reflect gender and number. Demonstrative adjectives change to reflect the gender and number of the nouns they *modify*. Demonstrative pronouns change to reflect the gender and number of the nouns they *replace*.

3. The only difference between the forms of the demonstrative adjectives and the demonstrative pronouns is that the pronouns are often written with an accent.

4. These words are often used with demonstrative adjectives and pronouns to help indicate relative location.

aquí	*here* (often used with **este**)
allí	*there* (often used with **ese**)
allá	*over there* (often used with **aquel**)

5. **Esto** and **eso** are often used as neutral pronouns when referring to a concept or something that has already been said.

Eso es lo que dijo Séneca sobre la filosofía.	*That* is what Seneca said about philosophy.
Todo esto es muy interesante.	*All this* is very interesting.

>>Actividades

14 **¡Ayuda, por favor!** Completa las siguientes conversaciones con el pronombre o adjetivo demostrativo apropiado. Escoge de las palabras entre paréntesis.

1. TÚ: Hola, ¿pudiera usted decirme cómo llegar a las canchas de tenis?

    HOMBRE: Cómo no. Siga usted (esta / aquella) calle aquí hasta (esta / esa) esquina allí, la esquina con la avenida Quintana. Luego vaya todo derecho hasta llegar a un parque muy grande. Las canchas de tenis están en (aquel / este) parque.

2. TÚ: Buenos días. Por favor, ¿pudiera usted decirme cómo ir al aeropuerto?

    MUJER: Claro. Usted debe tomar (ese / aquel) autobús allí en la calle Francisco. A ver, tengo la ruta aquí en (aquella / esta) guía de autobuses.

    TÚ: Muy bien. Entonces, ¿(ese / este) autobús es el que necesito tomar?

    MUJER: Sí. (Este / Ese) autobús lo lleva directamente al aeropuerto.

3. TÚ: Perdón. ¿Puede usted recomendar un restaurante bueno?

    HOMBRE: Seguro. (Éste / Aquél) que está aquí cerca es bastante bueno. Pero hay otro allí, mire, al otro lado de la calle, La Criolla. (Ése / Éste) sirve comida muy rica. Creo que (ése, aquél), La Criolla, es mi favorito.

4. TÚ: Hola, busco la sección de música latina.

    MUJER: Muy bien. (Esas / Estas) cintas aquí son de música cubana. Allí, en la próxima sección, (esos / estos) discos compactos son de música mexicana. Y al otro lado de la tienda, allá, (estas / aquellas) cintas son de música andina.

    TÚ: ¿Y (esos / estos) discos compactos aquí?

    MUJER: ¿(Ésos / Aquéllos) allí? (Estos / Esos) discos compactos son de música flamenca.

15 En el mercado Con un(a) compañero(a) de clase, miren el dibujo de un mercado en México. ¿Qué quieren comprar? Hablen de las cosas que necesitan, usando los adjetivos y pronombres demostrativos correctos.

MODELO: Tú: *¿Qué quieres comprar? ¿Compramos ese queso?*
Amigo(a): *Sí, y también estas salchichas. ¿Qué más?*
Tú: *Aquellos huevos, ¿no crees?*

16 ¿Adónde vamos? Con un(a) compañero(a) de clase, hagan una lista de dos de los siguientes lugares. Incluyan sitios que están muy cerca de la universidad, un poco lejos y muy lejos.

restaurantes	museos	tiendas de música
cafés	tiendas de ropa	pizzerías

Ahora, hablen de los varios sitios de su lista, usando adjetivos y pronombres demostrativos.

MODELO: Tú: *¿Quieres ir al restaurante Chimichangas? Sirven comida mexicana.*
Amigo(a): *No, no me gusta ese restaurante. ¿Por qué no vamos a éste, McMurray's? Sirven comida estadounidense.*

 Interactive Practice / Ace the Test

Exploraciones culturales

México

Un país de contrastes Mira el mapa de las nueve zonas culturales de México, según la *Guía Michelín*. Luego, lee los textos en la página 197 y mira las fotos en la página 198. Finalmente, escribe el número del texto (T1, T2, T3, T4, T5) o de la foto (F1, F2, F3, F4) que corresponde a cada zona.

_____ Zona 1: Ciudad de México
_____ Zona 2: México Central
_____ Zona 3: Oeste Central
_____ Zona 4: Noroeste
_____ Zona 5: Baja California
_____ Zona 6: Noreste
_____ Zona 7: Golfo de México
_____ Zona 8: Costa Pacífico
_____ Zona 9: Yucatán

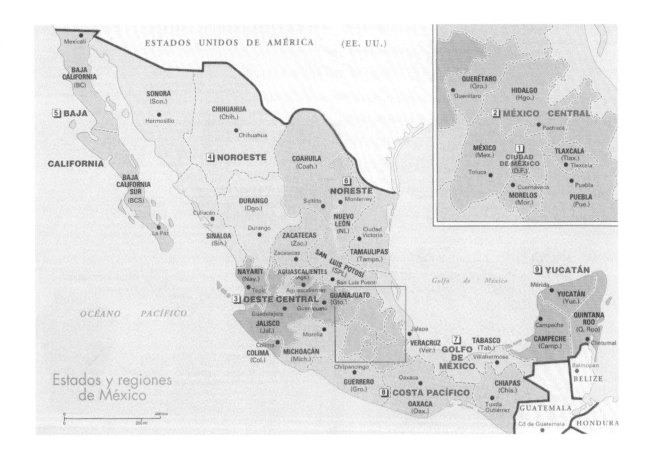

Estados y regiones de México

▶ Texto 1: La comida y la música

En la Sierra Madre Occidental hay cuatro estados que comparten elementos cultu-rales similares. Esta región se conoce por la música norteña, que se caracteriza por sus baladas y rancheras (tipos de canciones mexicanas) con acordeón y guitarra. También es famosa por su comida—la carne asada (grilled) y la tortilla de harina (flour). Es una zona influenciada por Estados Unidos, especialmente en las áreas cerca de la frontera.

▶ Texto 2: La historia precolombina

En esta parte central del Golfo de México, hay dos estados donde ocurren algunos de los eventos más importantes de la historia mexicana. Los olmecas, la primera civilización de Mesoamérica, se encuentran aquí desde aproximadamente 1800 a.C. (antes de Cristo). Se conocen los olmecas por su sistema de números y por sus estatuas inmensas de cabezas (heads) y jaguares. Es ésta, además, la región por la que entran los conquistadores españoles a México.

▶ Texto 3: Cultura y arte

El Distrito Federal, que es la capital del país, es también su estado más pequeño. Aquí abundan el arte y la cultura. Se puede ver el arte de Diego Rivera, Frida Kahlo, Rufino Tamayo y David Siqueiros, entre muchos otros, y se pueden visitar museos de antropología, historia y arquitectura. Sus parques impresionantes, como el Bosque de Chapultepec y la Alameda Central, se combinan con sus avenidas amplias para hacer de esta ciudad una de las grandes ciudades del mundo.

▶ Texto 4: Influencias indígenas

A lo largo de esta región larga y diversa vive la mayoría de los grupos indígenas del país. Todavía mantienen sus tradiciones, lenguas y costumbres. En algunas áreas su influencia es muy marcada, como en los pueblos indígenas cerca de Guatemala. Hay tanta variedad de lenguas, costumbres y comida que casi es posible considerar estos cuatro estados como cuatro países diferentes.

▶ Texto 5: Los aztecas

Esta región central tiene una historia muy larga. Existe aquí una gran ciudad alrede-dor de 400 d.C. (después de Cristo). Cuando llegan los aztecas siglos (centuries) después, ven la grandeza de las ruinas y nombran el sitio Teotihuacán, que significa "el lugar donde nacieron los dioses (the gods were born)". Es el centro del imperio azteca y aquí están las ruinas de las Pirámides del Sol y de la Luna, el templo de Quetzalcóatl y los palacios de Quetzalpapalotl.

Foto 1: Playas del Pacífico Estos estados son famosos por sus bonitas playas a lo largo del Pacífico. Se distinguen también por la influencia de las culturas indígenas del oeste.

Foto 4: Herencia colonial Esta región de contrastes incluye tierras áridas, un área industrial y unos ejemplos magníficos de arquitectura colonial. También comparte una frontera con Estados Unidos. Este detalle *(detail)* de una catedral famosa es una buena muestra de la arquitectura colonial.

Foto 2: Los mayas Aproximadamente 900.000 indígenas, que aún hablan maya, viven en esta península, que se conoce por sus antiguas ciudades mayas como Chichén Itzá y Uxmal, sus playas y sus reservas ecológicas.

Foto 3: La naturaleza abundante Localizada en el océano Pacífico y el Mar de Cortés, ésta es la península más grande del mundo. Es famosa por su diversidad de flora y fauna.

>>Conexión cultural

Mira el segmento cultural que está al final del episodio. Luego, en grupos de tres o cuatro, comparen la vida de ciudad en su país con la del mundo hispano.

Interactive Practice

>> ¡Conéctate! wwww Web Links / Web Search

Práctica Como ves, México es un país muy diverso. Con un grupo de tres a cinco estudiantes, busquen información sobre una de las zonas culturales de México. Pueden incluir la siguiente información u otros datos.

- ciudades principales
- industrias principales
- atracciones turísticas
- poblaciones indígenas

Luego, preparen un breve informe y preséntenlo en clase. Usen los enlaces sugeridos en el sitio web de *Nexos* para ir a otros sitios web.

>> Tú en el mundo hispano

Para explorar oportunidades de usar el español para estudiar o hacer trabajos voluntarios o aprendizajes en México, sigue los enlaces en el sitio web de *Nexos*.

♫ Ritmos del mundo hispano

Para escuchar música de México, sigue los enlaces en el sitio web de *Nexos*.

A leer

Antes de leer

Estrategia

Working with unknown grammatical structures

When you read texts that were written for native speakers of Spanish, you will frequently come across grammatical structures you haven't learned yet. This is only natural, since native speakers don't have to worry about using carefully sequenced language the way Spanish textbooks do!

At first, seeing grammatical endings you don't recognize may be intimidating. But if you focus just on getting the meaning of the infinitive of the verb, you can almost always get the general idea of the word. Often you can figure out the tense (present, past, future, etc.) by looking at the context of the rest of the sentence. By not allowing unknown grammatical structures to hold you back, you'll make a great leap forward in your comprehension of authentic texts in Spanish.

---

1 Aquí tienes algunas frases de la lectura que contienen estructuras gramaticales que no sabes. Mira el significado general del verbo para ver si puedes hacer una correspondencia entre las palabras en español y aquéllas en inglés.

1. _____ es necesario que conozca

2. _____ podrá descifrar

3. _____ esté todo el día conectado al monitor

4. _____ que se encuentre ahí

5. _____ acuda la gente más "nice"

6. _____ estar vestido perfectamente

7. _____ el restaurante que ofrezca

a. *you will be able to decipher*

b. *that may be found there*

c. *it's necessary that you know*

d. *the restaurant that offers*

e. *to be dressed perfectly*

f. *he is connected to the screen all day*

g. *the nicest people gather*

2 Ahora, mira las frases de la **Actividad 1.** En cada caso, ¿cuál es la forma gramatical que no sabes? Con un(a) compañero(a), hagan una lista de las siete formas gramaticales. ¿Son del tiempo presente o futuro? Usen la siguiente tabla para escribir sus respuestas.

Forma gramatical	¿Presente o futuro?

Lectura

3 Vas a leer un artículo sobre adónde van los jóvenes de la Ciudad de México para divertirse. Mientras lees, trata de entender los verbos sin pensar demasiado en las terminaciones o en estructuras gramaticales que no reconoces. Trata de comprender las ideas principales del artículo. No es necesario entender todas las palabras para hacer las actividades.

Los jóvenes mexicanos se divierten

Alejandro Esquivel

¿Usted sabe cómo se divierten los "teens"? Las maneras de entretenerse en estos tiempos de revolución electrónica, videojuegos, DVDs, equipos MP3 y antros son tan heterogéneas como la población que ocupa[1] solamente el Distrito Federal... Es necesario que conozca ciertos perfiles de los jóvenes contemporáneos para entender más su manera de ir por la vida. Es así como podrá descifrar algunos de los códigos[2] de la juventud para saber adónde van y qué hacen...

▶ El telemaníaco

Una de las formas de entretenimiento más "ancestrales" es el observar televisión por más de cuatro horas seguidas[3]. A esta joven especie[4] no le interesa ni en lo más mínimo la vida social, pues prefiere observar un maratón entero de Los Simpson a tomar un buen café con sus cuates[5]... Algunos padres prefieren que su "hijito" esté todo el día conectado al monitor, argumentando que es preferible que se encuentre ahí a estar vagabundeando en las calles.

▶ El peace & love

En cuanto a este tipo de jóvenes, les preocupa más lo natural, el amor y la fraternidad entre razas. A diferencia del telemaníaco, éste trata de[6] pasar el menor tiempo posible frente a un televisor. Dentro de sus principales maneras de divertirse está el acudir[7] todos los domingos a la Plaza de Coyoacán, para buscar algún libro y observar los espectáculos culturales que semana a semana ahí se presentan.

▶ El fresa[8]

Este "teen modelo" gusta de asistir a lugares a los cuales acuda la gente más "nice" de la ciudad. Otra forma de diversión son las cenas y los cafés que regularmente se realizan[9] en restaurantes y cafeterías ubicadas[10] en la zona de Bosques de las Lomas y Santa Fe. Al fresa le late[11] bastante asistir a "antros[12]" donde la música comercial sea el hit.

▶ El raver

Los ravers son los encargados de llenar[13] los festivales de música electrónica o raves, ya que éstos sólo son posibles gracias a la asistencia de más de 3 mil personas... La música que se toca es la electrónica y durante los raves se baila sin parar[14] por más de nueve horas continuas y sólo bebiendo agua embotellada. El raver también acude a antros donde solamente se toque electrónica.

▶ El fashion

Otro espécimen fácil de identificar, ya que su preocupación más grande es estar vestido perfectamente. Entre sus grandes pasatiempos está leer revistas de moda[15], pero a la hora de salir trata siempre de asistir al lugar que acaban de inaugurar o al lugar más fashion. También prefiere las cenas en compañía de sus amigos en el restaurante que ofrezca lo último[16] en cocina.

[1]vive en [2]codes [3]continuas [4]species [5]amigos [6]**trata de** tries to [7]ir [8]affluent youth [9]**se realizan** take place [10]located [11]**le late** le gusta [12]bar or club, the "in" place [13]**encargados...** in charge of filling [14]**sin parar** without stopping [15]**revistas...** fashion magazines [16]**lo último** the latest

Después de leer

4 Con un(a) compañero(a), escriban el nombre del grupo de jóvenes que va a cada lugar indicado. En algunos casos, más de un grupo va a ese lugar.

Lugar	Grupo
1. antros	
2. raves	
3. la Plaza de Coyoacán	
4. festivales de música electrónica	
5. la zona de Bosques de las Lomas	
6. casa	
7. los lugares más "fashion"	
8. restaurantes	
9. cafés	

5 En el **Capítulo 4** hay una nota sobre los préstamos del inglés al español. Este artículo tiene muchos ejemplos de este tipo de palabra. Trabaja con un(a) compañero(a) de clase. ¿Pueden encontrar seis préstamos del inglés al español?

6 Trabaja en un grupo de tres o cuatro estudiantes. ¿Pueden identificar cinco grupos de "tipos" entre los jóvenes estadounidenses? Escriban una lista de los grupos, unas de sus características y adónde van para divertirse. Luego, compartan su lista con la clase entera.

Vocabulario

En la universidad *At the university*

el apartamento	*apartment*
el auditorio	*auditorium*
la cancha / el campo de fútbol	*soccer field*
la cancha de tenis	*tennis court*
el centro estudiantil	*student center*
el cuarto	*room*
el dormitorio / la residencia estudiantil	*dormitory*
el edificio	*building*
el estadio	*stadium*
la oficina	*office*
la piscina	*swimming pool*
la pista de atletismo	*athletics track*

En la ciudad o en el pueblo
In the city or in the town

el aeropuerto	*airport*
el almacén	*store*
el banco	*bank*
el barrio	*neighborhood*
el cajero automático	*automated teller machine (ATM)*
la casa	*house*
el centro comercial	*mall*
el cine	*cinema*
la estación de trenes / autobuses	*train / bus station*
el estacionamiento	*parking lot*
la farmacia	*pharmacy*
el hospital	*hospital*
la iglesia	*church*
la joyería	*jewelry store*
el mercado	*market*
el museo	*museum*
la oficina de correos	*post office*
la papelería	*stationery store*
el parque	*park*
la pizzería	*pizzeria*
la plaza	*plaza*
el restaurante	*restaurant*
el supermercado	*supermarket*
el teatro	*theater*
la tienda...	*store*
...de música	*music store*
...de ropa	*clothing store*
...de videos	*video store*
el (la) vecino(a)	*neighbor*

Hacer las compras... *Shopping. . .*

En la carnicería *At the butcher shop*

el bistec	*steak*
la chuleta de puerco	*pork chop*
el jamón	*ham*
el pavo	*turkey*
el pollo	*chicken*
la salchicha	*sausage*

En el supermercado *At the supermarket*

la comida	*food*
las frutas	*fruits*
los huevos	*eggs*
la leche	*milk*
el pan	*bread*
las papitas fritas	*potato chips*
el queso	*cheese*
los refrescos	*soft drinks*
los vegetales	*vegetables*
el yogur	*yogurt*

Medios de transporte *Means of transportation*

a pie	*on foot, walking*
en autobús	*by bus*
en bicicleta	*on bicycle*
en carro / coche / automóvil	*by car*
en metro	*on the subway*
en tren	*by train*
en / por avión	*by plane*

Para decir cómo llegar *Giving directions*

¿Me puede decir cómo llegar a...?	*Can you tell me how to get to . . . ?*
¿Me puede decir dónde queda...?	*Can you tell me where . . . is located?*
Cómo no. Vaya...	*Of course. Go . . .*
...a la avenida...	*. . . to the avenue . . .*
...a la calle...	*. . . to the street . . .*
...a la derecha	*. . . to the right*
...a la esquina	*. . . to the corner*
...a la izquierda	*. . . to the left*
...dos cuadras	*. . . two blocks*
...(todo) derecho	*. . . (straight) ahead*
bajar	*to get down from, to get off of (a bus, etc.)*
cruzar	*to cross*
doblar	*to turn*
seguir (i)	*to continue*
subir	*to go up, to get on*

Expresiones de cortesía

Me gustaría (+ infinitive)...	*I'd like (+ infinitive) . . .*
¿Por favor, me puede decir...?	*Please, can you tell me . . . ?*
¿Pudiera Ud. (+ infinitive)...?	*Could you (+ infinitive) . . . ?*
Quisiera (+ infinitive)...	*I'd like (+ infinitive) . . .*

Expresiones afirmativas y negativas

algo	*something*
alguien	*someone*
algún, alguno(a, os, as)	*some, any*
jamás	*never*
nada	*nothing*
nadie	*no one, nobody*
ni... ni...	*neither / nor*
ningún, ninguno(a, os, as)	*none, no, not any*
nunca	*never*
o... o...	*either / or*
siempre	*always*
también	*also*
tampoco	*neither, not either*

Preposiciones

al lado de	*next to, on the side of*
cerca de	*close to*
debajo de	*below, underneath*
delante de	*in front of*
dentro de	*inside of*
detrás de	*behind*
encima de	*on top of, on*
enfrente de	*in front of, opposite*
entre	*between*
frente a	*in front of, facing, opposite*
fuera de	*outside of*
lejos de	*far from*
sobre	*on, above*

Adjetivos demostrativos

aquel, aquella; aquellos, aquellas	*that; those (over there)*
ese, esa; esos, esas	*that; those*
este, esta; estos, estas	*this; these*

Pronombres demostrativos

aquél, aquélla; aquéllos, aquéllas	*that one; those (over there)*
ése, ésa; ésos, ésas	*that one; those*
eso	*that*
éste, ésta; éstos, éstas	*this one; these*
esto	*this*

Otras palabras y expresiones

allá	*over there*
allí	*there*
aquí	*here*

Capítulo 7

¿Cuáles son tus pasatiempos preferidos?

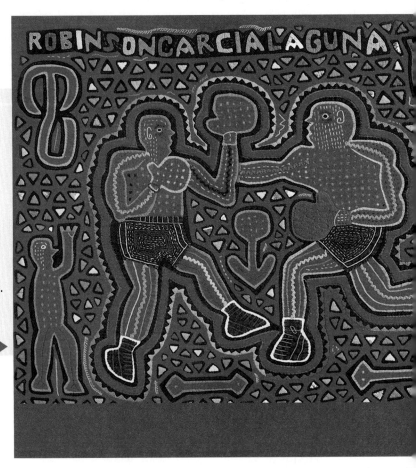

❯ Los ratos libres

¿Trabajas para vivir o vives para trabajar? ¿Cuál es más importante para ti —los ratos libres *(free time)* o el trabajo? ¿Te defines según tu profesión (o tu profesión futura), tus intereses o una combinación de los dos? En este capítulo vamos a explorar cómo pasamos el tiempo libre.

Esta mola, una obra de arte tradicional de los kunas, un grupo indígena de Panamá, conmemora un combate de boxeo.

❯ Communication

By the end of this chapter you will be able to

- talk about sports and leisure-time activities
- talk about seasons and the weather
- say how you feel using **tener** expressions
- describe your recent leisure-time activities
- suggest activities and plans to friends

❯ Cultures

By the end of this chapter you will have learned about

- Costa Rica and Panamá
- seasons and the equator
- Fahrenheit and Celsius temperatures
- whitewater rafting in Costa Rica

¿Qué otros deportes te gustan?

Las competencias de natación, el ciclismo y el boxeo.

> Los datos

Mira la siguiente información sobre los deportes que se juegan en Costa Rica y Panamá.

Costa Rica

ALGUNOS DEPORTES POPULARES
el fútbol (soccer), el motocross

DEPORTES OLÍMPICOS
la natación, el ciclismo de montaña y el judo

CLAUDIA

POLL AHRENS

ATLETAS FAMOSOS
Ernesto "Lobito" Fonseca (motocross) y las hermanas Silvia Poll Ahrens y Claudia Poll Ahrens (natación). Ellas participaron en varias competencias Olímpicas. Claudia ganó dos medallas de bronce (bronze) en los Juegos de 2000.

Panamá

ALGUNOS DEPORTES POPULARES
el béisbol, el boxeo

DEPORTES OLÍMPICOS
la natación (swimming), las vallas (hurdles) y el salto largo (long jump)

MARIANO

RIVERA

ATLETAS FAMOSOS
Manuel Durán (boxeador) y Mariano Rivera (jugador de béisbol). Rivera es un lanzador relevista (relief pitcher) para los New York Yankees. Es el recipiente de cuatro títulos del Campeonato Mundial (World Series) de Béisbol.

❶ Panamá y Costa Rica tienen un deporte olímpico en común. ¿Cuál es?

❷ ¿En qué deporte participa Mariano Rivera?

❸ ¿En qué país es más popular el béisbol?

❹ ¿En qué país es más popular el fútbol?

> ¡Adivina!

¿Qué sabes de Costa Rica y Panamá? (Las respuestas están en la página 230.)

❶ Este país tiene costa en el Océano Pacífico y en el Mar Caribe.

❷ Estados Unidos construyó un canal en este país y en 1999 se lo cedió al gobierno de ese país.

❸ Este país no tiene fuerzas armadas.

❹ Este país es famoso por sus playas (beaches) hermosas.

¡Imagínate!

Vocabulario útil ①

SERGIO: ¿Viste el **partido de fútbol** entre Argentina y México ayer?

JAVIER: No, llegué tarde a casa.

SERGIO: Pues, te perdiste un partido buenísimo. Yo lo vi en casa de Arturo.

JAVIER: ¿Ah, sí? ¿Quién ganó?

SERGIO: Argentina, 2 a 1.

JAVIER: Me encanta ver los partidos de fútbol internacional por tele.

SERGIO: Y además del fútbol, ¿qué otros deportes te gustan?

JAVIER: Las **competencias de natación,** el **ciclismo** y el **boxeo.**

SERGIO: ¿El boxeo? ¡Guau! Yo prefiero el fútbol nacional, el italiano, el español...

JAVIER: ¿Qué piensas de los deportes de **invierno?**

SERGIO: No sé, hay algunos que me parecen interesantes, como el **hockey sobre hielo** y el **esquí alpino.**

> In South America, **correr olas,** literally, "to run waves," is used for surfing.

> Remember, as you learned in **Chapter 6, jugar** is used with the preposition **a** in a number of Spanish-speaking countries: **jugar al tenis, jugar al fútbol.** Usage of **a** varies from region to region.

Los deportes

el boxeo	*boxing*
el esquí acuático	*water skiing*
el esquí alpino	*downhill skiing*
el golf	*golf*
el hockey sobre hielo	*ice hockey*
la natación	*swimming*

Actividades deportivas

entrenarse	*to train*
esquiar	*to ski*
jugar (al) tenis / (al) béisbol / etc.	*to play tennis / baseball / etc.*
levantar pesas	*to lift weights*
nadar	*to swim*
navegar en rápidos	*to go whitewater rafting*
patinar sobre hielo	*to ice skate*
practicar / hacer alpinismo	*to (mountain) climb, hike*
practicar / hacer surfing	*to surf*

Más palabras sobre los deportes

la competencia	*competition*
el equipo	*team*
ganar	*to win*
el lago	*lake*
el partido	*game, match*
el peligro	*danger*
peligroso(a)	*dangerous*
la pelota	*ball*
la piscina	*pool*
el río	*river*
seguro(a)	*safe*

 Flashcards

Otros deportes

el béisbol
el tenis
el fútbol
el hockey sobre hierba
el volibol
el fútbol americano
el básquetbol
el ciclismo

remar
pescar
montar a caballo
montar en bicicleta
hacer ejercicio
patinar en línea

Sports vocabulary in Spanish contains a lot of words that come from English, for example, **jonrón, gol, béisbol, bate, derbi,** and **fútbol.** It is important to remember that the spelling, pronunciation, and grammatical use of these borrowed words follow the rules of Spanish. All the vowels and consonants of *homerun* are adapted to create **jonrón**; it is pronounced with the rolling "r" (**la erre**), and its plural is **jonrones.**

There are pastimes other than sports that you might be interested in: **el póker en línea** *(online poker),* **jugar a las cartas** *(to play cards),* **los juegos de mesa** *(board games),* **el bridge** *(bridge),* **el ajedrez** *(chess),* **las damas** *(checkers),* **el billar americano** *(pool),* **el billar inglés** *(snooker),* **el solitario** *(solitaire),* and **los juegos interactivos** *(interactive games).* If there are other games that you would like to know how to say in Spanish, go to an online word reference forum and find out their Spanish equivalent.

Las estaciones

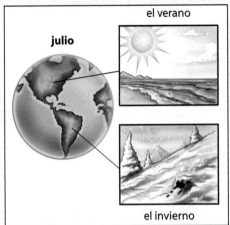

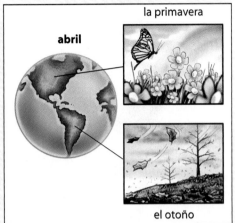

>> Actividades

1 **En las montañas** Mira la siguiente tabla. Luego, indica qué deportes se pueden practicar en cada lugar. En algunos casos, puede haber varias posibilidades. Limita tus respuestas a un máximo de tres actividades o deportes por cada lugar.

el parque	el océano	el lago	la cancha

las montañas	el gimnasio	la piscina	el río

2 **Atletas famosos** Con un(a) compañero(a) de clase, hagan una lista de atletas y otros jugadores famosos. Luego, digan con qué deporte o juego se asocia cada persona.

MODELOS: *Misty May-Treanor*
Misty May-Treanor juega volibol.

Michael Phelps
Michael Phelps practica la natación.

3 **¡Peligro!** Con un(a) compañero(a) de clase, digan qué deportes creen que son peligrosos y cuáles no lo son. Hagan una lista. Luego, intercambien su lista con la de otra pareja. ¿Tienen las mismas opiniones?

4 **El deporte o juego preferido** En grupos de tres o cuatro estudiantes, hagan una lista de sus tres actividades o deportes preferidos. Luego hagan una lista de los tres deportes o actividades que no les gustan mucho. Cada grupo tiene que darle sus resultados a la clase.

MODELO: *En nuestro grupo, el fútbol, el esquí acuático y el surfing son los deportes preferidos.*
En nuestro grupo el golf, la natación y el béisbol son los deportes que menos nos gustan.

5 **Las estaciones** ¿Sabes que los hemisferios norte y sur están en estaciones opuestas durante todo el año? Cuando es el verano en el hemisferio norte, es el invierno en el hemisferio sur. Con un(a) compañero(a) de clase, mira la tabla e indica la estación que corresponde con cada país y mes.

País / mes	Estación
1. Argentina, julio	
2. España, febrero	
3. México, octubre	
4. Uruguay, septiembre	
5. Paraguay, diciembre	
6. Cuba, octubre	
7. Panamá, agosto	
8. Bolivia, octubre	

6 **En el otoño...** Trabaja con un(a) compañero(a) de clase. Digan qué deportes y actividades les gusta hacer en cada estación.

1. en la primavera
2. en el verano
3. en el otoño
4. en el invierno

Web Search /
Interactive Practice /
Ace the Test

Vocabulario útil ➋

JAVIER: Hola, Beto. Qué milagro verte por aquí.

BETO: Ya sé. ¡Odio el gimnasio! No **tengo ganas** de hacer ejercicio en estas malditas máquinas.

SERGIO: ¡Pobre Beto!… ¿Les **tienes miedo** a las "maquinitas"?

BETO: No, ¡no seas ridículo!

Expresiones con *tener*

tener cuidado	*to be careful*
tener ganas de	*to have the urge to, to feel like*
tener miedo (de, a)	*to be afraid (of)*
tener razón	*to be right, correct*
tener vergüenza	*to be embarrassed*

 Flashcards

>> Actividades

7 **¡Tengo sueño!** Indica cómo te sientes en las siguientes situaciones. En algunos casos hay más de una respuesta posible.

1. Tienes un examen muy difícil.
2. Es el verano y no tienes aire acondicionado.
3. Tienes una nueva raqueta de tenis.
4. Ya son las ocho de la noche y todavía no has cenado *(haven't eaten dinner)*.
5. Acabas de jugar básquetbol por tres horas.
6. Ves una película de terror.
7. Son las tres de la mañana y acabas de estudiar.
8. Es el invierno y no llevas chaqueta.
9. Ya son las diez y tu clase de cálculo empieza a las 9:40.
10. Sabes las respuestas correctas a todas las preguntas.

8 **¿Qué tienes?** Usa la siguiente lista. Pasea por la clase y busca una persona que tenga una de las emociones que se describen en la lista. Escribe los nombres al lado de las emociones. Luego escribe un resumen de tu encuesta. (¡Es posible que no encuentres nombres para todas las categorías!)

Esta persona...	Nombre
siempre tiene calor:	
tiene miedo de las serpientes:	
tiene ganas de viajar a Nepal:	
tiene vergüenza cuando tiene que hablar enfrente de mucha gente:	
nunca tiene sueño:	
siempre tiene razón:	
nunca tiene prisa:	
tiene ganas de hacer surfing:	

MODELO: *Kelly y Sandra siempre tienen calor. Y Jessie…*

Interactive Practice / Ace the Test

Vocabulario útil ③

BETO: Yo prefiero jugar tenis, pero hoy no puedo porque **está lloviendo.**

JAVIER: Tienes razón. Y además, **hace mucho viento.** Ayer salí a correr pero hoy no tuve otra opción que venir aquí.

BETO: Sí. ¡**Hace mal tiempo** desde el lunes!

00:00:00

El tiempo

¿Qué tiempo hace?	*What's the weather like?*
Hace buen tiempo.	*It's nice weather.*
Hace mal tiempo.	*It's bad weather.*
Hace fresco.	*It's cool.*
Hace sol.	*It's sunny.*

La temperatura

grados Celsio(s) / centígrados	*degrees Celsius*
grados Fahrenheit	*degrees Fahrenheit*
La temperatura está a 20 grados Celsio(s) / centígrados.	*It's 20 degrees Celsius.*
La temperatura está a 70 grados Fahrenheit.	*It's 70 degrees Fahrenheit.*

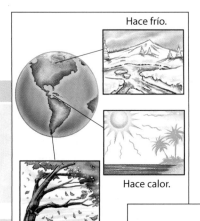

Hace frío.

Hace calor.

Hace viento.

Flashcards

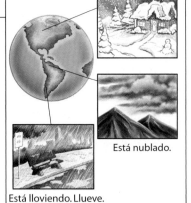

Está nevando. Nieva.

Está nublado.

Está lloviendo. Llueve.

> Note that **grados Celsio(s)** and **centígrados** both refer to measurements on the Celsius scale. **Centígrados** is an older term that has been replaced by **Celsio(s)**. Also notice that whether the plural form of **Celsio** is used varies from country to country.

> To convert between Fahrenheit and Celsius:
>
> Grados C → Grados F: $(C° \times 1,8) + 32 = F°$
> Ejemplo: $(30°C \times 1,8) + 32 = 86°F$
>
> Grados F → Grados C: $(F° - 32) \div 1,8 = C°$
> Ejemplo: $(86°F - 32) \div 1,8 = 30°C$

>> Actividades

9 **El tiempo** Di qué tiempo hace por lo general durante las estaciones o meses indicados.

1. el mes de marzo en tu ciudad
2. el mes de agosto en tu ciudad
3. el mes de enero en tu ciudad
4. el mes de octubre en tu ciudad
5. en invierno en Buenos Aires
6. en invierno en Seattle
7. en verano en Miami
8. en invierno en Chicago

10 **Prefiero...** Trabaja con un(a) compañero(a) de clase. Identifiquen por lo menos dos actividades que les gusta hacer y dos que no les gusta hacer cuando hace el tiempo indicado. Luego, escriban oraciones completas para hacer un resumen de sus preferencias.

1. cuando hace calor

2. cuando hace frío

3. cuando hace mucho viento

4. cuando nieva

5. cuando llueve

Interactive Practice /
Ace the Test

>>¡Fíjate!>>  Web Links

¿Qué tiempo hace?

Cuando hablas del tiempo y de la temperatura en español, hay varias cosas importantes que debes saber. Primero, como viste en la **Actividad 5,** los países al norte y al sur del ecuador están en estaciones opuestas. Es decir, cuando en el norte estamos en invierno, los países al sur están en verano. Cuando es otoño en EEUU, allá es primavera.

Segundo, EEUU y los países de habla española usan dos sistemas diferentes para medir *(to measure)* la temperatura. Aquí usamos el sistema Fahrenheit, mientras que en Latinoamérica y España usan el sistema Celsio.

Finalmente, México, los países del Caribe y varios países de Centroamérica y Sudamérica tienen temporadas de lluvias y temporadas secas *(dry)*. Aunque esto es más común en los países más cerca del ecuador, también puede ocurrir cuando corrientes del océano crean condiciones especiales, como en el noroeste Pacífico de EEUU y en Perú.

Práctica Miren las siguientes tablas y contesten las preguntas sobre el tiempo en las dos ciudades. (**tormenta** = *thunderstorm*, **chaparrón** = *cloudburst, downpour*)

1. ¿Cuál es la temperatura máxima en San José? ¿Y la temperatura mínima?

2. ¿Crees que se dan estas temperaturas en grados Celsio o Fahrenheit?

3. ¿Qué tiempo hace en San José el martes 28 de agosto? ¿Qué tiempo va a hacer el miércoles? ¿Y el sábado?

4. ¿Cuál es la temperatura máxima en la Ciudad de Panamá? ¿Y la temperatura mínima?

5. ¿Hace más calor en la Ciudad de Panamá o en San José?

6. ¿Cuál es el pronóstico para los días entre el jueves y el sábado en la Ciudad de Panamá?

7. ¿Cuándo es la temporada de lluvias en cada país?

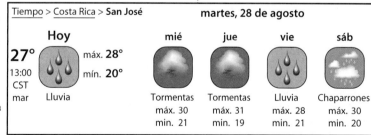

Tiempo > Costa Rica > **San José**   **martes, 28 de agosto**

Hoy		**mié**	**jue**	**vie**	**sáb**
27°	máx. **28°**				
13:00 CST	mín. **20°**				
mar Lluvia		Tormentas máx. 30 min. 21	Tormentas máx. 31 min. 19	Lluvia máx. 28 min. 21	Chaparrones máx. 30 min. 20

Tiempo > Panamá > **Ciudad de Panamá**   **martes, 28 de agosto**

Hoy		**mié**	**jue**	**vie**	**sáb**
	máx. **33°**				
	mín. **26°**				
Chaparrones		Tormentas máx. 32 min. 25	Chaparrones máx. 34 min. 23	Chaparrones máx. 33 min. 26	Chaparrones máx. 34 min. 25

Antes de ver el video

1 Mira las fotos y el texto en las páginas 206, 210 y 212 del **Vocabulario útil**. Luego, completa las siguientes oraciones sobre las personas de las fotos.

1. Javier y Sergio hablan de _____.
a. los cursos
b. los deportes
c. el gimnasio

2. Sergio prefiere _____ sobre el boxeo.
a. el fútbol nacional
b. el hockey sobre hielo
c. el esquí alpino

3. Según Beto, él no les tiene _____ a las máquinas del gimnasio.
a. frío
b. hambre
c. miedo

4. Además, Beto no tiene _____ de hacer ejercicio en el gimnasio.
a. razón
b. ganas
c. vergüenza

5. Beto no puede jugar tenis porque está _____.
a. lloviendo
b. nevando
c. nublado

6. Hoy también hace _____.
a. calor
b. sol
c. viento

2 Mira la siguiente tabla y fíjate en la información que necesites del video para completarla.

	A Javier	A Sergio	A Beto	A Dulce
le gusta...				
no le gusta...				

Estrategia

Listening for details

Previously you have learned to listen for the main idea of a video segment. By doing **Activity 2,** you will focus on finding specific information. Knowing in advance what to listen for helps you focus on finding key pieces of information. For example, when you ask for directions, you might focus on listening to what turns to take or street names and important landmarks.

El video

Ahora mira el segmento del video para el **Capítulo 7** y completa la tabla de la **Actividad 2**. Si el video no tiene la información necesaria, pon una X en la parte correspondiente de la tabla.

Después de ver el video

3 Escribe frases completas sobre cada persona que sale en el segmento del video, según la información que usaste *(you used)* para completar la tabla de la **Actividad 2**.

MODELO: *A Javier le gusta la natación,…*

4 Con un(a) compañero(a) de clase, contesta las siguientes preguntas sobre el video.

1. ¿De qué hablan Javier y Sergio al principio de la escena?
2. ¿Va Beto al gimnasio con frecuencia?
3. ¿Qué dice Sergio sobre la condición física de Beto?
4. ¿Por qué empieza Beto a hacer ejercicio con mucho entusiasmo?
5. ¿Qué le dice Beto a Dulce sobre su rutina diaria? ¿Es cierto o falso?
6. ¿Qué hace Dulce cuando hace ejercicio?

5 Imagínate una conversación entre Dulce y Beto después de verse en el gimnasio. ¿Qué va a hacer Beto? ¿Va a invitar a Dulce a jugar tenis o va a confesarle que en realidad no se entrena en el gimnasio todos los días? Escribe una conversación breve entre los dos. ¡Usa la imaginación!

Interactive Practice / Ace the Test

Voces de la comunidad

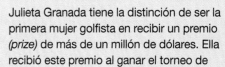
Web Links

NAME Julieta Granada

66 Mi mamá y mi papá se sacrificaron *(sacrificed themselves)* tanto por mí. Pasamos por tiempos muy duros *(hard)*, pero siempre mantuvimos *(maintained)* la familia unida.**99**

Julieta Granada tiene la distinción de ser la primera mujer golfista en recibir un premio *(prize)* de más de un millón de dólares. Ella recibió este premio al ganar el torneo de LPGA Playoffs en el 2006. Nacida *(Born)* en Paraguay, Granada inmigró a EEUU a la edad de 14 años. Sus primeras experiencias en este país fueron *(were)* muy duras. —No hablaba *(I didn't speak)* inglés, no tenía *(I didn't have)* amigos, no me gustaba *(I didn't like)* la comida —dice la golfista. Sin embargo, cuatro años más tarde, en el 2004, Granada fue *(was)* seleccionada como la mejor jugadora de la American Junior Golf Association, cuando ganó *(won)* el campeonato juvenil femenino de EEUU. En el 2007, la joven atleta dio a Paraguay el primer título mundial femenino, el de la Copa Mundial de Golf Femenino.

En tu opinión, ¿cuáles son los deportes más populares de tu país? ¿Qué valores nacionales reflejan estos deportes?

Gramática útil ①

Talking about what you did:
The preterite tense of regular verbs

¿Quién **ganó**?

> Spanish uses another past tense called the *imperfect* to talk about past actions that were routine or ongoing. You will learn more about this tense in **Chapter 9.**

Cómo usarlo

> **Lo básico**
>
> A *verb tense* is a form of a verb that indicates whether an action occurred in the past, present, or future. You have already been using the present indicative **(Estudio en la biblioteca)** and the present progressive **(Estoy hablando por teléfono)** tenses.

When you want to talk in Spanish about actions that occurred and were completed in the past, you use the *preterite tense*. The preterite is used to describe

- actions that began and ended in the past;
- conditions or states that existed completely within the past.

Me desperté, leí el periódico y **salí** para el gimnasio.	*I woke up, I read the newspaper, and I left for the gym.*
Fui secretario bilingüe por dos años.	*I was a bilingual secretary for two years.*
Estuve muy cansada ayer.	*I was very tired yesterday.*

 Video Tutorial

 Flashcards

Cómo formarlo

1. To form the preterite tense of regular **-ar, -er,** and **-ir** verbs (including reflexive verbs), you simply remove that ending from the infinitive and add the following endings to the verb stem.

	-ar verb: **bailar**		-er and -ir verbs: **comer / escribir**		
yo	**-é**	bail**é**	**-í**	com**í**	escrib**í**
tú	**-aste**	bail**aste**	**-iste**	com**iste**	escrib**iste**
Ud. / él / ella	**-ó**	bail**ó**	**-ió**	com**ió**	escrib**ió**
nosotros / nosotras	**-amos**	bail**amos**	**-imos**	com**imos**	escrib**imos**
vosotros / vosotras	**-asteis**	bail**asteis**	**-isteis**	com**isteis**	escrib**isteis**
Uds. / ellos / ellas	**-aron**	bail**aron**	**-ieron**	com**ieron**	escrib**ieron**

2. Notice that the preterite forms of **-er** and **-ir** verbs are the same.

3. Notice that only the **yo** and **Ud. / él / ella** forms are accented.

4. The **nosotros** forms of the preterite and the present indicative of **-ar** and **-ir** verbs are the same. You can tell which is being used by context.

Bailamos todos los fines de semana.   (present)
Bailamos salsa con Mario ayer.   (past)

5. All stem-changing verbs that end in **-ar** or **-er** are regular in the preterite.

Me desperté a las ocho cuando   *I woke up* at 8:00 when the
  sonó el teléfono.   *telephone rang.*
Volví temprano de mis vacaciones   *I returned early* from my vacation
  porque **perdí** mi pasaporte.   *because I lost* my passport.

> Stem-changing verbs that end in **-ir** also have stem changes in the preterite. You will learn these forms in **Chapter 8.**

6. Many of the verbs you have already learned are regular in the preterite tense. A few have some minor changes.

- Verbs that end in **-car, -gar,** and **-zar** have a spelling change in the **yo** form to maintain the correct pronunciation.

-car: **c → qu**   sacar: **saqué,** sacaste, sacó, sacamos, sacasteis, sacaron
-gar: **g → gu**   llegar: **llegué,** llegaste, llegó, llegamos, llegasteis, llegaron
-zar: **z → c**   cruzar: **crucé,** cruzaste, cruzó, cruzamos, cruzasteis, cruzaron

- Verbs that end in **-eer,** as well as the verb **oír,** change **i** to **y** in the two third-person forms. Note the accent on the **-íste, -ímos,** and **-ísteis** endings.

leer: leí, leíste, leyó, leímos, leísteis, leyeron
creer: creí, creíste, creyó, creímos, creísteis, creyeron
oír: oí, oíste, oyó, oímos, oísteis, oyeron

7. You have already learned the word **ayer.** Here are some other useful time expressions to use with the preterite tense: **anoche** *(last night)*, **anteayer** *(the day before yesterday)*, **la semana pasada** *(last week)*, **el mes pasado** *(last month)*, **el año pasado** *(last year)*.

>> Actividades

1 ¿**Presente o pasado?** Escucha las oraciones e indica si las actividades que se describen ocurren en el presente o el pasado.

	Presente	Pasado
1. esquiar	_____	_____
2. entrenarse	_____	_____
3. navegar en rápidos	_____	_____
4. pescar	_____	_____
5. remar	_____	_____
6. jugar golf	_____	_____
7. patinar sobre hielo	_____	_____
8. nadar	_____	_____

2 **El calendario de Rosario** Usa el siguiente calendario para decir qué hizo *(did)* Rosario la semana pasada.

lunes 17	martes 18	miércoles 19	jueves 20	viernes 21	sábado 22	domingo 23
AM: estudiar con Lalo	AM: trabajar en la biblioteca	AM: almorzar con Neti	AM: leer en la biblioteca	AM: correr dos millas	AM: desayunar con Sergio	AM: ¡descansar!
PM: jugar tenis con Fernando	PM: salir con Lalo	PM: sacar la basura	PM: escribir el ensayo para la clase de literatura	PM: ¡bailar en la discoteca!	PM: entrenarse en el gimnasio	PM: comer con Lalo

MODELOS: *El lunes por la mañana Rosario estudió con Lalo.*
O: *El lunes por la mañana Rosario y Lalo estudiaron.*

3 **Ayer** Di qué hicieron *(did)* las siguientes personas ayer.

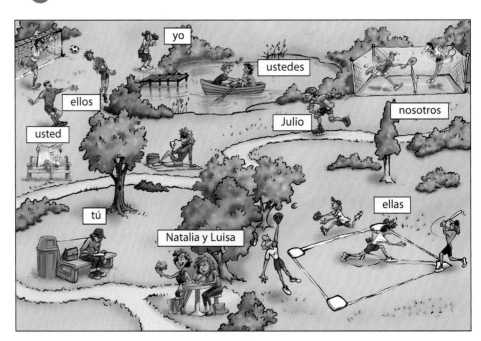

4 **La semana pasada** Ahora, usa el horario de la **Actividad 2** como modelo y complétalo con tu propia información sobre la semana pasada. Luego, trabaja con un(a) compañero(a) de clase para hablar de sus actividades de la semana pasada.

Interactive Practice / Ace the Test

MODELO: Tú: *¿Qué hiciste* (What did you do) *el lunes por la mañana?*
Compañero(a): *Jugué golf. ¿Y tú? ¿Qué hiciste el miércoles por la tarde?*

Gramática útil ❷

Talking about what you did:
The preterite tense of some common irregular verbs

Cómo usarlo

As you learned in **Gramática útil 1,** the preterite is a Spanish past tense form that is used to talk about actions that occurred and were completed in the past. It describes actions that began and ended in the past as well as conditions that existed completely within the past.

Fuimos al restaurante.	***We went*** to the restaurant.
Hicimos deporte todo el día.	***We played*** sports all day.
¡Estuvimos bien cansados!	***We were*** really tired!

¿**Viste** el partido de fútbol entre Argentina y México ayer?

Cómo formarlo

 Video Tutorial

 Flashcards

1. Here are the irregular preterite forms of some frequently used verbs.

	estar	hacer	ir	ser
yo	estuve	hice	fui	fui
tú	estuviste	hiciste	fuiste	fuiste
Ud. / él / ella	estuvo	hizo	fue	fue
nosotros / nosotras	estuvimos	hicimos	fuimos	fuimos
vosotros / vosotras	estuvisteis	hicisteis	fuisteis	fuisteis
Uds. / ellos / ellas	estuvieron	hicieron	fueron	fueron

	dar	ver	decir	traer
yo	di	vi	dije	traje
tú	diste	viste	dijiste	trajiste
Ud. / él / ella	dio	vio	dijo	trajo
nosotros / nosotras	dimos	vimos	dijimos	trajimos
vosotros / vosotras	disteis	visteis	dijisteis	trajisteis
Uds. / ellos / ellas	dieron	vieron	dijeron	trajeron

> **Ver** is irregular only because it does not carry accents in the **yo** and **Ud. / él / ella** forms. **Dar** is irregular because it uses the regular **-er / -ir** endings rather than the **-ar** endings.

2. Verbs that end in **-cir** follow the same pattern as **traer** and **decir.**

conducir: conduje, condujiste, condujo, condujimos, condujisteis, condujeron

producir: produje, produjiste, produjo, produjimos, produjisteis, produjeron

traducir: traduje, tradujiste, tradujo, tradujimos, tradujisteis, tradujeron

3. Notice that although these irregular verbs do for the most part use the regular endings, they have internal changes to the stem that must be memorized.

4. Notice that none of these verbs requires accents in the preterite.

5. Notice that **ser** and **ir** have the same forms in the preterite. But because the verbs have such different meanings, it is usually fairly easy to tell which one is being used.

Fuimos estudiantes durante esos años.	**We were** students during those years.
Todos **fuimos** a una fiesta muy alegre.	**We** all **went** to a really fun party.

>>Actividades

5 **¿Qué hicieron?** Haz oraciones completas para decir qué pasó la semana pasada.

MODELO: **ir**
ellos / al parque a jugar tenis
Ellos fueron al parque a jugar tenis.

estar

1. tú y yo / en las montañas para hacer alpinismo
2. Mónica y Sara / en el gimnasio todos los días
3. usted / en la costa para hacer surfing

ir

4. ustedes / al gimnasio a entrenarse
5. yo / a la biblioteca a estudiar
6. Jorge / al parque a jugar básquetbol

ver

7. yo / una película muy buena
8. nosotros / a Mónica y a Sara en el gimnasio
9. tú / una serpiente en el parque

traer

10. Luis / su pelota de béisbol a mi casa para jugar
11. ellos / su equipo (*equipment*) para jugar hockey sobre hierba
12. tú / tus pesas para entrenarte

6 **¿Quién fue?** Con un(a) compañero(a) de clase, digan quiénes fueron las personas indicadas. (En algunos casos, hay más de una respuesta posible.)

MODELO: Abraham Lincoln
¿Quién fue Abraham Lincoln?
Fue presidente de Estados Unidos.

Respuestas posibles: presidente, futbolista, actor / actriz, científico(a), político(a), revolucionario(a)

1. Monsieur y Madame Curie
2. Albert Einstein
3. Sarah Bernhardt y Gloria Swanson
4. George Washington y John F. Kennedy
5. Mahatma Gandhi
6. Che Guevara
7. Jack Lemmon y James Stewart
8. Pelé

7 **Las vacaciones** Averigua qué hizo tu compañero(a) de clase durante sus vacaciones del año pasado. Pregúntale si hizo las siguientes cosas y cuánto las hizo.

1. hacer viajes (¿cuántos?)
2. gastar dinero (¿cuánto?)
3. ir a la playa (¿cuántas veces?)
4. ver un partido deportivo (¿cuántas veces?)
5. hacer ejercicio (¿cuántas veces?)

Luego, pide que tu compañero(a) te haga las mismas preguntas. Juntos, determinen la siguiente información.

1. ¿Quién hizo más viajes?
2. ¿Quién gastó más dinero?
3. ¿Quién fue a la playa más?
4. ¿Quién vio más partidos deportivos?
5. ¿Quién hizo más ejercicio?

8 **La reunión** Escucha mientras Cecilia describe qué pasó la semana pasada en la reunión de ex alumnos de su colegio. Primero, completa la tabla con la información necesaria. Luego, escribe oraciones completas según el modelo.

Persona	¿Qué dijo?
yo (Cecilia)	
tú (Rosa Carmen)	
José María	
Marcos	*Es periodista.*
Laura y Sebastián	
Leticia	
Pilar y Antonio	

MODELO: Marcos
Marcos dijo que es periodista.

1. yo
2. tú
3. José María
4. Laura y Sebastián
5. Leticia
6. Pilar y Antonio

Interactive Practice /
Ace the Test

Gramática útil ❸
Referring to something already mentioned: Direct object pronouns

Cómo usarlo

> #### Lo básico
>
> A *direct object* is a noun or noun phrase that receives the action of a verb: I buy *a book*. We invite *our friends*. *Direct object pronouns* are pronouns that replace direct object nouns or phrases: I buy *it*. We invite *them*. Often you can identify the direct object of the sentence by asking *what?* or *whom?:* We buy *what?* (a book / it) / We invite *whom?* (our friends / them).

You use direct object pronouns in both Spanish and English to avoid repetition and to refer to things or people that have already been mentioned. Look at the following passage in Spanish and notice how much repetition there is.

Quiero hablar con María. Llamo a María por teléfono e invito a María a visitar a mis padres. Visito a mis padres casi todos los fines de semana.

Now read the passage after it's been rewritten using direct object pronouns to replace some of the occasions when the nouns **María** and **padres** were used previously. (The direct object pronouns appear underlined.)

Quiero hablar con María. <u>La</u> llamo por teléfono y <u>la</u> invito a visitar a mis padres. <u>Los</u> visito casi todos los fines de semana.

 Video Tutorial

 Flashcards

Cómo formarlo

1. Here are the direct object pronouns in Spanish.

Singular		Plural	
me	*me*	**nos**	*us*
te	*you (fam.)*	**os**	*you (fam.)*
lo	*you (form. masc.), him, it*	**los**	*you (form. masc.), them, it*
la	*you (form., fem.), she, it*	**las**	*you (form. fem.), them, it*

2. The third-person direct object pronouns in Spanish must agree in gender and number with the noun they replace.

Compramos **el libro.**	→	**Lo** compramos.
Compramos **la raqueta.**	→	**La** compramos.
Compramos **los libros.**	→	**Los** compramos.
Compramos **las raquetas.**	→	**Las** compramos.

Pues, te perdiste un partido buenísimo. Yo **lo** vi en casa de Arturo.

3. Pay particular attention to these **lo / la** and **los / las** forms, because they can have a variety of meanings.

Los llamo. → I call them *(group of all men, or men and women)*.
I call you *(polite form, more than one person, at least one man in group)*.

Las llamo. → I call them *(group of all women)*.
I call you *(polite form, all women)*.

4. Direct object pronouns always come *before* a *conjugated verb* used by itself.

Me llamas el viernes, ¿no? *You'll call **me** on Friday, right?*
Te invito a la fiesta. *I'm inviting **you** to the party.*
No voy a leer este libro. ¿**Lo** quieres? *I'm not going to read this book. Do you want **it**?*

5. When a direct object pronoun is used with an *infinitive* or with the *present progressive*, it may come *before* the conjugated verbs or it may be *attached* to the infinitive or to the present participle.

Te voy a llamar. OR: Voy a llamar**te**.
Te estoy llamando. OR: Estoy llamándo**te**.

> Notice that when the direct object pronoun attaches to the present participle, you must add an accent to the next-to-last syllable of the present participle to maintain the correct pronunciation: **llamándote**.

6. When a direct object pronoun is used with a *command form*, it *attaches to the end of the affirmative command* but *comes before the negative command* form.

Hágalo ahora, por favor. BUT: **No lo haga** ahora, por favor.

> Again, notice that when the direct object pronoun attaches to the command form, you must add an accent to the next-to-last syllable of command forms of two or more syllables in order to maintain the correct pronunciation: **hágalo**.

7. When you use direct object pronouns with *reflexive pronouns*, the *reflexive pronouns come before the direct object pronouns*.

Me estoy lavando **la cara**. *I am washing **my face**.*
Me **la** estoy lavando. *I am washing **it**.*

Estoy lavándome **la cara**. *I am washing **my face**.*
Estoy lavándome**la**. *I am washing **it**.*

>>Actividades

9 **El domingo por la tarde** Tú y tu familia tuvieron una reunión en casa el domingo por la tarde. Todos contribuyeron de diferentes maneras. Repite lo que hicieron todos usando los complementos directos correctos. Sigue el modelo.

MODELO: Mi mamá y yo compramos <u>la comida</u>.
La compramos.

1. Mi hermana y yo limpiamos <u>la casa</u>.
_____ limpiamos.

2. Mi papá invitó a <u>los primos</u>.
_____ invitó.

3. Yo compré <u>los refrescos</u>.
_____ compré.

4. Mi hermano trajo <u>la música</u>.
_____ trajo.

5. Mis tíos prepararon <u>la ensalada</u>.
_____ prepararon.

6. Mi tía hizo <u>las tortillas</u>.
_____ hizo.

10 **El día horrible de Manuel** Lee sobre el día horrible de Manuel. Sustituye las palabras **en negrilla** (*boldface*) con complementos directos, según el modelo.

MODELO: Compré **los libros.**
Los compré.

Un día horrible

¡Ayer estuve muy ocupado! Empezaron las clases y tuve que comprar los libros. Compré **los libros** en la librería de la universidad. Pero no encontré el libro para mi clase de cálculo. Tuve que ir a otra librería que me recomendaron. Busqué **la librería,** pero, como no me dieron buenas indicaciones para llegar, ¡no encontré **la librería** hasta después de dos horas! Por fin, vi el libro de clase y compré **el libro.**

Después fui al supermercado para comprar algunos comestibles, pero no pude comprar **los comestibles** porque no encontré mi tarjeta de crédito (*credit card*). Volví a la librería para buscar mi tarjeta, pero no encontré **la tarjeta** allí.

Decidí ir a la residencia estudiantil para descansar un poco y hacer un poco de trabajo. Vi a mi compañero de cuarto en la entrada. Saludé a **mi compañero de cuarto.** Él me dijo que me escribió una nota. Escribió **la nota** para decirme que la computadora no funciona bien. Examiné **la computadora**, pero no pude (*I couldn't*) reparar **la computadora.** Tenemos que llevar **la computadora** al centro de computación para hacerle reparaciones. ¡Otra cosa que tengo que hacer!

---

11 **Pobre Manuel** Contesta las preguntas sobre el día horrible de Manuel. Usa un complemento directo en tu respuesta.

MODELO: ¿Encontró Manuel el libro en la librería de la universidad?
No, no lo encontró.

1. ¿Encontró Manuel la librería que le recomendaron sus amigos?
2. ¿Compró los comestibles?
3. ¿Encontró su tarjeta de crédito?
4. ¿Vio a su compañero de cuarto en la residencia estudiantil?
5. Cuando llegó a la residencia estudiantil, ¿pudo hacer su trabajo?
6. ¿Usó la computadora en su cuarto?
7. ¿Tuvo que llevar la computadora al centro de computaciones?
8. ¿Tuvo un día tranquilo?

12 **Natalia** El padre de Natalia y Nico es muy exigente *(demanding)*. Les hace muchas preguntas. Haz el papel de Natalia y contesta las preguntas de su padre.

MODELOS: Padre: ¿Limpiaron el baño? (sí)
Natalia: *Sí, lo limpiamos.*
Padre: ¿Limpiaste tu cuarto? (no)
Natalia: *No, pero estoy limpiándolo ahora mismo.*

1. ¿Hiciste la tarea? (sí)
2. ¿Prepararon el almuerzo? (no)
3. ¿Hicieron los planes para la fiesta? (no)
4. ¿Leíste la nota de tu mamá? (sí)
5. ¿Viste la lista de comida que debes comprar en el supermercado? (sí)
6. ¿Llamaste a tu abuela? (sí)
7. ¿Tomaron sus vitaminas? (no)
8. ¿Te lavaste los dientes? (no)

●● **13** **¿Lo leíste?** Trabaja con un(a) compañero(a) de clase. Háganse preguntas y contéstenlas usando complementos directos. Sigan el modelo.

MODELO: leer / el nuevo libro de Stephen King
Compañero(a): *¿Leíste el nuevo libro de Stephen King?*
Tú: *Sí, lo leí.* O: *No, no lo leí.*

1. ver / la nueva película de Pedro Almodóvar
2. leer / el nuevo libro de Tom Clancy
3. ver / los partidos de básquetbol del WNBA
4. traer / computadora portátil a clase
5. entender / la tarea de la clase de español
6. comprar / las pelotas de tenis
7. comprar / el nuevo CD de Coldplay
8. ver / los últimos episodios de *American Idol*
9. ver / tus hermanas el mes pasado
10. ¿...?

Interactive Practice / Ace the Test

:) Sonrisas

Expresión En grupos de tres o cuatro estudiantes, hagan una lista de las reglas (*rules*) de cortesía para el teléfono y el correo electrónico. ¿Qué se debe y no se debe hacer?

MODELO: Cuando llamas por teléfono...
No debes llamar muy temprano por la mañana.
Cuando escribes correo electrónico...
Debes escribir mensajes cortos.

Gramática útil ④

Telling friends what to do: **Tú** command forms

Can you find two **tú** command forms in this ad? Are they regular or irregular?

Cómo usarlo

1. You have already learned how to use polite (**usted** and **ustedes**) command forms in **Chapter 6**. Now you will learn the informal command forms that correspond to people you would normally address as **tú**. (You've been seeing these forms in activity direction lines in the last few chapters.)

   Habla con Claudia.   ***Talk*** to Claudia.
   Pero **no hables** con Leo.   *But **don't talk** to Leo.*

2. Because you are using informal command forms to address people who are friends (or small children and animals), you don't need to worry as much about making your requests sound as polite as you do with **usted** forms. However, it never hurts to use one of the softening expressions you learned in **Chapter 6**! Here they are again, revised to fit an informal context.

   ¿Me puedes decir… / Me dices…?   *Can you tell me . . . ?*
   ¿Puedes + *infinitive*… ?   *Can you* + infinitive *. . . ?*
   ¿Quieres / Quisieras + *infinitive*…?   *Would you like to* + infinitive *. . . ?*
   ¿Te importa…?   *Would / Does it matter to you . . . ?*
   ¿Te molesta…?   *Would / Does it bother you . . . ?*

> The **vosotros** command forms, which are the plural informal command forms used in Spain, are not provided in this textbook because **ustedes** forms are used more universally. Remember that outside of Spain you always use the **ustedes** command form to address more than one person, regardless of whether they are people you would address as **tú** or **usted.**

Video Tutorial

Flashcards

Cómo formarlo

1. Unlike the **usted** forms that you learned in **Chapter 6, tú** commands have one form for affirmative commands and one form for negative commands.

2. To form the affirmative **tú** command form, simply use the **usted / él / ella** present-tense form of the verb.

Affirmative **tú** command forms		
-ar verb	**-er** verb	**-ir** verb
tomar → **toma**	beber → **bebe**	escribir → **escribe**

3. To form the negative **tú** command form, take the affirmative **tú** command, and replace the final vowel with **-es** for **-ar** verbs and with **-as** for **-er / -ir** verbs.

Negative **tú** command forms			
	-ar verb **hablar**	**-er** verb **beber**	**-ir** verb **escribir**
affirmative **tú** command	habla	bebe	escribe
negative **tú** command	no **hables**	no **bebas**	no **escribas**

> Notice that the negative **tú** commands are the same as the **usted** command forms, but with an -s added. **Usted** command: **hable**; negative **tú** command: **no hables**.

4. These **tú** command forms are irregular and must be memorized.

	Affirmative **tú** command	Negative **tú** command
decir	di	no digas
hacer	haz	no hagas
ir	ve	no vayas
poner	pon	no pongas
salir	sal	no salgas
ser	sé	no seas
tener	ten	no tengas
venir	ven	no vengas

> Notice that the **tú** command for **ser** (**sé**) is the same as the first person of **saber** (**sé**). Context will clarify which is meant: **¡Sé bueno!** vs. **Sé que Manuel es bueno.** The same is true for the command forms of **ir** (**ve**) and **ver** (**ve**): **Ve a clase.** vs. **Ve ese programa.**

5. As with **usted** command forms, *reflexive pronouns* and *direct object pronouns* attach to affirmative **tú** commands and come before negative **tú** commands. Note that you need to add an accent to the next-to-last syllable of the command form when attaching pronouns.

¡Despiértate, ya es tarde!	*Wake up, it's late!*
¡No te acuestes ahora!	*Don't go to bed now!*
Llámame.	*Call me.*
No me llames después de las once.	*Don't call me after 11:00.*

>> Actividades

14 El campamento La semana que viene, tu hermanito va a ir a un campamento de verano. Tú le das algunos consejos antes de salir. Los primeros cuatro consejos se los das en el afirmativo. Los segundos cuatro consejos se los das en el negativo.

MODELOS: acostarte / temprano
Acuéstate temprano.

nadar / en el océano
No nades en el océano.

Afirmativo

1. patinar en línea / con casco (*helmet*)
2. jugar / con los otros niños
3. ducharse / después de nadar en el lago
4. tener cuidado / al nadar en el lago

Negativo

5. montar en bicicleta / en la carretera (*highway*)
6. caminar / en el parque por la noche
7. hacer / deportes peligrosos
8. nadar / después de comer

15 ¡Primo! Vas a quedarte en la casa de tu primo para el verano. Le haces preguntas sobre la casa y tus quehaceres. Escribe sus respuestas según el modelo.

MODELO: ¿Apago las luces antes de acostarme?
Sí, apágalas, por favor.

1. ¿Cierro la puerta del garaje por la noche?
2. ¿Abro las ventanas si hace calor?
3. ¿Pongo los comestibles en el refrigerador?
4. ¿Contesto el teléfono cuando no estás en casa?
5. ¿Apago la computadora antes de acostarme?
6. ¿Saco la basura los lunes por la noche?

Ahora, contesta las preguntas de arriba con un mandato informal negativo.

MODELO: ¿Apago las luces antes de acostarme?
No, no las apagues.

16 Los consejos Da un consejo para cada situación.

MODELO: Juan quiere desarrollar sus músculos.
Levanta pesas dos veces por semana.
Magda quiere perder peso pero no quiere hacer ejercicio.
No comas papitas fritas.

1. María desea perder cinco kilos.
2. Pedro quiere entrenarse para un maratón.
3. Pablo quiere mejorar su capacidad aeróbica.
4. Margarita quiere correr más rápido.
5. Francisco quiere ponerse en forma pero no tiene mucho tiempo para hacer ejercicio.

17 Trabajen en grupos de tres o cuatro personas. Imagínense que un(a) estudiante nuevo(a) acaba de llegar a su residencia estudiantil. Él (Ella) nunca ha vivido (*has lived*) fuera de su casa paterna. Denle consejos importantes para no tener problemas con sus compañeros de residencia. Sigan el modelo.

MODELO: *No pongas la radio después de las once de la noche.*

Interactive Practice /
Ace the Test

¡Explora y exprésate!

Exploraciones culturales

Panamá y Costa Rica

Similares pero diferentes Lee los textos sobre Panamá y Costa Rica en las páginas 231–232. Luego completa un diagrama Venn como el de abajo. Pon los números de los comentarios sobre Panamá a la izquierda y los números de los comentarios sobre Costa Rica a la derecha. Los números de los comentarios que se refieren a los dos países van en el centro del diagrama.

1. Los indígenas son una parte importante de la cultura.
2. Los grupos indígenas son los chorotega, huetar y brunca.
3. Tiene un teatro famoso en la ciudad capital.
4. Las famosas molas de los kunas se venden a personas de todo el mundo.
5. Cristóbal Colón exploró este país en 1502.
6. Es un país democrático que no tiene fuerzas armadas.
7. La población de ascendencia africana vive en la costa del Mar Caribe.
8. Consiguió su independencia de España en 1821.
9. Fue víctima de muchos ataques de piratas.
10. Tiene muchísimas islas.
11. Es muy popular entre los ecoturistas.
12. La población criolla o mestiza es el grupo étnico más grande del país.

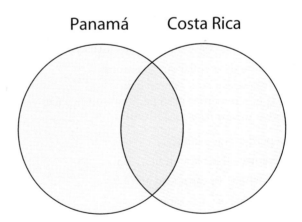

Panamá   Costa Rica

PANAMÁ

Grupos étnicos

- Los criollos, o mestizos, es el grupo étnico más grande.

- Los indígenas tienen muchas variantes determinadas por las diversas tribus. De estas tribus, tal vez la más famosa son los kunas, conocidos por la fabricación de sus molas tradicionales de colores vivos que se venden internacionalmente.

- La población negra son los descendientes de africanos. Ellos forman las poblaciones de Colón en el Caribe y Darién en la costa pacífica.

Historia

- Vasco Núñez de Balboa y Cristóbal Colón exploraron el país en 1501 y 1502. Buscando el oro y las riquezas de una civilización indígena legendaria, Balboa "descubrió" el Océano Pacífico en 1513.

- Las colonias españolas sufrieron ataques de piratas ingleses y holandeses durante el siglo XVII. En 1671 el pirata inglés Henry Morgan destruyó la Ciudad de Panamá y confiscó sus tesoros (treasures).

- Después de ganar la independencia de España en 1821, Panamá pasó por mucha turbulencia política. En 1904, Estados Unidos empezó la construcción del canal de Panamá. En 1999, EEUU cedió el canal al gobierno panameño.

Sitios de interés

- El archipiélago de San Blas, donde viven los kunas, son unas de las 1.600 islas que pertenecen a Panamá.

- El Parque Nacional de Darién es una de las selvas tropicales más densas y bellas de Centroamérica.

- La Ciudad de Panamá es famosa por su celebración del Carnaval y también por los espectáculos de danza y música que se presentan el Teatro Nacional.

Una vista de la Ciudad de Panamá

Costa Rica

Grupos étnicos

- La gran mayoría de la población es criolla— mestizos de ascendencia española e indígena.

- La población negra, que constituye menos del 2 por ciento de la población, vive en su mayoría en la costa caribeña.

- Los grupos indígenas componen menos del 1 por ciento de la población y se distinguen en tres etnias indígenas: chorotega, huetar y brunca.

Historia

- Cristóbal Colón fue el primer europeo en llegar a esta área en 1502. Esperando encontrar

El cráter del volcán Poas en Costa Rica

riquezas naturales y otros metales preciosos, observó los adornos de oro de los indígenas y nombró el país Costa Rica.

- Costa Rica ganó la independencia de España en 1821, y después de unos conflictos políticos, llegó a ser una democracia en 1889.

- En 1949, el Partido Liberación Nacional creó una constitución nacional, dio el derecho *(right)* de votar a las mujeres y a los afrocostarricenses y abolió las fuerzas armadas.

Sitios de interés

- Costa Rica es uno de los países de mayor diversidad geográfica del mundo. Su extenso sistema de parques nacionales es famoso por todo el mundo e incluye más de 6.132 km^2 de parques con volcanes, selvas tropicales y playas. Es un lugar muy popular para los ecoturistas.

- El Teatro Nacional, en la capital de San José, es una atracción arquitectónica famosa y también sirve como un centro nacional para el arte, la música y otros eventos culturales.

- Sarchí, un pueblo cerca de San José, es el centro de artesanías costarricenses. Es famoso por sus carretas *(wooden carts)* pintadas en colores brillantes.

 >> ¡Conéctate! Web Links / Web Search

●● **Práctica** En parejas, busquen información en Internet sobre uno de los siguientes temas. Luego, preparen un breve informe para dar a la clase. Usen los enlaces sugeridos en el sitio web de *Nexos*.

1. la construcción o la historia del canal de Panamá
2. cómo los indios kunas fabrican sus molas (como la de la página 204)
3. por qué Costa Rica decidió abolir las fuerzas armadas
4. las carretas pintadas de Sarchí
5. uno de los parques nacionales de Costa Rica
6. la historia de Balboa en Panamá

>> Tú en el mundo hispano

Para explorar oportunidades de usar el español para estudiar o hacer trabajos voluntarios o aprendizajes en Costa Rica y Panamá, sigue los enlaces en el sitio web de *Nexos*.

Ritmos del mundo hispano

Para escuchar música de Panamá y Costa Rica, sigue los enlaces en el sitio web de *Nexos*.

A leer

Antes de leer

1 Mira el siguiente artículo y la foto sobre la navegación en rápidos en Costa Rica y ojea *(scan)* el artículo rápidamente para encontrar la siguiente información.

1. cuántos ríos costarricenses se mencionan

2. los niveles *(levels)* de dificultad que se usan para describir los rápidos de los ríos

2 Después de anotar la información de la **Actividad 1**, di cuál es, en tu opinión, el propósito *(purpose)* de la lectura.

a. describir el paisaje *(scenery)* a lo largo de los ríos de Costa Rica

b. informar a los aficionados de la navegación en rápidos sobre los ríos de Costa Rica

c. darles a los viajeros a Costa Rica una lista de posibles deportes acuáticos

3 Las siguientes palabras aparecen *(appear)* en el artículo. Aunque estas palabras no son cognados, tienen una relación semántica con sus equivalentes en inglés. A ver si puedes identificar el equivalente en inglés de cada palabra a la izquierda.

1. _____ media docena

2. _____ principiantes

3. _____ codueño

4. _____ haber pasado

5. _____ poblado

6. _____ trechos

7. _____ apacible

a. *co-owner*

b. *peaceful*

c. *half dozen*

d. *beginners*

e. *stretches*

f. *to have passed (navigated)*

g. *town, village*

Lectura

4 Ahora, lee el artículo rápidamente para buscar la idea principal. Luego mira la **Actividad 5** para ver qué información necesitas para completarla. Vuelve al artículo y busca esa información. No olvides usar los cognados, el formato del artículo y la foto para ayudarte a entender el texto.

Costa Rica
Aventuras en los rápidos

Pocos países pueden contar con tan excelentes condiciones para la navegación en rápidos como Costa Rica, donde los retos de este conocido deporte se complementan con la belleza y diversidad de los bosques tropicales.

Quizás[1] las aguas más bravas del país sean aptas sólo para expertos remeros —media docena de equipos olímpicos de kayaks utilizan a Costa Rica como base de entrenamiento—, pero la mayoría de sus ríos rápidos ofrecen condiciones perfectas también para principiantes.

Los navegantes de balsas y kayaks poseen un sistema para evaluar el grado de dificultad de los rápidos y ríos individuales, en una escala que va de la Clase I a la Clase VI —donde el 0 es similar a una piscina y el VII, a las Cataratas del Niágara. Los rápidos de Clase II y III son, por lo general, suficientes para acelerar el ritmo cardíaco. Los de Clase IV pueden ser un poco más peligrosos, mientras que los de Clase V están ya cerca de lo imposible. Los ríos de Clase II y III son magníficos para principiantes. No obstante, resulta recomendable haber pasado, al menos, por un río antes de intentar lanzarse[2] en los de Clase II–IV. Los de Clase IV–V requieren una buena condición física y más experiencia con las balsas.

Las rutas de navegación

El río **Reventazón** posee numerosos tramos[3] navegables. El más popular es la sección Tucurrique (Clase III), que ofrece una excursión segura y emocionante, lo suficientemente fácil para un viaje de primera vez. La sección Peralta (Clase V) es la ruta más difícil de Costa Rica para este tipo de navegación, con rápidos indetenibles y bastante peligro, razón por la cual sólo está abierta para expertos.

El río **Pacuare** (Clase III–IV) es una de las maravillas naturales más impresionantes de Costa Rica. Es un río emocionante de navegar, con numerosos y provocadores rápidos de Clase IV. El Pacuare se navega mejor en un viaje de dos o tres días, lo cual permite un contacto más cercano con el bosque[4] tropical —un área excelente para la observación de pájaros[5].

El **Sarapiquí** (Clase III) es un río hermoso que fluye por el norte de la Cordillera Montañosa Central. La sección de rápidos entre La Virgen y Chilamae proporciona una aventura de navegación en balsa de Clase III, que pasa a través de muchos bosques tropicales y cataratas. La parte más baja del Sarapiquí es un flotador suave que resulta perfecto para niños pequeños.

El **Naranjo** (Clase III–IV) es un río emocionante y provocador que exige[6] cierta experiencia de navegación en balsa. Puede navegarse sólo en meses lluviosos. Queda[7] a un día desde Manuel Antonio y Quepos.

El **Corobicí** (Clase I–II) es un río completamente apacible. Es excelente para los amantes[8] de la naturaleza y puede ser navegado por personas de cualquier edad. En el bosque que viste sus orillas[9] se pueden ver iguanas, monos[10] y una rica variedad de pájaros.

[1]*Perhaps* [2]**intentar**... *to try to throw oneself* [3]*sections* [4]*forest* [5]*birds* [6]*demands* [7]*It is located* [8]*lovers* [9]*shores* [10]*monkeys*

Después de leer

5 Completa la siguiente tabla con información del artículo. Si te es necesario, vuelve al artículo para buscarla.

Río	Clase	Una cosa interesante
Reventazón	III–V	
	I–II	
		Una parte es perfecta para los niños pequeños.
Naranjo		
		Tiene uno de los paisajes más bellos del país.

6 Trabajen en grupos de tres o cuatro estudiantes para hablar de los cinco ríos que se describen en el artículo. ¿Cuál les interesa más? Escojan *(Choose)* un lugar para ir de vacaciones con el grupo. Para ayudarles con la decisión, contesten las siguientes preguntas.

1. ¿Cuánta experiencia con la navegación en rápidos tienen las distintas personas del grupo?
2. ¿Van a viajar durante la temporada de lluvia (verano) o durante el invierno?
3. ¿A qué distancia de San José están dispuestos *(willing)* a viajar?
4. ¿Cuánto tiempo quieren pasar en el río?
5. ¿Qué les interesa más, la belleza natural o la aventura de los rápidos?

MODELOS: *A mí me gusta....*
Yo prefiero… porque…
Vamos a viajar en...

A escribir

Antes de escribir

1 Trabaja con un(a) compañero(a) de clase. Van a escribir un artículo de tres párrafos para el periódico universitario, que describa un pasatiempo interesante que se puede hacer en su pueblo o ciudad. Para empezar, hagan una lista de actividades posibles. (Usen el artículo de la página 234 como modelo.)

2 Cuando tengan la lista de ideas, escojan *(choose)* la que les guste más. Juntos, escojan tres aspectos específicos para desarrollar *(to develop)* en los tres párrafos del artículo. Escriban una oración temática para cada uno.

Párrafo 1:

Párrafo 2:

Párrafo 3:

Composición

3 Usando las oraciones temáticas que escribieron para la **Actividad 2,** escribe los tres párrafos que forman el primer borrador *(draft)* del artículo. Escribe libremente, sin preocuparte por los errores, la organización, la ortografía ni la gramática.

Después de escribir

4 Trabaja con tu compañero(a) otra vez. Intercambien sus borradores. Usen las dos versiones para crear un solo artículo.

5 Ahora, miren la nueva versión. Usen la lista para revisarla *(to edit it).*

- ¿Tiene el artículo toda la información necesaria?
- ¿Es interesante e informativo también?
- ¿Usaron pronombres de complemento directo para eliminar la repetición?
- ¿Usaron bien el pretérito?
- ¿Usaron las formas correctas de todos los verbos?
- ¿Hay errores de ortografía?

 Interactive Practice

Vocabulario

Los deportes *Sports*

el básquetbol	*basketball*
el béisbol	*baseball*
el boxeo	*boxing*
el ciclismo	*cycling*
el esquí acuático	*water skiing*
el esquí alpino	*downhill skiing*
el fútbol	*soccer*
el fútbol americano	*football*
el golf	*golf*
el hockey sobre hielo	*ice hockey*
el hockey sobre hierba	*field hockey*
la navegación en rápidos	*whitewater rafting*
la natación	*swimming*
el tenis	*tennis*
el volibol	*volleyball*

Actividades deportivas *Sport activities*

entrenarse	*to train*
esquiar	*to ski*
hacer ejercicio	*to exercise*
jugar (ue) (al) (tenis, béisbol, etc.)	*to play (tennis, baseball, etc.)*
levantar pesas	*to lift weights*
montar a caballo	*to ride horseback*
montar en bicicleta	*to ride a bike*
nadar	*to swim*
navegar en rápidos	*to go whitewater rafting*
patinar en línea	*to inline skate (rollerblade)*
patinar sobre hielo	*to ice skate*
pescar	*to fish*
practicar / hacer alpinismo	*to (mountain) climb, hike*
practicar / hacer surfing	*to surf*
remar	*to row*

Más palabras sobre los deportes
More words relating to sports

la competencia	*competition*
el equipo	*team*
ganar	*to win*
el lago	*lake*
el partido	*game, match*
el peligro	*danger*
peligroso(a)	*dangerous*
la pelota	*ball*
la piscina	*pool*
el río	*river*
seguro(a)	*safe*

Las estaciones *Seasons*

el invierno	*winter*
la primavera	*spring*
el verano	*summer*
el otoño	*fall, autumn*

Expresiones con *tener*

tener calor	*to be hot*
tener cuidado	*to be careful*
tener frío	*to be cold*
tener ganas de	*to have the urge to, to feel like*
tener hambre	*to be hungry*
tener miedo (a, de)	*to be afraid (of)*
tener prisa	*to be in a hurry*
tener razón	*to be right*
tener sed	*to be thirsty*
tener sueño	*to be sleepy*
tener vergüenza	*to be embarrassed, ashamed*

El tiempo *Weather*

¿Qué tiempo hace?	*What's the weather like?*
Hace buen / mal tiempo.	*It's nice / bad weather.*
Hace calor.	*It's hot.*
Hace fresco.	*It's cool.*
Hace frío.	*It's cold.*
Hace sol.	*It's sunny.*
Hace viento.	*It's windy.*
Está lloviendo. (Llueve.)	*It's raining.*
Está nevando. (Nieva.)	*It's snowing.*
Está nublado.	*It's cloudy.*

La temperatura *Temperature*

grados Celsio(s) / centígrados	*degrees Celsius / Centigrade*
grados Fahrenheit	*degrees Fahrenheit*
La temperatura está a 20 grados Celsio(s) / Centígrados.	*It's 20 degrees Celsius / Centigrade.*
La temperatura está a 68 grados Fahrenheit.	*It's 68 degrees Fahrenheit.*

Palabras relativas al tiempo

anoche	*last night*
anteayer	*the day before yesterday*
el año pasado	*last year*
el mes pasado	*last month*
la semana pasada	*last week*

Capítulo **8**

¿En qué puedo servirle?

❯ Estilo personal

¿Tienen mucha importancia para ti la ropa y el estilo personal? ¿Crees que la ropa es una forma de expresión o es solamente para cubrirse? Para mucha gente, la ropa es una forma importante de presentarse al mundo e identificarse con los demás. En este capítulo vamos a explorar varios aspectos de la moda.

Arriba: En Chinchero, Perú unas mujeres venden ropa indígena en un mercado al aire libre. **A la derecha:** El centro comercial Larcomar en Lima; Perú es un sitio bueno para comprar la ropa moderna.

❯ Communication

By the end of this chapter you will be able to

- talk about clothing and fashion
- shop for various articles of clothing and discuss prices
- describe recent purchases and shopping trips
- talk about buying items and doing favors for friends
- make comparisons

❯ Cultures

By the end of this chapter you will have learned about

- Perú and Ecuador
- traditional clothing vs. popular clothing
- Chinese immigration to Perú and the U.S.
- attitudes towards jeans around the world

¿Cuánto cuestan?

Hoy tienen un 25 por ciento de descuento.

> Los datos

Mira la información. Luego completa cada oración con la mejor respuesta.

El guanaco

Animal silvestre, progenitor de las llamas, las alpacas y las vicuñas. Unos 500.000 viven en las altas montañas de Argentina y Chile. Es una especie en peligro de extinción.

← pelo más suave (*soft*)　　pelo menos suave →

La vicuña	La alpaca	La llama
Animal domesticado. Más de 120.000 en el centro y sur de Perú. Su pelo se considera una de las fibras más valiosas del mundo.	Animal domesticado. Más de 3,5 millones en Perú. Su pelo es de varios colores y se usa para ropa ligera (*light*) pero caliente.	Animal domesticado. Más de 3,5 millones en Sudamérica, con la mayoría en Perú. Se usa su pelo en la industria textil.

Un guanaco

¡Las llamas y las alpacas fueron domesticadas por los incas hace 6.000 años!

❶ El guanaco es una especie más _____ que las llamas.
　a. moderna
　b. antigua
　c. fuerte

❷ Hay un número casi igual de _____ en el mundo.
　a. guanacos y vicuñas
　b. vicuñas y alpacas
　c. alpacas y llamas

❸ _____ es una especie en peligro de extinción.
　a. El guanaco
　b. La vicuña
　c. La llama

> ¡Adivina!

¿Qué sabes de Perú y Ecuador? Indica a qué país o países se refiere cada oración. (Las respuestas están en la página 264.)

❶ En este país están las ruinas del famoso sitio inca de Machu Picchu.
❷ Este país recibió su nombre de un delineador geográfico.
❸ Este país ha tenido (*has experienced*) problemas políticos durante las últimas décadas.
❹ Este país tiene como capital la ciudad de Quito, un lugar famoso por su hermosa arquitectura colonial.

¡Imagínate!

Vocabulario útil ①

DEPENDIENTE:	¿En qué puedo servirle, señor?
JAVIER:	Pues, estoy buscando un regalo para mi madre pero no sé, no veo nada.
DEPENDIENTE:	Pues, si le gusta la **ropa** fina, esta **blusa de seda** es muy bonita y además está rebajada.
JAVIER:	No, no le gusta ese color.
DEPENDIENTE:	¿Quizás este **suéter**?
JAVIER:	No. Tampoco necesita suéter.
DEPENDIENTE:	Y las **joyas,** ¿a quién no le gustan las joyas?... ¿Quizás estos **aretes**? Son de **oro** y le dan ese toque de elegancia a cualquier **vestido.**

Las prendas de ropa

To say that an item is made of a certain fabric, you need to use **de**: **botas de cuero, abrigo de piel, camiseta de algodón.**

The names for articles of clothing can vary greatly from region to region. For example, *jeans* can also be called **vaqueros, tejanos, bluyines, majones,** or **pantalones de mezclilla.**

Other regional variations: In Spain a handbag is **el bolso** and in Mexico it is **la bolsa;** in some places, **la cartera** can also be a handbag, not just a wallet. Other variations are: **los aretes / los pendientes, el anillo / la sortija, la gorra / el gorro,** and **las gafas / los lentes / los anteojos.**

Las telas

Está hecho(a) de...	It's made out of . . .
Están hechos(as) de...	They're made out of . . .

el algodón	*cotton*	a cuadros	*plaid*
la lana	*wool*	a rayas / rayado(a)	*striped*
el lino	*linen*	bordado(a)	*embroidered*
la mezclilla	*denim*	de lunares	*polka-dotted*
la piel / el cuero	*leather*	de un solo color	*solid, one single color*
la seda	*silk*	estampado(a)	*print*

Los accesorios

Las joyas

la cadena	*chain*
... (de) oro	... *(made of) gold*
... (de) plata	... *(made of) silver*

 Flashcards

¿En qué puedo servirle? 241

>> Actividades

1 **¡Llevo…!** Describe qué ropa llevas hoy. ¡No te olvides de incluir los colores!

MODELO: *Llevo unos pantalones negros, una camiseta azul y unos zapatos negros.*

2 **Me gustan…** Para cada prenda de ropa, indica el tipo de tela y diseño que prefieres. Sigue el modelo.

MODELO: el vestido
Me gustan los vestidos de seda.
O: *Me gustan los vestidos estampados.*

1. el suéter
2. los zapatos de tenis
3. la blusa
4. los pantalones
5. el traje
6. la falda
7. la camiseta
8. la chaqueta

3 **¿Ropa formal o informal?** Trabaja con un(a) compañero(a) de clase. Digan qué les gusta llevar en las siguientes situaciones. Sean tan específicos como puedan.

1. para estudiar
2. para salir a bailar
3. para trabajar en el jardín
4. para visitar a la familia
5. para ir a clases
6. para ir al gimnasio

4 **Las estrellas** Trabajen en grupos de tres o cuatro estudiantes. Primero, hagan una lista de tres personas que son famosas por su manera de vestirse. Luego, usen la imaginación para describir qué llevan en este momento. Incluyan tantos detalles como puedan.

Personas posibles: Mary Kate Olsen, Brad Pitt, Johnny Depp, Jennifer López, Gwen Stefani, Gwyneth Paltrow, etc.

5 **Los accesorios** ¿Quién lleva las siguientes cosas? Para cada accesorio indicado, identifica quién(es) en la clase lo lleva(n). Si nadie lleva el accesorio indicado, di a quién le gusta llevarlo generalmente, o da el nombre de una persona famosa que lo lleva frecuentemente.

MODELOS: una cadena de oro
Stacy lleva una cadena de oro hoy.
O: *Generalmente Stacy lleva una cadena de oro, pero hoy no la lleva.*
los guantes
Nadie lleva guantes ahora mismo. A Michael Jackson le gusta llevar un solo guante.

1. una cadena de oro   **5.** un pañuelo de seda

2. gafas de sol   **6.** un brazalete

3. un sombrero   **7.** un cinturón de cuero

4. un reloj   **8.** aretes de plata

6 **¿Qué me pongo?** Descríbele a tu compañero(a) qué ropa y accesorios llevas en las siguientes situaciones. Luego, él o ella hace lo mismo.

1. Es tu primera cita *(date)* con alguien que te gusta mucho.

2. Vas a una recepción para recibir un premio *(prize)*.

3. Vas al gimnasio con tu mejor amigo(a).

4. Vas a un concierto de música hip-hop con un grupo de amigos.

5. Vas a una entrevista para un trabajo de verano.

6. Vas a ir a esquiar en las montañas el fin de semana.

7 **¡Qué anticuado!** Trabaja con un(a) compañero(a) de clase. Juntos hagan una lista de ropa y accesorios que están de moda en este momento y otra de los que están pasados de moda. Luego, comparen su lista con la de otra pareja. ¿Incluyeron las mismas prendas?

De moda	Pasado de moda

Web Search /
Interactive Practice /
Ace the Test

Vocabulario útil ❷

DEPENDIENTE:	Buenas, señorita. **¿En qué puedo servirle?**
CHELA:	La verdad es que estoy buscando un regalo para el cumpleaños de mi mamá pero no tengo ni la menor idea qué comprarle.
DEPENDIENTE:	Su mamá seguro es una mujer de muy buen gusto. Tal vez esta blusa de seda...
CHELA:	Uy, no, ¡a mamá no le gusta ese color!...
DEPENDIENTE:	¡Ya sé exactamente lo que busca!... Estos aretes de oro son preciosos y **están a muy buen precio** hoy.
CHELA:	¡Qué bonitos! Sí, creo que sí le van a gustar a mamá. **Voy a llevármelos.**

00:00:00

In many countries you will hear an alternate female form for **la dependiente: la dependienta.** Both are used interchangeably.

Ir de compras

El (La) dependiente

¿En qué puedo servirle?	*How can I help you?*
¿Cuál es su talla?	*What is your size?*
Está rebajado(a).	*It's reduced (on sale).*
Está en venta.	*It's for sale.*
Es muy barato(a).	*It's very inexpensive.*
Está a muy buen precio.	*It's a very good price.*
de buena (alta) calidad	*of good (high) quality*
el descuento	*discount*
la oferta especial	*special offer*

Notice that when you use the phrases **Voy a probármelo(la / los / las)** and **Voy a llevármelo(la / los / las)**, the pronoun that you use must match the object you are referring to: **Me gusta este <u>vestido</u>. Voy a probármel<u>o</u>. Me encantan estos <u>zapatos</u>. Voy a llevármel<u>os</u>.**

El (La) cliente

¿Cuánto cuesta(n)?	*How much does it (do they) cost?*
¿Lo (La / Los / Las) tiene en una talla...?	*Do you have this in a size . . . ?*
Voy a probármelo (la / las / los).	*I'm going to try it / them on.*
Me queda bien / mal.	*It fits nicely / badly.*
Me queda grande / apretado.	*It's too big / too tight.*
Voy a llevármelo(la / las / los).	*I'm going to take it / them.*
Es (demasiado) caro.	*It's (too) expensive.*

If you want to know if an item is returnable, you can say **¿Puedo devolverlo si hay un problema?**

La moda

(no) estar de moda	*(not) to be fashionable*
pasado(a) de moda	*out of style*

 Flashcards

>> Actividades

8 **Por favor...** ¿Qué dices en las siguientes situaciones? Escribe una pregunta o una respuesta para cada situación. En muchos casos, hay más de una respuesta posible.

MODELO: Ves una blusa bonita, pero no tiene precio.
           ¿Cuánto cuesta, por favor?

1. Te pruebas una chaqueta, pero es grande.
2. Decides comprar dos blusas.
3. Ves unos zapatos que te gustan, pero no estás seguro(a) si están rebajados.
4. Te pruebas unos zapatos y decides comprarlos.
5. Quieres probarte un vestido en otra talla y se lo pides a la dependiente.
6. Ves unos pantalones que te gustan, pero quieres otro color.
7. El suéter de vicuña es muy fino, pero no sabes si tienes suficiente dinero para comprarlo.
8. Necesitas una talla más grande.

9 **Situaciones** Trabaja con un(a) compañero(a) de clase. Representen las siguientes situaciones. Túrnense para hacer los papeles del (de la) dependiente y del (de la) cliente.

Situación 1: Buscas un regalo para tu novio(a). Quieres algo de muy alta calidad pero a muy buen precio.

Situación 2: Tienes que ir a una fiesta formal y no sabes qué llevar. Pídele ayuda al (a la) dependiente y compra lo que necesitas.

Situación 3: Eres un(a) estudiante nuevo(a) en la universidad. Vas a un almacén popular para comprar ropa. ¿Qué debes comprar? Pídele consejos al (a la) dependiente y compra por lo menos dos prendas de ropa.

Situación 4: Tu prima acaba de tener un bebé. Quieres comprarle un regalo, pero no sabes qué comprar. Escucha las sugerencias del (de la) dependiente y luego compra el regalo.

> **¿Tú or usted?** In some Latin American countries, formal address is used even at home, between parents and children, and husbands and wives. In other countries, it is reserved for the elderly and for differences in social class. To be safe, use the formal address until permission to use the informal is granted. Using the informal when the formal is expected can cause negative reactions.

> **Notice:** The word **bebé** is always masculine.

 Interactive Practice / Ace the Test

Vocabulario útil

DEPENDIENTE:	Tiene muy buen gusto, señorita. **¿Cómo desea pagar? En efectivo,** ¿verdad?
CHELA:	Sí, gracias.

00:00:00

Métodos de pago

¿Cómo desea pagar?	*How do you wish to pay?*
Al contado. / En efectivo.	*In cash.*
Con cheque.	*By check.*
Con cheque de viajero.	*With a traveler's check.*
Con un préstamo.	*With a loan.*
Con tarjeta de crédito.	*With a credit card.*
Con tarjeta de débito.	*With a debit card.*

Cien is used to express the quantity of exactly *one hundred*, as well as before **mil** and **millones**. **Ciento** is used in combination with other numbers to express quantities from 101–199. Note that with numbers using -**cientos**, the number agrees with the noun it modifies: **doscientas tiendas** but **doscientos mercados**.

 Flashcards

Los números mayores de 100

100 cien	**800 ochocientos(as)**
101 ciento uno	**900 novecientos(as)**
102 ciento dos, etc.	**1.000 mil**
200 doscientos(as)	**2.000 dos mil, etc.**
300 trescientos(as)	**5.000 cinco mil**
400 cuatrocientos(as)	**10.000 diez mil**
500 quinientos(as)	**100.000 cien mil**
600 seiscientos(as)	**1.000.000 un millón**
700 setecientos(as)	**2.000.000 dos millones, etc.**

>> Actividades

10 **Para pagar** Por lo general, ¿cómo vas a pagar en las siguientes situaciones? Di cuánto crees que te va a costar cada compra.

MODELO: Compras un café grande.
Dos dólares y treinta centavos.

1. Compras un vestido / un traje nuevo.

2. Compras los libros para las clases.

3. Compras un pasaje *(ticket)* de avión.

4. Compras frutas en el mercado.

5. Compras una cadena de oro.

6. Compras unos recuerdos *(souvenirs)* durante tus vacaciones.

7. Cenas en un restaurante muy elegante.

8. Vas al cine para ver una película.

9. Pagas el alquiler *(rent)* de tu apartamento.

10. Compras una casa nueva.

11. Compras un automóvil nuevo.

11 **De compras** Trabaja con un(a) compañero(a) de clase. Juntos escojan seis objetos del dibujo y representen una escena como la del modelo. Túrnense para hacer el papel del (de la) dependiente y el (la) cliente. Sigan el modelo.

MODELO: el café
   Tú: *Un café grande, por favor.*
   Compañero(a): *Muy bien. Son dos dólares y veinticinco centavos.*
    ¿Cómo desea pagar?
   Tú: *En efectivo. Aquí lo tiene.*

Interactive Practice /
Ace the Test

Antes de ver el video

1 Mira las páginas 240, 244 y 246 para familiarizarte con los tres personajes del video de este capítulo. Luego, contesta las preguntas. Algunas oraciones se relacionan con los segmentos de video de capítulos anteriores.

1. ¿Qué sabes de Javier? Di si las siguientes oraciones son ciertas (**C**) o falsas (**F**).
   a. _____ A Javier le gustan los deportes y también le gusta cocinar.
   b. _____ Javier conoce a Dulce.
   c. _____ Javier no conoce a Sergio.
   d. _____ Javier tiene novia *(girlfriend)*.
   e. _____ A Javier le interesan la natación, el ciclismo y el boxeo.

2. ¿Qué sabes de Chela? Di si las siguientes oraciones son ciertas o falsas.
   a. _____ Chela es reportera para la estación de la universidad.
   b. _____ A Chela no le gusta ir al gimnasio.
   c. _____ Chela es una persona muy frívola.
   d. _____ Chela conoce a Anilú.
   e. _____ Chela tiene novio *(boyfriend)*.

3. ¿Se conocen Chela y Javier?

2 En el episodio para este capítulo, Chela y Javier independientemente buscan un regalo para sus madres. Mira otra vez las fotos y las conversaciones en las secciones del **Vocabulario útil.**

1. ¿Para quién buscan un regalo Chela y Javier?
2. ¿En qué tipo de tienda están?
3. ¿Cuáles de los accesorios y prendas de ropa del vocabulario pueden ser un regalo bueno para la mamá de Chela y la de Javier?
4. ¿Cuáles de los accesorios y prendas de ropa del vocabulario no son un regalo bueno para la mamá de Chela y la de Javier, según ellos?

Estrategia

Using background knowledge to anticipate content

Often, if you have a rough idea of what a video segment is about before you watch it, you can predict what some of its content will be. Think about the topic and think about what kinds of situations will be likely to arise. Ask yourself what kind of language you associate with these situations. By organizing your thoughts in advance, you prepare yourself to understand the content more easily.

Your background knowledge about this video segment includes the knowledge that Javier and Chela are both shopping for a gift for their mothers in a clothing store. How does that help you prepare for viewing the video?

3 Basándose en la información de las **Actividades 1** y **2,** hagan una predicción sobre qué va a ocurrir en el video para este capítulo. (Ideas: ¿Qué tipo de preguntas van a hacer Chela y Javier? ¿Qué palabras y frases van a usar? ¿Qué tipos de regalos van a considerar? ¿Van a conocerse por fin?)

Predicción sobre Javier y Chela:

Predicción sobre los regalos:

El video

Ahora mira el episodio para el **Capítulo 8.** No te olvides de enfocarte en las predicciones que hiciste sobre Javier, Chela y los regalos posibles.

Después de ver el video

4 Ahora contesta las siguientes preguntas sobre el video.

1. ¿Acertaste con tus predicciones sobre Javier y Chela?
2. ¿Cómo te ayudó la información anterior *(background knowledge)* a entender el contenido del video?

5 Contesta las siguientes preguntas para ver si entendiste bien el segmento de video.

1. ¿Compró Javier una blusa para su mamá? ¿Y Chela?
2. ¿Compró Javier un suéter para su mamá? ¿Y Chela?
3. ¿Qué compraron Javier y Chela para sus mamás?
4. ¿Por qué no les gustó la blusa a Javier y a Chela? ¿Y el suéter?
5. ¿Sabemos cuánto costaron los aretes?
6. ¿Cómo pagaron Javier y Chela?
7. ¿Qué pensó el dependiente sobre la relación entre Javier y Chela?

6 Escribe un resumen corto de lo que ocurrió en el video para este capítulo. Escribe por lo menos seis oraciones que describan la conversación entre el dependiente y Javier y luego entre el dependiente y Chela. Usa las formas del pretérito que aprendiste en el **Capítulo 7.**

Interactive Practice / Ace the Test

¡Prepárate!

Gramática útil ①

Talking about what you did:
The preterite tense of more irregular verbs

Cómo usarlo

1. In Spanish, as in most languages, many of the verbs you use most often are irregular. In this chapter you will learn the preterite forms of **andar, haber, poder, poner, querer, saber, tener,** and **venir.** Notice that many of these verbs are also irregular in the present indicative.

2. The verbs **conocer, saber, poder,** and **querer** have slight changes in meaning when they are used in the preterite (as opposed to their meaning in the present indicative).

	present indicative meaning	preterite meaning
conocer	*to know someone, to be acquainted with*	*to meet*
saber	*to know a fact*	*to find out some information*
poder	*to be able to do something*	*to accomplish something*
no poder	*not to be able to*	*to try to do something and fail*
querer	*to want; to love*	*to try to do something*
no querer	*to not want, love*	*to refuse to do something*

Elena **quiso** llamarme pero **no pudo** encontrar su celular.

Elena **tried** to call me but **was unable (failed)** to find her cell phone.

Conocí al padre de Beto y **supe** que Beto está en Colombia.

I met Beto's father and **found out** that Beto is in Colombia.

Pude completar el trabajo pero **no quise** ir a la oficina.

I succeeded in finishing the work, but **I refused** to go to the office.

3. Notice that while the rest of these verbs are irregular in the preterite, **conocer** is regular in this tense. Its only irregularity is its **yo** form in the present tense: **conozco.**

Video Tutorial

Flashcards

Cómo formarlo

Here are the preterite forms of these irregular verbs. Some verbs are somewhat similar in their irregular stems, so they are grouped together to help you memorize them more easily.

andar:	**anduv-**	anduve, anduviste, anduvo, anduvimos, anduvisteis, anduvieron
tener:	**tuv-**	tuve, tuviste, tuvo, tuvimos, tuvisteis, tuvieron
poder:	**pud-**	pude, pudiste, pudo, pudimos, pudisteis, pudieron
poner:	**pus-**	puse, pusiste, puso, pusimos, pusisteis, pusieron
saber:	**sup-**	supe, supiste, supo, supimos, supisteis, supieron
haber:		hubo *(invariable)*
querer:	**quis-**	quise, quisiste, quiso, quisimos, quisisteis, quisieron
venir:	**vin-**	vine, viniste, vino, vinimos, vinisteis, vinieron

Hubo is the past-tense of **hay.** Like **hay,** it is a third-person form that is used whether the subject is singular or plural: **Hubo unas ofertas increíbles en las tiendas la semana pasada. Haber** is the infinitive from which **hay** and **hubo** come. You'll learn more about **haber** in **Chapter 13.**

Notice that although these verbs change their stems, they share the same endings (**-e, -iste, -o, -imos, -isteis, -ieron**).

>> Actividades

1 **En el centro comercial** Di qué pasó en el centro comercial hoy según el dibujo. Sigue el modelo.

MODELO: Mario (beber un refresco grande)
Mario bebió un refresco grande.

1. Adela (comer pizza)
2. Ernesto (andar mucho)
3. Arcely (poder encontrar muchas cosas)
4. Miguel (conocer a Marisa)
5. Leo (poner la mochila en la mesa)
6. Néstor (querer tomar una siesta pero no poder)
7. Beti (saber las últimas noticias)

2 **La vida universitaria** Con un(a) compañero(a) de clase, háganse y contesten las siguientes preguntas.

1. ¿Cómo supiste que te habían aceptado *(had accepted)* en la universidad? ¿Cuándo lo supiste?

2. ¿Viniste a la universidad como estudiante nuevo(a), estudiante de intercambio o te transferiste de otra universidad? ¿Te gustó la universidad cuando llegaste por primera vez?

3. ¿Pudiste traer todas tus cosas a la universidad? ¿Qué cosas no pudiste traer?

4. ¿Conociste a muchas personas la primera semana de clases? ¿Cuántas, más o menos?

5. ¿Tuviste que estudiar mucho el semestre / trimestre pasado? ¿Recibiste buenas notas?

6. ¿Aprendiste algo interesante el semestre / trimestre pasado? ¿Qué fue?

7. ¿Tuviste tiempo para hacer mucho ejercicio? ¿Anduviste mucho el semestre / trimestre pasado?

8. ¿Pudiste tomar todas tus clases preferidas?

3 **El semestre o trimestre pasado** Mira el siguiente formulario. Luego, pregúntales a tus compañeros de clase si hicieron las actividades indicadas el semestre o trimestre pasado. Si encuentras a alguien que responde que sí, escribe su nombre en el espacio correspondiente. Sigue el modelo.

MODELO: venir a la universidad con mucha ropa nueva
—*¿Viniste a la universidad con mucha ropa nueva?*
—*No, no vine con mucha ropa nueva.* O:
—*Sí, vine con mucha ropa nueva.* (Escribe su nombre en el formulario.)

¿Quién...?	Nombre
tener que estudiar todos los fines de semana	
no conocer a su compañero(a) de cuarto antes de llegar a la universidad	
poner un refrigerador y un televisor en su cuarto	
venir a las clases sin hacer la tarea	
no poder dormir antes de los exámenes importantes	
venir a la universidad con mucha ropa nueva	
tener sueño en las clases	
no querer comer la comida de la cafetería	

Interactive Practice /
Ace the Test

Gramática útil ❷

Talking about what you did:
The preterite tense of **-ir** stem-changing verbs

Cómo formarlo

Video Tutorial

Flashcards

1. As you learned in **Chapter 7,** the only stem-changing verbs that also change in the preterite are verbs that end in **-ir.** Present-tense stem-changing verbs that end in **-ar** and **-er** do not change their stem in the preterite.

2. In the preterite, **-ir** stem-changing verbs only experience the stem change in the third-person singular **(usted / él / ella)** and third-person plural **(ustedes / ellos / ellas)** forms.

  ■ Verbs that change **e → ie** in the present change **e → i** in the preterite.

> **preferir:** preferí, preferiste, **prefirió,** preferimos, preferisteis, **prefirieron**
>
> Similar verbs you already know: **divertirse, sentirse**
>
> New verb of this kind: **sugerir (ie, i)** *to suggest*

  ■ Verbs that change **e → i** in the present also change **e → i** in the preterite.

> **pedir:** pedí, pediste, **pidió,** pedimos, pedisteis, **pidieron**
>
> Similar verbs you already know: **despedirse, reírse, repetir, seguir, servir, vestir, vestirse**
>
> New verbs of this kind: **conseguir (i, i)** *to get, to have;* **sonreír (i, i)** *to smile*

  ■ Verbs that change **o → ue** in the present change **o → u** in the preterite.

> **dormir:** dormí, dormiste, **durmió,** dormimos, dormisteis, **durmieron**
>
> New verb of this kind: **morirse (ue, u)** *to die*

> Starting with this chapter, all **-ir** stem-changing verbs will be shown with both of their stem changes in parentheses. The first letter or letters show the present-tense stem change and the second letter shows the preterite stem change.

>> Actividades

❹ **Olivia y Belkys** Completa la conversación con la forma correcta del pretérito de los verbos indicados. Después, di si, en tu opinión, Belkys tiene razón en sentirse tan avergonzada *(embarrassed).*

OLIVIA: ¿Qué tal tu día de compras? ¿(divertirse) _____ ?

BELKYS: No, no (divertirse) _____ ni un poquito y además no compré nada.

OLIVIA: ¡No te lo creo! ¿Tú, sin comprar nada? ¡Imposible!

BELKYS: Pero es la verdad. Yo (ir) _____ con Gerardo porque él (insistir) _____ en acompañarme. Él (sugerir) _____ ir al centro porque le gustan los trajes en una tienda allí.

OLIVIA: ¿Pero ustedes no (conseguir) _____ comprar nada?

BELKYS: No. Los dos (ver) _____ unas cosas bonitas, pero no (poder) _____ encontrar nada a buen precio. Por eso, (preferir) _____ no comprar nada.

OLIVIA: ¡Qué pena!

BELKYS: Y lo peor es que Gerardo (vestirse) _____ con un traje viejo, muy pasado de moda, verde, con rayas amarillas. Yo casi me muero de vergüenza.

OLIVIA: ¡Pobrecita! ¡Imagínate el horror!

BELKYS: Bueno, tú te ríes, ¡pero te digo que yo no (reírse) _____ en toda la tarde! Nosotros (seguir) _____ buscando en todas las tiendas del centro. Por fin (despedirse) _____ y yo (venir) _____ directamente aquí para contarte toda la historia.

OLIVIA: Ay, chica, tranquila. Por lo menos, ¡tú me (hacer) _____ reír un poco!

5 **Me sentí...** Di cómo se sintieron las siguientes personas en las situaciones indicadas.

MODELO: tu tía / después de perder el trabajo
Se sintió desilusionada.

Emociones posibles: contento, triste, cansado, nervioso, preocupado, ocupado, furioso, aburrido, desilusionado, animado, feliz

1. tú / antes de tus exámenes finales
2. tú y tu mejor amigo(a) / al final del semestre o trimestre
3. tu mejor amigo(a) / cuando estuvo enfermo(a)
4. tus padres / cuando saliste para la universidad
5. tu primo(a) / después de perder el partido de fútbol
6. tus amigos / en una película de tres horas y media
7. tu compañero(a) de cuarto / antes de la visita de sus padres
8. tú / después de conocer a una persona simpática

6 **En la U.** Con un(a) compañero(a) de clase, háganse las siguientes preguntas sobre su llegada a la universidad y luego contéstenlas.

1. ¿Cómo te sentiste cuando llegaste a la universidad la primera vez?
2. ¿Qué te sugirió tu familia cuando viniste a la universidad?
3. ¿Le pediste ayuda a tu familia para traer todas tus cosas a la universidad?
4. ¿Te divertiste el primer semestre / trimestre? ¿Qué hiciste?
5. ¿Preferiste vivir en una residencia estudiantil o en un apartamento?
6. ¿Conseguiste un trabajo el primer semestre / trimestre?
7. ¿Siguieron tú y tus amigos la misma carrera de estudios?

Interactive Practice /
Ace the Test

Gramática útil ③

Saying who is affected or involved: Indirect object pronouns

Cómo usarlo

> ### Lo básico
>
> - An *indirect object* is a noun or noun phrase that indicates for whom or to whom an action is done: *I bought a gift for* **Beatriz**. *We asked* **the teachers** *a question*.
>
> - *Indirect object pronouns* are used to replace indirect object nouns: *I bought a gift for* **her**. *We asked* **them** *a question*. Often you can identify the indirect object of the sentence by asking *to or for whom?* about the verb: *We bought a gift* **for whom?** (Beatriz / her) *We asked a question* **to whom?** (the teachers / them).

1. In **Chapter 7** you learned how to use direct object pronouns to avoid repetition. In this chapter you will learn how you can also use indirect object pronouns to avoid repetition and to clarify what person is being referred to.

2. Look at the following passage and see if you can figure out to whom the boldface indirect object pronouns refer.

   Fui al almacén el miércoles. Tenía una lista larga de compras. **Le** compré unos jeans y una camisa a Miguel. También **le** compré una corbata. A Susana y a Carmen **les** compré unas camisetas. También tuve que comprar**les** calcetines. Además **me** compré una falda bonita y un reloj.

Video Tutorial

Flashcards

Cómo formarlo

1. Although English uses the same set of pronouns for direct object pronouns and indirect object pronouns, in Spanish there are two slightly different sets.

2. Notice that the only difference between the direct object pronouns and the indirect object pronouns is in the two third-person pronouns. Instead of **lo / la,** the indirect object pronoun is **le.** And instead of **los / las,** the indirect object pronoun is **les.** The indirect object pronouns **le** and **les** do not have to agree in gender with the nouns they replace, as do the direct object pronouns **lo, la, los,** and **las.**

¿En qué puedo **servirle,** señor?

Indirect object pronouns			
me	*to / for me*	**nos**	*to / for us*
te	*to / for you*	**os**	*to / for you (fam. pl.)*
le	*to / for you (form. sing) / him / her*	**les**	*to / for you (form., pl.) / them*

> Notice that these are the same pronouns you learned to use with **gustar** and similar verbs in **Chapters 2** and **4.**

3. As with direct object pronouns, indirect object pronouns always come before a conjugated verb used alone.

Te traje el periódico.   *I brought **you** the newspaper.*
Nos dieron un regalo bonito.   *They gave **us** a nice gift.*

4. When an indirect object pronoun is used with an infinitive or with the present progressive, it may come before the conjugated verb, or it may be attached to the infinitive or to the present participle.

Te voy a dar el libro.   OR: Voy a dar**te** el libro.
Te estoy comprando el CD.   OR: Estoy comprándo**te** el CD.

Notice that when the indirect object pronoun attaches to the present participle, you must add an accent to the next-to-last syllable of the present participle to maintain the correct pronunciation.

5. When an indirect object pronoun is used with a command form, it attaches to the end of the affirmative command but comes before the negative command form.

Cómprame / Cómpreme el   BUT: **No me compres / No me compre** el
   libro ahora, por favor.   libro ahora, por favor.

Again notice that when the indirect object pronoun attaches to the command form, you must add an accent to the next-to-last syllable of command forms of two or more syllables in order to maintain the correct pronunciation.

6. As you learned in **Chapter 4,** if you want to emphasize or clarify to or for whom something is being done, you can use **a** + the person's name, or **a** + prepositional pronoun (**mí, ti, usted, nosotros, vosotros, ustedes, ellos, ellas**). Note that when **a** pronoun is used, there is often no direct translation in English.

Les escribo una carta **a ustedes.**   *I'm writing **you** a letter.*
Le doy el regalo **a Lucas.**   *I'm giving the gift **to Lucas**.*
Les traigo el periódico **a mis padres.**   *I bring the newspaper **to my parents**.*

Prepositional pronouns can follow *any* preposition, not just **a.** Other prepositions you know include **con:** *with* (with **con, mí** and **ti** change to **conmigo** and **contigo**); **de:** *from, of;* **sin:** *without.*

>> Actividades

7 **Regalos** Varias personas les regalaron varias cosas a diferentes miembros de su familia. Identifica el pronombre del complemento indirecto en cada oración.

1. Yo le regalé una gorra de lana a mi mamá.
2. Ana les compró unas pulseras a sus hermanas.
3. Arturo te dio unos guantes de cuero.
4. Mi tía nos trajo unas camisetas del Perú.
5. Abuela les mandó una tarjeta postal a mis primos.
6. Papá nos compró unos pantalones cortos a mí y a mi hermano.
7. Andrés te trajo una cadena de plata.
8. Nilemy le regaló un reloj a su tía.

8 **¡Ay, Hernando!** Completa la siguiente conversación con el complemento indirecto correcto. Después de completarla, léela otra vez para ver si entiendes por qué se usa cada complemento indirecto.

HERNANDO: Oye, tengo que ir al centro. ¿Quieres acompañarme?

SEBASTIÁN: Cómo no. Tengo que (1) comprar_____ un regalo a mi hermanito para el día de su santo.

HERNANDO: Y yo (2) _____ voy a comprar unos jeans y una camiseta nueva.

SEBASTIÁN: ¿Tú con interés en la moda? Hombre, ¿qué (3) _____ pasa?

HERNANDO: Es Lidia. Ahora que salimos juntos los fines de semana (4) _____ dice que toda mi ropa está pasada de moda.

SEBASTIÁN: ¡No (5) _____ digas! A las mujeres... ¡(6) _____ importa demasiado la ropa!

HERNANDO: Y lo peor es que no tengo mucho dinero. ¿Crees que (7) _____ den un descuento en la tienda donde trabaja Julio?

SEBASTIÁN: Oye, vale la pena (it's worthwhile) ir a ver. ¿(8) _____ dijiste a Julio que necesitas comprar ropa?

HERNANDO: Sí. Pero (9) _____ dijo que debemos ir al almacén en el centro. Además dijo que los precios en su tienda son demasiado caros y la calidad no es muy buena.

SEBASTIÁN: Bueno, parece que él no nos puede ayudar. Entonces, ¿vamos directamente al almacén?

HERNANDO: De acuerdo. Oye, ¿no (10) _____ puedes prestar un poco de dinero?

SEBASTIÁN: ¡Hombre! Nunca cambias…

9 **De compras** Marisela les compra varias prendas de ropa y accesorios a diferentes miembros de su familia y a varias amistades. Escucha mientras ella describe sus compras. Luego, escribe oraciones que expliquen qué le compró a cada quién. Primero estudia el modelo.

MODELO: Escuchas: A mi tía le encantan las blusas bordadas. Cuando estaba de vacaciones en Ecuador, le compré una blusa bordada muy bonita.
Escribes: *Le compró una blusa bordada a su tía.*

1. _____ compró una cartera a _____.
2. _____ compró camisetas a _____.
3. _____ compró una pulsera de oro a _____.
4. _____ compró unos guantes de piel (_____).
5. _____ compró unos pantalones cortos a _____.
6. _____ compró unos zapatos de tenis (_____).

10 **De vez en cuando** Con un(a) compañero(a) de clase, digan para quiénes hacen las actividades indicadas. Usen cada verbo por lo menos una vez.

MODELO: comprar un café
De vez en cuando le compro un café a mi compañero(a) de cuarto.
O: *Nunca le compro un café a nadie.*

Acción	Objeto directo	Objeto indirecto
escribir	cartas	mi madre / padre
dar	flores	mis padres
comprar	regalos	mi amigo(a)
contar	chismes	mis amigos
mandar	notas de agradecimiento	mi profesor(a)
pedir	favores	mis profesores
hacer	chistes	mi novio(a)
traer	ayuda	mi compañero(a) de cuarto
¿...?	ropa	mis compañeros(as) de cuarto
	¿...?	

Frases útiles: de vez en cuando *(sometimes)*, frecuentemente, muchas veces, todas las semanas, todos los días, rara vez *(hardly ever)*, nunca, casi

11 **¿Quién?** Con un(a) compañero(a), háganse preguntas sobre las acciones de sus compañeros de clase. Pueden usar las ideas de la lista o pueden inventar otras. Asegúrense de usar verbos que requieren el uso del objeto indirecto.

MODELO: Tú: *¿Quién le regaló ropa a su novio(a)?*
Compañero(a): *Dahlia le regaló un traje a su novio Jesús.*

> ¿Te gusta la idea de vestirte con ropa de diseñadores famosos? ¿Por qué sí o por qué no? ¿Tienes algunas prendas de ropa de diseñadores famosos?

1. regalar ropa
2. decir siempre la verdad
3. pagar los estudios
4. escribir mensajes electrónicos
5. ayudar con la tarea
6. ¿...?

Interactive Practice / Ace the Test

Voces de la comunidad

Web Links

NAME Carolina Herrera

66 Si mi trabajo con *The Right to Food Campaign Initiative Against Malnutrition* (IMSAM) salva la vida de sólo un niño entre los 40.000 que mueren de malnutrición y enfermedades *(illnesses)* relacionadas cada día, yo lo consideraré el mejor trabajo de mi vida. 99

Carolina Herrera es una de las figuras más importantes de la moda contemporánea, con una extensa línea de ropa, accesorios y perfumes.

Desde su primera colección en 1980, sus diseños han contado con *(have received)* la admiración de un público internacional. Hoy en día, personalidades tales como Courtney Cox, Renée Zellweger y Salma Hayek lucen *(wear)* sus famosos diseños y sus boutiques se encuentran en las ciudades más importantes de Europa, EEUU y Latinoamérica. Pero Herrera es mucho más que una talentosa diseñadora y mujer de negocios. Ella es también embajadora de buena voluntad *(goodwill ambassador)* de *The Right to Food Campaign Initiative Against Malnutrition*, una organización que trabaja en contra del hambre y la malnutrición. Originalmente de Caracas, Venezuela, Herrera reside en Nueva York, desde donde maneja su gran imperio internacional con Adriana, su hija menor, quien, según la diseñadora, es su más importante colaboradora.

Gramática útil ④

Making comparisons:
Comparatives and superlatives

Can you find the comparative words in this text? Are they making an equal or unequal comparison?

AR MODA

¡Canasta!

LOS BOLSOS DE MIMBRE, RAFIA Y CUERDA SON EL ACCESORIO BÁSICO DEL VERANO, TANTO PARA IR A LA PISCINA COMO SI SALES DE NOCHE

FOTOS: **GEMA LÓPEZ** ESTILISMO: **JUAN ANTONIO FRÍAS**

Cómo usarlo

Lo básico

Comparatives compare two or more objects. *Superlatives* indicate that one object exceeds or stands above all others. In English we use *more* and *less* with adjectives, adverbs, nouns, and verbs to make comparisons, and we also add *-er* to the end of most one- or two-syllable adjectives: *more expensive, cheaper.* To form superlatives we use *most / least* with adjectives or add *-est* to the end of most one- or two-syllable adjectives: *the most expensive, the cheapest.*

1. Comparatives in Spanish use **más** *(more)* and **menos** *(less)* to make comparisons between people, actions, and things. **Más** and **menos** can be used with nouns, adjectives, verbs, and adverbs.

Nouns:	Hay **más libros** en esta tienda que en aquélla.
	*There are **more books** in this store than in that one.*
Adjectives:	Este libro es **menos interesante** que ése.
	*This book is **less interesting** than that one.*
Verbs:	Yo **leo menos** que él.
	*I **read less** than he (does).*
Adverbs:	Él lee **más lentamente** que yo.
	*He reads **more slowly** than I (do).*

2. Superlative forms indicate that something exceeds all others: *the most, the least.*

> Este libro es **interesantísimo. Es el más interesante** de todos.
>
> *This book is **really interesting**. It's the **most interesting** of all of them.*

 Video Tutorial

 Flashcards

Cómo formarlo

1. Regular comparatives. Comparisons can be *equal* (as many as) or *unequal* (more than, less than). Comparatives can be used with nouns, adjectives, adverbs, and verbs.

> Notice that of all the words used in these comparative forms (**tanto, tan, más, menos, como,** and **que**) only **tanto** changes to reflect number and gender.

		Equal Comparisons	Unequal Comparisons
noun		**tanto** + noun + **como**	**más / menos** + noun + **que**
		(**Tanto** agrees with the noun.)	(**Más / menos** do not agree with the noun.)
		Tengo **tanto dinero como** tú.	Tengo **más dinero que** tú.
		Tengo **tantas tarjetas de crédito como** tú.	Tengo **menos tarjetas de crédito que** tú.
adjective		**tan** + adjective + **como**	**más / menos** + adjective + **que**
		Este reloj es **tan caro como** ése.	Este reloj **es más caro que** ése, pero es **menos caro que** aquél.
verb		verb + **tanto como**	verb + **más / menos** + **que**
		Compro tanto como tú.	Ella **compra menos que** yo, pero él **compra más que** yo.
adverb		**tan** + adverb + **como**	**más / menos** + adverb + **que**
		Pago mis cuentas **tan rápidamente como** tú.	Ella paga sus cuentas **más rápidamente que** yo, pero él paga **menos rápidamente que** yo.

2. Irregular comparatives. Some adjectives and adverbs have irregular comparative forms.

- Adjectives

bueno → mejor:	Este libro es **bueno,** pero ese libro es **mejor.**
malo → peor:	Esta tienda es **mala,** pero esa tienda es **peor.**
joven → menor:	Los dos somos **jóvenes,** pero Remedios es **menor** que yo.
viejo → mayor:	Martín no es **viejo,** pero es **mayor** que Remedios.

> **Menor** and **mayor** are usually used to refer to people, although they can be used in place of **más grande** (**mayor**) and **más pequeño** (**menor**) when referring to objects. If you wish to say that one object is *older* or *newer* than another, use **más viejo** or **más nuevo.**

- Adverbs

bien → mejor:	Lorena canta muy **bien,** pero Alfonso canta **mejor.**
mal → peor:	Nosotros bailamos **mal,** pero ellos bailan **peor.**

3. **Superlatives**

■ To say that a person or thing is extreme in some way, add **-ísimo** to the end of an adjective. (If the adjective ends in a vowel, remove the vowel first.)

fácil → **facilísimo** *(very easy)*   contento → **contentísimo** *(extremely happy)*

■ To say that a person or thing is the *most . . .* or *the least . . .* use the following formula. (Do not use this formula with the **-ísimo** ending—choose one or the other!)

article + noun + **más / menos** + adjective + **de**

Roberto es **el estudiante más popular de** la universidad.
Ellas son **las dependientes más trabajadoras del** almacén.

> These superlative forms must change to reflect the gender and number of the nouns they modify: **unos aretes carísimos, unas camisetas baratísimas,** etc.

> Notice that the accent is always on the first **í** of **-ísimo**. If the adjective has an accent, it is dropped when you add **-ísimo: difícil** → **dificilísimo.**

> Notice that the article and the adjective must agree with the noun: **el estudiante popular, las dependientes trabajadoras.**

>> Actividades

12 **El almacén Toneti** Escucha el anuncio sobre Toneti, un almacén grande. Pon una X al lado de cada objeto que se menciona. **¡Ojo!** Asegúrate de que la descripción de cada objeto es la correcta.

1. _____ las mochilas más baratas
2. _____ las mochilas más grandes
3. _____ la selección más grande de zapatos
4. _____ los zapatos de tenis más populares
5. _____ los pantalones menos caros del centro
6. _____ los pantalones más caros del centro
7. _____ las camisetas de la más alta calidad
8. _____ las camisetas más bonitas del centro

13 **La rebaja** Haz comparaciones entre los precios de varias prendas de ropa y accesorios. Sigue el modelo.

MODELO: caro: las botas ($50) / los zapatos de tenis ($40)
Las botas son más caras que los zapatos de tenis.
Los zapatos de tenis son menos caros que las botas.

1. caro: los suéteres ($25) / las camisetas ($15)
2. caro: las camisetas ($15) / los vestidos ($50)
3. caro: las blusas ($30) / las camisetas ($15)
4. caro: las botas ($50) / los vestidos ($50)
5. barato: los vestidos ($50) / los suéteres ($25)
6. barato: las blusas ($30) / las botas ($50)
7. barato: los vestidos ($50) / los zapatos de tenis ($40)
8. barato: las camisetas ($15) / las blusas ($30)

14 Las personas famosas Haz comparaciones según el modelo.

MODELO: cantar: Faith Hill o Carrie Underwood
Faith Hill canta peor que Carrie Underwood.
O: *Faith Hill canta mejor que Carrie Underwood.*
O: *Faith Hill canta tan bien como Carrie Underwood.*

1. cantar: Jennifer López o Gwen Stefani
2. bailar: Ricky Martin o Gloria Estefan
3. cocinar: tu mejor amigo(a) o tu madre
4. jugar tenis: Venus Williams o Serena Williams
5. jugar golf: Tiger Woods o tu padre
6. patinar sobre hielo: tú o tu mejor amigo(a)
7. nadar: tú o tu hermano(a)
8. jugar béisbol: Albert Pujols o Manny Ramírez
9. hacer esquí acuático: tú o tus amigos
10. tocar la guitarra: Eric Clapton o Carlos Santana

15 En el centro comercial Trabaja con un(a) compañero(a) de clase. Juntos miren el dibujo y hagan todas las comparaciones que puedan. Usen las palabras y expresiones útiles por lo menos una vez cada una.

Palabras y expresiones útiles: tanto como, más, menos, tan... como, mejor, peor, el (la) más... de todos, el (la) menos... de todos

Comparaciones: alto / delgado; hablar; hacer compras; comer

16 **Nuestros amigos** Trabaja con un(a) compañero(a) de clase. Primero piensen en seis personas que conozcan los dos. Luego hagan comparaciones según el modelo.

MODELOS: cómico
Sean es más cómico que Jason.
hablar rápido
Sean habla más rápido que Jason.

Palabras y frases útiles: cómico, joven, viejo, alto, extrovertido, introvertido, hablar rápido, comer despacio *(slowly)*, viajar frecuentemente, jugar tenis (u otro deporte) bien, correr rápido, entrenarse frecuentemente

Interactive Practice /
Ace the Test

:) Sonrisas

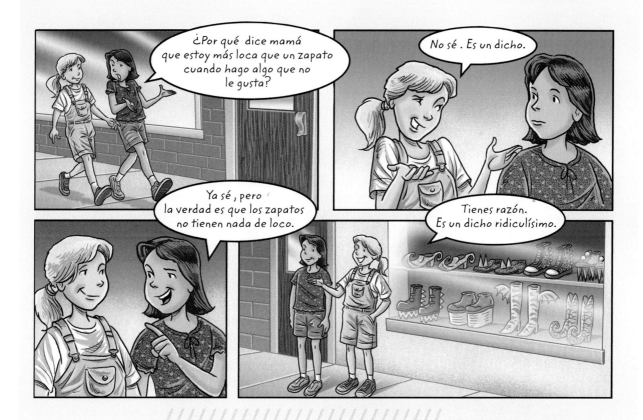

Expresión En grupos de tres o cuatro estudiantes, trabajen para completar la comparación **"Es más loco(a) que un..."** de una manera diferente. Después de crear una lista de posibilidades, escojan una y hagan una tira cómica semejante a la de arriba.

¡Explora y exprésate!

Exploraciones culturales

Perú y Ecuador

Influencias andinas Mira la siguiente tabla y la lista de palabras que aparece arriba de la tabla. Los siguientes textos contienen información sobre cada uno de estos lugares o cosas. Mientras lees, ¿puedes poner diez de las palabras de la lista en la columna correcta de la tabla? (**¡Ojo!** En algunos casos, una cosa o un lugar puede referirse a los dos países.)

¿Adivinaste? Answers to the questions on page 239: 1. Perú 2. Ecuador 3. Perú y Ecuador 4. Ecuador

Although most reference books and written texts usually use just **Perú** to refer to the country, you will often hear native speakers say **el Perú**. This use of **el** sometimes occurs with **Ecuador** also.

el cuy *(guinea pig)*	los aimaraes	los bananos	los nazca
las flores	la vicuña	los Andes	el cultivo genético
las papas	el quechua	el algodón	la alpaca
el volcán Cotopaxi	los incas	la irrigación	el cóndor
el café	el cacao	el tomate	Charles Darwin

	Ecuador	Perú
idiomas		
flora y fauna		
geografía y ciencia		
grupos indígenas		

Ecuador, un país mágico

Ecuador es un pequeño país de gran diversidad. En medio de sus montañas altas hay ciudades que reflejan la influencia española, pero que también celebran su pasado indígena. La población indígena desciende de las grandes civilizaciones inca y aimara. Cada valle tiene sus costumbres, tradiciones, música, comida e incluso dialectos individuales. Los idiomas predominantes son el quechua, la lengua de los incas, y el español, la lengua que enseñan en las escuelas. Muchos ecuatorianos son perfectamente bilingües.

Es el territorio de la llama, de la vicuña, de la alpaca y del cóndor. La gran altitud del país resulta en una abundancia de luz solar, que permite cultivar una gran variedad de flores que se exportan a todo el mundo. En la costa hay cultivos típicos de los trópicos —bananos, arroz, cacao, café y piñas.

Siendo un país montañoso, Ecuador ofrece vistas y paisajes espectaculares. Cotopaxi, el volcán activo más alto del planeta, se encuentra aquí. A 1.000 kilómetros de la costa están las Islas Galápagos, que son únicas por su belleza pero aun más por su flora y fauna. Las condiciones naturales de las islas no han cambiado *(have not changed)* hace siglos, resultando en ecosistemas permanentes que permitieron a Charles Darwin demostrar su teoría de la evolución, usando la flora y la fauna de estas islas.

Unas iguanas de las Islas Galápagos

Perú lo tiene todo.

Perú es un país de contrastes. Desde los impresionantes picos de los Andes hasta los valles secretos de la selva amazónica, la mayor parte del país se mantiene en estado virgen. Aunque sus ciudades grandes son muy modernas, los habitantes del resto del país mantienen sus costumbres ancestrales.

Las alturas de la ciudad incaica de Machu Picchu

Se considera a la civilización incaica de Perú como una de las civilizaciones más antiguas del mundo. Los incas fueron uno de los primeros grupos en desarrollar la agricultura y el cultivo de animales domesticados. Hace unos 10.000 años los incas inventaron sistemas de irrigación e hicieron modificaciones genéticas en las plantas que cultivaron. Entre sus más grandes contribuciones están el cultivo de 128 plantas nativas, como la papa, el algodón, el tomate y la papaya, y animales como la llama, la vicuña, la alpaca y el cuy.

El territorio que hoy día llamamos Perú también fue la cuna *(cradle)* de otras civilizaciones aun más antiguas como las de Chavín, Tiahuanaco, Vicús, Nazca, Paracas y Mochica-Chimú, convirtiéndose en el más grande y poderoso *(powerful)* imperio de Sudamérica en la época prehispánica. La mayoría de la población peruana habla español y quechua, las lenguas oficiales, pero también existe una variedad de lenguas nativas, de las cuales el quechuas y el aimara son los idiomas más hablados. Los indígenas de la selva amazónica tienen sus propias lenguas con sus propios dialectos también.

>> Conexión cultural

Mira el segmento que está al final del episodio. Luego, en grupos de tres o cuatro, hablen de lo que hace la gente en su tiempo libre. ¿Cuáles son las actividades más populares entre sus amigos? ¿Son algunas las mismas que son populares en el mundo hispano?

>> ¡Conéctate!  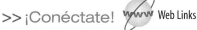 Web Links

Práctica Después de leer la lectura sobre Ecuador y Perú, trabaja con un(a) compañero(a) de clase. Hagan una investigación por Internet para buscar información sobre uno de los siguientes temas. Incluyan por lo menos tres datos interesantes sobre el tema. Usen los enlaces sugeridos en el sitio web de *Nexos* para ir a otros sitios web posibles.

1. la mítica ciudad incaica de Machu Picchu
2. la exótica flora y fauna de las Islas Galápagos
3. productos de la vicuña o la alpaca

>>Tú en el mundo hispano

Para explorar oportunidades de usar el español para estudiar o hacer trabajos voluntarios o aprendizajes en Perú, sigue los enlaces en el sitio web de *Nexos*.

♫ Ritmos del mundo hispano

Para escuchar música de Perú y Ecuador, sigue los enlaces en el sitio web de *Nexos*.

>>¡Fíjate!>>

 Web Links / Web Search

La inmigracíon en Perú

Es común considerar a EEUU como un país de gran diversidad étnica, a causa de su larga historia de inmigración desde otros países. Sin embargo *(Nevertheless)*, mucha gente no sabe que los países de Latinoamérica también son sitios de gran inmigración. En el siglo XIX, por ejemplo, Perú tuvo una ola *(wave)* de inmigración desde China,

Línea férrea en Perú

similar a la que ocurrió en EEUU durante los años 1840 hasta 1880. Hoy día hay muchas comunidades chinas y asiáticas en las ciudades principales de Perú, y, aunque en menor grado, en otras partes de Sudamérica y América Central también.

La época de la inmigración china a Perú empezó en el año 1849 cuando el gobierno *(government)* autorizó la inmigración relacionada con la agricultura. Entre los años 1849 y 1974 llegaron más de 100.000 chinos a Perú, la mayoría para trabajar en las haciendas de agricultura en la costa. La ola más grande de inmigrantes chinos ocurrió entre 1861 y 1875, cuando miles de trabajadores vinieron para construir los ferrocarriles *(railroads)* y participar en el cultivo de algodón.

Hoy la presencia china es muy fuerte en Perú. La fusión de costumbres y tradiciones chinas y peruanas se nota en la forma en que hablan español los peruanos y también en costumbres como la preferencia por el arroz en la comida. Existe una variedad de organizaciones chino-peruanas que promueven la armonía y la fusión entre las dos culturas.

Práctica En grupos de tres o cuatro personas, hablen de los siguientes temas.

1. ¿Pueden pensar en otros países, además de EEUU, que tengan una historia de mucha inmigración de otros países? ¿Qué eventos históricos causaron esos períodos de inmigración?

2. En su opinión, ¿hay beneficios por tener muchos inmigrantes en un país? ¿Hay desventajas *(disadvantages)*? ¿Existen diferencias entre los distintos grupos de inmigrantes y las razones por las cuales decidieron inmigrar?

3. Hablen sobre los orígenes étnicos de sus familias. ¿De dónde inmigraron originalmente sus antepasados *(ancestors)*?

A leer

Antes de leer

1 Las siguientes palabras están en el artículo de la página 268, que trata de la popularidad de los jeans por todo el mundo. ¿A qué palabras inglesas son similares?

1. overoles
2. cachemira
3. apliques

2 El artículo que vas a leer en este capítulo trata de la influencia de los jeans en la moda internacional. Antes de leer el artículo, escribe de cinco a siete palabras que tú asocies con los jeans y con la mezclilla.

3 Las siguientes frases del artículo contienen palabras que no conoces. A ver si puedes emparejar (match) las frases de las dos columnas para adivinar el sentido de las palabras **en negrilla.**

1. _____ algo moderno, permanente y **novedoso...**

2. _____ El jean es muy dúctil... lo puedes **doblar...**

3. _____ puedes **guardarlo** sin que ocupe mucho espacio

4. _____ Hace ver **varonil** a cualquier hombre.

a. *you can **store** it without it taking up much space*

b. *It makes any man look **manly.***

c. *something modern, permanent, and **novel.***

d. *A pair of jeans is very flexible . . . you can **fold** it . . .*

Lectura

4 Lee el siguiente artículo de un periódico ecuatoriano. ¿Hay palabras que escribiste para la **Actividad 2** en el artículo?

El jean impone su encanto

Hace un siglo, el jean se creó para usarse en sectores laborales estadounidenses donde el trabajo arduo hizo de la ropa fuerte una necesidad. Ahora, al pasar los siglos, este material sigue siendo algo moderno, permanente y novedoso...

Los atractivos del jean han sobrepasado[1] los límites del tiempo y de las fronteras. Los clásicos pantalones jeans y los overoles todavía son populares y, además, les dan la posibilidad a sus usuarios de combinarlos de mil maneras. Se pueden usar hasta en ocasiones más elegantes si se usan con una chaqueta o con una blusa de seda o un saco de cachemira. Los beneficios de esta tela son innumerables. Por ejemplo, es común ver carteras de jean, zapatos con tacones de mezclilla y gorras, chalecos, chompas[2], sombreros, mochilas, monederos y otros accesorios de moda que rompen con los diseños tradicionales y se modernizan al usar esta tela tan tradicional y moderna a la vez.

Pero, ¿qué es lo que puede ofrecer el jean a los hombres y a las mujeres de esta época? Escuchemos sus testimonios.

► "Usar jean es sentirse más joven, a pesar de la edad real que tengas".

► "El jean es muy dúctil, por lo que lo puedes doblar y guardarlo sin que ocupe mucho espacio".

► "Es resistente a cualquier trato".

► "Se lava y sigue como si nada..."

► "Puedes llevar libros o bloques de cemento, sabe cuál es su función".

► "El cuero es para gente mayor. El jean siempre será[3] joven".

► "Hace ver varonil a cualquier hombre".

► "Es de los materiales más durables y que además no pasa de moda. Un jean puedes llevarlo años y mientras más rasgado, más en onda[4]".

► "Los brazaletes de jean son súper chéveres[5]".

► "El jean es discreto cuando debe serlo, pero también sensual cuando le has dado ese papel[6]".

► "Sobre el jean puedes poner cualquier tipo de apliques..."

► "Es de lo más práctico para vestir. Sólo necesitas un pantalón y falda y la mitad de tus problemas están resueltos[7]".

[1]*han... have surpassed* [2]**suéteres** [3]**va a ser** [4]**más rasgado**... *the more ripped, the more in style* [5]*cool* [6]**le**... *you have given it that role* [7]*solved*

Después de leer

5 Vuelve a la lista de palabras y asociaciones que hiciste para la **Actividad 2.** ¿Te ayudó pensar en este tema antes de leer el artículo? ¿Pudiste predecir algunas de las ideas del texto? ¿Por qué sí o por qué no?

6 Trabaja con un grupo de tres o cuatro estudiantes. Juntos contesten las siguientes preguntas sobre la lectura.

1. ¿Con qué país asocia el autor del artículo los jeans?
2. ¿Con qué prendas de ropa sugiere el autor combinar los jeans?
3. ¿Qué otras prendas o accesorios son de mezclilla?
4. Hagan una lista de por lo menos cinco aspectos positivos de los jeans que se mencionan en los "testimonios".

7 En la opinión de la gente de otros países, los jeans son un símbolo de los Estados Unidos (¡junto con la hamburguesa y los autos grandes!). Hablen en grupo sobre las siguientes preguntas. Luego, cada persona debe escribir un resumen corto de la conversación.

1. ¿Hay una diferencia entre una prenda de ropa muy popular y una prenda de ropa "tradicional"? Por ejemplo, en Perú y Ecuador, la ropa tradicional generalmente se refiere a la ropa que usa la gente indígena de la región andina. Los peruanos que viven en las ciudades usan estilos más modernos e internacionales.
2. En la opinión de ustedes, ¿existe una "ropa tradicional americana"? (Piensen en las regiones geográficas y en los grupos étnicos del país.) Si existe, ¿cómo es?
3. Cuando la gente de otros países piensa en "la ropa americana", ¿a qué tipo de ropa se refieren? En la opinión de ustedes, ¿es correcta o falsa esta imagen del estilo estadounidense?

 Interactive Practice

Vocabulario

Las prendas de ropa *Articles of clothing*

el abrigo	coat
la blusa	blouse
las botas	boots
los calcetines	socks
la camisa	shirt
la camiseta	t-shirt
el chaleco	vest
la chaqueta	jacket (outdoor, non-suit coat)
la falda	skirt
el impermeable	raincoat
los jeans	jeans
los pantalones	pants
los pantalones cortos	shorts
el saco	jacket, sports coat
la sudadera	sweatpants
el suéter	sweater
el traje	suit
el traje de baño	bathing suit
el vestido	dress

Los zapatos *Shoes*

las botas	boots
las sandalias	sandals
los zapatos	shoes
los zapatos de tacón alto	high-heeled shoes
los zapatos de tenis	tennis shoes

Las telas *Fabrics*

Está hecho(a) de...	It's made out of . . .
Están hechos(as) de...	They're made out of . . .
el algodón	cotton
el cuero / la piel	leather
la lana	wool
el lino	linen
la mezclilla	denim
la seda	silk

a cuadros	plaid
a rayas / rayado(a)	striped
bordado(a)	embroidered
de lunares	polka-dotted
de un solo color	solid (color)
estampado(a)	print

Los accesorios *Accessories*

la bolsa	purse
la bufanda	scarf
la cartera	wallet
el cinturón	belt
las gafas de sol	sunglasses
la gorra	cap
los guantes	gloves
el sombrero	hat

Las joyas *Jewelry*

el anillo	ring
los aretes / los pendientes	earrings
el brazalete / la pulsera	bracelet
la cadena	chain
el collar	necklace
el reloj	watch
el oro	gold
la plata	silver

La moda *Fashion*

(no) estar de moda	(not) to be fashionable
pasado(a) de moda	out of style

Ir de compras *Going shopping*

El (La) dependiente *The clerk*

¿Cuál es su talla?	What is your size?
¿En qué puedo servirle?	How can I help you?
Es muy barato.	It's very inexpensive.
Está a muy buen precio.	It's a very good price.
Está en venta.	It's for sale.
Está rebajado(a).	It's reduced / on sale.
de buena (alta) calidad	of good (high) quality
el descuento	discount
la oferta especial	special offer

El (La) cliente *The customer*

¿Cuánto cuesta(n)?	*How much does it (do they) cost?*
Es (demasiado) caro.	*It's (too) expensive.*
¿Lo (La / Los / Las) tiene en una talla...?	*Do you have it / them in a size . . .?*
Me queda bien / mal.	*It fits nicely / badly.*
Me queda grande / apretado(a).	*It's too big / too tight.*
Voy a llevármelo(la / los / las).	*I'm going to take it / them.*
Voy a probármelo(la / los / las).	*I'm going to try it / them on.*

Métodos de pago *Forms of payment*

¿Cómo desea pagar?	*How do you wish to pay?*
Al contado. / En efectivo.	*In cash.*
Con cheque.	*By check.*
Con cheque de viajero.	*With a traveler's check.*
Con un préstamo.	*With a loan.*
Con tarjeta de crédito.	*With a credit card.*
Con tarjeta de débito.	*With a debit card.*

Los números mayores de 100
Numbers above 100

cien	*one hundred*
ciento uno	*one hundred and one*
ciento dos, etc.	*one hundred and two, etc.*
doscientos(as)	*two hundred*
trescientos(as)	*three hundred*
cuatrocientos(as)	*four hundred*
quinientos(as)	*five hundred*
seiscientos(as)	*six hundred*
setecientos(as)	*seven hundred*
ochocientos(as)	*eight hundred*
novecientos(as)	*nine hundred*
mil	*one thousand*
dos mil, etc.	*two thousand, etc.*
cinco mil	*five thousand*
diez mil	*ten thousand*
cien mil	*one hundred thousand*
un millón	*one million*
dos millones, etc.	*two million, etc.*

Comparaciones

más [noun / adjective / adverb] que	*more [noun / adjective / adverb] than*
menos [noun / adjective / adverb] que	*less [noun / adjective / adverb] than*
[verb] más / menos que	[verb] *more / less than*
tan [adjective / adverb] como	*as [adjective / adverb] as*

tanto(a) [noun] como	*as much [noun] as*
tantos(as) [noun] como	*as many [noun] as*
[verb] tanto como	[verb] *as much as*

mayor	*older; more*
mejor	*better*
menor	*younger; less*
peor	*worse*

Pronombres de complemento indirecto

me	*to / for me*
te	*to / for you (fam. sing.)*
le	*to / for you (form. sing.), him, her, it*
nos	*to / for us*
os	*to / for you (fam. pl.)*
les	*to / for you (form., pl.), them*

Pronombres preposicionales

mí	*me*
ti	*you (fam. sing.)*
usted	*you (form. sing.)*
él	*him*
ella	*her*
nosotros(as)	*us*
vosotros(as)	*you (fam. pl.)*
ustedes	*you (form. pl.)*
ellos	*them (male or mixed group)*
ellas	*them (female)*
conmigo	*with me*
contigo	*with you*

Verbos

andar	*to walk*
conseguir (i, i)	*to get, to obtain*
morirse (ue, u)	*to die*
sonreír (i, i)	*to smile*
sugerir (ie, i)	*to suggest*

Capítulo 9

¿Qué te apetece?

> Sabores

¿Comes para vivir o vives para comer? La comida da sabor *(flavor)* a las reuniones entre familia y amigos y juega un papel integral en todas las culturas del mundo. En este capítulo, vamos a examinar la comida y la importancia que tiene en nuestra vida.

Una mujer boliviana vende vegetales en un mercado al aire libre.

Unas salteñas

> Communication

By the end of this chapter you will be able to
- talk about food and cooking
- shop for food
- order in a restaurant
- talk about what you used to eat and cook
- say what you do for others

> Cultures

By the end of this chapter you will have learned about
- Bolivia and Paraguay
- traditional foods
- ordering in a restaurant
- bilingual countries in North and South America

Sergio dijo que la sopa estaba congelada, que el bróculi no estaba fresco y ¡que la carne estaba cruda!

> Los datos

Mira la información de la tabla. Luego contesta las siguientes preguntas.

	Bolivia	Paraguay
Comidas típicas	el chuño (un tipo de papa), el satja (una sopa de pollo), la salteña (una empanada de carne), el bife, el maíz (corn), la batata (sweet potato)	el bori de gallina (sopa de pollo), la so'o (una sopa de verduras y albóndigas [meatballs]), el mbeju (un panqueque con queso), el bife, el maíz, la batata
Productos agrícolas principales	el algodón, el arroz, el café, la caña de azúcar, la madera (wood), el maíz, las patatas, las sojas (soybeans)	el algodón, el bife, la caña de azúcar, las casavas, los huevos, la leche, el maíz, la madera, el puerco, las sojas, el tabaco, el trigo (wheat)

❶ ¿Qué comidas típicas tienen en común los dos países?

❷ ¿En qué país es popular un tipo de sopa de pollo?

❸ ¿Qué es la so'o? ¿y la salteña?

❹ ¿Cuáles de estas comidas tienen nombres indígenas?

❺ Piensa en cinco comidas "típicas" de EEUU. ¿Cuál es el origen de cada una?

❻ ¿Qué productos agrícolas tienen en común estos dos países? ¿Cuáles son diferentes?

> ¡Adivina!

¿Qué sabes de Bolivia y Paraguay? Indica a qué país o países se refiere cada oración. (Las respuestas están en la página 296.)

❶ Este país es uno de los pocos países con una biosfera no muy contaminada.

❷ Este país recibió su nombre del libertador Simón Bolívar.

❸ El mayor complejo hidroeléctrico del mundo se encuentra en este país.

❹ Este país no tiene costas.

❺ Este país es el único en el mundo que tiene dos ciudades capitales.

❻ Este país tiene dos idiomas oficiales, el español y el guaraní.

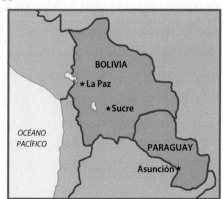

273

Vocabulario útil ①

CHELA: Quedamos en vernos a las ocho en punto en el **restaurante**. No llegó hasta las ocho y media. Cuando llegó, no ofreció explicaciones y no se disculpó. El **camarero** nos trajo los **menús** pero en ese momento sonó el celular de Sergio. Habló por teléfono —no sé con quién— por diez minutos enteros mientras yo esperaba. Por fin colgó y **ordenamos**. Yo pedí el **pollo asado** y él pidió el **lomo de res**.

`00:00:00`

Usage and meaning of **bocadillo** and **sandwich** vary throughout the Spanish-speaking world. In general, a **bocadillo** is made with crusty bread similar to the French baguette. A **sandwich** is typically made of pre-sliced loaf-style bread.

Food terms vary tremendously from country to country and region to region. For example, *cake* can be **pastel** or **torta**; *pork* can be **puerco** or **cerdo**; *banana* can be **plátano**, **banana**, or **guineo**. When you travel, be prepared to come across a variety of foods that you don't recognize and different names for foods that you do.

En el restaurante Miramar

Cómo ordenar y pagar

Camarero(a), ¿me puede traer el menú?	*Waiter (Waitress), could you please bring me the menu?*
¿Me puede recomendar algo ligero / fuerte?	*Can you recommend something light / filling?*
Para plato principal, voy a pedir...	*For the main course, I would like to order . . .*
Para tomar, quiero...	*To drink, I want . . .*
De postre, voy a pedir...	*For dessert, I would like to order . . .*
¿Me puede traer la cuenta, por favor?	*Can you bring me the check, please?*
¿Cuánto debo dejar de propina?	*How much should I leave as a tip?*

With a partner, go through all the items on the menu on page 275 and decide whether they are masculine or feminine. Check your answers in the **Vocabulario** section on pages 304–305.

Green beans are referred to as **habichuelas** only in the Caribbean. In Spain, they are referred to as **judías verdes**, and in other countries you might see them referred to as **vainas verdes**.

EL MENÚ

Desayuno

cereal	*cereal*
huevos revueltos	*scrambled eggs*
huevos estrellados	*eggs, sunny-side up*
pan tostado	*toast*

Almuerzo

Ensaladas

ensalada mixta	*mixed salad*
ensalada de lechuga y tomate	*lettuce and tomato salad*
ensalada de papas	*potato salad*

Sopas

caldo de pollo	*chicken soup*
sopa de fideos	*noodle soup*
gazpacho	*cold, tomato-based soup (Spain)*

Sándwiches (o bocadillos)

sándwich de jamón y queso con aguacate	*ham and cheese sandwich with avocado*
hamburguesa	*hamburger*
hamburguesa con queso	*cheeseburger*
perro caliente	*hot dog*
...con papas fritas	*... with French fries*

Bebidas y refrescos

café	*coffee*
té o té helado	*hot or iced tea*
agua mineral	*mineral water*
jugo de fruta	*fruit juice*
leche	*milk*
limonada	*lemonade*
vino blanco/tinto	*white/red wine*
cerveza	*beer*

A la carta

Vegetales

frijoles refritos	*refried beans*
zanahorias	*carrots*
bróculi	*broccoli*
espárragos	*asparagus*
guisantes	*peas*
habichuelas	*green beans*

Postres

flan	*custard*
galletas	*cookies*
pastel	*cake*
helado de vainilla/chocolate	*vanilla/chocolate ice cream*

Frutas

naranja	*orange*
manzana	*apple*
plátano	*banana*
fresas	*strawberries*
uvas	*grapes*
melón	*melon*

Platos principales

Carnes

lomo de res	*prime rib*
bistec	*steak*
chuleta de puerco	*pork chop*
guisado	*beef stew*
pollo asado	*roasted chicken*
pollo frito	*fried chicken*
arroz con pollo	*chicken with rice*

Mariscos

almejas	*clams*
camarones	*shrimp*
langosta	*lobster*

Pescados

atún	*tuna*
salmón	*salmon*
bacalao	*cod*
trucha	*trout*

Flashcards

¿Qué te apetece? 275

>> Actividades

1 **¡Tengo hambre!** Tienes mucha hambre. ¿Qué vas a pedir para comer y tomar en las siguientes situaciones?

1. Te despertaste tarde y no tienes mucho tiempo para desayunar antes de ir a la oficina.

2. Acabas de correr cinco millas en una carrera para una organización benéfica *(charity)*.

3. Estás en una cita con una persona que es vegetariana y quieres dar una buena impresión.

4. Es tu cumpleaños y estás en un restaurante elegante con varios amigos para celebrarlo.

5. Tu jefe quiere salir a comer contigo para hablar sobre algunos problemas de la oficina.

6. Sales a cenar con tus padres para su aniversario.

2 **El menú** Con un(a) compañero(a), preparen un menú para las siguientes personas. Incluyan tres comidas y también algunas meriendas *(snacks)* si creen que le hacen falta a esa persona. Incluyan todos los detalles necesarios, incluso lo que debe tomar esa persona con cada comida o merienda.

1. una persona que está a dieta

2. una persona muy activa que necesita muchas calorías

3. una pareja que sale a cenar para celebrar su aniversario

4. un estudiante universitario que no tiene mucho dinero

5. una persona que acaba de despertarse y va a correr un maratón hoy

3 **En el restaurante** En grupos de tres, representen una de las siguientes situaciones. Pueden preparar un guión antes de representar la situación a la clase.

Situación 1: Es el cumpleaños de tu novio(a) y están en un restaurante elegante para la celebración. El (La) camarero(a) es un actor (actriz) a quien no le gusta su trabajo y en realidad no debe servirle comida a la gente.

Situación 2: Tu jefe te invita a cenar. Estás un poco nervioso(a) porque no sabes de lo que quiere hablar. El (La) camarero(a) es un(a) viejo(a) amigo(a) tuyo(a) y te hace muchas recomendaciones, pero tú no tienes hambre y no quieres lo que te sugiere.

Interactive Practice /
Ace the Test

Vocabulario útil ②

CHELA: Empezamos a comer. Inmediatamente, Sergio llamó al camarero. ¡Pobre camarero! Sergio fue muy descortés con él. Le dijo que la **sopa** estaba **congelada,** que el **brócoli** no estaba **fresco** ¡y que la **carne** estaba **cruda**! Mandó toda la comida a la cocina. ¡Qué vergüenza! No sabía qué hacer. Mientras esperábamos sus platos, **se enfriaron** los míos.

`00:00:00`

Las recetas

Los ingredientes

el aceite de oliva	*olive oil*
el ajo	*garlic*
el azúcar	*sugar*
la cebolla	*onion*
la harina	*flour*
la mantequilla	*butter*
la sal y la pimienta	*salt and pepper*
la mayonesa	*mayonnaise*
la mostaza	*mustard*
el vinagre	*vinegar*

Las medidas *Measurements*

un kilo	*kilo (approximately 2.2 lbs.)*
medio kilo	*half a kilo*
la libra	*pound*
el litro	*liter*
el galón	*gallon*
la cucharada	*tablespoonful*
la cucharadita	*teaspoonful*
la docena	*dozen*
el paquete	*package*
el pedazo	*piece, slice*
el trozo	*chunk, piece*

La preparación

a fuego suave / lento	*at low heat*
al gusto	*to taste*
al hilo	*stringed*
al horno	*roasted (in the oven)*
a la parrilla	*grilled*
al vapor	*steamed*
congelado(a)	*frozen*
crudo(a)	*raw*
dorado(a)	*golden; browned*
fresco(a)	*fresh*
frito(a)	*fried*
hervido(a)	*boiled*
molido(a)	*crushed, ground*
picante	*spicy*
agregar, añadir	*to add*
calentar (ie) (en el microondas)	*to heat (in the microwave)*
cocer (ue)	*to cook (on the stove)*
enfriarse	*to get cold*
freír (i, i)	*to fry*
hervir (ie, i)	*to boil*
hornear	*to bake in the oven*
mezclar	*to mix*
pelar	*to peel*
picar	*to chop, mince*
unir	*to mix together, incorporate*

Flashcards

>> Actividades

4 **Picadillo boliviano** Lee la siguiente receta para un picadillo boliviano. Con un(a) compañero(a), contesten las siguientes preguntas para ver si entendieron las instrucciones.

PICADILLO

Ingrediente

15 papas peladas y cortadas al hilo
1/2 kg. de cadera de res
5 vainas de ají colorado molido y frito
2 cebollas
1 tomate
1 cucharadita de pimienta
1/4 cucharadita de comino
aceite
sal

Preparación

Pique la carne muy menuda, el tomate en cuadritos y la cebolla finamente picada. En una sartén con poco aceite, fría la cebolla hasta que esté transparente. Añada la pimienta, el comino, la sal al gusto y la carne. Cuando la carne esté dorada, agregue el tomate, deje cocer 5 minutos e incorpore el ají colorado y 1/2 taza de agua. Deje secar a fuego suave el guiso. Aparte fría las papas en abundante aceite caliente. En el momento de servir, una las papas y el guisado de carne. Mezcle bien.

1. ¿Qué debes hacer con las quince papas?
2. ¿Qué debes hacer con la carne antes de freírla?
3. ¿Cómo debes cortar el tomate?
4. ¿Qué debes hacer con la cebolla?
5. ¿Qué le vas a añadir a la cebolla después de freírla?
6. ¿Cuándo puedes agregar el tomate?
7. Después de agregar el tomate, ¿qué más le tienes que añadir al guiso?
8. Mientras el guiso se seca a fuego suave, ¿qué debes hacer con las papas?
9. ¿Qué debes hacer al final?

5 **Telecocina** Escoge una receta sencilla, como la del picadillo boliviano, y escríbela en una tarjeta. ¡Vas a explicarle a la clase cómo preparar tu plato favorito! Pero lo vas a tener que hacer sin estufa ni horno. La clase puede hacerte preguntas durante tu demostración. Imagínate que tu presentación se está transmitiendo por televisión.

Interactive Practice / Ace the Test

Vocabulario útil

CHELA: Después de la cena, otro desastre. El camarero nos servía el café cuando sonó el celular de Sergio otra vez. Decidió tomar la llamada en privado. Al levantarse, se pegó en la **mesa** y tiró el café por todo el **mantel.**

DULCE: ¡Uy, qué horror! ¡Parece de película!

CHELA: Sí, ¡de película de horror! Y no me lo vas a creer, pero después de todo eso, ¡no le dejó propina al pobre camarero! ¡Yo tuve que regresar a dejársela!

⏹ ▶ ▭▭▭▭▭▭▭▭▭▭ 00:00:00

La mesa

Cómo poner la mesa *Setting the table*

el mantel · el vaso · la taza · el cuchillo · el tenedor · el plato hondo · la servilleta · la cuchara · la copa · el plato

Flashcards

>>Actividades

6 **¡Necesito un tenedor!** Un(a) amigo(a) da una cena para varios invitados y te pide que lo (la) ayudes. Al oír los comentarios de los invitados, te das cuenta de que necesitan ciertos utensilios. ¿Qué le hace falta a cada persona?

> **Tomar,** not **comer,** is used to refer to eating soup.

1. "No puedo tomar el caldo de pollo".
2. "Me gustaría tomar un té caliente".
3. "Quisiera un poco de agua mineral, por favor".
4. "Voy a abrir una botella de vino".
5. "No puedo cortar este bistec".
6. "Este arroz se ve delicioso".
7. "¿En qué debo servir el gazpacho?"
8. "Necesito algo para limpiarme las manos".

7 **La cena** En grupos de cuatro, representen la siguiente situación: Tú y tres amigos van a dar una fiesta para celebrar algo importante. Los cuatro se juntan para planear el menú. No están de acuerdo con varias decisiones:

- dónde va a ser la fiesta
- qué platos van a cocinar
- quién va a preparar qué platos
- cómo los van a preparar
- qué refrescos van a servir
- a quiénes van a invitar

Interactive Practice / Ace the Test

Antes de ver el video

1 El video para este capítulo tiene lugar en un restaurante. Chela le describe a Dulce la cena que tuvo la noche anterior con Sergio. Trabaja con un(a) compañero(a) de clase y contesten las siguientes preguntas sobre lo que ya saben de Chela y Sergio.

1. ¿Qué sabes de la personalidad de Chela? Piensa en tres adjetivos que la describan.

2. ¿Qué sabes de la personalidad de Sergio? Piensa en tres adjetivos diferentes que lo describan.

3. En su opinión, ¿son Chela y Sergio compatibles? ¿Por qué sí o por qué no?

Estrategia

Using visuals to aid comprehension

In the video segment you are going to see, you can gain a lot of information from just looking at the visuals on the screen. In some cases, the scenes and images you see also help you to understand the language that you hear. When watching video, it is important to pay attention to the visuals as well as to the spoken conversation.

2 Antes de ver el video, mira las siguientes fotos del video. Luego escoge la oración que mejor describa la idea principal de cada foto.

1. _____ 2. _____ 3. _____

Ideas principales

a. Parece que Sergio llegó muy tarde a la cita.

b. A Chela no le gustó nada la conversación telefónica que tuvo Sergio.

c. Sergio fue muy descortés con el camarero.

El video

Mira el episodio para el **Capítulo 9.** No te olvides de concentrarte en las imágenes del video para ayudarte a entender la acción y los comentarios de Chela.

Después de ver el video

3 Pon en el orden correcto los ejemplos de la descortesía de Sergio, según los comentarios de Chela.

_____ "Habló por teléfono —no sé con quién— por diez minutos enteros mientras yo esperaba".

_____ "...Sergio llamó al camarero. ¡Pobre camarero! Sergio fue muy descortés con él".

_____ "Decidió tomar la llamada en privado. Al levantarse, se pegó en la mesa y tiró el café por todo el mantel".

_____ "Quedamos en vernos a las ocho en punto en el restaurante. No llegó hasta las ocho y media".

_____ "Habló de sí mismo por una eternidad y mientras hablaba no dejaba de arreglarse el pelo".

_____ "... después de todo eso, ¡no le dejó propina al pobre camarero!"

4 En tu opinión, ¿crees que a Sergio le pareció una cena agradable? Escribe una conversación breve entre Sergio y Beto en la que Sergio describa la cena desde su punto de vista.

 Interactive Practice / Ace the Test

Voces de la comunidad

 Web Links

NAME Aarón Sánchez

❝Hay que pensar en la comida latinoamericana en términos de varias superpotencias culinarias: la influencia afro-caribeña; el maíz, el arroz y los frijoles de Centroamérica; de Suramérica tenemos frutos frescos de mar *(seafood)*; Perú, la cuna *(cradle)* de las papas, y en Chile y Argentina, la influencia europea. ❞

Hijo y nieto de dos promi-nentes chefs mexicanos, Aarón Sánchez es la personificación del proverbio "de tal palo, tal astilla" *("a chip off the old block")*. Este joven originario de El Paso, Texas, es dueño *(owner)* de dos restaurantes de inspiración pan-latina, *Paladar* en la ciudad de Nueva York y *Mixx* en Atlantic City. Además, fue co-animador *(co-presenter)* de "The Melting Pot", un programa de la Food Network, y es autor de *La comida del barrio*. En este libro, Sánchez explora la comida y cultura de La Pequeña Habana, Spanish Harlem, The Mission y otros barrios latinos. Sus recetas se enfocan en platillos caseros *(home-cooked dishes)* tales como la ensalada de nopales y camarones, la sopa de frijoles negros y el fricasé de pollo.

> ¿Cómo refleja la comida las tradiciones y costumbres de un país? En tu opinión, ¿es importante mantener las tradiciones culinarias del pasado? ¿Por qué sí o por qué no?

¡Prepárate!

Gramática útil ①

Talking about what you used to do: The imperfect tense

Habló por teléfono, no sé con quién, por diez minutos enteros mientras yo **esperaba.**

Cómo usarlo

1. You have already learned to talk about completed actions and past events using the *preterite tense* in Spanish.

2. Spanish has another past-tense form known as the *imperfect tense*. The imperfect is used to talk about *ongoing actions* or *conditions* in the past.

3. Use the *imperfect tense* to talk about the following events or situations in the past.

   ■ to talk about what you *habitually did* or *used to do*

Todos los días, **desayunaba** a las ocho y luego **caminaba** a la escuela.	*Every day **I used to eat breakfast** at eight and then **I walked** to school.*

   ■ to describe an *action in progress* in the past

Vivíamos en Asunción con mi prima Enedina y sus padres.	***We were living** in Asunción with my cousin Enedina and her parents.*

   ■ to *tell the time* in the past

Por lo general, **eran** las diez de la noche cuando **comíamos.**	***It was usually** ten at night when **we would eat dinner.***

   ■ to describe *emotional or physical conditions* in the past

Todos **estábamos** muy contentos y nadie se enfermó ese año. **Nos sentíamos** muy afortunados.	***We were** all very happy and no one got sick that year. **We felt** very fortunate.*

   ■ to describe *ongoing weather conditions* in the past

Llovía mucho en Paraguay en esa época.	***It rained** a lot in Paraguay during that time.*

   ■ to tell someone's *age* in the past

Enedina **tenía** quince años ese año.	*Enedina **was** fifteen that year.*

4. The imperfect tense is generally translated into English in different ways. For example, **comía** can be translated as *I ate* (routinely), *I was eating, I would eat,* or *I used to eat.*

Cómo formarlo

 Video Tutorial

 Flashcards

1. Here are the imperfect forms of regular verbs, which include almost all Spanish verbs. Notice that **-er** and **-ir** verbs share the same endings, and that the **yo** and **usted / él / ella** forms are identical for all verbs.

	cenar	**comer**	**pedir**
yo	cen**aba**	com**ía**	ped**ía**
tú	cen**abas**	com**ías**	ped**ías**
usted / él / ella	cen**aba**	com**ía**	ped**ía**
nosotros / nosotras	cen**ábamos**	com**íamos**	ped**íamos**
vosotros / vosotras	cen**abais**	com**íais**	ped**íais**
ustedes / ellos / ellas	cen**aban**	com**ían**	ped**ían**

> Notice the use of accents on the **nosotros / nosotras** form of -**ar** verbs, and on *all* forms of the -**er** and -**ir** verbs.

2. There are no stem changes in the imperfect tense.

3. There are only three irregular verbs in the imperfect.

	ir	**ser**	**ver**
yo	iba	era	veía
tú	ibas	eras	veías
usted / él / ella	iba	era	veía
nosotros / nosotras	íbamos	éramos	veíamos
vosotros / vosotras	ibais	erais	veíais
ustedes / ellos / ellas	iban	eran	veían

> **Ver** is irregular only in that the **e** is maintained before adding the regular -**er** / -**ir** imperfect endings.

>> Actividades

1 Sergio Sergio describe su vida cuando tenía catorce años y estaba en el colegio. Cambia los verbos en sus oraciones al imperfecto para saber cómo era su vida.

1. <u>Me levanto</u> a las seis de la mañana todos los días.
2. <u>Tomo</u> el desayuno en casa.
3. <u>Salgo</u> a correr dos millas antes de ir al colegio.
4. <u>Voy</u> al colegio en autobús.
5. <u>Almuerzo</u> en la cafetería del colegio.
6. <u>Tengo</u> clases hasta las cuatro de la tarde.
7. <u>Estudio</u> en la casa de mi novia hasta las ocho y media de la noche.
8. <u>Me acuesto</u> a las diez de la noche.

2 **En la secundaria** Entrevista a un(a) compañero(a). Quieres saber más de su vida cuando estaba en la secundaria. Puedes usar las siguientes preguntas para tu entrevista, o puedes hacerle las preguntas que quieras. Túrnense para hacer la entrevista.

1. ¿A qué hora empezaban las clases?
2. ¿A qué hora te levantabas / desayunabas?
3. ¿Comías en la cafetería de la escuela o llevabas tu propia comida?
4. Si llevabas tu propio almuerzo, ¿quién lo preparaba?
5. ¿Qué comías de almuerzo?
6. ¿Trabajabas después de la escuela?
7. ¿Cuántas horas de tarea hacías?
8. ¿Participabas en algún deporte?
9. ¿Ibas a fiestas los fines de semana? ¿Solo(a) o con tus amigos?
10. ¿Eras miembro de algún club u organización en tu escuela?
11. ¿Tenías novio(a)?
12. ¿Qué hacías con tus amigos?

3 **Los veranos de mi niñez** ¿Cómo pasabas los veranos cuando eras niño(a)? Escribe una descripción de lo que recuerdas de los veranos de tu niñez o de un verano en particular que fue importante u horrible. Léele tu descripción a un(a) compañero(a) y escucha la descripción de él (ella). Usa las siguientes preguntas como guía si quieres.

- ¿Dónde pasabas los veranos? ¿Con quién(es)?
- ¿Qué hacías?
- ¿Qué te gustaba hacer? ¿Por qué?
- ¿Qué no te gustaba hacer? ¿Por qué?
- ¿Cuáles eran tus actividades preferidas del verano?
- ¿...?

Interactive Practice /
Ace the Test

Gramática útil ❷

Talking about the past: Choosing between the preterite and the imperfect tenses

Cómo usarlo

1. As you have learned, the preterite tense is generally used in Spanish to express past actions and describe past events that are viewed as completed and over. The imperfect is used to describe past actions or conditions that are viewed as habitual or ongoing.

2. Sometimes the choice between the preterite and the imperfect is not clear-cut. It may depend on the speaker's judgment of the event. However, here are some general guidelines for using the two tenses.

No **sabía** qué hacer. Mientras **esperábamos** sus platos, **se enfriaron** los míos.

Preterite	Imperfect
1. Relates a *completed past action* or *a series of completed past actions*.	1. Describes *habitual or routine past actions*.
Comimos en ese restaurante la semana pasada.	**Comíamos** en ese restaurante todas las semanas.
Ayer, **fuimos** al restaurante, **pedimos** el menú, **comimos** y luego **salimos** para ir al teatro.	Siempre **íbamos** al restaurante, **pedíamos** el menú, **comíamos y** luego **salíamos** para ir al teatro.
2. Focuses on the *beginning* or *end* of a past event.	2. Focuses on the *duration* of the event in the past, rather than its beginning or end.
La cena **comenzó** a las nueve, pero no **terminó** hasta medianoche.	**Cenábamos** desde las nueve hasta medianoche.
3. Relates a *completed past condition* that is viewed as completely over and done with at this point in time (usually gives a time period associated with the condition).	3. Describes *past conditions*, such as time, weather, emotional states, age, and location, that were ongoing at the time of description (no focus on beginning or end of condition).
Manuel **estuvo** enfermo por dos semanas después de comer en ese restaurante, pero ahora está bien.	El restaurante **era** famoso por su comida latinoamericana y **estábamos** muy contentos con los platos que pedimos.
4. Relates an *action that interrupted* an ongoing action.	4. Describes *ongoing background events* in the past that were interrupted by another action.
Ya comíamos el postre cuando por fin Miguel **llegó** al restaurante.	Ya **comíamos** el postre cuando por fin Miguel llegó al restaurante.

3. Notice that certain words and phrases related to time may suggest when to use the imperfect and when to use the preterite. These are not hard-and-fast rules, but general indicators.

Preterite	Imperfect
de repente *(suddenly)*	**generalmente / por lo general**
por fin *(finally)*	**normalmente**
ayer	**todos los días / meses / años**
la semana pasada	**todas las semanas**
el mes / el año pasado	**frecuentemente**
una vez / dos veces, etc.	**típicamente**

4. In **Chapter 8** you learned that some verbs (**querer, poder, conocer,** and **saber**) have a different meaning in the preterite tense. This change in meaning does not occur in the imperfect tense.

Quise traer un plato boliviano a la fiesta, pero **no pude** encontrar los ingredientes.

*I **tried** to bring a Bolivian dish to the party, but I **failed** to find the ingredients.*

Quería ir a la fiesta, pero **no podía** salir de la oficina.

*I **wanted** to go to the party, but I **couldn't** leave the office.*

Durante la cena en el restaurante, **conocí** a un hombre que es cocinero profesional y **supe** cómo hacer salteñas perfectas.

*During the dinner at the restaurant, I **met** a man who is a professional chef and I **found out** how to make the perfect salteñas.*

En Bolivia, **conocía** a un hombre que era cocinero profesional y él **sabía** cómo hacer salteñas perfectas.

*In Bolivia I **knew** a man who was a professional chef and he **knew how** to make perfect salteñas.*

 Video Tutorial

 Flashcards

Cómo formarlo

Review the preterite forms presented in **Chapters 7** and **8**, as well as the imperfect forms presented in **Gramática útil 1** (on page 283 of this chapter).

>> Actividades

4 **Picadillo boliviano** ¡Pobre Amelia! Ella describe lo que le pasó cuando estaba preparando un picadillo boliviano para su familia. Escribe las oraciones según el modelo. Ponle mucha atención al uso del pretérito y el imperfecto.

MODELO: picar la carne / sonar el teléfono
Picaba la carne cuando sonó el teléfono.

1. pelar las papas / empezar a llover
2. freír la cebolla / entrar mi hermano a la cocina empapado (*drenched*)
3. cortar el tomate en cuadritos / llegar papá del trabajo muerto de hambre
4. añadir la sal, la pimienta y el comino / mi hermanito poner la tele
5. agregar el tomate / mi hermanita decidir ayudarme
6. dorar la carne / (ellos) anunciar en la tele que venir un huracán
7. secar el guiso a fuego suave / llegar mamá de la oficina
8. freír las papas en aceite caliente / empezar la tormenta
9. mezclar las papas y el guisado / sentarse todos a la mesa
10. servir el picadillo / cortarse la electricidad

5 **Los veranos de Chela** Escucha mientras Chela describe cómo pasaba los veranos cuando era niña. En un papel aparte, mira los verbos de la lista (abajo) y escríbelos en dos columnas como las siguientes. Mientras escuchas, escribe las formas de los verbos de la siguiente lista que oyes. Escribe las formas del pretérito en la primera columna y las formas del imperfecto en la segunda columna. **¡OJO!** Vas a escuchar más verbos de los que están en la lista. Sólo presta atención a los verbos de la lista.

Acciones: visitar a los abuelos, vivir en un pueblito, llevar su computadora, sorprenderse, levantarse muy temprano, ir a dar una vuelta por el centro, estar triste, la computadora no funcionar, salir juntos, jamás usar la computadora

Completed action in the past	Action in progress or habitual action in the past
	visitaba

6 ¡Qué decepción! Anoche, Ricardo y Elena fueron a un restaurante a cenar. Elena le describe la cita a su amiga Fernanda. Completa su descripción con las formas correctas del pretérito y del imperfecto de los verbos entre paréntesis.

Anoche Ricardo y yo (1. ir) a un restaurante elegante. No (2. tener) reservación y por eso no (3. sentarse) hasta las diez de la noche. Los dos (4. estar) muertos de hambre. Yo (5. ordenar) una ensalada mixta, pollo asado con habichuelas, flan y un café. Ricardo (6. pedir) una ensalada de papa, lomo de res y un helado de vainilla. Nosotros (7. hablar) de la película que (8. acabar) de ver cuando (9. regresar) el camarero a la mesa. Él nos (10. explicar) que no (11. haber) ni lomo ni pollo y nos (12. preguntar) si (13. querer) una hamburguesa. Ricardo (14. enojarse) mucho y le preguntó si por favor no nos (15. poder) recomendar algo más apetitoso. El camarero (16. sonreír) y (17. decir) que todo lo que (18. quedar) en la cocina (19. ser) ¡hamburguesas y papas fritas! Con el hambre que (20. tener) los dos, (21. decidir) ordenar las hamburguesas. Yo no (22. querer) dejarle buena propina porque había sido *(had been)* un poco descortés, pero Ricardo (23. insistir) en que no (24. ser) su culpa y le (25. dejar) una propina exagerada.

7 ¡Qué horror! A veces salimos con alguien que no conocemos muy bien y la cita es un desastre. Esto le pasó a Chela cuando salió con Sergio en el video. ¿Has tenido alguna vez una cita desastrosa? Escribe una narración que describa esa cita o una cita imaginaria. Incluye muchos detalles y pon atención al uso del pretérito y del imperfecto.

- ¿Adónde fueron?
- ¿Qué hicieron?
- ¿Qué pasó durante la cita?
- ¿Qué hizo él / ella que te avergonzó *(embarrassed you)* o molestó?
- ¿Cómo te sentías?
- ¿Cómo respondiste?
- ¿...?

Interactive Practice /
Ace the Test

Gramática útil ❸

Avoiding repetition: Double object pronouns

How many object pronouns can you find in this ad? Are they direct or indirect object pronouns? How can you tell?

Cómo usarlo

1. You have already learned to use direct object pronouns **(me, te, lo, la, nos, os, los, las)** in **Chapter 7.** In **Chapter 8** you learned to use indirect object pronouns **(me, te, le, nos, os, les).**

2. Remember that you use direct object pronouns to replace the direct object of a sentence. The direct object receives the action of the verb.

   Preparé **la comida.** → **La** preparé.

3. Remember that you use indirect object pronouns to replace the indirect object of a sentence. The indirect object says who the object or action is for.

   Preparé la comida (para **ti**). → **Te** preparé la comida.

4. Sometimes you will want to use direct and indirect object pronouns together. In this situation, they are called *double object pronouns*.

   Preparé la comida (para **ti**). → **Te la** preparé.
   Organicé un almuerzo especial (para **ellos**). → **Se lo** organicé.

Video Tutorial

Flashcards

Cómo formarlo

1. Here are the indirect and direct object pronouns in Spanish. They stay the same when used together, except for the third-person singular and third-person plural. In those two cases, **se** replaces **le** and **les** as the indirect object pronoun.

Indirect object	Direct object
me	me
te	te
le ⟶ se	lo / la
nos	nos
os	os
les ⟶ se	los / las

2. When you use double object pronouns, follow these rules.

- The *indirect object pronoun* comes *before* the *direct object pronoun*. This is true whether the pronouns are used before the verb or attached to the end of the verb (infinitives, affirmative command forms, present participles).

  Pedí una sopa. **Me la** sirvieron inmediatamente.
  Luego pedí una ensalada. Le dije al camarero: "Por favor, **tráigamela** con un poco de pan".

- Remember that with *negative command forms*, the double object pronouns must come *before the verb*.

  Quiero un postre, pero **no me lo traiga** inmediatamente.

- When double object pronouns are used with conjugated verbs and infinitives, they may go *before the conjugated verb* or *attach to the infinitive*.

  Me lo van a servir en unos minutos.   O: Van a **servírmelo** en unos minutos.

- When using the direct object pronouns **lo, la, los,** and **las** with the indirect object pronouns **le** or **les,** change **le / les** to **se**. (Notice that you use **se** to replace both **le** and **les**.)

  Ileana **le** preparó **una ensalada** a Susana.

  Ileana **se la** preparó (a Susana).

  Susana **le** llevó **los ingredientes** a Ileana.

  Susana **se los** llevó (a Ileana).

  Ileana y Susana **les** prepararon **la cena** a sus padres.

  Ileana y Susana **se la** prepararon (a sus padres).

> Remember, when pronouns are attached to the end of infinitives, command forms, and present participles, an accent is placed on the verb to maintain the original pronunciation: **tráigamela**.

>> Actividades

8 **Dulce en el restaurante** Dulce fue a un restaurante a comer. Completa su descripción de la cena con los pronombres dobles correctos.

1. Pedí el menú. El camarero ___ ___ trajo inmediatamente.

2. Para plato principal, pedí una chuleta de puerco. ___ ___ sirvieron un poco después.

3. También pedí unos frijoles refritos. ___ ___ prepararon precisamente cómo me gustan.

4. Para postre, pedí unas galletas de chocolate. ___ ___ trajeron con helado.

5. Para tomar, pedí un té helado. ___ ___ sirvieron bien frío.

6. Por fin pedí la cuenta. El camarero ___ ___ trajo rápidamente.

9 **Miguel** La mamá de Miguel le pregunta si ha hecho varias cosas para los diferentes miembros de su familia. ¿Cómo contesta Miguel? Sigue el modelo.

MODELO: ¿Le serviste la leche a tu prima?
Sí, se la serví.

1. ¿Le preparaste el café a tu abuelo?

2. ¿Les compraste las galletas a tus tíos?

3. ¿Le serviste la sopa de fideos a tu hermano?

4. ¿Nos trajiste las servilletas?

5. ¿Te compraste los plátanos?

6. ¿Me diste la receta para el picadillo?

7. ¿Les calentaste las tortillas a tus primos?

8. ¿Les dieron las gracias tus primos a tu hermana y a ti?

10 **Adán y Adelita** El padre de Adán y Adelita cree que sus hijos sólo deben comer comida nutritiva. Nunca les compra comida rápida y no les permite comer postres llenos de azúcar. Primero, haz el papel del padre y contesta las preguntas de sus hijos. Luego, di si les compró o no les compró las comidas que querían.

MODELO: **Adán:** Papá, quiero un perro caliente.
Papá: *Hijo, no te lo voy a comprar.* O: *Hijo, no voy a comprártelo.*
Tú: *Adán quería un perro caliente. Su papá no se lo compró.*

1. **Adelita:** Papá, quiero un helado.

2. **Adán y Adelita:** Papá, queremos unas hamburguesas.

3. **Adán:** Quiero unos plátanos.

4. **Adelita:** Papá, quiero una ensalada mixta.

5. **Adán y Adelita:** Papá, queremos unas papas fritas.

6. **Adelita:** Papá, quiero unas fresas.

7. **Adán:** Papá, quiero una galleta.

28 11 A la hora de comer Es la hora de comer en casa de Emilia Gutiérrez. La señora Gutiérrez le da instrucciones a Emilia. Escucha lo que le dice y escoge la frase que mejor complete sus instrucciones.

1. _____   a. Ábremelo, por favor.
2. _____   b. Prepáraselo, por favor.
3. _____   c. Sírvesela, por favor.
4. _____   d. Sírveselo, por favor.
5. _____   e. ¿Nos las calientas, por favor?
6. _____   f. Llévaselas, por favor.
7. _____   g. Dáselo, por favor.
8. _____   h. Tráemelo, por favor.

12 ¿Qué quieres para tu cumpleaños? Con un(a) compañero(a), túrnense para representar la siguiente situación. Usen los pronombres dobles por lo menos dos veces en su conversación. Pueden practicar antes de representarle la situación a la clase. (Nota que los verbos **dar, traer, servir, preparar** y **comprar** frecuentemente requieren dos pronombres porque indican una acción hacia otra persona.)

Es tu cumpleaños y tus amigos quieren saber qué regalos quieres. Te van a dar una fiesta y también quieren saber qué comidas quieres que preparen. Eres muy exigente *(demanding)*: quieres muchas cosas y te gusta una variedad de comidas. Pide todo lo que te apetezca *(you desire)*.

MODELO: Amigo(a): *¿Qué quieres para tu cumpleaños?*
           Tú: *Me gustaría tener el último CD de Shakira.*
           Amigo(a): *Vamos a comprártelo. ¿Y qué más quieres?*
           Tú: ...

Interactive Practice /
Ace the Test

Gramática útil ④

Indicating for whom actions are done and what is done routinely: The uses of **se**

Cómo usarlo

You have used the pronoun **se** in several different ways. Here's a quick review of the uses you already know (items 1 and 2 in the chart), and one new use (item 3).

Use **se** . . .	
1. to replace **le** or **les** when used with a direct object pronoun.	Marta **le** dio un regalo a Selena. Marta **se** lo dio.
2. with reflexive verbs, when using **usted / ustedes** and **él / ella / ellos / ellas** forms.	Ustedes **se** vistieron y salieron para la oficina. Ella **se** vistió después de duchar**se**.
3. to give general and impersonal information about "what is done."	**Se sirve** comida paraguaya en ese restaurante. ¡**Se come** muy bien allí!

Al levantarse, **se** pegó en la mesa y tiró el café por todo el mantel.

Cómo formarlo

 Video Tutorial

 Flashcards

Se can be used to express actions with no specific subject and to say what "one does" in general. **Se** is always used with a third-person form of the verb.

- If a noun immediately follows the **se** + verb construction, the verb agrees with the noun.

Se sirv<u>e</u> el desayuno todo el día. ***Breakfast is served*** *all day.*
Se vend<u>en</u> empanadas aquí. ***Empanadas are sold*** *here.*

- If no noun immediately follows **se** + verb, the third-person singular form of the verb is used.

Se come muy bien aquí. ***One eats*** *well here.*
Se duerme mal después de ***One sleeps*** *badly after a heavy*
una comida fuerte.   *meal.*

>> Actividades

13 **Observaciones** Usando la construcción impersonal con **se**, di cómo es la experiencia de uno en las siguientes situaciones.

MODELO: (Ver) muy bien desde aquí.
Se ve muy bien desde aquí.

1. (Trabajar) muy duro en la clase de física.
2. (Dormir) muy bien en ese hotel.
3. (Disfrutar) mucho la vista desde esa ventana.
4. (Cansar) mucho en esa caminata.
5. (Cenar) muy bien en el restaurante Paraíso.
6. (Oír) muy bien con esos audífonos.

14 **Los anuncios clasificados** Vas a escribir unos anuncios clasificados para el periódico universitario. Algunas personas te describen lo que necesitan o buscan. Escribe la primera línea de cada anuncio según lo que te dicen.

MODELO: —Me voy a graduar este año y tengo muchos libros usados que quiero vender.
Se venden libros usados.

1. —Soy director y quiero montar *(put together)* una obra de teatro. Busco tres actores y una actriz.
2. —Vamos a hacer un Festival Boliviano y necesitamos voluntarios para ayudar con todos los detalles.
3. —Voy a estudiar al extranjero este semestre y quiero alquilar mi apartamento.
4. —Para las Navidades queremos darles ropa y juguetes a los niños pobres. Aceptamos donaciones de ropa y juguetes usados.

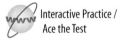

Interactive Practice /
Ace the Test

:) Sonrisas

//

Expresión En grupos de tres o cuatro estudiantes, contesten las siguientes preguntas sobre la tira cómica.

1. ¿Por qué se usa un verbo singular con los dos primeros letreros?
2. ¿Por qué se usa un verbo plural con los dos últimos letreros?
3. ¿Crees que el niño va a recibir dinero de la gente que ve su letrero? ¿Por qué?
4. Piensen en unos letreros cómicos para los siguientes lugares. Luego, compartan sus ideas con otro grupo. ¿Qué grupo tiene los letreros más creativos?

   a. restaurante
   b. tienda
   c. hospital
   d. consultorio (*office*) de un dentista
   e. taller de un mecánico
   f. la pizarra en la clase de español

¡Explora y exprésate!

Exploraciones culturales

¿Adivinaste? Answers to the questions on page 273: 1. Paraguay 2. Bolivia 3. Paraguay 4. Bolivia y Paraguay 5. Bolivia 6. Paraguay

Bolivia y Paraguay

La tradición y la innovación Lee los siguientes párrafos sobre Bolivia y Paraguay. Luego, empareja la oración en el cuadro con el párrafo apropiado.

Párrafo	Oración
	1. Una gigante presa *(dam)* es una de las atracciones turísticas más populares de toda Sudamérica.
	2. Este país es un poco diferente de los otros países sudamericanos por dos razones.
	3. Las misiones son una parte importante de la historia de este país.
	4. Las riquezas naturales de este país atraen a muchos turistas.
	5. La gran influencia indígena en este país es obvia por todas partes.
	6. Los instrumentos indígenas forman la base de la música andina.

Bolivia: rica en tradiciones

Párrafo 1

En Bolivia hay más de treinta grupos indígenas; los grupos más grandes son los quechuas, los aimaraes y los tupí-guaraníes. Esta diversidad de culturas produce una variedad de tipos de ropa tradicional, artesanías, bailes y música que atraen a turistas de todo el mundo.

Párrafo 2

Bolivia recibió su nombre de Simón Bolívar, el héroe de la independencia de cinco países sudamericanos. A diferencia de los otros países de Sudamérica, Bolivia no tiene ni costas ni playas. Además, es el único país en Latinoamérica con dos capitales. La Paz es la capital administrativa del gobierno y Sucre es la capital constitucional.

Párrafo 3

La música andina se encuentra por toda Bolivia y es popular por todo el mundo. Unos de los instrumentos indígenas típicos y tradicionales son las quenas, los sicus y las flautas que imitan el sonido *(sound)* del viento en los Andes. El charango es una pequeña guitarra y es muy popular en la música de la región.

Unos músicos de origen quechua tocan la flauta en un festival en Bolivia.

The **charango** is made from the shell of the armadillo.

Paraguay: pasado y futuro

Párrafo 4

Paraguay es uno de los países menos contaminados del planeta. Por eso, hay muchas áreas naturales que no han cambiado *(haven't changed)* desde hace siglos, paraísos ecológicos que atraen a visitantes de todo el mundo. La flora y fauna de este país son bien conocidas por los ecoturistas, que llegan para visitar sitios como las ciénagas *(swamps)* del altiplano del río Paraná y los secos llanos *(plains)* del Chaco.

El complejo hidroeléctrico Itaipú

Párrafo 5

Itaipú es el mayor complejo hidroeléctrico del mundo. Se encuentra en el río Paraná y es una empresa binacional, construida y administrada por Brasil y Paraguay. El complejo provee el 19% de las necesidades de energía eléctrica de Brasil y el 91% de los requisitos del Paraguay. Es una atracción turística inmensa con casi 14.5 millones de visitantes desde su inauguración en 1977.

Párrafo 6

Las misiones jesuitas de Latinoamérica fueron construidas *(were constructed)* por la orden religiosa Compañía de Jesús entre 1609 y 1768. Estos misioneros jesuitas españoles y portugueses viajaron a las áreas más remotas de Sudamérica donde establecieron misiones, convirtieron a los indígenas al catolicismo y les enseñaron su idioma. La Misión de Trinidad del Paraná en Paraguay es quizás la más interesante de las misiones jesuitas que quedan, y ha sido declarada Patrimonio Universal de la Humanidad.

www Interactive Practice

>> ¡Conéctate! **www** Web Search / Web Links

●● **Práctica** Trabaja con un(a) compañero(a) de clase. Hagan una investigación por Internet para buscar información sobre dos de las siguientes cosas o lugares. Usen los enlaces sugeridos en el sitio web de *Nexos*.

1. los instrumentos nativos que se usan en la música andina
2. las misiones jesuitas de Paraguay
3. la vida de los guaraníes hoy día en Paraguay
4. la vida de los aimaraes a orillas del lago Titicaca
5. ¿...?

>> Tú en el mundo hispano

Para explorar oportunidades de usar el español para estudiar o hacer trabajos voluntarios o aprendizajes en Bolivia y Paraguay, sigue los enlaces en el sitio web de *Nexos*.

♪ Ritmos del mundo hispano

Para escuchar música de Bolivia y Paraguay, sigue los enlaces en el sitio web de *Nexos*.

A leer

Antes de leer

1 Vas a leer un ensayo *(essay)* humorístico de un periodista boliviano, Hernán Maldonado. Describe un incidente que le dejó sin muchas ganas de comer en la oficina. Hay varias palabras desconocidas en el ensayo. Mira el dibujo para familiarizarte con estos términos.

La jornada laboral

2 En este ensayo, el autor describe la tentación de comer **salteñas** en la oficina, aunque está prohibido por la presidenta de la organización. Con un(a) compañero(a) de clase, contesten las siguientes preguntas para prepararse para algunas de las ideas del ensayo.

1. ¿Les gusta comer mientras estudian o trabajan?

2. ¿Creen que en EEUU es aceptable comer y beber en la oficina o en cualquier otro sitio de trabajo? ¿Hay sitios donde no es aceptable comer y beber? ¿Cuáles son?

3. ¿Creen que en EEUU somos más o menos informales con respecto a la comida que en otros países del mundo? ¿Pueden dar unos ejemplos?

 Web Search

Lectura

3 Ahora, lee el artículo por primera vez. Trata de entender sólo las ideas principales. Pregúntate "¿Qué pasó?" mientras lees. Toma quince minutos y lee el ensayo por completo.

Los bocadillos en las oficinas
por Hernán Maldonado

FINALMENTE PARECE HABERSE superado una etapa[1] en la que no sé todavía por qué razones se prohibía terminantemente en las oficinas comer un bocadillo en medio de una jornada laboral.

Aunque en la mayor parte de las oficinas siempre existe un cuartito que sirve de comedor[2], el 90 por ciento de los empleados, a la hora de su "lunch", comen sobre sus escritorios. Nunca he podido[3] hacer algo similar y yo creo que se trata de un trauma que arrastro desde el primer y único año en que me desempeñé[4] como funcionario público.

Era el año 1969 y fungía[5] como Jefe de Relaciones Públicas del Consejo Nacional del Menor (Coname). Nuestras oficinas funcionaban en el Ministerio del Trabajo. Por razones de espacio, lo que antes era una sola oficina había sido dividida[6] en diez oficinas con paredes de cartón.

Todos los días, a golpe de 10 de la mañana, acudía al edificio una mujer potosina[7] que vendía salteñas. Al comienzo traía sólo una pequeña canasta, pero como sus bocadillos tuvieron amplia aceptación, al poco tiempo apareció con un balay[8].

Todo andaba sobre ruedas[9] hasta que una mañana la presidenta de Coname, la señora Elsa Omiste de Ovando, prohibió que los empleados comieran salteñas en horas de oficina.

Como doña Elsa prefería despachar[10] desde su casa, la prohibición contra las salteñas fue relajándose y poco a poco, todo volvió a ser como antes, de manera que una mañana mi secretaria me dijo: "Señor Maldonado, la potosina está en la puerta, ¿pedimos?" "¡Por supuesto!" le respondí.

Justamente en ese momento se escucharon gritos en la puerta del edificio: "¿Quién me está comiendo salteñas? ¿Me van a hacer caso[11] o no? ¡Boten[12] a esa mujer de aquí!"

Me quedé congelado mientras escuchaba a nuestra presidenta entrar cubículo por cubículo, abriendo personalmente cajones, profiriendo gritos, dando órdenes. Me sentí despedido.

Y entonces se volvió al escritorio de mi secretaria. Hizo la misma revisión, incluyendo el basurero, y yo esperaba que en cualquier segundo gritaría en triunfo al encontrar las cuatro salteñas. Pero no encontró nada y salió furiosa. Yo no podía creerlo.

Mi secretaria estaba con la vista fija en la pared, como hipnotizada. "¿Qué hizo con las salteñas?" le pregunté.

"Estoy sentada sobre ellas, señor Maldonado", me dijo. Estaba petrificada.

[1]**parece...** *an era seems to have passed* [2]*dining room* [3]**Nunca...** *I have never been able* [4]**me desempeñé** *yo trabajé* [5]*trabajaba* [6]**había...** *had been divided* [7]**acudía...** llegaba al edificio una mujer de Potosí (ciudad en Bolivia) [8]**balay** *large basket* [9]**Todo...** Todo iba muy bien, sin problemas [10]*trabajar* [11]**hacer caso** *pay attention, obey* [12]**Boten** *Throw out*

Después de leer

4 Di si las siguientes oraciones sobre la lectura son ciertas o falsas.

1. _____ El autor no come en su oficina a causa de una experiencia traumática que tuvo cuando era joven.

2. _____ La secretaria del autor vendía salteñas en la oficina.

3. _____ A la presidenta de la agencia no le gustaba que los empleados comieran *(would eat)* en la oficina.

4. _____ La presidenta siempre estaba en la oficina, espiando a los empleados.

5. _____ Un día la presidenta vino a la oficina y vio que los empleados comían salteñas.

6. _____ La presidenta buscó las salteñas en todas las oficinas.

7. _____ El autor no tenía miedo de la presidenta.

8. _____ La secretaria del autor no pudo esconder *(to hide)* sus salteñas.

5 Completa las siguientes oraciones sobre la lectura para ver cuánto entendiste.

1. El autor trabajaba en una oficina donde la _____ prohibió el consumo de comida en la oficina.

   a. presidenta
   b. secretaria

2. Una mujer potosina vendía _____ todos los días.

   a. bocadillos
   b. salteñas

3. La presidenta trabajaba fuera _____ la mayoría de los días.

   a. de la oficina
   b. del comedor

4. Como la presidenta no estaba en la oficina, los empleados _____.

   a. comían las salteñas en la oficina
   b. salían temprano de la oficina

5. Un día el autor y su secretaria acababan de _____ cuando entró la presidenta.

   a. comprar salteñas
   b. hablar con la potosina

6. Tuvieron que poner las salteñas _____.

   a. en el basurero
   b. donde la presidenta no podía verlas

7. Cuando salió la presidenta, la secretaria dijo que _____.

   a. se sentó sobre las salteñas
   b. comió todas las salteñas muy rápidamente

6 En grupos de tres o cuatro, contesten las siguientes preguntas sobre las ideas de la lectura.

1. En su opinión, ¿es exagerada la reacción de la presidenta? ¿Por qué sí o por qué no?

2. ¿Creen que esta situación puede ocurrir en una oficina estadounidense ahora? ¿Y hace veinte años *(20 years ago)*?

3. Hay gente que cree que es descortés comer los comestibles que tienen un olor fuerte *(strong smell)* —como la pizza y las palomitas *(popcorn)*— en la oficina. ¿Están de acuerdo? ¿Por qué sí o por qué no?

4. ¿Hay situaciones cuando es descortés comer en público? Por ejemplo: ¿en la iglesia? ¿En una clase? ¿En una ceremonia de graduación? ¿Cómo se decide cuándo es apropiado y cuándo no lo es?

 Interactive Practice

>> ¡Fíjate! >>   Web Links

Países plurilingües

Muchos países con poblaciones indígenas tienen una variedad de idiomas nacionales. ¿Pero sabes cuántos países sudamericanos tienen otro idioma oficial, además del español? Tal vez la respuesta te va a sorprender. Hay tres: Bolivia, Perú y Paraguay. En Bolivia se reconoce el quechua y el aimara como lenguas oficiales y en Perú la segunda lengua es el quechua. El guaraní es el segundo idioma oficial en Paraguay.

Esta situación existe en Paraguay porque Paraguay siempre ha sido *(has been)* un país bicultural. La herencia indígena de los guaraníes se ha integrado *(has integrated itself)* casi completamente con la cultura hispanohablante paraguaya.

Las escuelas, las oficinas del gobierno y los medios de comunicación paraguayos se comunican con el pueblo paraguayo en los dos idiomas. Aunque el guaraní siempre ha sido una lengua de tradición oral, ha tenido *(has had)* una tradición escrita desde el siglo XVIII, cuando los misioneros católicos vieron la necesidad de crear un alfabeto guaraní para comunicarse con la gente indígena.

Existen varios diccionarios guaraní-español. Además, a causa de la historia de inmigración de Alemania a Paraguay, también existen diccionarios trilingües —guaraní-español-alemán.

Práctica En grupos de tres o cuatro personas, hablen de los siguientes temas.

1. ¿Les gusta la idea de tener más de un idioma oficial? ¿Por qué?

2. Si EEUU tuviera *(had)* más de una lengua oficial, ¿cuál sería *(would be)* la otra lengua?

3. ¿Cuánto saben de Canadá y sus idiomas oficiales? ¿Saben cuál es el otro idioma, además del inglés? ¿Han viajado *(Have you traveled)* a las partes de Canadá donde lo hablan?

A escribir

Antes de escribir

1 Trabaja con un(a) compañero(a) de clase. Van a escribir tres párrafos cortos que describan una experiencia con la comida. Escojan uno de los siguientes temas y piensen en una historia que quieren contar.

1. la primera vez que cociné
2. la primera vez que fui a un restaurante elegante
3. mis experiencias culinarias en un país extranjero

2 Después de establecer su tema, miren la tabla y complétenla, usando las oraciones modelo como guía.

	Oración temática (que comunica la idea principal del párrafo)	Detalles y ejemplos que ilustran la oración temática
Párrafo 1: Comienzo / fondo (*background*) de la historia (Recuerden que se usa **el imperfecto** para describir.)	*Yo tenía trece años y tenía una familia muy grande.*	*Era el menor de seis hijos y a veces me sentía un poco tímido en la presencia de mis hermanos mayores...*
Párrafo 2: La acción de la historia (Por lo general se usa el **pretérito** para relatar la acción de una historia. Se usa el **imperfecto** para describir las emociones de los participantes y los estados del pasado.)	*Un día tuve que preparar la cena para mi familia entera.*	*Tenía miedo porque no sabía cocinar muy bien y creía que no podía hacerlo. Miraba los libros de recetas...*
Párrafo 3: El fin de la historia y el resultado	*Aunque la cena estaba muy rica, el postre salió crudo.*	*Mis hermanos se rieron, pero no se burlaron de mí (they didn't make fun of me).*

Composición

3 Ahora, escriban su historia. Usen palabras y expresiones de la siguiente lista mientras escriban.

Preterite

de repente *(suddenly)*
por fin *(finally)*
ayer
la semana pasada
el mes / el año pasado
una vez / dos veces, etc.

Imperfect

generalmente / por lo general
normalmente
todos los días / meses / años
todas las semanas
frecuentemente
típicamente

Después de escribir

4 Intercambien su borrador con el de otra pareja de estudiantes. Usen la siguiente lista para ayudarlos a corregirlo *(to edit it)*.

- ¿Tiene su historia toda la información necesaria?
- ¿Es interesante?
- ¿Usaron bien las formas del pretérito? ¿Y las del imperfecto?
- ¿Usaron complementos directos e indirectos para eliminar la repetición?
- ¿Hay errores de ortografía?

Interactive Practice

Vocabulario

En el restaurante *At the restaurant*

el menú — *menu*

El desayuno *Breakfast*

el cereal	*cereal*
los huevos estrellados	*eggs sunny-side up*
los huevos revueltos	*scrambled eggs*
el pan tostado	*toast*

El almuerzo *Lunch*

Las ensaladas *Salads*

la ensalada de fruta	*fruit salad*
la ensalada de lechuga y tomate	*lettuce and tomato salad*
la ensalada de papa	*potato salad*
la ensalada mixta	*tossed salad*

Las sopas *Soups*

el caldo de pollo	*chicken soup*
el gazpacho	*cold tomato soup (Spain)*
la sopa de fideos	*noodle soup*

Los sándwiches (los bocadillos) *Sandwiches*

con papas fritas	*with French fries*
la hamburguesa	*hamburger*
la hamburguesa con queso	*cheeseburger*
el perro caliente	*hot dog*
el sándwich de jamón y queso con aguacate	*ham and cheese sandwich with avocado*

Los platos principales *Main dishes*

Las carnes *Meats*

el arroz con pollo	*chicken with rice*
el bistec	*steak*
la chuleta de puerco	*pork chop*
el guisado	*beef stew*
el lomo de res	*prime rib*
el pollo asado	*roasted chicken*
el pollo frito	*fried chicken*

Los mariscos *Shellfish*

las almejas	*clams*
los camarones	*shrimp*
la langosta	*lobster*

Los pescados *Fish*

el atún	*tuna*
el bacalao	*cod*
el salmón	*salmon*
la trucha	*trout*

A la carta *À la carte*

Los vegetales *Vegetables*

el bróculi	*broccoli*
los espárragos	*asparagus*
los frijoles (refritos)	*(refried) beans*
los guisantes	*peas*
las habichuelas	*green beans*
las zanahorias	*carrots*

Los postres *Desserts*

el flan	*custard*
la galleta	*cookie*
el helado de vainilla / chocolate	*vanilla / chocolate ice cream*
el pastel	*cake*

Las frutas *Fruit*

las fresas	*strawberries*
la manzana	*apple*
el melón	*melon*
la naranja	*orange*
el plátano	*banana*
las uvas	*grapes*

Las bebidas y los refrescos *Beverages*

el agua mineral	*sparkling water*
el café	*coffee*
la cerveza	*beer*
el jugo de fruta	*fruit juice*
la leche	*milk*
la limonada	*lemonade*
el té / té helado	*hot / iced tea*
el vino blanco / tinto	*white / red wine*

Cómo ordenar y pagar *How to order and pay*

Camarero(a), ¿me puede traer el menú?	*Waiter (Waitress), could you please bring me the menu?*
¿Me puede recomendar algo ligero / fuerte?	*Can you recommend something light / filling?*
Para plato principal, voy a pedir...	*For the main course, I would like to order . . .*
Para tomar, quiero...	*To drink, I want . . .*
De postre, voy a pedir...	*For dessert, I would like to order . . .*
¿Me puede traer la cuenta, por favor?	*Can you bring me the check, please?*
¿Cuánto debo dejar de propina?	*How much should I leave as a tip?*

Las recetas *Recipes*

Los ingredientes *Ingredients*

el aceite de oliva	*olive oil*
el ajo	*garlic*
el azúcar	*sugar*
la cebolla	*onion*
el comino	*cumin*
la harina	*flour*
la mantequilla	*butter*
la mayonesa	*mayonnaise*
la mostaza	*mustard*
la sal y la pimienta	*salt and pepper*
el vinagre	*vinegar*

Las medidas *Measurements*

la cucharada	*tablespoonful*
la cucharadita	*teaspoonful*
la docena	*dozen*
el galón	*gallon*
el kilo	*kilo*
la libra	*pound*
el litro	*liter*
medio kilo	*half a kilo*
el paquete	*package*
el pedazo	*piece, slice*
el trozo	*chunk, piece*

La preparación *Cooking preparation*

a fuego suave / lento	*at low heat*
al gusto	*to taste*
al hilo	*stringed*
al horno	*roasted (in the oven)*
a la parrilla	*grilled*
al vapor	*steamed*
congelado(a)	*frozen*
crudo(a)	*raw*
dorado(a)	*golden; browned*
fresco(a)	*fresh*
frito(a)	*fried*
hervido(a)	*boiled*
molido(a)	*crushed, ground*
picante	*spicy*

agregar	*to add*
añadir	*to add*
calentar (ie)	*to heat*
cocer (ue)	*to cook*
enfriarse	*to get cold*
freír (i, i)	*to fry*
hervir (ie, i)	*to boil*
mezclar	*to mix*
pelar	*to peel*
picar	*to chop, mince*
unir	*to mix together, incorporate*

La mesa *The table*

Cómo poner la mesa *Setting the table*

la copa	*wine glass, goblet*
la cuchara	*spoon*
el cuchillo	*knife*
el mantel	*tablecloth*
el plato	*plate*
el plato hondo	*bowl*
la servilleta	*napkin*
la taza	*cup*
el tenedor	*fork*
el vaso	*glass*

Otras palabras y expresiones

Expresiones para usar con el imperfecto

frecuentemente	*frequently*
generalmente / por lo general	*generally*
normalmente	*normally*
típicamente	*typically*
todas las semanas	*every week*
todos los días / meses / años	*every day / month / year*

Expresiones para usar con el pretérito

ayer	*yesterday*
de repente	*suddenly*
el mes / el año pasado	*last month / year*
por fin	*finally*
la semana pasada	*last week*
una vez / dos veces, etc.	*once, twice, etc.*

Capítulo 10

¿Dónde vives?

› Ambientes

Los ambientes juegan un papel muy importante en nuestras vidas y en nuestros recuerdos. ¿Tienes recuerdos importantes de la casa en la que te criaste *(you were raised)*? ¿Todavía visitas tu pueblo natal? ¿Qué sientes cuando ves esa casa o ese pueblo? ¿Por qué crees que el ambiente en el cual nos criamos ocupa un lugar tan especial en nuestra memoria? En este capítulo, vamos a hablar de los lugares y de la importancia que tienen en nuestras vidas, en el presente igual que en el pasado.

Techos de las casas de Chichicastenango, Guatemala

La Finca de Magdalene en la isla de Ometepe en el lago Nicaragua

› Communication

By the end of this chapter you will be able to

- talk about your childhood
- describe houses and apartments and their furnishings
- talk about household tasks
- indicate numerical order
- talk about the duration of past and present events
- say what people want others to do

› Cultures

By the end of this chapter you will have learned about

- Guatemala and Nicaragua
- Habitat for Humanity projects in Nicaragua and Guatemala
- Nicaragua and its poetic tradition

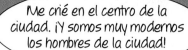

Me crié en el centro de la ciudad. ¡Y somos muy modernos los hombres de la ciudad!

> Los datos

Mira la información de la tabla. Luego contesta las preguntas que siguen.

	Guatemala	Nicaragua	EEUU	Canadá
Porcentaje de la población a quien le falta vivienda (housing) adecuada	13%	10%	0, 2%	11%
Porcentaje de la población que vive en un área rural	47%	41%	19%	20%
Porcentaje de la población que vive en un área urbana	53%	59%	81%	80%

❶ ¿Cuál de estos países tiene la población rural más grande?

❷ ¿Cuál tiene el mayor porcentaje de población urbana?

❸ ¿Qué país tiene el porcentaje más grande de personas sin vivienda adecuada?

❹ ¿Cuáles son los dos países que tienen casi el mismo porcentaje de personas que viven en un área urbana?

> ¡Adivina!

¿Qué sabes de Guatemala y Nicaragua? Di si las siguientes oraciones son ciertas o falsas. (Las respuestas están en la página 330.)

❶ La ganadora del Premio Nóbel de la Paz (1992), Rigoberta Menchú Tum, es de Guatemala. _____

❷ El *Popol Vuh* es el libro sagrado de los indígenas nicaragüenses. _____

❸ Hoy día todavía se hablan más de veinte dialectos maya-quiché en Guatemala. _____

❹ No hay volcanes activos en Nicaragua. _____

❺ Hay muchas montañas y selvas tropicales en Guatemala, que es también uno de los países con el mayor número de volcanes del mundo. _____

❻ El poeta nicaragüense más importante, Rubén Darío, se considera como el padre del modernismo, un movimiento literario de finales del siglo XIX. _____

¡Imagínate!

Vocabulario útil ①

00:00:00

BETO: Cuando era niño, me gustaba preparar la comida para mi familia.

DULCE: ¿En serio? Yo creía que a los chicos no les gustaba hacer nada en la casa. Mis hermanos siempre decían que el trabajo de casa era para las mujeres.

BETO: ¡Qué anticuado! Yo no pienso así. Me crié en **el centro de la ciudad.** Somos muy modernos los hombres de la ciudad.

DULCE: ¿De veras? Qué bueno. En mi casa, mis hermanas y yo teníamos que hacer los quehaceres domésticos, mis hermanos sólo hacían lo que tenía que ver con **el garaje** o **el jardín.**

Áreas de la ciudad

las afueras	*the outskirts*
el apartamento	*apartment*
el barrio	*neighborhood*
...comercial	*business district*
...residencial	*residential neighborhood*
el centro de la ciudad	*downtown*
los suburbios	*suburbs*
los vecinos	*neighbors*

La casa

el garaje	*garage*
el jardín	*garden, yard*
la lavandería	*laundry room*
el pasillo	*hallway*
el patio	*patio*
el sótano	*basement, cellar*

Ordinal numbers must agree in gender with the nouns they modify: **el segundo piso, la tercera oficina.** They are usually used in front of the noun. **Primero** and **tercero** shorten to **primer** and **tercer** when used before a masculine singular noun: **primer piso, tercer dormitorio** (but **primera casa, tercera ciudad**).

Ordinal numbers can be used without nouns when it is clear what they are referring to: **Mi casa es *la cuarta* de la calle.** **Primero** and **tercero** are not shortened when used without a noun: **Este piso *es el tercero*, pero vamos *al primero*.**

Números ordinales

primer(o)	*first*
segundo	*second*
tercer(o)	*third*
cuarto	*fourth*
quinto	*fifth*
sexto	*sixth*
séptimo	*seventh*
octavo	*eighth*
noveno	*ninth*

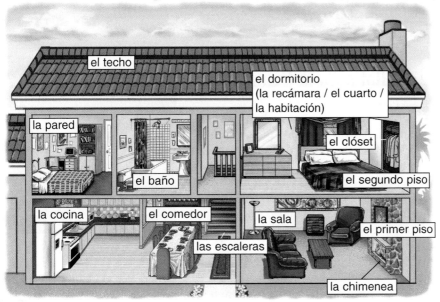

el techo

el dormitorio
(la recámara / el cuarto /
la habitación)

la pared

el clóset

el baño

el segundo piso

la cocina

el comedor

la sala

el primer piso

las escaleras

la chimenea

In most Spanish-speaking countries, people refer to the ground floor (what we consider the first floor) as **la planta baja.** What we call the second floor is then referred to as **el primer piso,** the third as **el segundo piso,** etc. In Spain, speakers may use the word **planta** instead of **piso** to refer to the floor of a building, because, there, **piso** also means *apartment.*

Flashcards

>> Actividades

1 **¿En qué cuarto estás?** Di en qué cuarto o lugar de la casa está tu compañero(a) de clase basándote en lo que él (ella) te dice que está haciendo.

MODELO: Compañero(a): Estoy preparando la comida.
Tú: *Estás en la cocina.*

1. Estoy lavando la ropa.
2. Estoy mirando un programa en la tele.
3. Estoy cenando con mi familia.
4. Me estoy lavando los dientes.

5. Estoy subiendo al segundo piso.
6. Estoy cambiándole el aceite al carro.
7. Estoy regando *(watering)* las plantas.
8. Estoy trabajando en la computadora.

2 **¿Dónde vives?** En grupos de cuatro, describan el barrio donde viven, qué tipo de casa o apartamento tienen y cómo llegan a la universidad de su casa. Añadan todos los detalles personales que quieran. Tus compañeros pueden hacerte preguntas si no les das suficiente información.

MODELO: *Yo vivo en un barrio residencial en las afueras de la ciudad. Hay apartamentos y también casas individuales. Vivo en un apartamento en el segundo piso. Es un edificio de veinte apartamentos. No hay tiendas muy cerca. Manejo para llegar a la universidad.*

Al final, informen a otro grupo o a la clase quién vive más lejos de la universidad y cuál es el modo de transporte más común.

If you or any members of your group live on campus, describe the neighborhood where you grew up.

3 **Mi casa** En grupos de tres, háganse preguntas y describan su casa o apartamento. Averigüen cómo es, cuántos cuartos tiene, si hay jardín y garaje, etc. Pueden describir la casa de su niñez o donde vive su familia ahora.

MODELOS: Compañero(a): *¿Cuántos pisos tiene tu casa?*
Tú: *Dos pisos.*
Compañero(a): *¿Cuántos dormitorios hay en tu casa?*
Tú: *Hay tres dormitorios, dos en el segundo piso y uno en el primero.*

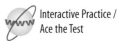

Interactive Practice /
Ace the Test

>> ¡Fíjate! >>

Web Links

Hábitat para la Humanidad

La provisión de vivienda *(housing)* en Centroamérica siempre es difícil, a causa de los desastres naturales que ocurren con frecuencia en esta región —los terremotos *(earthquakes)*, los huracanes, las erupciones volcánicas y las inundaciones *(floods)*. La organización estadounidense Hábitat para la Humanidad trabaja con los países de Centroamérica (y de otras partes del mundo) para ayudar con la construcción de casas.

Las familias beneficiarias participan activamente en la planificación y la construcción de sus casas, que cuestan aproximadamente $1.000 dólares estadounidenses por casa. El modelo básico de una casa de Hábitat mide *(measures)* de 36 a 42 m² y es diseñada para resistir los terremotos. Tiene pisos de baldosas *(floor tiles)*, paredes de bloc o ladrillo *(brick)* y techos de cinc. Consiste en un cuarto principal y dos dormitorios.

Hábitat empezó a trabajar en Guatemala en 1979, y éste fue el primer país en América Latina y el segundo país fuera de EEUU donde trabajó. Se estableció en Nicaragua en 1984. Hábitat jugó un papel *(played a role)* muy importante en la región después del huracán Mitch, que devastó partes de Guatemala y gran parte de Nicaragua y Honduras en 1998. La organización inició un proyecto para ayudar a las víctimas, construyendo casas en las áreas más afectadas.

Hábitat para la Humanidad también trabaja en Estados Unidos, donde empezó sus primeros proyectos de construcción. Muchos estadounidenses, jóvenes y mayores, han participado *(have participated)* como voluntarios en sus programas de construcción de casas en áreas pobres o para ayudar a las víctimas de desastres naturales.

Práctica En grupos de tres o cuatro personas, hablen de los siguientes temas.

1. ¿Les gusta la idea de Hábitat para la Humanidad? ¿Creen que sus proyectos benefician a la gente de Guatemala y Nicaragua?

2. Comparen una casa de Hábitat para la Humanidad con la casa donde viven o donde viven sus familias. ¿Cuántas diferencias pueden identificar?

3. ¿Conocen algunas áreas de EEUU donde hay casas de Hábitat para la Humanidad?

4. ¿Les gusta la idea de trabajar en un proyecto de Hábitat para la Humanidad en Nicaragua o Guatemala? ¿Por qué sí o por qué no?

Vocabulario útil ②

00:00:00

BETO: No me parece justo. Yo **tendía las camas, pasaba la aspiradora, lavaba los platos** igual que mis hermanas.

DULCE: Pues eres único.

BETO: Sí, mi mamá decía que yo era su ayudante preferido. **Barría el piso, sacaba la basura, ponía la mesa, limpiaba los baños, planchaba, sacudía las alfombras...**

DULCE: Oye, me estás tomando el pelo, ¿verdad? Yo no conozco a ningún niño tan trabajador.

Los quehaceres domésticos

Dentro de la casa

arreglar el dormitorio

limpiar el baño

hacer la cama

lavar los platos

sacudir los muebles

barrer el suelo/el piso

Dentro de la casa

lavar la ropa

planchar

guardar la ropa

trapear el piso

pasar la aspiradora

poner y quitar la mesa

poner los juguetes en su lugar

preparar la comida

Fuera de la casa

darle de comer al perro y al gato

regar las plantas

sacar la basura

sacar a pasear al perro

cortar el césped

hacer el reciclaje

Los muebles y decoraciones

el cuadro · la alfombra · la persiana · el tocador/la cómoda · el sillón · la cama · la mesita de noche · la silla · la lámpara · la mesa · el espejo · las cortinas · el sofá

Flashcards

>> Actividades

4 **¿Dónde pongo esto?** Un(a) amigo(a) acaba de mudarse *(has just moved)* a un nuevo apartamento. Tú le vas a ayudar a poner todos sus muebles y decoraciones en su lugar. Pregúntale dónde van ciertas cosas. Él (Ella) va a decirte dónde quiere cada cosa.

MODELO: Tú: *¿Dónde pongo el sillón?*
Compañero(a): *Pon el sillón en la sala, por favor.*

1.

2.

3.

4.

5.

6.

5 **¿A quién le toca?** En grupos de tres, representen la siguiente situación. Ustedes tres son compañeros(as) de cuarto ¡y su apartamento es un desastre! Decidan entre sí *(among yourselves)* quién va a hacer cada quehacer. Pueden negociar si quieren.

MODELO: No hay platos limpios para la cena.
Compañero(a) #1: *¿Quién va a lavar los platos?*
Compañero(a) #2: *Yo los puedo lavar si [Compañero(a) #3] hace las compras.*
Compañero(a) #3: *Estás loco(a). Prefiero sacar la basura.*
Compañero(a) #1: *Bueno, los lavo yo.*

Problema	Nombre / Tarea
No hay platos limpios para la cena.	[Nombre] va a lavar los platos.
El perro tiene mucha hambre.	
Las plantas están secas.	
El suelo de la cocina está sucio *(dirty)*.	
Hay mucho polvo *(dust)* en los muebles.	
Mañana es día de reciclaje.	
Hay varias bolsas de basura.	
El perro tiene que salir.	
La alfombra está sucia.	
El baño es un desastre.	

Interactive Practice /
Ace the Test

¿Crees que es importante celebrar la herencia latina en libros bilingües para niños? ¿Crees que ser bilingüe y bicultural es una ventaja o una desventaja en los EEUU? ¿Por qué sí o no?

Voces de la comunidad

Web Links

NAME Francisco X. Alarcón

La tortilla
Cada tortilla
es una sabrosa *(tasty)*
ronda de aplausos
para el sol *(sun)*

Francisco X. Alarcón es uno de los autores más populares y reconocidos de libros bilingües para niños en EEUU. Con títulos tales como *Iguanas en la nieve, Los ángeles andan en bicicleta* y *Del otro lado de la noche*, sus libros celebran el mundo fantástico de la imaginación infantil.

Además de su colección de poesías infantiles, Alarcón es autor de varios libros de poesía para adultos. Su obra poética para niños y adultos ha recibido premios *(has received prizes)* nacionales de gran prestigio, y en 2003 Alarcón fue uno de los tres finalistas nominados para la posición de poeta laureado del estado de California. Nacido en Los Ángeles y criado en EEUU y México, Alarcón y sus obras ejemplifican la identidad bilingüe y bicultural de muchos latinos en EEUU.

Vocabulario útil ③

00:00:00

BETO: Pues, exagero un poco, pero sí me gustaban algunos de los quehaceres.

DULCE: ¿Como cuáles?

BETO: Pues, a ver, me gustaba limpiar **el refrigerador...**

Los electrodomésticos

el abrelatas eléctrico	*electric can opener*	**el microondas**	*microwave*
la aspiradora	*vacuum cleaner*	**la plancha**	*iron*
la estufa	*stove*	**el refrigerador**	*refrigerator*
la lavadora	*washer*	**la secadora**	*dryer*
el lavaplatos	*dishwasher*	**el televisor**	*television set*
la licuadora	*blender*	**la tostadora**	*toaster*

Flashcards

>> Actividades

6 **¿Qué necesitas?** Identifica el electrodoméstico que necesitas en cada situación.

1. Tienes que lavar ropa esta noche porque no tienes nada que ponerte mañana.
2. Tienes que abrir una lata *(can)* de atún.
3. Tu ropa está muy arrugada *(wrinkled)* porque la acabas de sacar de la maleta.
4. Quieres pan tostado con los huevos revueltos.
5. Tienes ganas de tomar un batido de frutas *(smoothie)*.
6. No tienes mucho tiempo para preparar la cena, así que decides comer un paquete de comida preparada.
7. Quieres enfriar la botella de vino.
8. Quieres limpiar la alfombra.

7 **La casa nueva** En grupos de tres, representen la siguiente situación a la clase. Pueden preparar un guión si quieren: Tres amigos(as) van a ser compañeros(as) de casa. Tienen que comparar qué tienen y qué necesitan para la casa nueva. La casa tiene tres dormitorios, una sala grande, una cocina y dos baños.

- ¿Qué muebles y electrodomésticos tienen entre los tres?
- ¿Qué necesitan comprar?
- ¿En qué cuartos quieren poner los distintos muebles y electrodomésticos?

Web Search / Interactive Practice / Ace the Test

Antes de ver el video

1 En el episodio del video de este capítulo, Beto y Dulce van de picnic. Piensa en los picnics que tú conoces. ¿Qué cosas probablemente vas a ver en el video?

2 Contesta las siguientes preguntas sobre Beto y Dulce.

1. ¿Qué recuerdas de la personalidad de Beto? ¿Es una persona muy sincera o exagera la realidad de vez en cuando?

2. ¿Qué recuerdas de la personalidad de Dulce? ¿Es una persona introvertida o extrovertida? ¿Es seria? ¿Le gusta reírse un poco de las personas muy serias?

Estrategia

Listening to tone of voice

In this chapter's video segment, pay particular attention to the tone of voice that Dulce and Beto use as they speak. In many cases, what they say does not completely reflect what they are actually thinking and feeling.

How can you tell when Beto is exaggerating, when he becomes nervous or embarrassed, and when he relaxes? How can you tell when Dulce is surprised, when she is skeptical, and when she is teasing Beto?

Listen carefully to the characters' tone of voice **(el tono de voz)** to help you understand what additional information lies beneath their surface commentary.

3 Lee los siguientes comentarios del video. Luego, mientras miras el video, presta atención particular al tono de voz que usan Beto y Dulce. Si crees que el tono contradice el comentario, escribe **C;** si crees que añade más información, marca **A.** Si crees que el tono no afecta el comentario, no escribas nada.

1. _____ Dulce: Hace mucho tiempo que no voy de picnic.

2. _____ Beto: Cuando era niño, me gustaba preparar la comida para mi familia.

3. _____ Dulce: ¿De veras? Qué bueno.

4. _____ Beto: Sí, mi mamá decía que yo era su ayudante preferido.

5. _____ Dulce: ¡Vas a ser un padre excelente!

6. _____ Beto: Mira, prueba éstos, los compré en el supermercado.

7. _____ Dulce: ¿No los preparaste tú?

8. _____ Beto: La verdad es que a mí no me gusta cocinar.

9. _____ Dulce: ¡Planchabas! ¡Limpiabas los baños! ¡Cocinabas! ¡Súper-Chico!

El video

 Mira el episodio del video para el **Capítulo 10.** No te olvides de enfocarte en el tono de voz de Dulce y Beto para entender qué quieren decir en realidad.

Después de ver el video

4 Di si los siguientes comentarios sobre el video son ciertos **(C)** o falsos **(F)**.

1. _____ Dulce está muy contenta con el picnic.

2. _____ Beto dice que preparaba la comida para su familia.

3. _____ En la familia de Dulce, los hijos también preparaban la comida.

4. _____ Beto se crió en el centro de la ciudad y se considera un hombre moderno.

5. _____ En realidad, Beto sí hacía las camas, pasaba la aspiradora y lavaba los platos.

6. _____ Dulce cree que Beto está exagerando.

7. _____ Dulce habla en serio cuando dice que Beto es el hombre ideal y va a ser un excelente padre.

8. _____ Beto se pone *(becomes)* nervioso y confiesa que no preparó la comida.

5 Trabaja con un(a) compañero(a) de clase. Basándose en la información del video, y también en lo que comprendieron del tono de voz de los dos personajes, escriban la historia verdadera de Beto. ¿Cómo era de niño? ¿Qué hacía y no hacía? Escriban por lo menos cinco oraciones que describan la realidad de su niñez.

Interactive Practice / Ace the Test

¡Prepárate!

Gramática útil ①

Expressing hopes and wishes: The subjunctive mood

Cómo usarlo

> **Lo básico**
>
> - As you know, a *verb tense* is a form of a verb that indicates *when* an action took place, is taking place, or will take place. The present indicative, the present progressive, the preterite, and the imperfect are all *verb tenses*.
>
> - *Mood* refers to a verb form that expresses *attitudes* towards actions and events.

1. In Spanish, as well as English, verbs can be used to express *time* (with tenses) and to express *attitudes* (moods). You have already learned the *indicative mood*, which is used to make statements, ask questions, and express objective, factual, or real information, and the *imperative mood*, which is used to give commands.

2. You are going to learn another mood, the *subjunctive mood*, which allows the speaker to express a variety of subjective nuances, such as hopes, wishes, desires, doubts, and opinions. The subjunctive is also used to express unknown or hypothetical situations. Although the subjunctive mood exists in English, it is often only used in literature or in formal written communication.

3. The subjunctive mood has tenses, just as the indicative mood does. You are going to learn the *present subjunctive*, which, like the present indicative, is used to express what happens regularly, what is happening now, and what is about to happen. The difference is that the present subjunctive views these present-tense events through a subjective, emotional, or contrary-to-fact filter.

4. In this chapter, you will focus on forming the present subjunctive correctly and using it to express how people wish to influence the actions of others.

Compare the following sentences that contrast the uses of the present indicative and the present subjunctive.

Cuando yo tenga hijos, **quiero que aprendan** a ser responsables desde muy pequeños.

Present indicative	Present subjunctive
Marilena **visita** a su familia.	Su abuela **quiere que** Marilena **visite** a su familia.
Gonzalo **necesita** el libro de su amigo.	Gonzalo **necesita que** su amigo le **dé** su libro.
Marta no **recomienda** el concierto.	Marta no **recomienda que vayamos** al concierto.

5. Notice that in the sentences on page 318, the subjunctive is only used when there is a change of subject; in other words, when someone else wishes another person to take (or not take) some sort of action. This change of subject is signaled by the word **que.** Follow this formula.

Person 1 + indicative verb + que + Person 2 + subjunctive verb

Adela	**quiere**	**que**	**Elmer**	***venga a la fiesta.***
Adela	*wants*	*(that)*	*Elmer*	*to come (come) to the party.*

6. Here are some verbs that you can use to express what people wish, need, request, desire, or want others to do (or not to do!).

aconsejar *to advise*	**permitir** *to permit, allow*
desear *to wish*	**prohibir** *to forbid*
esperar *to hope*	**querer** *to wish; to want*
insistir en *to insist*	**recomendar (ie)** *to recommend*
mandar *to order*	**requerir (ie, i)** *to require*
necesitar *to need*	**sugerir (ie, i)** *to suggest*
pedir (i, i) *to ask, request*	

> Remember that if there is no change of subject in the sentence, the infinitive is used: **Adela quiere invitar a Elmer a la fiesta.**

> Note that often the subjunctive translates into English as an infinitive.

Cómo formarlo

 Video Tutorial

 Flashcards

1. To form the subjunctive, take the present indicative **yo** form of the verb, delete the **-o,** and add the following subjunctive endings. Using the **yo** form of the verb makes sure that any irregularities such as stem changes are automatically carried over into the present subjunctive forms.

	hablar	**comer**	**escribir**
yo	habl**e**	com**a**	escrib**a**
tú	habl**es**	com**as**	escrib**as**
usted / él / ella	habl**e**	com**a**	escrib**a**
nosotros / nosotras	habl**emos**	com**amos**	escrib**amos**
vosotros / vosotras	habl**éis**	com**áis**	escrib**áis**
ustedes / ellos / ellas	habl**en**	com**an**	escrib**an**

> Notice the similarity between the subjunctive forms and the **usted / ustedes** command forms, both of which are based on the idea of using "opposite vowel endings." (To review formation of the **usted / ustedes** command forms, see page 185 in **Chapter 6.**)

2. **-Ar** and **-er** stem-changing verbs follow the same stem-changing pattern that they use in the present indicative (i.e., all forms reflect a stem change except the **nosotros** and the **vosotros** forms). However, **-ir** stem-changing verbs show a stem change in the **nosotros** and the **vosotros** forms as well.

-ar verb: pensar	p**ie**nse, p**ie**nses, p**ie**nse, pensemos, penséis, p**ie**nsen
-er verb: poder	p**ue**da, p**ue**das, p**ue**da, podamos, podáis, p**ue**dan
-ir verb: pedir	p**i**da, p**i**das, p**i**da, p**i**damos, p**i**dáis, p**i**dan
-ir verb: sugerir	sug**ie**ra, sug**ie**ras, sug**ie**ra, sug**i**ramos, sug**i**ráis, sug**ie**ran

Note that the stem-changing verbs **dormir** and **morir** show an additional **o → u** change in the **nosotros** and **vosotros** forms.

dormir:	d**ue**rma, d**ue**rmas, d**ue**rma, d**u**rmamos, d**u**rmáis, d**ue**rman
morir:	m**ue**ra, m**ue**ras, m**ue**ra, m**u**ramos, m**u**ráis, m**ue**ran

3. Spelling-change verbs in the preterite (**-car** verbs: **c → qu**, **-gar** verbs: **g → gu**, and **-zar** verbs: **z → c**) have the same spelling change in all forms of the present subjunctive.

	buscar (c → qu)	llegar (g → gu)	comenzar (z → c)
yo	bus**que**	lle**gue**	comien**ce**
tú	bus**ques**	lle**gues**	comien**ces**
usted / él / ella	bus**que**	lle**gue**	comien**ce**
nosotros / nosotras	bus**quemos**	lle**guemos**	comen**cemos**
vosotros / vosotras	bus**quéis**	lle**guéis**	comen**céis**
ustedes / ellos / ellas	bus**quen**	lle**guen**	comien**cen**

4. The following verbs have irregular present subjunctive forms.

	dar	estar	ir	saber	ser
yo	**dé**	**esté**	**vaya**	**sepa**	**sea**
tú	**des**	**estés**	**vayas**	**sepas**	**seas**
usted / él / ella	**dé**	**esté**	**vaya**	**sepa**	**sea**
nosotros / nosotras	**demos**	**estemos**	**vayamos**	**sepamos**	**seamos**
vosotros / vosotras	**deis**	**estéis**	**vayáis**	**sepáis**	**seáis**
ustedes / ellos / ellas	**den**	**estén**	**vayan**	**sepan**	**sean**

>> Actividades

1 **Abuelita quiere que...** Miguelín, Andrea y Arturo son hermanos. Están de visita en casa de su abuelita. Ella quiere que ellos la ayuden con algunos de los quehaceres. Escucha los mandatos que les da a los niños. Completa las siguientes oraciones según el modelo.

MODELO: Escuchas: Miguelín, por favor, dale de comer al gato.
Escribes: Abuelita quiere que Miguelín *le dé de comer al gato.*

1. Insiste en que Arturo y Andrea _____.
2. Necesita que alguien _____.
3. Espera que los niños _____.
4. Sugiere que los niños _____.
5. Le pide a Andrea que _____.
6. Quiere que todos _____.

2 **Compañero de cuarto** Buscas un(a) compañero(a) de cuarto, pero tienes requisitos muy específicos. Di lo que esperas de un(a) compañero(a) de cuarto.

Verbos útiles

(no) esperar	necesitar
permitir	pedir
recomendar	querer
prohibir	insistir
sugerir	

MODELO: (tú) no fumar / dentro de la casa
Insisto en que no fumes dentro de la casa.

1. (tú y tus amigos) no hacer mucho ruido después de las nueve de la noche
2. (tú) tener un perro o gato
3. (tú) preparar la cena dos o tres veces por semana
4. (tú y yo) limpiar el baño una vez por semana
5. (tú) invitar a amigos a quedarse la noche
6. (nosotros) pagar la renta a tiempo
7. (tú y yo) pasar la aspiradora una vez por semana
8. (tú) lavar los platos la misma noche que los usas
9. (nosotros/as) ser buenos(as) amigos(as)

3 **¡Quiero que limpies tu cuarto!** Tu compañero(a) de cuarto te está volviendo loco(a) porque no hace sus quehaceres y hace otras cosas que te molestan. Dile lo que quieres que haga y lo que quieres que no haga. Luego, tu compañero(a) te va a decir a ti lo que él (ella) quiere que tú hagas y no hagas.

MODELO: Tú: *Quiero que pongas los platos en el lavaplatos después de comer.*
Compañero(a): *Pues, insisto en que no dejes tu ropa en la secadora después de usarla.*

Posibles quehaceres: sacudir los muebles, hacer la cama, hacer el reciclaje, sacar la basura, cortar el césped, poner la mesa, pasar la aspiradora, trapear el piso

4 **Sugerencias** Acabas de conocer a Daniel, un nuevo estudiante de Nicaragua que sabe muy poco de la universidad. Basándote en tu experiencia, hazle seis sugerencias a Daniel sobre los estudios, la vida universitaria, la vida social, dónde vivir, etc. Trata de usar algunos de los siguientes verbos: **aconsejar, desear, esperar, insistir en, mandar, necesitar, pedir, permitir, prohibir, querer, recomendar, requerir, sugerir.**

MODELO: *Sugiero que no vivas en un apartamento porque es más difícil conocer a otros estudiantes. Recomiendo que comas en...y que vayas a...*

Interactive Practice /
Ace the Test

Expresión En grupos de tres o cuatro estudiantes, imaginen el escenario al revés: la mujer es la que necesita que su esposo haga varias cosas. Vuelvan a escribir *(Rewrite)* la tira cómica con esta perspectiva nueva.

¿Conoces a alguien como el esposo, que siempre necesita que otros hagan todo para él o ella? ¿Qué cosas pide?

Gramática útil ②

Emphasizing ownership: Stressed possessives

> What are the stressed possessives in this movie review? To whom are they referring?

Los tuyos, los míos y los nuestros
Dos familias, una casa

Comedia / 90 min
Reparto: Dennis Quaid, Rene Russo, Sean Faris
Director: Raja Gosnell
Estreno en EEUU: 2005

Frank es viudo, Helen también. Él tiene 8 hijos y ella, 10. Cuando deciden casarse, deben organizar la casa y las rutinas para no enloquecer. Pero también deben hacer frente al repertorio de intereses y necesidades que plantean sus retoños. Remake de una exitosa comedia protagonizada en 1968 por Henry Fonda y Lucille Ball.

Cómo usarlo

1. You have already learned how to express possession in Spanish using possessive adjectives and phrases with **de.**

| Es **tu** habitación. | *It's **your** bedroom.* |
| Es la habitación **de Nati.** | *It's **Nati's** bedroom.* |

2. When you wish to emphasize, contrast, or clarify who owns something, you can also use stressed possessives.

Stressed possessives		Unstressed possessive	
Es la casa **mía.**	*It's **my** house.*	Es **mi** casa.	*It's **my** house.*
¡La casa es **mía**!	*The house is **mine**!*		
La casa es **mía,** no **suya.**	*The house is **mine,** not **yours / his / hers**.*		

3. Stressed possessives must agree in number and gender with the noun they modify: **un libro mío, la calculadora mía, los videos míos, las mochilas mías.**

4. Stressed possessives may be used as adjectives with a noun, in which case they follow the noun: **Es el coche *mío*.** If it's clear what is being referred to, the noun may be dropped: **—¿De quién es el coche? —Es *mío*.**

5. Stressed possessives can also be used as pronouns that replace the noun. Notice that the article is maintained: **Le gusta *el coche mío*. Le gusta *el mío*.**

Video Tutorial

Flashcards

Cómo formarlo

Here are the stressed possessive forms in Spanish.

person	singular	plural	
yo	**mío, mía**	**míos, mías**	*my, mine*
tú	**tuyo, tuya**	**tuyos, tuyas**	*your, yours*
usted / él / ella	**suyo, suya**	**suyos, suyas**	*your, yours, his, her, hers, its*
nosotros / nosotras	**nuestro, nuestra**	**nuestros, nuestras**	*our, ours*
vosotros / vosotras	**vuestro, vuestra**	**vuestros, vuestras**	*your, yours*
ustedes / ellos / ellas	**suyo, suya**	**suyos, suyas**	*your, yours, their, theirs*

English uses inflection and vocal stress to emphasize something: *These are **my** books*. In Spanish, inflection and vocal stress are not used the way they are in English. Instead, stressed possessive forms play this role. For example, if you want to emphasize ownership in Spanish, you would say **Estos libros son *míos*,** but never **Estos son *mis* libros.**

>>Actividades

5 **La fiesta** La fiesta se ha terminado y el anfitrión *(host)* quiere estar seguro de que los invitados se lleven todas sus cosas. Tú conoces todos los artículos de ropa de tus amigos. Contesta las preguntas del anfitrión. Sigue el modelo.

MODELO: Anfitrión: ¿Es éste el impermeable de Martín? (gris)
Tú: *No, no es suyo. El suyo es gris.*

1. ¿Es éste tu abrigo? (negro)
2. ¿Es ésta la bufanda de María? (azul)
3. ¿Son éstos los guantes de Miguel? (de piel)
4. ¿Son éstas las botas de ustedes? (de otra marca)
5. ¿Es ésta tu gorra? (de lana)
6. ¿Son éstas las bolsas de Ana y Adela? (verdes)
7. ¿Es éste el saco de Pablo? (de un solo color)

6 **María, Elena y yo** Un amigo quiere saber de quién son ciertos muebles y decoraciones. Contesta sus preguntas según el modelo.

MODELO: yo
Escuchas: ¿De quién es esta lámpara?
Escribes: *Es mía.*

Interactive Practice / Ace the Test

1. María	3. tú	5. María
2. Elena	4. Elena	6. yo

Gramática útil ❸

Expressing ongoing events and duration of time: Hace / Hacía with time expressions

Cómo usarlo

1. **Hace** and **hacía** are used to talk about ongoing actions and their duration. They can also be used to say how long it has been since someone has done something or since something has occurred. Look carefully at the following formulas and model sentences.

Hace mucho tiempo que no voy de picnic.

- To express an action that has been occurring over a period of time and is still going on

> **hace** + period of time + **que** + present indicative

Hace tres años que vivimos en este barrio.
We've been living in this neighborhood for three years.

- To say *how long it has been since you have done something*

> **hace** + period of time + **que** + **no** + present indicative

Hace seis meses que no salimos de la ciudad.
We haven't left the city in six months.

- To express *how long ago an event took place*

> preterite + **hace** + period of time

Vine aquí **hace tres años.**
I came here three years ago.

> You can also say **Hace tres años que vine aquí.** Notice that **que** precedes the verb in this case.

- To say *how long an action had been going on in the past* before another more recent past event

> **hacía** + period of time + **que** + imperfect

Cuando nos mudamos a esta nueva casa, **hacía cinco años que vivíamos** en ese apartamento.
When we moved to this new house, we had been living in that apartment for five years.

2. Use the following formulas to ask *questions* with **hace** and **hacía**.

- To ask *how long an action or event has been going on* (**hace** + present indicative)

¿Cuánto tiempo hace que vives aquí?
How long have you been living here?

- To ask *how long it has been since an action or event last occurred* (**hace** + **no** + present)

¿Cuánto tiempo hace que no hablas con tus abuelos?
How long has it been since you spoke to your grandparents?

Video Tutorial

Flashcards

- To ask *how long ago an action took place* (**hace** + preterite)

¿Cuánto tiempo hace que hablaste con tus abuelos?   ***How long ago did you speak*** *to your grandparents?*

- To ask *how long an action or event had been going on* in the past (**hacía** + imperfect)

¿Cuánto tiempo hacía que no podías ir a la escuela?   ***How long had you not been*** ***able*** *to go to school?*

>> Actividades

7 **¡Odio los quehaceres!** Odias los quehaceres. Di cuánto tiempo hace que no haces ciertos quehaceres en tu casa.

MODELO: no pasar la aspiradora (dos meses)
          Hace dos meses que no paso la aspiradora.

1. no limpiar el baño (tres semanas)
2. no preparar la comida en casa (una semana)
3. no cortar el césped (seis semanas)
4. no trabajar en el jardín (un mes)
5. no limpiar el garaje (tres años)
6. no arreglar el sótano (dos años)
7. no trapear el piso (un mes)

8 **¿Y tú?** Túrnense para preguntarle a un(a) compañero(a) cuánto tiempo hace que él o ella no hace ciertos quehaceres.

MODELO: Tú: *¿Cuánto tiempo hace que no lavas la ropa?*
          Compañero(a): *Hace dos semanas que no lavo la ropa.*

9 **¿Cuánto tiempo hace?** Túrnense para preguntarle a un(a) compañero(a) cuánto tiempo hace que participó en ciertas actividades. Puedes usar ideas de la lista o puedes inventar tus propias preguntas.

Ideas: estudiar español en..., comprar tu carro, hablar con tus abuelos, mudarte a tu apartamento, conocer a tu novio(a), ¿...?

MODELO: Tú: *¿Cuánto tiempo hace que estudiaste español en Nicaragua?*
          Compañero(a): *Estudié español en Nicaragua hace cinco años.*

10 **Hacía cinco años que...** Manuel y su familia se mudaron de Guatemala a Estados Unidos hace muchos años. Manuel recuerda cuando él se graduó del colegio. ¿Qué dice?

MODELO: nosotros / vivir en Estados Unidos (cinco años)
          Cuando me gradué del colegio, hacía cinco años que vivíamos
            en Estados Unidos.

1. yo / estudiar inglés (diez años)
2. papá / trabajar con la compañía GE (dos años)
3. mamá / tomar clases de computación (tres años)
4. mi novia y yo / conocerse (un año)
5. nosotros / alquilar nuestra casa (dos años)
6. mi hermano / estudiar en la Universidad de Los Ángeles (tres años)

Interactive Practice / Ace the Test

Gramática útil ④
Choosing between **por** and **para**

Cómo usarlo

1. You have already learned some expressions that use the prepositions **por (por favor, por lo general)** and **para (Para plato principal, voy a pedir…).**

2. **Por** and **para** are often translated with the same words in English, but they are not used interchangeably in Spanish. Here are some guidelines to help you use them correctly.

por dentro ...

AGO DOS

y por fuera

por dentro la belleza y elegancia de las maderas nobles naturales de roble o sapelly barnizadas.
por fuera el acabado y la dureza del aluminio lacado al fuego.

> Can you figure out why **por** is used in this ad and not **para**?

Use **por...**	
to describe the *method by which an action is carried out.*	Viajamos **por** avión. Hablamos **por** teléfono. Nos comunicamos **por** Internet.
to give a *cause or reason.*	Miguel está preocupado **por** su salud. Elena está nerviosa **por** el examen.
to give a *time of day.*	Vamos al café **por** la tarde. **Por** las noches, comemos en casa.
to describe *motion through or around* a place.	Pasamos **por** la playa todas las mañanas. Vas **por** el centro de la ciudad y luego doblas a la izquierda.
to express the idea of an *exchange.*	Pagué doce dólares **por** el espejo. ¡Gracias **por** todo!
to say that something was done on *behalf of someone else.*	Lo hice **por** mi hermano porque estaba enfermo. Puedo hablar **por** ellos.
to express *units of measurement.*	Venden las naranjas **por** kilo. Venden la canela **por** gramos.
to express *duration of time.*	Estuvimos en el restaurante **por** dos horas. Fuimos a Bolivia **por** tres semanas.
in certain *fixed expressions.*	**por ejemplo** (*for example*) **por eso** (*so, that's why*) **por favor** (*please*) **por fin** (*finally*) **por lo menos** (*at least*) **por supuesto** (*of course*)

Use **para**...	
to indicate *destination*.	Salimos **para** un parque en las afueras y nos perdimos.
to indicate a *recipient* of an object or action.	El cuadro es **para** Angélica. Limpié la casa **para** mis padres.
to indicate a *deadline or specific time in the future*.	Hicimos reservaciones en el restaurante **para** la próxima semana. Tengo que escribir un informe **para** mañana.
to express *intent or purpose*.	Estas lámparas son **para** la sala. Vinieron temprano **para** limpiar la casa.
to indicate an *employer*.	Trabajo **para** la universidad.
to make a *comparison*.	**Para** estudiante, tiene mucho dinero. **Para** mí, la sopa de ajo es la mejor de todas.

3. To aid your understanding of these two prepositions, here are some ways they are translated into English.

Por	Para
(in exchange) for	*for* (deadline)
during, in	*toward, in the direction of*
through, along	*for* (recipient or purpose)
on behalf of	*in order to* + verb
for (duration of an event)	*for* . . . (in comparison with others)
by (transportation)	*for* (employer)

Video Tutorial

Flashcards

>> Actividades

11 **¡Vamos a Nicaragua!** Ernesto va a viajar a Nicaragua. Completa su descripción con **por** o **para** para saber más de su viaje con su familia.

1. Vamos a ir a Nicaragua _____ las vacaciones.

2. Vamos principalmente _____ visitar a mis tíos.

3. Vamos a viajar _____ avión.

4. Hicimos las reservaciones _____ Internet.

5. Pagamos muy poco _____ los boletos.

6. Mañana voy a llamar a mis tíos _____ decirles nuestra hora de llegada.

7. Mi tío trabaja _____ una compañía de telecomunicaciones en Nicaragua.

8. Nos vamos a quedar en Managua _____ un mes.

9. Queremos viajar _____ todo el país.

10. _____ mí, va a ser una experiencia inolvidable.

12 **¿Por o para?** Vas a hacerle cinco preguntas a tu compañero(a). Usa elementos de las cuatro columnas para formar las preguntas. Luego, él o ella te va a hacer cinco preguntas a ti. Sé creativo(a) con tus preguntas y sincero(a) con tus respuestas.

Columna A	Columna B	Columna C	Columna D
¿Te gusta?	hacer compras	por	Internet
¿Prefieres?	hacer reservaciones	para	compañía
¿Quieres?	esperar a un amigo		(internacional, etc.)
¿...?	viajar		restaurante (cine, etc.)
	pagar demasiado		avión (autobús, tren)
	comprar un regalo		salir temprano
	trabajar		los libros de texto
	hacer planes		(los CDs, etc.)
	comunicarte		[nombre de persona]
	¿...?		teléfono (correo
			electrónico,
			carta, etc.)
			dos (o más) horas
			la próxima semana
			(mes, año)
			¿...?

MODELOS: *¿Te gusta hacer compras por Internet?*
Cuando haces reservaciones, ¿prefieres hacerlas por Internet o por teléfono?
Cuando termines la universidad, ¿quieres trabajar para una compañía internacional o nacional?

Interactive Practice /
Ace the Test

Exploraciones culturales

Guatemala y Nicaragua

Una gran presencia en Centroamérica Lee los siguientes textos sobre Guatemala y Nicaragua. Luego completa un diagrama Venn como el siguiente. Pon los números de los comentarios sobre Guatemala a la izquierda y los de los comentarios sobre Nicaragua a la derecha. Los números de los comentarios que se refieren a los dos países van en el centro del diagrama.

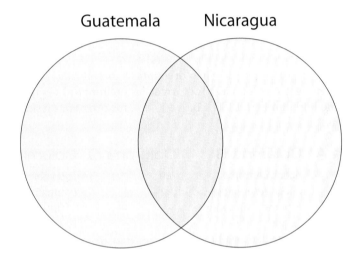

1. Hace frontera con cuatro países.
2. Hace frontera con dos países.
3. Tiene costas en el mar Caribe y en el océano Pacífico.
4. Más del 40% de la población es de ascendencia maya y otro 59% de la población es mestiza.
5. El 69% de la población es mestiza.
6. Tiene una tradición literaria muy importante.
7. Tiene muchos volcanes.
8. Tiene una ciudad antigua conocida por su arquitectura colonial.
9. Se encuentran ruinas y templos mayas en este país.
10. Es el país más grande de Centroamérica.

Guatemala

La geografía y el clima

Guatemala tiene fronteras con México, Belice, Honduras y El Salvador; al noreste de Guatemala está el mar Caribe y al sur está el océano Pacífico. En Guatemala abundan las montañas, excepto en la región de El Petén, que es un área de selvas tropicales. Guatemala es también uno de los países del mundo con el mayor número de volcanes. Muchos de los cráteres de sus antiguos volcanes se han convertido en *(have become)* lagos altos y hermosos. Guatemala tiene una variedad de climas; no hace ni mucho frío ni mucho calor.

El volcán San Pedro, cerca del lago Atitlán en Guatemala

Los mayas

La cultura indígena de mayor influencia por toda Guatemala es la cultura maya. Hoy día en el país se hablan más de veinte lenguas de la familia maya-quiché. La gran mayoría de la población o es de ascendencia maya (más del 40%), o es mestiza (59%). (*Mestizo* se refiere a una combinación de sangre europea e indígena.) Estos descendientes mantienen vivas las tradiciones culturales de los mayas; todavía llevan el traje indígena típico y practican las mismas artesanías con los mismos colores y diseños.

Mujeres mayas en Guatemala

"La biblia" de los maya-quiché es el *Popol Vuh*. Este libro sagrado describe la creación de los hombres, las mujeres y el mundo entero. Las creencias religiosas de los mayas también se reflejan en sus ciudades. Tikal y Uacaxtún en El Petén son las dos antiguas ciudades mayas más importantes de Guatemala. Tikal tiene cinco templos mayas en forma de pirámide. Un templo en Uacaxtún, que tal vez sea la pirámide maya más antigua de Centroamérica, es un observatorio astronómico.

Antigua

Se considera esta ciudad como una de las más antiguas y bellas de las Américas. Durante su historia de más de 450 años, Antigua ha sufrido unos 16 desastres naturales, incluyendo terremotos *(earthquakes)*, diluvios *(floods)* e incendios. Sin embargo, tiene fama por la calidad de su arquitectura colonial. Entre los edificios más famosos de la ciudad está la Casa Popenoe, una casa elegante construida en 1636. Gracias al cuidadoso trabajo de conservación iniciado por la familia Popenoe durante los años treinta, la casa sirve como un auténtico ejemplo de cómo se vivía en la época colonial.

Casa Popenoe

Las letras

Dos guatemaltecos son ganadores del Premio Nóbel: Miguel Ángel Asturias y Rigoberta Menchú Tum. El escritor Miguel Ángel Asturias, quien recibió el Premio Nóbel de Literatura en 1967, es un novelista famoso cuya obra maestra se titula *El señor Presidente*. En 1992, la escritora y activista Rigoberta Menchú Tum recibió el Premio Nóbel de la Paz. En su autobiografía, *Me llamo Rigoberta Menchú y así me nació la conciencia* (1983), la autora nos relata las injusticias que han sufrido los maya-quiché desde la colonización española.

El lago Nicaragua

Nicaragua

La geografía y el clima

Nicaragua tiene fronteras con Honduras y Costa Rica; al este está el mar Caribe y al oeste el océano Pacífico. Nicaragua, un país muy montañoso, es el más grande de Centroamérica. Tiene unos cincuenta y ocho volcanes, seis de los cuales están todavía activos. Nicaragua también se conoce por sus bonitos lagos. Entre ellos están el Managua (también llamado Xolotlán) y el lago Nicaragua (o Cocibolca), que es uno de los lagos de agua dulce *(freshwater)* más grandes del mundo. Nicaragua tiene buen clima en su interior; las costas son húmedas y calurosas, aunque es menos húmedo en la costa oeste.

Grupos indígenas

Antes de la llegada de Cristóbal Colón en 1502, varios grupos indígenas vivían en Nicaragua: los nicaraos, los chorotegas, los chontales y los mosquitos (llamados también 'misquitos' en otras partes de Centroamérica). Hoy día, el 69 por ciento de la población de Nicaragua es mestiza. Sólo en la Costa de los Mosquitos viven indígenas puros—un 5 por ciento de la población total de Nicaragua.

Las huellas de Acahualinca

Las huellas de Acahualinca

En Acahualinca, a orillas *(on the shores)* del lago de Managua, hay unas famosas huellas *(footprints)* antiguas que, según los expertos, tienen más de seis mil años. Aunque hay varias teorías sobre su origen, no se sabe exactamente cómo fue que aparecieron. Una de las hipótesis más interesantes sugiere que se formaron cuando unas personas que se escapaban de una erupción volcánica pisaron *(they stepped on)* la lava caliente que encontraban a su paso.

Las letras

Nicaragua tiene fama de ser un país de poetas. El más famoso de éstos es Rubén Darío (1867–1916), cuya colección de poesía y prosa *Azul* (1888), según los críticos, inició el modernismo. El gran poeta nació en León en una casa humilde que data del siglo XIX. Otros famosos poetas nicaragüenses del pasado son Azarías Pallais, Salomón de la Selva y Alfonso Cortés. Los nuevos poetas como Rosario Murillo y Ernesto Cardenal se inspiran tanto en la política y la sociedad actuales de Nicaragua como en su pasado histórico.

 Interactive Practice

Rubén Darío describió así su lugar de nacimiento *(birthplace)*: "La casa era una vieja construcción a la manera colonial, cuartos seguidos, un largo corredor, un patio con su pozo *(well)*, árboles."

>> Conexión cultural

Mira el segmento cultural que está al final del episodio. Después, en grupos de tres o cuatro, digan cuáles de los platos mencionados en el video ustedes conocen o les gustaría probar. Cuando viajen a otros países, ¿creen que es importante probar la comida allí? ¿Por qué sí o no? Identifiquen algunos platos típicos que deben conocer los visitantes a su país.

>> ¡Conéctate!   Web Links / Web Search

Práctica Después de leer sobre Guatemala y Nicaragua, trabaja con un(a) compañero(a) de clase. Busquen información sobre dos de los siguientes temas en Internet. Usen los enlaces sugeridos en el sitio web de *Nexos* para ir a otros sitios web posibles. Luego preparen un breve informe para la clase.

1. los dialectos maya-quiché
2. Miguel Ángel Asturias
3. Rigoberta Menchú Tum
4. el *Popol Vuh*
5. Rubén Darío
6. las huellas de Acahualinca

>> Tú en el mundo hispano

Para explorar oportunidades de usar el español para estudiar o hacer trabajos voluntarios o aprendizajes en Guatemala y Nicaragua, sigue los enlaces en el sitio web de *Nexos*.

♪ Ritmos del mundo hispano

Para escuchar música de Guatemala y Nicaragua, sigue los enlaces en el sitio web de *Nexos*.

A leer

Antes de leer

Rubén Darío (1867–1916)

1 Los poemas que vas a leer son un poema de Rubén Darío (1867–1916), considerado el poeta más importante de Nicaragua, y otro de un poeta nicaragüense vanguardista, José Coronel Urtecho (1906–1994). Estos poemas, entre otros, aparecen en un sitio web que se llama "Dariana". Primero, lee la información sobre Darío que aparece en la sección **Exploraciones culturales** (p. 333). Luego lee el siguiente comentario del sitio web y contesta las preguntas a continuación.

> *"Se ha dicho que el mejor producto de exportación de Nicaragua es su poesía. Y toda nuestra mejor poesía y, por qué no, nuestra misma nicaraguanidad nacen* (are born) *y se fundamentan en Rubén Darío ... Darío pronosticó que un día su poesía, indefectiblemente, iría a las muchedumbres* (would reach the masses). *Valga esta humilde página y esta todo-abarcante* (all-encompassing) *tecnología para intentarlo"*.

1. Según este comentario, ¿cuál es el mejor producto de exportación de Nicaragua?

2. ¿Creía Darío que muchas o pocas personas leerían *(would read)* su poesía?

3. ¿Cómo ayuda la tecnología a implementar la visión de Darío?

2 Lee las siguientes preguntas sobre los poemas a continuación. Después, lee los poemas rápidamente y contesta las preguntas. Luego vas a leer los poemas más detalladamente.

1. ¿Cuál(es) de los poemas se escribe(n) en rima? ¿Se escribe uno en verso libre?

2. Busca un ejemplo de dos palabras que riman.

3. Busca el uso de la repetición de palabras en los dos poemas. Escribe dos ejemplos de la repetición de una palabra o de palabras semejantes.

4. ¿Cuál es el tema principal de los dos poemas?

Capítulo 11

¿Qué quieres ver?

➤ Culturas

¿Qué significa la palabra **cultura** para ti? ¿Quiere decir el arte, el ballet, los museos, el teatro, la ópera? O, en tu opinión, ¿se refiere más bien a la televisión, las películas, la música popular e Internet? ¿Qué tipo de actividad cultural te gusta más? En este capítulo vamos a hablar de diversiones culturales y cómo nos gusta pasar el tiempo libre.

Unos visitantes al Museo de Antioquia en Medellín, Colombia miran unas obras del famoso pintor colombiano Fernando Botero.

➤ Communication

By the end of this chapter you will be able to
- talk about popular and high culture
- express preferences and make suggestions about entertainment
- express emotion and wishes
- express doubt and uncertainty
- express unrealized desires and unknown situations

➤ Cultures

By the end of this chapter you will have learned about
- Venezuela and Colombia
- a Colombian soap opera
- reality programs in Latin America
- media usage in Venezuela, Colombia, and the U.S.

338

Lectura

3 Ahora lee los poemas con más detalle. Escucha los sonidos *(sounds)* de las palabras y trata de entender la idea principal de cada poema.

> #### José Coronel Urtecho
> #### *Dos canciones de amor para el otoño*
>
> **I** CUANDA YA NADA PIDO
> y casi nada espero
> y apenas puedo nada[1]
> es cuando más te quiero.
>
> **II** BASTA[2] QUE ESTÉS, QUE SEAS
> Que te pueda llamar, que te llame María
> Para saber quién soy y conocer quién eres
> Para saberme tuyo y conocerte mía
> Mi mujer entre todas las mujeres.
>
> [1]**apenas**… *There's nothing to be done, I can do no more.*
> [2]**Basta**… *Es bastante*

> #### Rubén Darío
> #### *Amo, amas*
>
> AMAR[3], AMAR, AMAR, AMAR SIEMPRE, CON TODO
> el ser y con la tierra y con el cielo[4],
> con lo claro del sol y lo oscuro del lodo[5]:
> amar por toda ciencia y amar por todo anhelo[6].
>
> Y cuando la montaña de la vida
> nos sea dura y larga y alta y llena de abismos,
> amar la inmensidad que es de amor encendida[7]
> ¡y arder[8] en la fusión de nuestros pechos[9] mismos!
>
> [3]*to love* [4]**con la tierra**… *with the earth and with the sky* [5]*mud*
> [6]*wish, desire* [7]*burning, on fire* [8]*to burn* [9]*hearts (literally, chests)*

Después de leer

●● **4** Trabaja con un(a) compañero(a) para contestar las preguntas de comprensión.

"Dos canciones de amor para el otoño, I, II" de Coronel Urtecho

1. ¿Cuál de las siguientes oraciones mejor expresa la idea central del primer poema?
   a. Cuando el autor no tiene esperanza es cuando está más enamorado.
   b. El autor no pide ni espera el amor, porque no lo quiere.
   c. El autor no puede querer a nadie porque no tiene esperanza.
2. ¿Es optimista o pesimista la actitud del poeta? ¿Por qué?
3. ¿Cuál de los poemas les gustó más? ¿Por qué?

"Amo, amas" de Darío

4. ¿Cuál de las siguientes oraciones mejor expresa la idea central del poema?
   a. El amor es duro *(hard)* y difícil.
   b. El amor es como una montaña alta que es difícil escalar.
   c. El amor verdadero es eterno, como la naturaleza.
5. ¿Es optimista o pesimista la actitud del poeta? ¿Por qué?
6. ¿Están de acuerdo con el mensaje del poema?

Vocabulario

Áreas de la ciudad *Parts of the city*

las afueras	*the outskirts*
el apartamento	*apartment*
el barrio	*neighborhood*
...comercial	*business district*
...residencial	*residential neighborhood*
el centro de la ciudad	*downtown*
los suburbios	*suburbs*
los vecinos	*neighbors*

La casa *La casa*

el baño	*bathroom*
la chimenea	*fireplace*
el clóset	*closet*
la cocina	*kitchen*
el comedor	*dining room*
el dormitorio (la recámara, el cuarto, la habitación)	*bedroom*
las escaleras	*stairs*
el garaje	*garage*
el jardín	*garden*
la lavandería	*laundry room*
la oficina	*office*
la pared	*wall*
el pasillo	*hallway*
el patio	*patio*
el primer piso (segundo, etc.)	*first floor (second, etc.)*
la sala	*living room*
el sótano	*basement, cellar*
el techo	*roof*

Números ordinales *Ordinal numbers*

primer(o)	*first*
segundo	*second*
tercer(o)	*third*
cuarto	*fourth*
quinto	*fifth*
sexto	*sixth*
séptimo	*seventh*
octavo	*eighth*
noveno	*ninth*
décimo	*tenth*

Los quehaceres domésticos
Household chores

Dentro de la casa *Inside the house*

arreglar el dormitorio	*to straighten up the bedroom*
barrer el suelo (el piso)	*to sweep the floor*
guardar la ropa	*to put away the clothes*
hacer la cama	*to make the bed*
lavar los platos (la ropa)	*to wash the dishes (the clothes)*
limpiar el baño	*to clean the bathroom*
pasar la aspiradora	*to vacuum*
planchar	*to iron*
poner los juguetes en su lugar	*to put the toys away*
poner y quitar la mesa	*to set and to clear the table*
preparar la comida	*to prepare the food*
sacudir los muebles	*to dust the furniture*
trapear el piso	*to mop the floor*

Fuera de la casa *Outside the house*

cortar el césped	*to mow the lawn*
darle de comer al perro (gato)	*to feed the dog (cat)*
hacer el reciclaje	*to do the recycling*
regar (ie) las plantas	*to water the plants*
sacar a pasear al perro	*to take the dog for a walk*
sacar la basura	*to take out the garbage*

Los muebles y decoraciones
Furniture and decorations

la alfombra	*rug, carpet*
la cama	*bed*
las cortinas	*curtains*
el cuadro	*painting, print*
el espejo	*mirror*
la lámpara	*lamp*
la mesa	*table*
la mesita de noche	*night table*
la persiana	*Venetian blind*
la silla	*chair*
el sillón	*armchair*
el sofa	*sofa*
el tocador (la cómoda)	*dresser*

Los electrodomésticos *Appliances*

el abrelatas eléctrico	*electric can opener*
la aspiradora	*vacuum cleaner*
la estufa	*stove*
la lavadora	*washer*
el lavaplatos	*dishwasher*
la licuadora	*blender*
el microondas	*microwave*
la plancha	*iron*
el refrigerador	*refrigerator*
la secadora	*dryer*
el televisor	*television set*
la tostadora	*toaster*

Verbos

aconsejar	*to advise*
desear	*to wish*
esperar	*to hope*
insistir en	*to insist*
mandar	*to order*
necesitar	*to need*
pedir (i, i)	*to ask, request*
permitir	*to permit, allow*
prohibir	*to forbid*
querer	*to wish; to want*
recomendar (ie)	*to recommend*
requerir (ie)	*to require*
sugerir (ie, i)	*to suggest*

Adjetivos posesivos

mío, mía, míos, mías	*my, mine*
tuyo, tuya, tuyos, tuyas	*your, yours*
suyo, suya, suyos, suyas	*your, yours, his, her, hers, its, their, theirs*
nuestro, nuestra, nuestros, nuestras	*our, ours*
vuestro, vuestra, vuestros, vuestras	*your, yours*

Otras palabras y expresiones

para	*for; by (a deadline); toward, in the direction of; for (a specific recipient, employer, or purpose); in order to (+ verb); for . . . (in comparison with others)*
por	*(in exchange) for; during; through, along; on behalf of; for (duration of an event); by (a means of transportation)*
por ejemplo	*for example*
por eso	*so, that's why*
por favor	*please*
por fin	*finally*
por lo menos	*at least*
por supuesto	*of course*

¿Quieres ver la tele? Aquí tienes el control remoto...

¿No tienes un periódico?

❯ Los datos

Mira la información del gráfico. Luego di si las siguientes oraciones son ciertas o falsas.

Cantidad total de...	Canadá Población: 33.391.000	Colombia Población: 44.380.000	EEUU Población: 301.140.000	Venezuela Población: 26.023.600
computadoras personales	22.390.000	1.892.000	223.810.000	2.145.000
teléfonos celulares	17.017.000	29.765.000	223.000.000	18.800.000
radios	32.300.000	21.000.000	575.000.000	10.750.000
televisores	21.500.000	4.590.000	219.000.000	4.100.000
usuarios de Internet	22.000.000	6.705.000	208.000.000	4.140.000
canales de televisión	80	60	2.218	66
cines	692	277	15.559	284
emisoras de radio	833	515	13.770	232

❶ En todos los países, más de la mitad *(half)* de la población tiene teléfono celular.

❷ EEUU tiene cinco veces más canales de televisión que Colombia y Venezuela.

❸ Hay más radios que personas en EEUU.

❹ Muchos colombianos y venezolanos usan Internet pero no tienen computadora personal.

❯ ¡Adivina!

¿Qué sabes de Colombia y Venezuela? Indica si las siguientes oraciones sobre las artes se refieren a Colombia, a Venezuela o a los dos países. (Las respuestas están en la página 358.)

❶ Este país tiene una gran historia en las artes cinematográficas.

❷ Este país produce muchos programas de televisión.

❸ Los músicos populares Juanes y Shakira provienen de este país.

❹ Los artistas Fernando Botero y Ana Mercedes Hoyos son nativos de este país.

❺ Este país tiene uno de los centros culturales más grandes e importantes de Sudamérica.

¡Imagínate!

Vocabulario útil ①

00:00:00

JAVIER: ¿Qué clase de **películas** te gustan?

ANILÚ: Me encantan **las comedias románticas**. Quiero ver una película que me haga reír. ¿Y tú?

JAVIER: Bueno, está bien. Podemos ver una comedia.

ANILÚ: No contestaste mi pregunta.

JAVIER: A ver... me gustan **los dramas**... y **los documentales** me parecen siempre informativos. Leí **una crítica** de una película que parece muy buena... **Los críticos** la **calificaron con cuatro estrellas.**

ANILÚ: ¡La crítica! Yo nunca leo las críticas. En primer lugar, **los críticos** no saben de lo que hablan. Y en segundo lugar, prefiero formar mis propias opiniones.

> Art-house or independent films, such as *Garden State* and *Napoleon Dynamite,* are referred to as **filmes / películas de autor**. Foreign films, such as *Pan's Labyrinth* and *Crouching Tiger, Hidden Dragon,* are referred to as **películas extranjeras**. In some countries, the word **largometraje** is used instead of **película** to refer to any full-length feature film.

Clases de película

la comedia (romántica)

los dibujos animados

el documental

el drama

Clases de película

el misterio

la película de acción

la película de ciencia ficción

la película de horror / terror

Sobre la película

el título	*title*
doblado(a)	*dubbed*
una película titulada...	*a movie called . . .*
con subtítulos en inglés	*with subtitles in English*
Se trata de...	*It's about . . .*
la estrella de cine	*movie star*

La crítica

calificar / clasificar con cuatro estrellas	*to give a four-star rating*
el (la) crítico(a)	*critic*
la reacción crítica	*critical reaction*
la reseña / la crítica	*review*

El índice de audiencia

apto(a) para toda la familia	*G (for general audiences)*
se recomienda discreción	*PG-13 (parental discretion advised)*
prohibido para menores	*R (minors restricted)*

En el cine

los chocolates	*chocolates*
los dulces	*candy*
la entrada / el boleto	*ticket*
las palomitas	*popcorn*

Flashcards

>> Actividades

1 **Las películas populares** Trabaja con un(a) compañero(a) de clase. Digan qué clase de películas son las siguientes y cuál es su índice de audiencia. ¿Pueden adivinar cuáles son los títulos en inglés?

Película	Clase de película	Indice	Título en inglés
No es país para viejos			
10.000 años antes de Cristo			
El hombre araña III			
Juno			
Shrek III			

MODELO: 27 vestidos
   27 vestidos *es una comedia romántica. Se recomienda discreción.*
   Su título en inglés es 27 Dresses.

2 **¿Qué clase de película es?** En grupos de tres, cada persona escribe en unos pedacitos de papel el título de dos películas conocidas. Pongan los seis papelitos en el medio del grupo. La primera persona escoge un papelito y dice algo sobre la película. La segunda persona trata de adivinar el título de la película, y la tercera persona dice qué clase de película es.

MODELO: Tú: *Los actores principales son Tom Hanks y Meg Ryan. Se trata de dos*
   personas que se comunican por Internet.
   Compañero(a) #1: *Es* You've Got Mail.
   Compañero(a) #2: *Es una comedia romántica.*

3 **¿Quieres ir al cine?** Quieres invitar a tu compañero(a) al cine, pero no sabes qué clase de películas le gustan. Conversen sobre sus preferencias y decidan qué película quieren ver. Pueden comentar sobre la reacción crítica, las reseñas que hayan leído y el índice de audiencia. ¡No tienen que estar de acuerdo sobre la película que quieren ver!

MODELO: Compañero(a): *¿Quieres ir al cine?*
   Tú: *Sí, me gustaría.*
   Compañero(a): *¿Qué clase de películas te gustan?*
   Tú: *Me encantan los dramas. Hay una película clásica que me gustaría*
   ver: Casablanca *con Humphrey Bogart.*
   Compañero(a): *A mí no me gustan los dramas. Prefiero ver una película*
   de acción…

> Remember the phrase **me gustaría** *(I would like to)*? You can also use **me encantaría** *(I would love to).*

Web Search /
Interactive Practice /
Ace the Test

Vocabulario útil ②

00:00:00

ANILÚ: Dame ese **control** un momento. Voy a **cambiar de canal.** ¡Odio a **esa entrevistadora!**

La televisión

el cable	*cable television*
cambiar el / de canal	*to change the channel*
el control remoto	*remote control*
en vivo	*live*
el episodio	*episode*
la estación	*station*
grabar	*to videotape; to record*
por satélite	*by satellite dish*
la teleguía	*TV guide*

Los programas de televisión

la telecomedia   *sitcom*   **la teleserie**   *TV series*

las noticias

el programa de concursos

el programa de entrevistas

el programa de realidad

el teledrama

la telenovela

La gente en la televisión

el (la) **entrevistador(a)**	*interviewer*
el (la) **locutor(a)**	*announcer*
el (la) **participante**	*participant*
el (la) **presentador(a)**	*host of the show*
el **público**	*audience*
el (la) **televidente**	*TV viewer*

www Flashcards

>> Actividades

4 **La tele** Identifica los siguientes programas y personas. Si es un programa, di qué clase de programa es. Si es una persona, di qué hace esa persona en la televisión.

1. Tyra Banks
2. *American Idol*
3. Regis Philbin
4. *The Office*
5. *One Life to Live*
6. *Nightly News with Brian Williams*
7. *The Sopranos*

•• **5** **¡Dame ese control!** Con un(a) compañero(a), identifica los siguientes programas de televisión, di si te gustan y también di por qué sí o no. Luego, describe un programa del mismo género que te guste más. Explica por qué tu programa es superior al de la lista.

1. Es un programa de entrevistas en vivo. La entrevistadora entrevista a estrellas de cine y cantantes o habla con expertos sobre temas culturales importantes. También publica una revista titulada *O*.

2. Es una telecomedia. El humor se extrae de los problemas de cuatro amigas que viven en Nueva York. Una de ellas es columnista, otra trabaja en relaciones públicas, otra es abogada y la cuarta trabaja en una galería de arte.

3. Es un programa de concursos. Los participantes compiten cada semana a través de sus presentaciones musicales. Los jueces dan sus opiniones sobre quién canta mejor, pero el público elige al ganador. El juez británico a veces insulta a los participantes.

4. Es un teledrama que se sitúa en Las Vegas. Los forenses (*forensic scientists*) estudian la evidencia en varios crímenes para descubrir quién o quiénes fueron los asesinos.

www Interactive Practice / Ace the Test

5. Es un programa de noticias internacionales y nacionales que se transmite por la noche en CBS. Katie Couric es una de las presentadoras.

Vocabulario útil ③

00:00:00

JAVIER: ¿Te gusta **la ópera**?

ANILÚ: ¡La ópera! ¡Ni muerta! Prefiero **los musicales, los shows** grandes de Broadway.

JAVIER: ¿Y qué clase de **música** te gusta?

ANILÚ: Tiene que ser **pop**.

JAVIER: A ver, vamos a hacer cuentas. A mí me gustan los documentales y los dramas, las palomitas, la ópera y **la música clásica**. Leo las críticas antes de salir a ver una película y me gusta escoger la película antes de salir de casa.

ANILÚ: Uy, no nos va muy bien, ¿eh?

La música

la música clásica	*classical music*
la música country	*country music*
la música moderna	*modern music*
la música mundial	*world music*
la música pop	*pop music*
el R & B	*rhythm and blues*
el rap	*rap*
el rock	*rock*

> Other types of music are: **la música alternativa, el jazz, la música folk, las baladas.**

Arte y cultura   *The arts*

el baile / la danza	*dance*
la escultura	*sculpture*
el espectáculo	*show*
la exposición de arte	*art exhibit*
la obra teatral	*play*
el musical	*musical*
la ópera	*opera*
la pintura	*painting*
el show	*show*

 Flashcards

>> Actividades

6 **¿Qué clase de arte te interesa?** Completa las siguientes oraciones con las palabras correctas de la lista.

1. Me encanta _____ de Rodin.

2. _____ de Picasso son mundialmente reconocidas.

3. En el mundo del _____, Isadora Duncan fue reina *(queen)*.

4. _____ *Phantom of the Opera* de Andrew Lloyd Webber tuvo mucho éxito por el mundo.

5. *Cat on a Hot Tin Roof* de Tennessee Williams es una _____ fenomenal.

6. Quiero ir al Museo de Arte Moderno en Nueva York para ver _____ latinoamericano.

7. ¿Cuál es tu _____ favorita? Yo creo que la mía es *Carmen*.

a. baile
b. ópera
c. la escultura
d. la exposición de arte
e. las pinturas
f. el musical
g. obra teatral

7 **Tus preferencias musicales** Habla con tu compañero(a) sobre sus preferencias musicales. Primero, identifica dos cantantes o grupos musicales que pertenezcan a cada una de las categorías. Luego, comparen sus preferencias musicales. Finalmente, informen a otra pareja sobre sus preferencias y ellos harán lo mismo.

Categorías
la música pop
la música country
la música mundial
el R & B
el rap
el rock

MODELO: Tú: *¿Conoces la música de Shakira?*
Compañero(a): *No, ¿qué clase de música es?*
Tú: *Es música pop, pero ella misma escribe las canciones. ¿Qué clase de música te gusta a ti?*

8 **Una cita a ciegas** *(blind date)* Vas a salir en una cita a ciegas. Antes de salir, llamas por teléfono a la persona para decidir adónde van y qué van a hacer. Como sabes muy poco de los gustos de la persona, tienes que hacerle muchas preguntas sobre sus preferencias. Trabaja con un(a) compañero(a) e incluye en la conversación los temas de las películas, la televisión, la música, el arte y la cultura. Al final de la conversación, decidan adónde van a ir en su cita. Explíquenle a otra pareja en la clase qué decidieron hacer y ellos harán lo mismo.

> As a variation, you can dramatize your phone conversation in front of the class.

Interactive Practice / Ace the Test

MODELO: Tú: *¿Qué te gustaría hacer el viernes por la noche?*
Compañero(a): *No sé. Creo que hay un concierto en el Auditorio Nacional muy bueno. ¿Qué clase de música te gusta?*

>> ¡Fíjate! >>  Web Links / Web Search

Programación en Latinoamérica y EEUU

Ya que cada año se van produciendo más programas de televisión, puede ser difícil determinar los orígenes de los programas individuales. Muchos de los programas de concurso y de realidad (también conocidos como *realities* en Latinoamérica) son clones de programas creados en diferentes partes del globo. Por ejemplo, el programa popular *American Idol*, que se basa en el programa inglés *Pop Idol*, ya tiene versiones en más de 33 países. También existe el nuevo programa *Latin American Idol*, que se produce en México y se transmite por muchas partes del mundo hispanohablante.

Muchos de estos programas populares se originaron en Europa, en países como Inglaterra y los Países Bajos *(the Netherlands)*. *Gran hermano*, por ejemplo, que ha tenido mucho éxito en EEUU y también por toda Latinoamérica, se originó en los Países Bajos. *¿Quién quiere ser millonario?* fue una creación del Reino Unido con el nombre original de *Cash Mountain*. Otros programas populares son de origen latinoamericano, como *Yo soy Betty, la Fea* que se adaptó para el mercado estadounidense como *Ugly Betty*.

Recientemente un programa colombiano de concursos, *Nada más que la verdad*, tuvo mucho éxito y actualmente *(currently)* hay planes para producir versiones en EEUU, Inglaterra, Australia, Alemania, Italia y España. El programa usa un polígrafo o detector de mentiras para averiguar si los participantes dicen la verdad cuando contestan una serie de preguntas. En enero de 2008, el canal Fox debutó la versión estadounidense de *Nada más que la verdad*. Se llama *The Moment of Truth* y hasta el presente momento ha tenido un éxito tremendo *(has had tremendous success)* entre los televidentes de EEUU.

Práctica En grupos de tres o cuatro personas, hablen de los siguientes temas.

1. ¿Les gusta ver algunos de los programas que se mencionan aquí? ¿Cuáles?

2. ¿Les gusta la idea de ver un programa adaptado al mercado latinoamericano? ¿Qué diferencias puede haber *(might there be)*, además del uso del español?

3. En su opinión, ¿debemos censurar *(censor)* los temas de los programas de realidad? ¿Por qué?

Antes de ver el video

1 Cuando van al cine, ¿qué hacen? Con un(a) compañero(a) de clase, piensen en las cosas que hacen antes de salir para el cine y las que hacen después de llegar allí. Hagan una lista de unas seis a ocho cosas.

MODELO: *Decidimos qué tipo de película vamos a ver.*

2 ¿Qué les gusta o no les gusta a Anilú y a Javier? Combina la información que ya sabes sobre estos dos personajes con la información de las páginas 340, 343 y 345. Marca la tabla con toda la información que puedas. (Después de ver el video, vas a completarla basándote en la información nueva.)

A	J		A	J	
☐	☐	las comedias románticas	☐	☐	la ópera
☐	☐	los documentales	☐	☐	la música pop
☐	☐	las palomitas en el cine	☐	☐	la música clásica
☐	☐	los chocolates en el cine	☐	☐	los musicales
☐	☐	las críticas de películas	☐	☐	los shows de Broadway
☐	☐	hacer planes			

Estrategia

Listening for sequencing words

As you listen to this chapter's video segment, pay attention to sequencing words that help you understand the order in which things occur. Words such as **primero, segundo, luego, en primer lugar** *(in the first place)*, **antes, después,** and **mientras** *(while, during)* can help you order the information in the video and aid your comprehension.

El video

Ahora mira el episodio del video para el **Capítulo 11.** No te olvides de enfocarte en las palabras de la tabla para ayudarte a entender la información del video.

Después de ver el video

3 Mira el video y vuelve a completar la tabla de la **Actividad 2** con los datos que faltan.

4 Mira el video otra vez y usa las palabras de la estrategia (**primero, en primer lugar, en segundo lugar, antes, después** o **mientras**) para completar las siguientes oraciones. Después de completarlas, indica quién dijo cada una.

1. —_____, los críticos no saben de lo que hablan.

2. —¿Quieres ver la tele? Aquí tienes el control remoto _____ me esperas.

3. —Leo las críticas _____ de ir a ver una película y me gusta escoger la película _____ de salir de casa.

4. —Y _____, prefiero formar mis propias opiniones.

5 ¿A quién se describe? Trabaja con un(a) compañero(a) de clase para decir si las siguientes oraciones se refieren a Javier (**J**) o a Anilú (**A**).

1. _____ Quiere ver la guía de películas en el periódico.

2. _____ Le gustan las comedias románticas.

3. _____ Le gustan los documentales.

4. _____ Le gusta leer las críticas de las películas.

5. _____ Prefiere comer palomitas durante una película.

6. _____ Le gusta comer chocolates en el cine.

7. _____ Le encantan los musicales y la música pop.

8. _____ Le gusta ir a la ópera.

6 ¿A quién se parecen más? Trabajen en grupos de tres o cuatro personas. Usen la tabla de la **Actividad 2.** Cada persona debe dar sus preferencias para cada categoría. Indiquen el número de personas que se parecen a Anilú y el número de las que se parecen a Javier.

 Interactive Practice / Ace the Test

¿Qué importancia tienen las artes en tu vida? ¿Crees que es importante apoyar *(to support)* las artes? ¿Por qué sí o no?

Voces de la comunidad

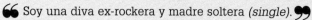 Web Links

NAME Suzanna Guzmán

❝ Soy una diva ex-rockera y madre soltera *(single)*. ❞ Aunque las palabras de Suzanna Guzmán captan *(capture)* su sentido del humor y sencillez *(simplicity)*, no reflejan su brillantez. Esta mexicana-americana de East LA es una de las figuras más importantes de la ópera contemporánea. Ha cantado *(She has sung)* en los escenarios principales de EEUU y Europa junto con artistas como Plácido Domingo y René Fleming. Además, es ganadora de numerosos premios y ha sido nominada *(has been nominated)* para un Grammy. Fuera del escenario *(offstage)*, Guzmán es una carismática embajadora de las artes. Su show, *Don't Worry, It's Only Opera,* es una divertida introducción a la ópera para niños. Guzmán también es locutora de un programa de radio semanal en Los Ángeles sobre la ópera y sirve en varias juntas directivas *(boards of directors)* dedicadas a la promoción de las artes.

Gramática útil ①

Expressing emotion and wishes: The subjunctive with impersonal expressions and verbs of emotion

Cómo usarlo

> **Lo básico**
>
> - *An independent clause* is a phrase containing a verb that *can stand alone* as a complete sentence: **Estoy muy contento.**
>
> - *A dependent clause* is a phrase containing a verb that *cannot stand alone* as a complete sentence: **... que ustedes vengan al teatro.**
>
> - *A complex sentence* combines both independent and dependent clauses: **Estoy muy contento de que ustedes vengan al teatro.**

In **Chapter 10,** you learned to use the present subjunctive with verbs of volition—verbs that express what people want, need, hope, or wish other people will do. In this chapter, you will learn three more uses of the present subjunctive.

You may want to review the present subjunctive forms you learned in **Chapter 10** to refresh your memory.

> **Ojalá** *(I wish, I hope)* is a word of Arabic origin meaning "May Allah grant." This and other Arabic words entered the Spanish language during almost eight centuries of Arab presence in Spain.

1. In addition to verbs of volition, Spanish speakers also use the present subjunctive when they express emotion, use generalized impersonal expressions, or use the Spanish word **ojalá.**

Me alegro de que puedas venir.   *I'm happy that you can come.*
Es importante que lleguemos   *It's important that we arrive early* temprano al cine.   *at the theater.*
Ojalá (que) la película **sea** buena.   *I hope the movie is good.*

> The use of **que** is optional with **ojalá**, but is used in the rest of the sentences to signal the beginning of the dependent clause.

2. Notice that the model sentences above all follow the pattern you learned in **Chapter 10.** These sentences are complex sentences where a verb or expression in the independent clause triggers the use of the subjunctive in the dependent clause.

Notice that there is always a change of subject from the independent clause to the dependent clause.

independent clause (verb of emotion, impersonal expression, or *ojalá*)	*que*	dependent clause (verb in subjunctive)
A mis amigos les **encanta**	**que**	**haya** muchos cines aquí.
Es importante	**que**	ustedes **vengan** con nosotros.
Ojalá	**(que)**	la película **sea** buena.

3. Remember, in situations where there is no use of **que** and no change of subject, there is also no use of the subjunctive.

Me alegro de poder ir al concierto.	vs.	Me alegro de **que tú puedas** ir al concierto.
Es importante llegar a tiempo.	vs.	Es importante **que lleguemos** a tiempo.

Es mejor que reconsideremos esta cita.

4. Here are some verbs and expressions that are frequently used with the subjunctive. Notice that some of these are the same or similar to the verbs of volition you learned in **Chapter 10.** This is because the subjunctive is usually used to describe situations that involve emotion, which includes volition.

Verbs of emotion, positive and neutral		
alegrarse de	estar contento(a) de	ojalá
encantar	fascinar	sorprender *(to surprise)*
esperar	gustar	

Verbs of emotion, negative	
molestar	temer *(to fear)*
sentir *(to feel sorry, to regret)*	tener miedo de

Impersonal expressions		
es bueno	es imprescindible *(essential)*	es mejor
es extraño *(strange)*	es interesante	es necesario
es fantástico	es una lástima	es ridículo
es horrible	es lógico	es terrible
es importante	es malo	

> Remember that the verbs **encantar, fascinar, sorprender,** and **molestar** are used like **gustar.** They are used with the indirect object pronouns **me, te, le, nos, os,** and **les,** rather than with the subject pronouns **yo, tú, usted, él, ella, nosotros(as), vosotros(as), ustedes, ellos,** and **ellas.**

 Video Tutorial

 Flashcards

>> Actividades

1 **Me molesta que...** ¿Qué piensas del mundo del cine y la televisión? Escribe tus reacciones en oraciones completas.

MODELO: (no) me sorprende que / salir tantas películas malas
Me sorprende que salgan tantas películas malas.

1. (no) me molesta que / Hollywood hacer tantas películas de acción
2. (no) me sorprende que / las telenovelas ser tan populares
3. (no) es lógico que / los actores recibir más dinero que los directores
4. (no) es importante que / las películas extranjeras ser dobladas
5. (no) me molesta que / los refrescos costar tanto en el cine
6. (no) me sorprende que / los críticos siempre tener las mismas opiniones

(33) **2** **Felipe** Felipe lleva dos años en Hollywood buscando trabajo como actor. Escucha la descripción de la vida de Felipe. Usando la frase indicada, expresa tu opinión sobre la situación de Felipe.

MODELO: Lees: Es fantástico que...
Escuchas: Felipe piensa que quiere ser estrella de cine.
Escribes: *Es fantástico que quiera ser estrella de cine.*

1. Es mejor que...
2. Es importante que...
3. Es imprescindible que...
4. Es una lástima que...
5. Es una pena que...
6. Es necesario que no...

3 **Yo creo que...** Te gusta mucho ir al cine y ver la televisión, pero tienes opiniones muy fuertes sobre ciertos aspectos de la industria. Expresa tus opiniones sobre los siguientes temas a un(a) compañero(a). Usa las frases de emoción o las expresiones impersonales en la página 351 del texto para formar tus oraciones.

1. el salario de los actores principales
2. los presupuestos *(budgets)* de más de ochenta millones de dólares
3. el precio de las entradas
4. el precio de las palomitas y los chocolates en el cine
5. los anuncios en la tele
6. la programación en la tele
7. las telenovelas
8. la violencia en las películas y los programas de televisión

MODELO: *Es ridículo que les paguen veinte millones de dólares a los actores principales de una película.*

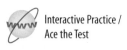
Interactive Practice / Ace the Test

Gramática útil ②

Expressing doubt and uncertainty: The subjunctive with expressions of doubt and disbelief

Cómo usarlo

1. Another group of verbs and expressions that trigger the use of the subjunctive are expressions of doubt and uncertainty.

No creo que funcione el televisor.	*I don't think* the TV *is working.*
No estoy segura de que yo pueda repararlo.	*I'm not sure I can* fix it.
Dudo que podamos ver el programa.	*I doubt we'll be able to* watch the program.

2. Because speakers are expressing situations that they doubt are certain, or expect not to occur, they use the subjunctive. Notice that in this usage, you do not need to have a change in subject: **No estoy segura de que yo pueda repararlo.**

3. Here are some verbs and expressions that are used to express doubt and uncertainty with the subjunctive.

dudar	*to doubt*
es dudoso	*it's doubtful / unlikely*
es improbable	*it's improbable / unlikely*
no creer	*to not believe*
no es cierto	*it's not certain*
no es probable	*it's not probable / likely*
no es seguro	*it's not sure*
no es verdad	*it's not true*
no estar seguro(a) de	*to not be sure*

4. When speakers use similar expressions to express belief or certainty (**creer, estar seguro[a], es cierto, es seguro, es obvio**), the present indicative—and not the present subjunctive—is used.

Creo que **funciona** el televisor.	*I think* the TV *is working.*
Estoy segura de que puedo repararlo.	*I'm sure I can* repair it.
Es cierto que podemos ver el programa.	*It's certain that we can* watch the program.

 Video Tutorial

 Flashcards

>> Actividades

4 **Dudo que...** En tu vida como televidente, has formado muchas opiniones negativas de la industria televisiva. ¡Dudas de todo! Di de lo que dudas.

MODELO: ese episodio / ser nuevo
Dudo que ese episodio sea nuevo.

1. las noticias / ser interesantes
2. los programas de realidad / existir en veinte años
3. esa telecomedia / hacerme reír
4. ese participante / ganar el concurso
5. ese programa de entrevistas / gustarle al público
6. el show de los Óscars / terminar a tiempo
7. la presentadora / ser original en sus comentarios
8. ese teledrama / durar más de un año

5 **La música** Hay muchos tipos de música hoy día, y las preferencias del público varían mucho. Escribe seis oraciones sobre la industria musical, combinando frases de las tres columnas para expresar tus opiniones.

Columna 1	Columna 2	Columna 3
no creer	la música pop	existir en... años
no estar seguro(a) de	la música clásica	ser tan popular en
dudar / es dudoso	la música country	el futuro
no es probable /	la música mundial	controlar el mercado
es improbable	el rap	en... años
no es cierto / no	el rock	cambiar de ritmo y
es seguro	¿...?	tema en el futuro
		tener el público en el
		futuro que tiene hoy
		encontrarse en
		conciertos para
		jóvenes
		¿...?

MODELO: *No creo que el rock exista en cincuenta años.*

6 **Mi futuro** Conversa sobre tu futuro con un(a) compañero(a). Usando el subjuntivo con algunas expresiones de duda, cuéntale a tu compañero(a) cuatro o cinco predicciones sobre tu futuro. Él (Ella) igualmente te contará *(will tell you)* de cuatro a cinco predicciones sobre su futuro.

MODELO: *Es improbable que tenga una casa grande en Hollywood y una carrera como director de cine.*

Interactive Practice /
Ace the Test

:) Sonrisas

Expresión En grupos de tres o cuatro estudiantes, den sus reacciones a los siguientes lemas *(slogans)*. Usen expresiones como **dudo que, estoy seguro(a) de que, no es cierto que, es probable que** y **no es probable que.**

1. El tiempo es oro.
2. El mundo es un pañuelo *(handkerchief)*.
3. La mala suerte *(luck)* y los tontos caminan del brazo *(arm in arm)*.
4. La práctica hace al maestro.
5. Donde una puerta se cierra, cien se abren.

¿Tienes la misma duda que los niños? ¿Por qué sí o por qué no?

Gramática útil ③

Expressing unrealized desires and unknown situations: The subjunctive with nonexistent and indefinite situations

¿Quién dijo que no hay nada que valga la pena en la TV?

¡Sí! Envíenme más información gratis y sin compromiso.

Nombre _____
Dirección _____
Ciudad _____
Estado _____ Zona Postal _____
Teléfono ( ) _____

Inglés sin Barreras
640 S. San Vicente, Los Angeles, CA 90048
(800) 411-6666

Look at this ad for a television program that teaches English. Can you figure out why the subjunctive is used? (*Valga* is the subjunctive form of *valer*; the expression *valer la pena* means *"to be worthwhile"*.)

Notice that with the verb **buscar**, you do not use the personal a when referring to people: **Busco un actor que sepa hacer papeles cómicos.** BUT: **Veo a un actor que hace papeles cómicos.**

Cómo usarlo

1. So far, you have practiced using the subjunctive in dependent clauses that begin with **que.** These dependent clauses in the subjunctive follow independent clauses that contain:

- verbs of volition — Mis amigos **prefieren** que **vayamos** al teatro.

- impersonal expressions — **Es ridículo** que las entradas **cuesten** treinta dólares.

- verbs and expressions of emotion — **¡Qué lástima** que no **puedas** acompañarnos!

- **ojalá** — **Ojalá** que **vengas** la próxima vez.

- expressions of doubt — **No estoy seguro** de que todos **podamos** ir.

2. You also use the subjunctive when you refer to people, places, or things that either don't exist or may not exist (you don't know). These references to nonexistent or unknown things occur in dependent clauses (beginning with **que**) that require the subjunctive.

- Doesn't exist:

No veo a nadie aquí que nos **pueda** ayudar. — *I don't see anyone* here who *can* help us.
No hay ningún café que **esté** abierto después de medianoche. — *There isn't a single* café that *is* open after midnight.

- Unknown—don't know if it exists:

Busco un teatro que **se especialice** en comedias. — *I'm looking for* a theater that *specializes* in comedies.
Necesito hablar con un director que **sepa** colaborar con los actores. — *I need to talk* to a director who *knows how* to collaborate with the actors.

3. When you *know or believe* that something or someone exists, you use the present indicative in the dependent **que** clause.

Veo a alguien que nos **puede** ayudar. — *I see someone* who *can* help us.
En este barrio **hay** un café que **está** abierto después de medianoche. — *In this neighborhood there is* a café that *is* open after midnight.

Conozco un teatro que <u>se</u>
<u>especializa</u> en comedias.
Voy a hablar con un director
que <u>sabe</u> colaborar con
<u>los actores.</u>

I know of a theater that *specializes*
in comedies.
I'm going to talk to a director
(that I know of) who *knows how*
to collaborate with the actors.

Video Tutorial

Flashcards

4. Notice that these sentences follow the same pattern as the other complex sentences you have learned: independent clause + **que** + dependent clause with subjunctive.

>> Actividades

7 **Los deseos de la productora** La productora tiene una visión particular para un musical que quiere montar *(present)* en Broadway. ¿Qué dice ella que busca, quiere o necesita para desarrollar su visión?

MODELO: querer: escoger una obra (tener posibilidades cómicas)
Quiero escoger una obra que tenga posibilidades cómicas.

1. buscar: una actriz (poder hablar francés, inglés y español)
2. necesitar: un banco (prestarnos [*to lend us*] los fondos)
3. querer: un director (saber algo de musicales)
4. buscar: un teatro (no ser ni muy pequeño ni muy grande)
5. necesitar: un asistente (poder manejar muchos detalles)
6. buscar: un actor (no ser muy conocido todavía)
7. querer: un público (apreciar el arte del teatro cómico)

8 **El productor ejecutivo** Escucha al productor ejecutivo de un musical. Él describe lo que va a necesitar para poder montar un musical. Escucha su descripción y escribe lo que él dice que necesita de cada persona que busca.

MODELO: Escuchas: Primero, vamos a necesitar un director. El director tiene que tener mucha experiencia en el teatro.
Ves: director / tener
Escribes: *Necesita un director que tenga experiencia en el teatro.*

1. actores / poder
2. director de orquesta / saber
3. diseñador / ser
4. productor / ser

9 **¡Somos directores!** Con un(a) compañero(a), ustedes van a ser escritores(as) o directores(as) de una telecomedia sobre las experiencias de estudiantes universitarios que estudian español. Escriban seis oraciones que describan su visión. Usen el subjuntivo para describir esas cosas y personas que buscan para ejecutar su plan. Piensen en las siguientes preguntas antes de empezar.

- ¿Qué cualidades quieren que tenga su telecomedia?
- ¿Qué tipo de actor / actriz buscan para representar al (a la) profesor(a)?
- ¿Cómo quieren que sean los estudiantes?
- ¿Qué tipo de situaciones van a representar?

MODELO: *Queremos escribir una telecomedia que sea divertida.*

Interactive Practice /
Ace the Test

¡Explora y exprésate!

Exploraciones culturales

Venezuela y Colombia

Arte y cultura Mira las fotos y luego lee los textos que siguen. Escoge los títulos y las fotos que corresponden a los textos. Trata de leer rápidamente para entender la idea central del texto. Después de identificar el título y la foto correspondientes, lee los textos de nuevo para ver si entendiste el contenido de cada uno.

¿Adivinaste? Answers to the questions on page 339: 1. Venezuela 2. Colombia 3. Colombia 4. Colombia 5. Venezuela

Fotos

Foto 1

Foto 2

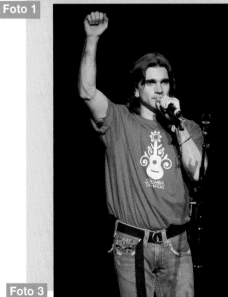

Foto 3

Foto 4

Títulos

Título 1: Un sitio para las artes
Título 2: Un arte puramente colombiano
Título 3: Raíces indígenas y venezolanas
Título 4: Canciones y asistencia humanitaria

Texto 1

Patricia Velásquez hizo su debut como actriz en 1999 en la película francesa *Le jaguar,* pero es mejor conocida por su papel en la popular película norteamericana *La momia regresa.* Ella también ha tenido *(has had)* papeles en varios programas estadounidenses como *CSI: Miami, Rescue Me* y *Arrested Development.* En 2004 participó en la película *Zapata–El sueño del héroe,* dirigida por el director mexicano Alfonso Arau, el director de *Como agua para chocolate.*

Velásquez es una venezolana de Maracaibo. Al principio de su carrera, trabajaba como modelo para unos de los diseñadores más famosos del mundo y apareció en revistas internacionales como *Sports Illustrated, Elle* y *Vogue.* También fue una de las primeras modelos de Latinoamérica que se hicieron populares en Europa.

Su físico exótico resulta de la unión de un padre venezolano y una madre indígena de la tribu Guajira Wayú. La actriz está orgullosa *(proud)* de su herencia mixta y lo menciona en muchas de sus entrevistas con la prensa internacional. Es también activista que se dedica a una variedad de causas: el fomento *(promotion)* de la comunidad hispana, la igualdad para los grupos indígenas y la lucha contra el SIDA infantil.

Texto 2

En 2000, este cantante colombiano ganó tres premios Grammy latinos a la joven edad de 28 años. Desde entonces ha ganado *(he has won)* nueve Grammy latinos más. Se llama Juanes, que viene de una combinación de Juan y Esteban, parte de su nombre original, Juan Esteban Aristizábal. Es cantante, compositor, productor y guitarrista, y en este momento, parece que no hay nada que este talentoso músico no pueda hacer.

Aunque empezó su carrera musical a la edad de 15 años, en el año 2001 Juanes sorprendió a la industria internacional de entretenimiento al recibir siete nominaciones al Grammy, el mayor número hasta ahora en la historia de los Grammy para un artista latino. Las tres nominaciones que ganó son Mejor Álbum Rock ("Fíjate bien"), Mejor Canción Rock y Mejor Nuevo Artista.

Juanes admite influencias musicales tan diversas como Led Zeppelin, los tangos de Carlos Gardel, Metallica, Silvio Rodríguez, Jimmy Hendrix y Eminem. "Yo vengo de una escuela musical basada en el folclor colombiano y latinoamericano, pero por cosas de la vida, desde los 14 años comencé a escuchar mucho rock y otras cosas. [Mi música]... pasa por todos estos lados pero no se queda en ninguno establecido".

Juanes también es muy conocido por sus esfuerzos humanitarios. Una de sus causas más importantes es la de ayudar a las víctimas de las minas antipersonales en Colombia. Su Fundación Mi Sangre *(My Blood)* fue establecida en 2005 y tiene varios programas de apoyo *(aid)* dirigidos a las personas heridas *(injured)* por las minas.

Texto 3

Muchos críticos de arte y arquitectura creen que el Complejo Cultural Teresa Carreño es la obra arquitectónica y cultural más importante construida en Venezuela en los últimos cien años. Tiene su origen en la reestructuración urbanística de la ciudad de Caracas que empezó en los años 50 del siglo XX, cuando surgió la idea de construir un teatro moderno para la capital venezolana.

El centro incorpora varias salas y espacios para la presentación del arte, en todas sus formas. Las salas José Félix Ribas y Ríos Reyna se dedican al teatro, la danza, la ópera, el ballet, conciertos y otras expresiones populares. Otros espacios, llamados "espacios alternativos", sirven para las más diversas manifestaciones escénicas, desde lo clásico hasta lo popular, pasando por el folclor y las expresiones infantiles.

El centro también es sede *(home)* de varias orquestas, un coro de ópera profesional y una de las compañías venezolanas de ballet con mayor prestigio. La estructura arquitectónica del teatro incluye obras escultóricas de una variedad de artistas. "El Teresa" tiene la meta *(goal)* de apoyar *(to support)* el desarrollo de las artes, ofrecer oportunidades para entretenimiento a todos y elevar el nivel cultural de Venezuela.

Texto 4

Ana Mercedes Hoyos es tal vez la pintora colombiana con mayor éxito *(success)* fuera de su país natal. Los expertos comparan su fama con la de un Fernando Botero o de un Alejandro Obregón. Sus obras se venden en las Casas Sotheby's y Christie's de Nueva York, y se exponen en diferentes galerías de Japón, Brasil, España, Cuba, Francia y Argentina.

Hoyos nació en Bogotá en 1942 y empezó a exponer sus pinturas en 1966. Sus obras ocupan un lugar entre lo abstracto y lo realista, entre lo figurativo y lo geométrico. Unas se acercan al "pop art" de los años 60, mientras otras reflejan más la influencia del ancestro africano en los países del Caribe.

Durante su carrera, la artista se interesó en hacer recreaciones de famosos bodegones (o naturalezas muertas) de la historia del arte internacional, incluyendo obras de Caravaggio, Zurbarán, Cézanne y Lichtenstein. Luego hizo una serie de obras figurativas con motivos nacionales, "Bodegones de Palenque".

 Interactive Practice

>> ¡Conéctate!  Web Links

Práctica En grupos de tres o cuatro, hagan una investigación en Internet sobre uno de los siguientes temas. Usen los enlaces sugeridos en el sitio web de *Nexos* para ir a otros sitios web posibles. Presenten su informe a la clase.

Grupo 1: La industria televisiva o cinematográfica de Venezuela

Grupo 2: La música de la cantante venezolana Soledad Bravo

Grupo 3: La arquitectura histórica en el barrio de La Candelaria en Bogotá

Grupo 4: La pintura y escultura de Fernando Botero

>>Tú en el mundo hispano

Para explorar oportunidades de usar el español para estudiar o hacer trabajos voluntarios o aprendizajes en Colombia y Venezuela, sigue los enlaces en el sitio web de *Nexos*.

♫ Ritmos del mundo hispano

Para escuchar música de Colombia y Venezuela, sigue los enlaces en el sitio web de *Nexos*.

A leer

Antes de leer

1 Trabaja con un(a) compañero(a) de clase. Miren la siguiente tabla de prefijos y sufijos. Escriban un ejemplo en español para cada uno. Usen palabras que ya conocen o palabras de la lectura.

Prefijos	Sufijos	
co-	-cia	-dad
tele-	-ivo	-ista
in-	-ción	-ado
pro-	-mente	-al

2 Miren sus palabras en la tabla de la **Actividad 1.** Estudien los prefijos y los sufijos. Luego, traten de asociar los siguientes prefijos y sufijos ingleses con los españoles. ¿Son similares o diferentes en los dos idiomas?

1. tele- **5.** co- **9.** -al

2. -ly **6.** -ity **10.** -ed

3. -ive **7.** -ence **11.** pro-

4. -tion **8.** -ist

3 Van a leer un artículo sobre una telenovela colombiana muy popular. Antes de leer, hablen de las siguientes preguntas sobre las telenovelas.

1. En su opinión, ¿hay una diferencia entre las telenovelas que se transmiten durante el día y las teleseries dramáticas que se ponen por la noche? (Piensen, por ejemplo, en las diferencias entre *All My Children* o *General Hospital* y *Grey's Anatomy*, *Heroes* o *Desperate Housewives*.)

2. ¿Cuál es la telenovela más popular que conocen? ¿Y la teleserie?

3. ¿Miran telenovelas? ¿Miran teleseries dramáticas? ¿Qué prefieren, las telenovelas o las teleseries?

Lectura

4 Lee el artículo sobre la telenovela más popular de Latinoamérica en el año 2000. No te olvides de usar los prefijos y los sufijos para ayudarte a entender las palabras que no conozcas.

Yo soy Betty, la Fea

Aunque mucha gente no lo sepa, antes del éxito del programa *Ugly Betty* en EEUU ya existía una telenovela colombiana llamada *Yo soy Betty, la Fea* que fue la inspiración original para el programa estadounidense. Esta telenovela, mejor conocida simplemente como "Betty" o "Betty la Fea", fue un fenómeno inigualado en la historia de los canales de televisión privados de Colombia. Con su inicio en el año 2000, se convirtió en la telenovela más vista[1] en todos los países donde se transmitió: Ecuador, Panamá, Venezuela, Guatemala, Costa Rica, la República Dominicana, Honduras, Bolivia y Argentina, entre otros.

Ana María Orozco como Betty la Fea y con su apariencia normal.

▸ Sinopsis

La telenovela cuenta la vida de Beatriz Pinzón, una brillante y excelente economista, buena hija y amiga, pero que tiene un gran defecto: ser muy fea. El único novio que tuvo en su vida la abandonó pocos días después de empezar su relación; por ello Betty piensa que se va a quedar soltera[2] para siempre.

Por esta razón, mientras las chicas de su edad se dedicaban a salir por las noches a bares y discotecas de moda, Betty estudiaba para triunfar como una auténtica profesional. Betty, que ya tiene 26 años, sigue viviendo con sus padres, ya que no hay ningún hombre que quiera formar parte de su vida. Después de buscar trabajo durante un largo período de tiempo, la contratan como secretaria del presidente de Eco Moda, una de las empresas más grandes de confección[3] de Colombia.

▸ Betty

En la serie, la protagonista Betty representa la ingenuidad y la inocencia. Los televidentes se identifican con ella cuando se encuentra metida[4] en un mundo nuevo y extraño —el de la alta moda. Rodeada por[5] las intrigas entre las modelos bellas, los diseñadores y los hombres y mujeres de negocios, Betty lucha para mantener su integridad y avanzar en su carrera profesional.

En realidad, la actriz que interpreta el papel de Betty, Ana María Orozco, no es nada fea. Pero el papel de Betty ha sido el triunfo más importante de su vida profesional.

Tal ha sido la popularidad de Betty que ya hay "muñecas[6] Betty" de varios tamaños y estilos, incluso un modelo para el mercado estadounidense. También existe una serie animada llamada *Betty Toons,* que trata de las aventuras de Betty como niña jugando con sus amigos.

▸ Betty en Estados Unidos

A causa del éxito[7] tremendo de Betty por toda Latinoamérica, el canal estadounidense Univisión adquirió los derechos exclusivos en Estados Unidos y Puerto Rico del catálogo de telenovelas de RCN de Colombia. Su popularidad en EEUU resultó en la adaptación del programa al inglés para el mercado norteamericano. La versión estadounidense, *Ugly Betty,* fue desarrollada por Silvio Horta y coproducida por Ben Silverman y la actriz mexicana Salma Hayek. *Ugly Betty* ha tenido[8] mucho éxito y ganó los premios Golden Globe y Peabody en 2007. América Ferrera, la actriz que protagoniza Betty, ya es una figura muy popular entre las nuevas estrellas de la televisión. Aunque sea fea, Betty es muy querida por los televidentes del mundo entero.

América Ferrera como Betty Suárez.

[1]*viewed*   [2]*single*   [3]*fashion, couture*   [4]*inside, inserted*   [5]**Rodeada...** *Surrounded by*   [6]*dolls*   [7]*success*   [8]*has had*

Después de leer

5 Trabaja con un(a) compañero(a) de clase para contestar las siguientes preguntas sobre la lectura.

1. ¿Qué país produjo la telenovela "Betty la Fea"?
2. ¿En qué países se vio esta telenovela?
3. ¿Cómo es Betty? (Den por lo menos tres adjetivos.)
4. ¿Quién es Ana María Orozco?
5. ¿Qué canal estadounidense adquirió los derechos para transmitir "Betty" en EEUU?
6. ¿Quiénes son las personas responsables por la versión estadounidense del programa?
7. ¿Les gustaría ver unos episodios de la telenovela original en español? ¿Por qué sí o no?
8. ¿Les gusta la idea de una protagonista fea? ¿Por qué sí o no?

6 En grupos de tres o cuatro personas, den unas ideas posibles para una adaptación de un programa estadounidense al mercado latinoamericano. ¿Qué programa quieren adaptar y para qué países latinoamericanos? ¿Cómo van a cambiarlo para atraer (*attract*) a los televidentes hispanohablantes? A causa de las diferencias culturales entre los varios países de Latinoamérica, ¿va a ser necesario hacer más de una sola adaptación?

Interactive Practice

A escribir

Antes de escribir

1 Trabaja con un(a) compañero(a) de clase.

1. Juntos, piensen en un programa de televisión, una película, una pieza de música o una exposición de arte que los dos conozcan bien. Van a escribir una reseña de cuatro párrafos breves.

2. Después de seleccionar una obra, hagan una lista de opiniones, temas, datos (*facts*) y ejemplos que puedan usar en su reseña. Escriban todo lo que puedan; van a tener la oportunidad de organizar sus ideas en la **Actividad 3.**

MODELO: película: Love in the Time of Cholera
actores: *Benjamin Bratt, Javier Bardem, Giovanna Mezzogiorno*
temas e ideas: *película romántica, histórica, basada en la novela* El amor en los tiempos del cólera, *de Gabriel García Márquez*
opiniones: *Es una película intensa y triste pero muy interesante.*

2 Miren su lista de ideas y traten de hacer un bosquejo (*outline*) como el siguiente. Recuerden que cada párrafo debe tener una oración temática y detalles que se relacionen con esa oración.

I. Párrafo 1: Introducción

A. Reacción general a la obra: *Me gustó mucho la película con su historia de amor…*

B. Ejemplo 1: *Los actores son muy buenos. Es bueno que el director…*

C. Ejemplo 2: *Se trataba de varias épocas históricas y me sorpende que…* (etc.)

II. Párrafo 2: Primer aspecto que se relaciona con la reacción general

A. Detalle o ejemplo 1: *Primero, la película trató el tema de…, aunque no es cierto que…*

B. Detalle o ejemplo 2: *Segundo, incluyó mucha información sobre la historia de…, aunque dudo que…*

III. Párrafo 3: Segundo aspecto que se relaciona con la reacción general

    A. Detalle o ejemplo 1: *La película comienza con la muerte* (death) *de uno de los protagonistas…*

    B. Detalle o ejemplo 2: *Luego incluyó los detalles* (details) *de un amor que empezó hace muchos años y continuó por más de cincuenta años.*

IV. Párrafo 4: Conclusión

    A. Reacción general otra vez: *En fin, es una película muy compleja…*

    B. Una oración que apoye *(support)* esta reacción: *Incluye unas escenas y narrativas muy interesantes y presenta muchos detalles sobre ellas.*

Composición

3 Usa el bosquejo para escribir tu reseña. Aquí hay unas frases que te pueden ser útiles *(useful)* mientras escribes.

En primer / segundo lugar…	Es bueno / malo / extraño / obvio /
Después…	una lástima / lógico…
Luego…	Me molesta que…
En fin…	Temo que…
Dudo que…	Me alegro de que…
No es cierto…	Ojalá que…
Creo que…	Me sorprende que…

Después de escribir

4 Intercambia tu borrador con el de otro(a) estudiante. Usen la siguiente lista como guía para revisar el borrador de su compañero(a).

1. ¿Incluye la reseña toda la información del bosquejo?
2. ¿Hay oraciones que son difíciles de entender?
3. ¿Usaron expresiones de emoción y transiciones como **primero, segundo, luego, antes,** etc.?
4. ¿Hay errores de ortografía?
5. ¿Usaron las formas correctas de todos los verbos?
6. ¿Hay concordancia *(agreement)* entre los artículos, los sustantivos *(nouns)* y los adjetivos?
7. ¿Usaron bien el subjuntivo con los verbos y expresiones de negación, de duda y de emoción?

 Interactive Practice

Vocabulario

Clases de película *Movie genres*

la comedia (romántica)	(romantic) comedy
los dibujos animados	cartoons; animated film
el documental	documentary
el drama	drama
el misterio	mystery
la película...	movie, film
... de acción	action
... de ciencia ficción	science fiction
... de horror / terror	horror

Sobre la película *About the movie*

con subtítulos en inglés	with subtitles in English
doblado(a)	dubbed
la estrella de cine	movie star
una película titulada...	a movie called . . .
Se trata de...	It's about . . .
el título	title

La crítica *Critique, review*

calificar / clasificar con cuatro estrellas	to give a four-star rating
el (la) crítico(a)	critic
la reacción crítica	critical reaction
la reseña / la crítica	review

El índice de audiencia *Ratings*

apto(a) para toda la familia	G (for general audiences)
se recomienda discreción	PG-13 (parental discretion advised)
prohibido para menores	R (minors restricted)

En el cine *At the movies*

los chocolates	chocolates
los dulces	candy
la entrada / el boleto	ticket
las palomitas	popcorn

La televisión *Television broadcasting*

el cable	cable television
cambiar el / de canal	to change the channel
el control remoto	remote control
en vivo	live
el episodio	episode
la estación	station
grabar	to videotape; to record
por satélite	by satellite dish
la teleguía	TV guide

Los programas de televisión
Television programs

las noticias	news
el programa de concursos	game show
el programa de entrevistas	talk show
el programa de realidad	reality show
la telecomedia	sitcom
el teledrama	drama series
la telenovela	soap opera
la teleserie	TV series

La gente en la televisión *People on TV*

el (la) entrevistador(a)	interviewer
el (la) locutor(a)	announcer
el (la) participante	participant
el (la) presentador(a)	presenter, host (of the show)
el público	audience
el (la) televidente	TV viewer

La música *Music*

la música clásica	classical music
la música country	country music
la música moderna	modern music
la música mundial	world music
la música pop	pop music
el R & B	rhythm and blues
el rap	rap
el rock	rock

Arte y cultura *The arts*

el baile / la danza	*dance*
la escultura	*sculpture*
el espectáculo	*show*
la exposición de arte	*art exhibit*
la obra teatral	*play*
el musical	*musical*
la ópera	*opera*
la pintura	*painting*
el show	*show*

Verbos y expresiones de duda

dudar	*to doubt*
es dudoso	*it's doubtful / unlikely*
es improbable	*it's improbable / unlikely*
no creer	*to not believe*
no es cierto	*it's not certain*
no es probable	*it's not probable / likely*
no es seguro	*it's not sure*
no es verdad	*it's not true*
no estar seguro(a) de	*to not be sure of*

Expresiones impersonales

es bueno	*it's good*
es extraño	*it's strange*
es fantástico	*it's fantastic*
es horrible	*it's horrible*
es importante	*it's important*
es imprescindible	*it's extremely important*
es una lástima	*it's a shame*
es lógico	*it's logical*
es malo	*it's bad*
es mejor	*it's better*
es necesario	*it's necessary*
es ridículo	*it's ridiculous*
es terrible	*it's terrible*

Verbos y expresiones de emoción positivas y negativas

alegrarse de	*to be happy about*
encantar	*to enchant; to please*
esperar	*to wait; to hope*
estar contento(a) de	*to be pleased about*
fascinar	*to fascinate*
gustar	*to like, to please*
molestar	*to bother*
ojalá (que)	*I wish, I hope*
sentir (ie, i)	*to feel sorry, to regret*
sorprender	*to surprise*
temer	*to fear*
tener miedo de	*to be afraid (of)*

Capítulo 12

¿Qué síntomas tienes?

❯ El bienestar

El bienestar se refiere no solamente a la salud *(health)* física sino a la salud mental también. Cada persona tiene su propia manera de poner en equilibrio su vida. ¿Cómo lo haces tú? ¿A través del ejercicio, los deportes, la reflexión, la meditación, la dieta o la nutrición? ¿Cuál es tu rutina para asegurar tu salud física y mental? En este capítulo vamos a explorar las prácticas y los problemas que se relacionan con el bienestar.

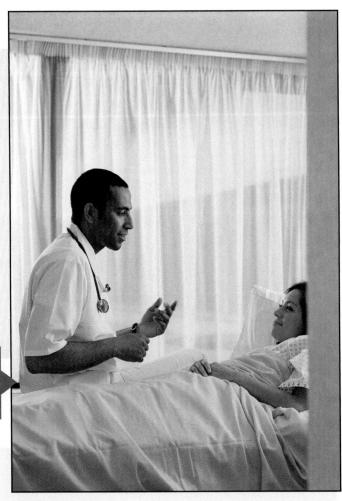

Un médico habla con su paciente sobre sus síntomas y cómo se siente hoy.

❯ Communication

By the end of this chapter you will be able to

- talk about health and illness
- describe aches and parts of the body
- express probable outcomes
- express yourself precisely with the subjunctive and the indicative
- talk about future activities

❯ Cultures

By the end of this chapter you will have learned about

- Argentina and Uruguay
- health-related statistics for Argentina, Uruguay, the U.S., and Canada
- Maitena, an Argentinian cartoonist
- specialized medical language

Javier me dice que no te sientes bien.

¡Ahora que escucho tu voz, me siento mucho mejor!

❯Los datos

Mira los datos sobre Argentina, Uruguay y Estados Unidos con relación a la salud. Luego di si las siguientes oraciones son ciertas o falsas.

	Argentina	Uruguay	Estados Unidos	Canadá
tasa de natalidad *(birth rate)* anual (por cada 1.000 personas)	17,7	14,9	14,0	10,75
expectativa de vida	74 años	75 años	77 años	80 años
número de muertes *(deaths)* atribuidas a la obesidad cada año (per cápita)	66	11	2.989	187
cantidad de dinero público gastado en *(spent on)* costos médicos expresado como porcentaje del PIB *(GNP)*	4,6%	3,6%	6,9%	6,6%
cantidad de dinero gastado en costos médicos en total expresado como porcentaje del PIB	9,6%	8,2%	15,4%	9,6%
número de médicos por cada 1.000 personas	3,0	3,7	2,3	2,1

❶ Cada año, en Argentina nacen *(are born)* más bebés que en Uruguay, EEUU o Canadá.

❷ Más personas mueren de la obesidad en EEUU que en Argentina, Uruguay o Canadá.

❸ Expresado como un porcentaje del PIB, Canadá gasta más dinero en costos médicos que los otros países.

❹ EEUU tiene el mayor número de médicos por cada 1.000 personas.

❯ ¡Adivina!

¿Qué sabes de Argentina y Uruguay? Indica si las siguientes oraciones se refieren a Argentina, Uruguay o a los dos. (Las respuestas están en la página 390.)

❶ El té de yerba mate y el bife son muy populares en este país.

❷ Una de las cataratas más grandes del mundo está en la frontera *(border)* de este país.

❸ Este país es famoso por los automóviles clásicos y antiguos que todavía andan por las calles y las carreteras *(highways)*.

❹ El barrio histórico de Colonia del Sacramento en este país fue nombrado Sitio del Patrimonio Mundial por la UNESCO en 1995.

❺ Este país tiene una industria vinícola *(wine-producing)* muy importante.

¡Imagínate!

Vocabulario útil ①

JAVIER:	Dime, ¿qué **síntomas** tienes?
BETO:	Uy, tengo **una tos** terrible y **estornudo** muchísimo.
JAVIER:	¿Te tomaste la temperatura?
BETO:	Sí. Parece que tengo **fiebre**. También **me duele la garganta**. ¡Y no se me quita este **dolor de cabeza**!

00:00:00

El cuerpo

la cabeza
el ojo
la oreja (el oído)
la nariz
la boca
el cuello
la lengua

el hombro
la espalda
el brazo
la mano
la pierna
el pie
la cabeza
el pecho
el dedo
el codo
el estómago
la rodilla

el corazón	*heart*
la garganta	*throat*
el pulmón (los pulmones)	*lung(s)*
la sangre	*blood*
el tobillo...	*ankle . . .*
quebrado / roto	*broken*
torcido	*twisted*

Los síntomas

el catarro/el resfriado

el dolor de cabeza

la tos

el dolor de garganta

la fractura

la fiebre

la herida

el dolor de estómago / las náuseas

la alergia	*allergy*
la enfermedad	*sickness, illness*
la gripe	*flu*
la infección	*infection*
cortarse	*to cut oneself*
desmayarse	*to faint*
dolerle (ue) (a uno)	*to hurt*
estar congestionado(a)	*to be congested*
estar mareado(a)	*to feel dizzy*
estornudar	*to sneeze*
lastimarse	*to hurt, injure oneself*
palpitar	*to palpitate*
resfriarse	*to get chilled; to catch cold*
toser	*to cough*
vomitar	*to throw up*

 Flashcards

Use **tener** to say you have an allergy: **Tengo alergia a la penicilina.** Use **tener** or **sentir** to say you feel nauseous: **Tengo náuseas después de comer. Siento náuseas cuando viajo por avión.**

Doler follows the same pattern as the verb **gustar: Me duele el estómago. / Le duelen las rodillas.**

>> Actividades

1 **Beto** Beto no se siente nada bien. Completa sus comentarios con las conclusiones más lógicas de la segunda columna.

1. —— Me corté el dedo.
2. —— Estaba mareado.
3. —— Tuve náuseas.
4. —— Estoy estornudando mucho.
5. —— Estoy congestionado.
6. —— No quiero comer.
7. —— Tengo mucho calor.
8. —— Me caí y me lastimé el tobillo.

a. Tengo dolor de estómago.
b. Tengo el tobillo torcido.
c. Me lastimé el hombro.
d. Vomité.
e. Tengo fiebre.
f. Me desmayé.
g. Tengo una fractura en la mano.
h. Tengo alergia en la primavera.
i. Tengo catarro.
j. Me salió sangre.

2 **El cuerpo** ¿Qué parte o partes del cuerpo usas para hacer las siguientes cosas?

1. para caminar
2. para oír
3. para tocar la guitarra
4. para respirar
5. para oler
6. para leer
7. para la digestión
8. para escribir
9. para doblar el brazo
10. para llorar

3 **Una vez...** Con un(a) compañero(a), háganse las siguientes preguntas sobre la salud.

- ¿Qué tuviste la última vez que estabas enfermo(a)?
- ¿Te has roto (*Have you broken*) el brazo o la pierna alguna vez? ¿Cómo ocurrió?
- ¿Tienes alergia a alguna comida o medicina? Explica.
- ¿Qué haces cuando tienes gripe?
- ¿Te has desmayado (*Have you fainted*) alguna vez? Explícate.
- ¿Tienes náuseas en ciertas situaciones? ¿Cuáles?
- ¿Has tenido (*Have you had*) una fractura o una herida alguna vez? ¿Cómo ocurrió?

Interactive Practice / Ace the Test

Vocabulario útil ②

JAVIER: Pobre hombre. ¿Quieres que te lleve al **médico**?

BETO: No, hombre, no es para tanto. Creo que es una gripe, es todo. Me tomé unas aspirinas y voy a **guardar cama** unos cuantos días a ver si se me pasa.

00:00:00

En el consultorio del médico

el chequeo médico	*physical, checkup*
la cita	*appointment*
la clínica	*clinic*
la sala de emergencias	*emergency room*
la sala de espera	*waiting room*
la salud	*health*

> You can use **el (la) doctor(a)** or **el (la) médico(a)** to refer to a medical doctor in Spanish. Even **la médico** has been popularized recently.

Instrucciones y preguntas

Lo (La) voy a examinar.	*I'm going to examine you.*
¿Qué le duele?	*What hurts?*
¿Qué síntomas tiene?	*What are your symptoms?*
Abra la boca.	*Open your mouth.*
Respire hondo.	*Breathe deeply.*
Saque la lengua.	*Stick out your tongue.*
Trague.	*Swallow.*
Le voy a...	*I'm going to . . .*
... hacer un análisis de sangre / orina.	*. . . give you a blood / urine test.*
... poner una inyección.	*. . . give you an injection.*
... poner una vacuna.	*. . . vaccinate you.*
... recetar una medicina.	*. . . prescribe a medicine.*
... tomar la presión.	*. . . take your blood pressure.*
... tomar la temperatura.	*. . . take your temperature.*
... tomar / hacer una radiografía.	*. . . take an X-ray.*

Consejos

Le aconsejo que...	*I advise you to . . .*
... coma alimentos nutritivos.	*. . . eat healthy foods.*
... duerma más.	*. . . sleep more.*
... guarde cama.	*. . . stay in bed.*
... haga ejercicio regularmente.	*. . . exercise regularly.*
... lleve una vida sana.	*. . . lead a healthy life.*
¡Ojalá se mejore pronto!	*I hope you'll get better soon!*

 Flashcards

>> Actividades

4 **Los síntomas** Los pacientes le describen sus síntomas a la doctora Ruiz. ¿Cómo responde la doctora? En parejas, túrnense para hacer los papeles de la doctora y del (de la) paciente. Pueden usar las respuestas sugeridas en la segunda columna o pueden inventar sus propias respuestas.

MODELO: El (La) paciente: Tengo fiebre y dolor de cabeza.
La Dra. Ruiz: *Le voy a tomar la temperatura.*

1. _____ Me está palpitando mucho el corazón.
2. _____ Necesito perder peso.
3. _____ Voy a viajar a Argentina.
4. _____ Me rompí la pierna esquiando.
5. _____ Estoy muy cansado y congestionado.
6. _____ Hay mucha diabetes en mi familia.
7. _____ No tengo tiempo para cocinar. Siempre como comida rápida.
8. _____ Me duele mucho la garganta.

a. Le aconsejo que guarde cama.
b. Le voy a tomar la presión.
c. Le voy a poner una vacuna contra la hepatitis.
d. Le voy a hacer un análisis de sangre.
e. Le aconsejo que haga ejercicio regularmente.
f. Le voy a recetar una medicina.
g. Le voy a tomar una radiografía.
h. Le aconsejo que coma alimentos nutritivos.

5 **¡Estoy enfermo(a)!** Con un(a) compañero(a), representa la siguiente situación: uno de ustedes está muy enfermo(a) y le describe su situación al (a la) doctor(a). El (La) doctor(a) te examina y te da consejos. Túrnense para hacer los papeles de paciente y médico.

MODELO: Compañero(a): *¿Cómo está de salud?*
Tú: *No muy bien. El otro día me desmayé y estoy muy congestionado(a).*
Compañero(a): *¿Qué otros síntomas tiene?*
Tú: *Pues, no duermo muy bien por la noche...*

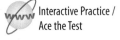 Interactive Practice / Ace the Test

>> ¡Fíjate! >>

 Web Links

El lenguaje médico

Adenopatias laterocervicales, inguinales y axilares, exantema máculo-papuloso muy pruriginoso, hepatoesplenomegalia, nefromegalia con insuficiencia hepática aguda durante su estancia en el hospital, meningitis aséptica.

Como lo demuestra *(demonstrates)* el texto de arriba, la medicina tiene su propio lenguaje altamente especializado que puede resultar incomprensible para las personas que no tienen educación técnica. Sin embargo, muchos términos médicos son similares en inglés y español, debido a que el vocabulario médico y científico tiene sus raíces *(roots)* en el latín y el griego. Esto permite que un médico que no habla español comprenda el informe médico anterior. Para facilitar la comprensión de los términos científicos y médicos, basta con tener en consideración algunas correspondencias básicas entre las dos lenguas.

español		inglés	
f-	farmacia, física	*ph-*	pharmacy, physics
(p)si-	(p)sicología, (p)siquiatría	*psy-*	psychology, psychiatry
inm-	inmunología	*imm-*	immunology
c-	cólera, tecnología	*ch-*	cholera, technology
-ología	oncología, dermatología	*-ology*	oncology, dermatology
t-	terapia, patología	*th-*	therapy, pathology
-ólogo	patólogo, ginecólogo	*-ologist*	pathologist, gynecologist

●● **Práctica** Contesta las siguientes preguntas con un(a) compañero(a) de clase.

1. Consideren el informe médico. ¿Comprenden de qué se trata? ¿Reconocen algunas palabras?

2. ¿Qué vocabulario especializado emplea el campo profesional en el cual está interesado cada uno(a) de ustedes? Hagan una lista de cinco palabras para cada campo profesional.

Vocabulario útil ③

DULCE: ¿No **te recetó** nada el médico? Puedo pasar por **la farmacia** para recogértelo.

BETO: No necesito **medicinas** sino compañía agradable. ¿Por qué no vienes a visitarme?

00:00:00

> Pharmacies in most Spanish-speaking countries focus more on selling medications and remedies and less on toiletries, cosmetics, and other products, as in the U.S. The **farmacia** often substitutes for a visit to a doctor for routine injuries or illnesses, because pharmacists in Spanish-speaking countries are trained to diagnose and treat minor problems.

En la farmacia

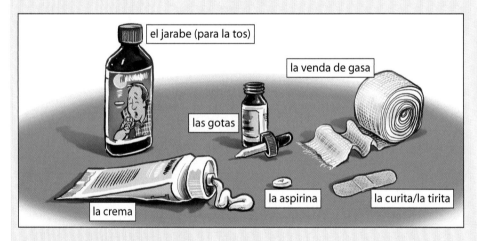

el jarabe (para la tos)

la venda de gasa

las gotas

la crema

la aspirina

la curita/la tirita

las muletas

el yeso

el antibiótico	*antibiotic*
las hierbas	*herbs*
la pastilla	*tablet*
la píldora	*pill*
la receta	*prescription*
la vitamina	*vitamin*

www Flashcards

>> Actividades

6 **¿Qué te recetó el médico?** Tu compañero(a) no se siente bien. Tú eres su médico(a). ¿Qué le recetas o aconsejas?

MODELO: Compañero(a): Tengo una tos horrible.
Tú: *Le voy a recetar un jarabe para la tos.*

1. Tengo dolor de cabeza
2. Me rompí el brazo.
3. No puedo dormir.
4. Me siento muy cansado(a).
5. Tengo una gripe muy fuerte.
6. Me pusieron un yeso porque me rompí la pierna.
7. Me corté el dedo.
8. Tengo los ojos muy rojos.
9. Me duelen los oídos.
10. Tengo dolor de espalda.
11. Me duele la garganta.
12. Tengo la piel muy seca.

Web Search /
Interactive Practice /
Ace the Test

Voces de la comunidad

Web Links

NAME   El Dr. Élmer Huerta

❝¿Por qué se sabe tanto sobre la farándula *(entertainment)* y los deportes y tan poco sobre la salud? ¿Será *(Would it be)* posible vender el concepto de 'salud' usando los medios de comunicación de la misma manera que vendemos jabón, alcohol, nicotina y muebles?❞

Con dos programas diarios de radio y un programa de televisión semanal en español, el doctor Élmer Huerta es uno de los promotores de la salud más importantes de Estados Unidos. Nacido en Perú y

oncólogo por profesión, Huerta ha dedicado su vida a la medicina preventiva. Es fundador y director del Cancer Preventorium en el Washington Cancer Institute, uno de los pocos centros del país dedicados a la prevención del cáncer. Además, tiene el honor de ser el primer presidente latino de la American Cancer Society. Su misión con esta organización se centra en el uso de nuevas tecnologías para educar al público americano sobre el cáncer.

¿Crees que sabes mucho, bastante, poco o muy poco sobre la salud? En tu opinión, ¿hasta qué punto es nuestra responsabilidad informarnos sobre la salud y la prevención de las enfermedades graves?

Antes de ver el video

1 El episodio de este capítulo se enfoca en Beto, que está enfermo. Javier habla con él en su apartamento y Dulce lo llama por teléfono. Mira las fotos y las conversaciones de las páginas 370, 373 y 376, y crea una tabla con los síntomas que identifiques.

2 ¿Qué cosas hacen los amigos para ayudar a alguien que está enfermo? En parejas hagan una lista de por lo menos cuatro cosas que pueden hacer para ayudar a una persona que esté enferma.

Estrategia

Listening for cognates and key words

As you have learned throughout your study of Spanish, when listening to authentic speech, it is important to listen for key words to help you get the general meaning of what is being said. In this chapter's video segment, many of the key words are related to illness and remedies, and many of these words are cognates with English. However, while you might recognize these words immediately in their written form, you must listen carefully for them, because they are pronounced quite differently in Spanish and in English.

---

3 Trabaja con un(a) compañero(a) y túrnense para pronunciar estos cognados. Fíjense en las diferencias del inglés que se oyen al pronunciarlos. Luego, mientras ves el video, pon un círculo alrededor de los cognados que oigas.

Cognados relacionados con la salud

paciente	hospital	síntomas	emergencia
apendicitis	médico	medicinas	drogas
aspirinas	inyección	farmacia	temperatura

El video

Mira el episodio del video para el **Capítulo 12.** No te olvides de identificar las palabras que oigas de la **Actividad 3.**

Después de ver el video

4 Pon un círculo alrededor de las palabra(s) clave en cada oración. El número entre paréntesis te indica el número de palabras clave que debes marcar.

1. **Javier:** Dime, ¿qué síntomas tienes? (1)
2. **Beto:** Uy, tengo una tos horrible y estornudo muchísimo. (2)
3. **Javier:** ¿Te tomaste la temperatura? (1)

4. Beto: Sí. Parece que tengo fiebre. También me duele la garganta. (2)

5. Beto: ¡Y no se me quita este dolor de cabeza! (2)

6. Javier: ¿Quieres que te lleve al médico? (2)

7. Beto: Creo que es una gripe, es todo... voy a guardar cama unos cuantos días a ver si se me pasa. (3)

5 Ahora, trabaja con un(a) compañero(a) de clase. Comparen sus respuestas en la **Actividad 4.** ¿Escogieron las mismas palabras clave? Si no, hablen de por qué escogieron ciertas palabras.

6 Contesten las siguientes preguntas sobre el video. Usen las palabras clave para encontrar las respuestas.

1. ¿Qué síntomas tiene Beto?

2. ¿Qué ofrece hacer Javier?

3. ¿Qué prefiere hacer Beto por unos días?

4. ¿Qué cosas le da Javier a Beto?

5. ¿Qué le va a traer Javier a Beto después de las clases?

6. ¿Qué enfermedad tiene Beto, según su conversación con Dulce?

7. ¿Qué ofrece hacer Dulce?

8. ¿Qué prefiere Beto que haga Dulce?

7 ¿Qué pasa cuando se enferman ustedes? En grupos de tres o cuatro estudiantes, cada persona debe completar la siguiente tabla. Luego, juntos escriban un resumen de sus respuestas.

Cuando tienes resfriado o una gripe ligera *(light)*...	Sí	No
¿guardas cama?		
¿vas al médico?		
¿tomas medicinas como aspirinas o jarabes para la tos?		
¿vas a clases?		
¿duermes mucho?		
¿sales con los amigos?		
¿vas a la biblioteca?		
¿comes alimentos especiales?		
¿bebes mucha agua?		
¿haces ejercicio?		
¿les pides consejos a tus amigos?		

Interactive Practice / Ace the Test

¡Prepárate!

Gramática útil ①

Expressing possible outcomes: The subjunctive and indicative with conjunctions

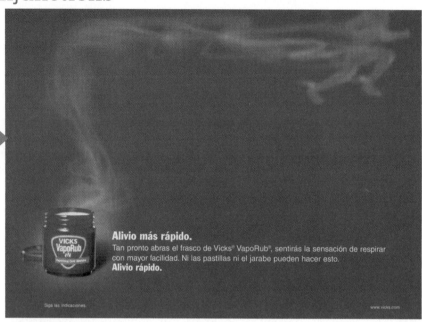

Look at the ad for a salve that helps with respiratory problems and identify the verb used in the subjunctive. Can you explain why the subjunctive is used here?

Alivio más rápido.
Tan pronto abras el frasco de Vicks® VapoRub®, sentirás la sensación de respirar con mayor facilidad. Ni las pastillas ni el jarabe pueden hacer esto.
Alivio rápido.

Siga las indicaciones.   www.vicks.com

Cómo usarlo

> #### Lo básico
>
> A *conjunction* is a word or phrase that links two clauses in a sentence. In the sentence **Voy a llamar a la farmacia para que tenga lista tu receta,** the conjunction is **para que.**

> Remember that the situations referred to in number 1 are places where the subjunctive is used in a dependent clause that begins with **que.**

1. As you have learned, your decision to use the subjunctive often depends on what you are expressing. The subjunctive is used after verbs or expressions of *uncertainty, doubt, disbelief, volition, negation,* and *emotion.*

2. Certain conjunctions also require the use of the subjunctive. With some conjunctions, the subjunctive is always used. With other conjunctions, either the subjunctive or the indicative may be used, depending upon the context.

3. The following groups of conjunctions are either used with the subjunctive only, or may be used with both the subjunctive and the indicative.

   ■ Conjunctions that require the subjunctive:

a menos que	*unless*	**en caso de que**	*in case*
antes (de) que	*before*	**para que**	*so that*
con tal (de) que	*so that, provided that*	**sin que**	*without*

- Conjunctions that may be used with the subjunctive or indicative, depending on context:

aunque	*although*	**en cuanto**	*as soon as*
cuando	*when*	**hasta que**	*until*
dcspués (de) que	*after*	**tan pronto como**	*as soon as*

4. Examine the following sentences to see how and when the subjunctive is used.

No te vas a mejorar **a menos que *tomes*** tu medicina todos los días.

*You won't get better **unless you take** your medicine every day.*

El médico dice que puedo hacer ejercicio **con tal de que no *me sienta*** peor.

*The doctor says I can exercise **as long as I don't feel** worse.*

Voy a ir al hospital **en cuanto *llegue*** Nati de la oficina.

*I'm going to the hospital **as soon as** Nati **arrives** from the office (whenever that may be).*

Fui al hospital **en cuanto *llegó*** Nati de la oficina.

*I went to the hospital **as soon as** Nati **arrived** from the office (she has already arrived).*

Debes quedarte en cama **hasta que** nos ***llame*** el médico.

*You should stay in bed **until** the doctor **calls** us (whenever that may be).*

Cuando estás enfermo, te quedas en cama **hasta que** te ***llama*** el médico.

*When you are sick, you stay in bed **until** the doctor **calls** you (habitual action).*

5. In the case of conjunctions that require the subjunctive, the subjunctive is used because the action expressed in the dependent clause has not yet taken place and is an unrealized event, with respect to the action described in the main clause.

Voy al hospital **antes de que venga** la niñera.

*I'm going to the hospital **before** the babysitter **arrives**. (I'm leaving now, she's not here, I don't know when she will come.)*

6. With conjunctions that may be used with the subjunctive or the indicative, use depends upon whether or not the action described is habitual (indicative), whether it has already occurred (indicative), or whether it has yet to occur (subjunctive).

Siempre voy al hospital **tan pronto como *viene*** la niñera.

*I always go to the hospital **as soon as** the babysitter **arrives**. (habitual action)*

Fui al hospital **tan pronto como *vino*** la niñera.

*I went to the hospital **as soon as** the babysitter **arrived**. (past action)*

Voy al hospital **tan pronto como *venga*** la niñera.

*I'm going to the hospital **as soon as** the babysitter **arrives**. (future action— I have no idea when it will occur)*

Video Tutorial

Flashcards

7. Aunque is a slightly different case. When used with the subjunctive, it may mean that the speaker does not know what the current situation is, or is dismissing its importance, whatever it may be. When used with the indicative, it indicates that the situation is, in fact, true.

Aunque esté enfermo, Arturo siempre asiste a sus clases.

Even though he may be sick (we don't know right now if he is sick / it doesn't matter if he is sick or not), *Arturo always attends his classes.*

Aunque está enfermo, Arturo asiste a sus clases.

Even though he is sick (right now), *Arturo attends his classes.*

>> Actividades

1 **La mamá de Beto** Completa las recomendaciones de la mamá de Beto con una de las siguientes conjunciones adverbiales: **con tal de que, a menos que, aunque, en caso de que, para que** y **sin que.**

MODELO: Puedes ir a esquiar *con tal de que* no te resfríes.

1. Tienes que ir a la clínica _____ te receten unos antibióticos.

2. No vas a perder peso _____ hagas ejercicio regularmente.

3. Tienes que hablar con el médico _____ necesites una vacuna para tu viaje a las cataratas de Iguazú.

4. No pueden saber si te rompiste el brazo _____ te tomen una radiografía.

5. Si no guardas cama, no te vas a mejorar _____ te tomes todas las medicinas.

6. Puedes jugar tenis todos los días _____ no te lastimes.

2 **El doctor Serna** Vas a hacerte tu chequeo médico con el doctor Serna. ¿Qué te dice? Usando elementos de las tres columnas, escribe lo que te dice en oraciones completas. Sigue el modelo.

MODELO: *Te van a llamar cuando esté lista la receta.*

Te van a llamar	en cuanto	guardar cama unos cuantos días
Ve a casa a descansar	hasta que	(no) empezar a llevar una vida sana
Come algo	después de	estar lista la receta
Pregunta por mí	que	dormir bien
Te vas a sentir mejor	tan pronto	tomarse el antibiótico
Vas a tener más energía	como	ir a la farmacia
No vas a estar feliz	cuando	llamar por los resultados de tu análisis
	antes de que	

3 **A menos que…** Completa las siguientes oraciones. Trabaja con un(a) compañero(a) para completar las oraciones de una manera lógica.

1. Voy a sacar buenas notas este semestre / trimestre a menos que…
2. Necesito hacer ejercicio para que…
3. Pienso viajar después de graduarme de la universidad con tal de que…
4. Voy a tratar de ahorrar mucho dinero en caso de que…
5. No voy a tomar ese curso hasta que…
6. Tengo que hacer una investigación en Internet antes de que…
7. Voy a buscar trabajo tan pronto como…
8. ¿…?

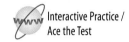

Interactive Practice / Ace the Test

:) Sonrisas

Expresión En grupos de tres o cuatro estudiantes, escriban lemas *(slogans)* para los siguientes productos. Sigan el modelo y ¡sean creativos!

MODELO: una almohada *(pillow)* para viajeros
Para que siempre duermas bien, no importa dónde estés.

1. el agua mineral
2. el asiento de seguridad para los bebés
3. una bebida fortificada para deportistas
4. unos zapatos atléticos
5. un casco *(helmet)* para los ciclistas
6. un abrigo de invierno

Gramática útil ②

Expressing yourself precisely: Choosing between the subjunctive and indicative moods

Dudo que **estés** de ánimo para tener compañía.

> Remember that all these uses of the subjunctive are either in a dependent clause that begins with **que** or a conjunction (such as **cuando** or **para que**), or after **ojalá**.

Cómo usarlo

In this and the last few chapters, you have learned the basic situations and contexts in which the subjunctive mood is used. Here is a summary that contrasts their uses in general.

Use the subjunctive:

- after expressions of emotion

  Me alegro de **que te sientas** mejor.
  Es una lástima **que estés** enfermo.

- after expressions of doubt and uncertainty

  Dudo **que** el médico **sepa** la respuesta.
  No es verdad **que** los antibióticos siempre **sean** un remedio eficaz.

- after impersonal expressions, **ojalá,** and verbs expressing opinions, wishes, desires, and influence

  Es importante **que sigas** las instrucciones de la enfermera.
  Ojalá **tengamos** tiempo para comer una cena nutritiva hoy.
  Mis amigos quieren **que** yo **vaya** con ellos al gimnasio.

- in a **que** clause to refer to unknown or nonexistent situations

  Busco un médico **que tenga** experiencia con medicina geriátrica.

- after certain conjunctions to refer to events that have not yet taken place or that may not take place

  Voy a llamar al médico para que te **dé** una receta.
  Antes de que **vayas** al médico, debes hacer una lista de preguntas.
  Voy a la farmacia en cuanto **salga** del trabajo.

- after **aunque** to express situations that may or may not be true, or are considered irrelevant

  Aunque el médico no **esté,** voy a su oficina.

Use the indicative:

- after expressions of certainty

  Estoy seguro de que el médico **sabe** la respuesta.

- in a **que** clause with known or definite situations

  Sé que tu médico **tiene** experiencia con medicina geriátrica.

- after certain conjunctions to express past or habitual actions

  Elena salió para el hospital después de que yo **llegué.**
  Siempre duermo cuando **llego** del trabajo.

- after **aunque** when a situation is a reality

  Aunque ya **es** tarde, voy a llamar al médico.

Use an infinitive:

- after expressions of emotion when there is no change of subject

  Estoy contenta de **sentirme** mejor.

- after verbs of volition or influence when there is no change of subject

  Mis amigos quieren **ir** al gimnasio.

- after impersonal expressions to make generalized statements

  Es importante **seguir** las instrucciones de la enfermera.

Video Tutorial

Flashcards

>> Actividades

4 **En el consultorio** Estás en la sala de espera del consultorio y escuchas a varias personas comentar sobre diferentes personas. Según lo que dicen, ¿conocen o no conocen a las personas que mencionan? Escucha los comentarios y luego marca la respuesta apropiada.

MODELO: Escuchas: ¿Me puedes recomendar un médico que me ayude con mis alergias?
Marcas: No lo / la conoce.

1. _____ Lo / La conoce.

   _____ No lo / la conoce.

2. _____ Lo / La conoce.

   _____ No lo / la conoce.

3. _____ Lo / La conoce.

   _____ No lo / la conoce.

4. _____ Lo / La conoce.

   _____ No lo / la conoce.

5. _____ Lo / La conoce.

   _____ No lo / la conoce.

6. _____ Lo / La conoce.

   _____ No lo / la conoce.

5 **El buen amigo** Un buen amigo va a visitar a su colega que acaba de salir del hospital. Completa sus comentarios con los verbos entre paréntesis. Piensa bien si se requiere el subjuntivo o el indicativo en cada caso.

MODELO: Me alegro de que (tú / estar) en casa
Me alegro de que estés en casa.

1. Vine directo a tu casa después de que (tú / llamarme).
2. Dudo que (tú / echar de menos) la comida del hospital.
3. Es importante que (tú / tomar) todos los antibióticos hasta que (acabarse).
4. Es una lástima que no (tú / poder) salir por dos semanas.
5. Sé que no (tú / querer) guardar cama por tanto tiempo.
6. Estoy seguro de que (tú / irte) a recuperar pronto.
7. Te traje unas revistas para que no (tú / aburrirse).
8. Vamos a la playa en cuanto (tú / sentirte) mejor.
9. Llámame cuando (tú / querer).

6 **Mi salud** En tu clase de salud, tu profesor(a) te pide que describas tu salud y tus actitudes hacia la salud. Con un(a) compañero(a), escribe siete oraciones que usen las siguientes frases.

MODELOS: es importante
Es importante que te hagas un chequeo médico una vez al año.
antes de
Siempre leo todas las instrucciones antes de tomarme las píldoras.

1. cuando
2. dudo que
3. antes de que
4. es importante que
5. estoy seguro(a) de que
6. para que
7. querer

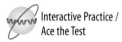
Interactive Practice /
Ace the Test

Gramática útil ❸

Talking about future activities: The future tense

Cómo usarlo

1. You have already learned to use the present tense of **pensar** and **ir + a +** infinitive to talk about the future.

Pienso ser enfermera.	*I plan to become* a nurse.
Voy a ir al médico el viernes.	*I'm going to go* to the doctor on Friday.

2. Additionally, Spanish has a separate tense, the future tense, which you can use to talk about events that have not yet occurred. This tense is equivalent to the *will* + infinitive future tense used in English.

Hablaré con el médico cuando pueda.	*I will talk* to the doctor when I can.

3. Most Spanish speakers use **ir a** + infinitive or the present indicative to talk about future events that are about to happen, and the future tense for events that are further away in time or in more formal contexts.

Voy al gimnasio esta tarde.	*I'm going* to the gym this afternoon.
Voy a correr en el parque mañana.	*I'm going to run* in the park tomorrow.
El próximo mes **iré** a la playa con mi familia.	Next month *I will go* to the beach with my family.

4. Spanish speakers also use the future tense to speculate about current situations.

—**¿Dónde estará** el médico? Hace una hora que lo esperamos.	Where *could* the doctor *be?* We've been waiting for him for an hour.
—**Tendrá** una emergencia en el hospital.	*He must have* an emergency at the hospital.

Cómo formarlo

Video Tutorial

Flashcards

1. Future-tense endings are the same for **-ar, -er,** and **-ir** verbs. The future endings attach to the end of the *infinitive*, rather than to a verb stem.

yo	**-é**	**hablaré**	nosotros / as	**-emos**	**hablaremos**
tú	**-ás**	**hablarás**	vosotros / as	**-éis**	**hablaréis**
Ud. / él / ella	**-á**	**hablará**	Uds. / ellos / ellas	**-án**	**hablarán**

> Notice that all forms except the first person plural (nosotros) have a written accent on the final syllable.

Tendrás que tomar mis exámenes también.

2. The following verbs are irregular in the future tense. They attach the regular future endings to the irregular stems shown, rather than to the infinitive.

irregular, no pattern		
decir	dir-	diré, dirás, dirá, diremos, diréis, dirán
hacer	har-	haré, harás, hará, haremos, haréis, harán
e is dropped from infinitive		
poder	podr-	podré, podrás, podrá, podremos, podréis, podrán
querer	querr-	querré, querrás, querrá, querremos, querréis, querrán
saber	sabr-	sabré, sabrás, sabrá, sabremos, sabréis, sabrán
d replaces the final vowel		
poner	pondr-	pondré, pondrás, pondrá, pondremos, pondréis, pondrán
salir	saldr-	saldré, saldrás, saldrá, saldremos, saldréis, saldrán
tener	tendr-	tendré, tendrás, tendrá, tendremos, tendréis, tendrán
venir	vendr-	vendré, vendrás, vendrá, vendremos, vendréis, vendrán

3. The future tense of **hay** is **habrá**.

Habrá una reunión en el hospital el viernes.

There will be a meeting in the hospital on Friday.

>> Actividades

7 **El Año Nuevo** Todos resolvemos cambiar de hábitos para el Año Nuevo. Vas a escuchar dos veces unas preguntas sobre tus resoluciones. Di si harás o no harás lo que se pregunta. Escribe las respuestas con oraciones completas. Primero estudia el modelo.

MODELO: Escuchas: ¿Vas a hacer una cita para un chequeo médico?
Escribes: *Sí, haré una cita para un chequeo médico.*
O: *No, no haré una cita para un chequeo médico.*

8 **¿Qué hará el doctor?** Estás en el consultorio y especulas sobre qué hará o no hará el doctor para resolver tu problema. ¿Qué te preguntas? Sigue el modelo.

MODELO: tomar una radiografía
¿Me tomará una radiografía?

1. tomar la presión

2. poner una inyección

3. hacer un análisis de sangre

4. recetar unos antibióticos

5. decir que todo está bien

6. haber una solución para mi problema

9 **¿Qué les pasará?** Ahora que conoces a los personajes del video, vas a tratar de predecir qué les va a pasar en el futuro. Escribe por lo menos dos oraciones para cada personaje (o personajes) en la lista.

MODELO: Sergio y Javier
Sergio y Javier serán atletas profesionales. Viajarán por todo el mundo para competir en torneos internacionales.

1. Beto
2. Anilú
3. Chela
4. Sergio y Javier
5. Dulce y Beto
6. Dulce

Futuros posibles

ser [¿qué profesión?]

trabajar [¿dónde?]

casarse [¿con quién?]

salir [¿con quién?]

tener [¿cuántos?]

hijos vivir en [¿qué ciudad?]

viajar [¿adónde?]

hacer [¿…?]

saber [¿…?]

¿…?

10 **El futuro** Todos tenemos ideas de lo que vamos a hacer en el futuro: dónde vamos a vivir, qué profesión vamos a practicar, qué clase de casa vamos a tener, cómo va a ser nuestra familia y así. Hazle seis preguntas a tu compañero(a) sobre su futuro. Escribe un párrafo que describa el futuro de tu compañero(a) según sus respuestas. Luego, si hay algunas predicciones que tienen en común, explícalas.

MODELOS: Las predicciones de mi compañero:
Será programador y trabajará en una compañía que produce juegos para la computadora. Estará casado con tres hijos y tendrá una casa grande en las afueras de Nueva York. Sus hijos asistirán a una escuela privada. Tendrá un Porsche, un Ferrari y un Lamborghini.
Las predicciones que tenemos en común:
Los dos estaremos casados y tendremos hijos.

Interactive Practice / Ace the Test

¡Explora y exprésate!

Exploraciones culturales

Argentina y Uruguay

●● **Dos países con una historia compartida** En parejas, miren los textos y las fotos. Después de leer los textos, indiquen cuál de los párrafos puede servir como un resumen apropiado para cada foto.

Foto A: _____

Foto B: _____

Foto C: _____

La tradición

(1) Una costumbre *(custom)* muy típica en estos dos países es la de beber mate, una hierba que se sirve como un té caliente y también como té helado (que entonces se llama **tereré**). El mate ofrece varios beneficios y frecuentemente se usa para tratar problemas médicos como la hipertensión *(high blood pressure)*. Muchas veces se lo mezcla con otras hierbas medicinales, como la peperina *(peppermint)*, la salvia *(sage)*, la cola de caballo *(horsetail)* y la uña de gato *(rest-harrow)*.

(2) Otra tradición muy importante por esta zona es la parrillada *(barbecue)*, una comida fuerte que incluye varios tipos de carne asada. Debido a su popularidad y su sabor *(flavor)*, el bife argentino es famoso en todo el mundo. Es muy común que una reunión familiar incluya una parrillada grande como parte de la celebración.

(3) La celebración de Carnaval es muy popular en los dos países, pero la de Montevideo es mucho más grande que la de Buenos Aires. Se considera el festival nacional de Uruguay y las celebraciones duran *(last)* más de una semana. Los desfiles *(parades)* incluyen elementos indígenas y afrohispanos. Una parte importante de la celebración son las murgas, una combinación popular de teatro y música callejera *(street)* que muchas veces parodia los temas políticos del día.

La historia

(4) En Montevideo y Colonia del Sacramento, es muy fácil ver rasgos *(traces)* de la historia de Uruguay. Colonia del Sacramento tiene muchos edificios históricos y es la ciudad más antigua del país. Colonia contiene muestras *(examples)* de dos culturas: la de los portugueses, que fundaron la ciudad en 1680, y la de los españoles, que la controlaron durante el siglo XVIII. Fue declarada un Sitio del Patrimonio Mundial por la UNESCO en 1995.

(5) La historia también está presente en las calles de Montevideo y Colonia en la forma de las cachilas. Éstas son automóviles clásicos o antiguos que tienen entre 50 y 90 años de edad. Uruguay fue un país muy próspero durante la primera mitad del siglo XX y muchos uruguayos compraron automóviles de lujo *(luxury)* en esa época. Como el clima del país es templado *(mild)*, muchos de estos autos se mantienen en condiciones muy buenas.

(6) Buenos Aires es famosa por sus edificios históricos y bellos, como el Teatro Colón, el Congreso de la Nación Argentina y el Palacio Barolo. También hay un mercado de antigüedades muy conocido en el barrio de San Telmo, donde es posible ver joyas y accesorios del siglo XIX, así como también arte moderno y artesanías locales. El mercado, que solamente está abierto los domingos, es una de las atracciones más populares de la ciudad.

La naturaleza

(7) Argentina es un país de grandes contrastes geográficos y naturales. En el sur se encuentra la Patagonia, con sus glaciares famosos, como el Perito Moreno, y Tierra del Fuego, una isla al extremo sur. Aquí está situada Ushuaia, el área poblada más austral (*southern*) del globo, a unos pocos kilómetros de la Antártida. Charles Darwin llegó a esta región en los años 1840, en su famoso viaje del Beagle, cuando exploró y documentó la rara flora y fauna de la Patagonia.

(8) Al otro extremo del país están las cataratas del Iguazú. Las cataratas se encuentran en el centro de una selva (*jungle*) tropical, donde el río Iguazú cae unos 76 metros desde las alturas (*heights*) de la selva hasta las rocas de abajo. Las cataratas incluyen más de 275 cascadas separadas y hasta 350 durante la temporada lluviosa.

(9) Punta del Este, un balneario (*beach resort*) muy popular entre argentinos y uruguayos, está ubicado (*located*) en el extremo sur de Uruguay. Durante los meses de diciembre y enero, sus playas (*beaches*) son un destino muy popular para turistas del mundo entero.

Foto D: _____

Foto E: _____

>> Conexión cultural

👥 Mira el segmento cultural para este capítulo. Después, en grupos de tres o cuatro, comparen lo que hace la gente en su país cuando sale para divertirse, con lo que acaban de ver en el video.

🌐 Interactive Practice

>> ¡Conéctate!   🌐 Web Links

👥 **Práctica** En grupos de tres o cuatro, hagan una investigación en Internet sobre uno de los siguientes temas. Usen los enlaces sugeridos en el sitio web de *Nexos* para ir a otros sitios web posibles. Después de hacer la investigación, presenten su informe a la clase.

Tema 1: las atracciones de la Patagonia, en Argentina
Tema 2: cómo se prepara y se toma el mate
Tema 3: las celebraciones de Carnaval en Montevideo
Tema 4: los balnearios y baños termales de Uruguay y Argentina

>>Tú en el mundo hispano

Para explorar oportunidades de usar el español para estudiar o hacer trabajos voluntarios o aprendizajes en Argentina y Uruguay, sigue los enlaces en el sitio web de *Nexos*.

🎵 Ritmos del mundo hispano

Para escuchar música de Argentina y Uruguay, sigue los enlaces en el sitio web de *Nexos*.

A leer

Antes de leer

> You can also look at verb tenses to help establish chronological order.

1 Con un(a) compañero(a) de clase hagan una cronología de los eventos de la lista, basándose en las palabras cronológicas. Los eventos describen distintas experiencias en la vida de Maitena Burundarena, autora de viñetas e historietas *(comic strips)* muy populares tanto en Argentina, su país natal, como en todo el mundo hispanohablante.

_____ A los 30 años de edad, Maitena empezó a dibujar *Mujeres alteradas*.

_____ *Curvas peligrosas* fue la tercera viñeta que hizo Maitena.

_____ Después de hacer *Mujeres alteradas*, Maitena publicó *Superadas*.

_____ Ahora Maitena no trabaja y vive en una casa en la playa *(beach)*.

_____ A los 17 años, Maitena hizo su primer trabajo pagado.

2 Con tu compañero(a), mira las oraciones de la **Actividad 1.** Para cada oración, indiquen las palabras que los ayudaron a decidir en qué orden debe ir la oración.

Lectura

3 Ahora lee el extracto de un artículo sobre Maitena que apareció en un diario *(daily newspaper)* argentino y que también se encuentra en Internet. Presta especial atención a la secuencia de los párrafos. Cuando termines la lectura, escribe en la tercera columna de la tabla el número del párrafo que corresponde a cada evento de la cronología de la segunda columna. Luego, vuelve a la lectura para buscar las palabras que te ayudaron a decidir qué párrafo corresponde a cada evento de la cronología y escríbelas en la tercera columna.

Tiempo	Orden cronológico	Palabras que indican la cronología (pasado, presente, futuro)
Pasado	1. Su primer trabajo 2. El comienzo de *Mujeres alteradas* 3. *Superadas* y *Curvas peligrosas* 4. Su reconexión con *Mujeres alteradas*	*Párrafo 2; empezó,...*
Presente	5. Ahora	
Futuro	6. La publicación de *Mujeres escogidas*	

El reposo de la guerrera[1]

Maitena Burundarena cumplió un viejo sueño[2]: tiene una vida con vista al mar y disfruta[3] del tiempo que compró con el éxito[4] de sus libros. Tan ácida como siempre, repasa su obra y jura que hoy está en paz consigo misma.

▶ **Párrafo 1**   Maitena Burundarena se ha retirado a vivir aquí. Largó[5] todo en el momento de mayor fama y prestigio: traducida, publicada en revistas y diarios de treinta países, y con sus libros editados como best seller, está chocha[6] con esta vida de retiro que hace ahora. "El último año y medio fue muy fuerte. Dejé muchas cosas". Ahora, dice, es "una guerrera zen".

▶ **Párrafo 2**   Maitena empezó a trabajar a los diecisiete años. Armando avisos[7] en *Ámbito Financiero*, ella, que dibujaba desde que era niña, se ofreció para hacer una viñeta y completar las caries[8] que en la página de diario había dejado la falta imprevista de un aviso[9].

▶ **Párrafo 3**   A la semana siguiente estaba dibujando para ganarse la vida. Nada parecía dar el suficiente resultado, y cuando la revista femenina *Para Ti* le encargó, en el '93, una página, evaluaba abandonar el dibujo y dedicarse de una vez por todas a algo redituable[10]. El resultado fue la viñeta *Mujeres alteradas*.

▶ **Párrafo 4**   *Mujeres alteradas* se convirtió pronto en un éxito y fue recopilada en cinco libros, que computan dos millones de ejemplares vendidos[11] en todo el mundo. Entre 1998 y mediados de 2003, Maitena publicó un chiste[12] diario en el diario *La Nación* que tituló *Superadas*: luego, los fue compilando en tres libros. A partir de entonces y hasta hace pocos meses, publicó *Curvas peligrosas*, una página de humor en la revista de ese diario que, como todos sus trabajos anteriores, fueron editadas como libros y publicadas en una treintena[13] de diarios y revistas de todo el mundo.

▶ **Párrafo 5**   Mañana, *Clarín* inaugura la nueva colección de historietas con *Mujeres escogidas*, el primero de quince libros que incluyen, entre otros clásicos, Hombre araña, Boggie, Mickey y Donald, Patoruzito y Tarzán. Se trata de una selección hecha por ella misma de sus mejores trabajos.

▶ **Párrafo 6**   "Me reencontré[14] con *Mujeres alteradas* después de muchos años de no leerlas. Lamento ser tan inmodesta, pero me di cuenta de[15] que está lindo, lleno[16] de temas y de ideas. Yo ya no soy tan fresca como cuando hacía ese trabajo. Tenía muchas ganas de seducir al lector con humor y espontaneidad. Cuando se convirtieron en un éxito muy grande me pasaron por arriba y me aburrió que me preguntaran[17]: "¿Por qué están alteradas[18] las mujeres?", "¿Qué quiere la mujer?" ¡Qué sé yo! ¿La mujer de quién? Me agoté de ese lugar de opinóloga[19] y me puse a hacer[20] *Curvas peligrosas* que hablaban del consumo o del uso de la tecnología, cosas que le pasan a todo el mundo."

▶ **Párrafo 7**   Ahora que largó todo, se enorgullece de haber recuperado[21] aquel "auténtico espíritu punk". La vivió. Y quiere más. "Necesito nuevos desafíos[22]. Cuando me instalé tan bien dentro del éxito, me empecé a aburrir. Yo no quiero ser una historietista que todas las semanas hace su exitosa página. No me va[23]. Quería hacer otra cosa y no trabajar fue lo más fuerte que se me podía haber ocurrido[24]."

> Boggie (or Boogie) is a cartoon character created by Argentinian cartoonist Roberto Fontanarrosa. Boggie is a mercenary who lives in the U.S. Patoruzito is a kind of national hero in Argentina; he is the main character of a popular comic strip that has been around for decades and was recently made into an animated film.

[1]**El...**The *warrior's rest* [2]*dream* [3]*enjoys* [4]*success* [5]*She said good-bye to;* [6]*happy, content* [7]**Armando...** *Putting together advertisements;* [8]*holes* [9]**había...** *left by advertising gaps* [10]*financially rewarding* [11]*copies sold* [12]*joke* [13]*some thirty* [14]*I came back to* [15]**me...** *I realized* [16]*full* [17]**me...** *it bored me that they kept asking me* [18]*upset, angry* [19]**me...** *I had had enough of being an opinion maker* [20]**me...** *I started to do* [21]**se...** *she is proud of having recovered* [22]*challenges* [23]**No...** *It doesn't work for me.* [24]**se...** *could have occurred to me*

This cartoon uses several **voseo** forms. The **voseo** is a familiar second-person form used in Argentina and Uruguay and in some parts of Central America. In **voseo** forms, the final syllable is accented: for example, **escuchá** instead of **escucha**. In the cartoon, the **vos** form is the command form **escuchame**, which in the **tú** form would be **escúchame**.

Una viñeta de *Mujeres alteradas*

 Web Search

Me podrías alcanzar *Could you hand me* • **Tiende a llevar** *It tends to bring on* • **brotes** *outbreaks* • **terceros** *third parties* • **cobertura** *coverage* • **¿Sonó?** *Did it ring?* • **Incomunica** *It isolates*

Después de leer

●● **4** Trabaja con un(a) compañero(a) de clase y contesten las siguientes preguntas sobre la lectura.

1. ¿Está trabajando Maitena ahora?
2. ¿Para qué publicación trabajó Maitena en su primer trabajo?
3. ¿Cómo se llama su primera viñeta?
4. ¿Cómo se llama el chiste que publicó en *La Nación*?
5. Cuando Maitena volvió a leer *(went back to read)* viñetas viejas de *Mujeres alteradas*, ¿qué pensó del trabajo?

●● **5** En grupos de tres o cuatro personas, lean la viñeta sobre "la enfermedad del celular". Luego hablen de los siguientes temas.

1. ¿Comparten las opiniones de Maitena sobre los celulares? ¿Por qué?
2. ¿Creen que hay sitios y situaciones donde no se debe hablar por teléfono? ¿Por qué?
3. En su opinión, ¿es verdad que el celular incomunica en vez de comunicar? ¿Por qué?

●● **6** En grupos de tres o cuatro personas, imagínense que van a dibujar una viñeta sobre otra "enfermedad moderna" como el celular. Escojan la enfermedad que van a tratar y luego hagan un plan para los diferentes cuadros *(frames)* de la viñeta. Luego hagan los dibujos y escriban los comentarios que los acompañan.

Vocabulario

El cuerpo *The body*

la boca	mouth
el brazo	arm
la cabeza	head
el codo	elbow
el corazón	heart
el cuello	neck
el dedo	finger, toe
la espalda	back
el estómago	stomach
la garganta	throat
el hombro	shoulder
la lengua	tongue
la mano	hand
la nariz	nose
el oído	inner ear
los ojos	eyes
la oreja	outer ear
el pecho	chest
el pie	foot
la pierna	leg
el pulmón	
(los pulmones)	lung(s)
la rodilla	knee
la sangre	blood
el tobillo...	ankle
... quebrado / roto	broken
... torcido	twisted

Los síntomas *Symptoms*

la alergia	allergy
el catarro / el resfriado	cold
el dolor...	pain, ache
... de cabeza	headache
... de estómago	stomachache
... de garganta	sore throat
la enfermedad	sickness, illness
la fiebre	fever
la fractura	fracture
la gripe	flu
la herida	injury, wound
la infección	infection
las náuseas	nausea
la tos	cough

cortarse	to cut oneself
desmayarse	to faint
dolerle (ue) (a uno)	to hurt
estar congestionado(a)	to be congested
estar mareado(a)	to feel dizzy
estornudar	to sneeze
lastimarse	to hurt, injure oneself
palpitar	to palpitate
resfriarse	to get chilled; to catch cold
toser	to cough
vomitar	to throw up

En el consultorio del médico
In the doctor's office

el chequeo médico	physical, checkup
la cita	appointment
la clínica	clinic
la sala de emergencias	emergency room
la sala de espera	waiting room
la salud	health

Instrucciones y preguntas

Lo (La) voy a examinar.	I'm going to examine you.
¿Qué le duele?	What hurts?
¿Qué síntomas tiene?	What are your symptoms?
Abra la boca.	Open your mouth.
Respire hondo.	Breathe deeply.
Saque la lengua.	Stick out your tongue.
Trague.	Swallow.
Le voy a...	I'm going to . . .
... hacer un análisis de sangre / orina.	. . . give you a blood/urine test.
... poner una inyección.	. . . give you an injection.
... poner una vacuna.	. . . vaccinate you.
... recetar una medicina.	. . . prescribe a medicine.
... tomar la presión.	. . . take your blood pressure.
... tomar la temperatura.	. . . take your temperature.
... tomar / hacer una radiografía.	. . . take an X-ray.

Consejos *Advice*

Le aconsejo que...	*I advise you to . . .*
... coma alimentos nutritivos.	*. . . eat healthy foods.*
... duerma más.	*. . . sleep more.*
... guarde cama.	*. . . stay in bed.*
... haga ejercicio regularmente.	*. . . exercise regularly.*
... lleve una vida sana.	*. . . lead a healthy life.*
¡Ojalá se mejore pronto!	*I hope you'll get better soon!*

En la farmacia *At the pharmacy*

el antibiótico	*antibiotic*
la aspirina	*aspirin*
la crema	*cream*
la curita / la tirita	*(small) bandaid*
las gotas	*drops*
las hierbas	*herbs*
el jarabe (para la tos)	*(cough) syrup*
las muletas	*crutches*
la pastilla	*tablet*
la píldora	*pill*
la receta	*prescription*
la venda de gasa	*gauze bandage*
la vitamina	*vitamin*
el yeso	*cast*

Conjunciones adverbiales

Con el subjuntivo

a menos que	*unless*
antes (de) que	*before*
con tal (de) que	*so that, provided that*
en caso de que	*in case*
para que	*so that*
sin que	*without*

Con el subjuntivo o el indicativo

aunque	*although, even though*
cuando	*when*
después (de) que	*after*
en cuanto	*as soon as*
hasta que	*until*
tan pronto como	*as soon as*

Capítulo 13

¿Te gusta trabajar con la gente?

> Metas profesionales

¿Vives para trabajar o trabajas para vivir? No importa cuál sea tu respuesta —todos participamos en la fuerza laboral de una u otra manera. Somos ciudadanos mundiales, no sólo residentes de una nación. Todos contribuimos a la economía global, y por eso es importante entender qué pasa en el mundo. En este capítulo vamos a hablar del trabajo y de las noticias del día, y cómo los dos nos afectan.

Estos jóvenes trabajadores aprenden a colaborar y trabajar en equipo.

> Communication

By the end of this chapter you will be able to

- talk about current events
- interview for a job and talk about your skills and experience
- talk about things you have done and had done in the past
- express doubt, emotion, uncertainty, and opinions about recent events and actions

> Cultures

By the end of this chapter you will have learned about

- Chile
- employee statistics for Chile, the U.S., and Canada
- web translators
- courtesy or "netiquette" on the Internet

¿Estás aquí para la entrevista?

Sí. Y ¡estoy súper nerviosa!

> Los datos

Mira la información de la tabla y contesta las siguientes preguntas.

	Chile	Canadá	EEUU
días de vacaciones requeridos por el gobierno (government)	15	10	0
porcentaje total de mano de obra (work force) con educación universitaria	21,6%	52,5%	43,3%
porcentaje de trabajadores en el sector agrícola	mujeres: 5% hombres: 19%	mujeres: 2% hombres: 5%	mujeres: 1% hombres: 4%
porcentaje de trabajadores en el sector industrial	mujeres: 14% hombres: 31%	mujeres: 11% hombres: 32%	mujeres: 12% hombres: 32%
porcentaje de trabajadores en el sector de servicios	mujeres: 82% hombres: 49%	mujeres: 86% hombres: 63%	mujeres: 86% hombres: 64%

❶ ¿Cuál de los países no tiene una ley (law) que requiera un número mínimo de días de vacaciones?

❷ ¿Qué país tiene el mayor porcentaje de trabajadores en el sector agrícola?

❸ ¿En qué sector son casi iguales los porcentajes de trabajadores para los tres países?

> ¡Adivina!

¿Qué sabes de Chile? Indica si las siguientes oraciones son ciertas o falsas. (Las respuestas están en la página 418.)

❶ Chile tiene un enorme desierto.

❷ A causa de su geografía, Chile no tiene un sector agrícola muy importante.

❸ La Isla de Pascua (Easter Island), o Rapa Nui, es parte de Chile.

❹ El gobierno actual (current) de Chile es una dictadura militar.

¡Imagínate!

Vocabulario útil ①

00:00:00

SERGIO: Podríamos hablar de las noticias **del día,** si quieres.

ANILÚ: No, gracias. ¿De qué vamos a hablar? ¿Del **crimen,** de la **política** o de la **economía**? Me pongo hasta más nerviosa.

SERGIO: Tienes razón. No había pensado en eso.

Use **discriminar a** to say *discriminate against* and **discriminado por** to say *discriminated against:* **Eduardo no discrimina a nadie, pero se siente** *discriminado por* **sus colegas.**

Las noticias del día

la campaña	*campaign*
el (la) ciudadano(a)	*citizen*
el crimen	*crime*
el desastre natural	*natural disaster*
la (des)igualdad	*(in)equality*
la discriminación	*discrimination*
la economía	*economy*
las fuerzas armadas	*armed forces*
la globalización	*globalization*
el gobierno	*government*
la guerra	*war*
el huracán	*hurricane*
el (la) líder	*leader*
la paz mundial	*world peace*
la política	*politics*
el proceso electoral	*election process*
el terremoto	*earthquake*
el terrorismo	*terrorism*
la violencia	*violence*
iniciar	*to initiate*
luchar contra	*to fight against*
participar en	*to participate in*
sobrevivir	*to survive, overcome*
sufrir (las consecuencias)	*to suffer (the consequences)*
tomar medidas	*to take steps or measures*
votar	*to vote*

 Flashcards

la contaminación (del aire)

la inundación

el ejército

las elecciones

la huelga

la manifestación

>> Actividades

1 **¿En qué te hace pensar?** Escribe una o dos oraciones sobre cada tema. Trata de incluir un ejemplo reciente de ese fenómeno.

MODELOS: la contaminación del aire
> *Dicen que la contaminación del aire de la Ciudad de México es la peor del mundo.*
> un desastre natural
> *Un desastre natural que no olvidaremos pronto es el huracán Katrina que devastó Nueva Orleáns en 2005.*

1. la contaminación (del aire, del agua, de la radiación)
2. las elecciones (locales, nacionales)
3. un desastre (natural, causado por el hombre)
4. la economía (local, nacional, global)
5. una huelga (de hambre, de estudiantes, de activistas verdes)
6. el crimen (violento, empresarial, electrónico)
7. una manifestación (pacífica, violenta)
8. la guerra (fría, mundial, civil)

> Other natural disasters are: **el tornado, la erupción volcánica,** and **el incendio forestal** *(forest fire).*

2 **Las noticias de hoy** En parejas, pongan en orden del 1 al 6 los siguientes temas, desde el problema más serio (#1) hasta al problema menos serio (#6), según su opinión. Luego, den ejemplos de las noticias del día sobre cada tema que justifique su clasificación.

_____ el terrorismo
_____ el crimen
_____ la discriminación (contra...)
_____ la economía

_____ la violencia (doméstica / en la televisión)
_____ la guerra (contra las drogas, en...)

Web Search /
Interactive Practice /
Ace the Test

Vocabulario útil ②

SERGIO: Pues, desde mi punto de vista, no tienes nada de qué preocuparte. Tienes muy **buena presencia, te llevas bien con la gente** y me imagino que eres muy **responsable**.

ANILÚ: Oye, ¿quién eres? ¿Te pagó alguien para animarme?

SERGIO: No, no, no seas tan desconfiada. Sólo quería ayudarte.

ANILÚ: No, de veras. ¿No me digas que estás **solicitando el mismo puesto**?

SERGIO: No, no, y aunque fueras mi competencia, te ayudaría. ¿Trajiste tu **currículum vitae**?

ANILÚ: Sí, lo tengo en **el maletín**.

SERGIO: Perfecto. Ahora, en una **entrevista,** la cosa más importante es cómo **tus habilidades satisfacen** plenamente **los requisitos del puesto**.

Para solicitar empleo

La entrevista

la tarjeta
el formulario
el maletín
darse la mano
la solicitud
el currículum vitae

> For **el currículum vitae,** you might also encounter **el currículum** (without the accent mark), **el currículo, el historial personal,** and **la hoja de vida.**

El (La) candidato(a)

detallista	*detail-oriented*
disponible	*available*
emprendedor(a)	*enterprising*
puntual	*punctual*
responsable	*responsible*
llevarse bien con la gente	*to get along with people*
tener...	*to have . . .*
... algunos conocimientos de...	*. . . some knowledge of . . .*
... buena presencia	*. . . a good presence*
... (mucha) experiencia en...	*. . . (a lot of) experience in . . .*
... las habilidades necesarias	*. . . the necessary skills*

El puesto

el ascenso	*promotion*	dirigir	*to direct*
el aumento de sueldo	*salary increase, raise*	emplear	*to employ*
los beneficios	*benefits*	ganar	*to earn*
el contrato	*contract*	hacer informes	*to write reports*
la (des)ventaja	*(dis)advantage*	jubilarse	*to retire*
el (la) empleado(a)	*employee*	requerir (ie, i)	*to require*
el requisito	*requisite, requirement*	satisfacer	*to satisfy*
el seguro médico	*medical insurance*	supervisar	*to supervise*
		trabajar a tiempo completo	*to work full time*
averiguar	*to look into, investigate*		
contratar	*to hire*	trabajar a tiempo parcial	*to work part time*
despedir (i, i)	*to fire*		

Flashcards

>>Actividades

3 **El candidato ideal** Escribe una o dos oraciones que describan al (a la) candidato(a) ideal para los siguientes puestos. Debes incluir vocabulario del **Vocabulario útil 2,** pero también puedes usar vocabulario que aprendiste antes para describir a la gente.

MODELO: secretario(a)
> *El secretario ideal es puntual, responsable y se lleva bien con la gente. También es inteligente y sabe resolver problemas fácilmente.*

1. dependiente de una tienda de videos
2. gerente de una oficina
3. detective
4. periodista
5. actor (actriz)
6. espía
7. médico forense
8. ¿...?

4 **La entrevista** Con un(a) compañero(a), representen una entrevista para uno de los puestos en los anuncios clasificados que siguen. El (La) entrevistador(a) debe tener una lista. El (La) candidato(a) debe tener una lista de sus habilidades y razones por las cuales sería *(would be)* el (la) empleado(a) perfecto(a) para ese puesto.

MODELO: Candidato(a): *Hola. Yo soy... y estoy aquí para solicitar el puesto de...*
Entrevistador(a): *Mucho gusto, señor / señora / señorita...*

Auto Venta
SE BUSCA VENDEDOR(A) DE CARROS

Solicitamos persona responsable, con buena presencia, que se lleve muy bien con la gente. Experiencia en ventas y algunos conocimientos de contabilidad. Trabajo a tiempo completo. Beneficios incluyen sueldo generoso más comisión, seguro médico y vacaciones pagadas. Llame al 4-23-89-67 para solicitar una entrevista.

🖥 Teletrabajos
SE SOLICITA TELEMARKETER

Se solicita persona detallista, puntual, responsable, de buena presencia y amable por teléfono. Disponible los fines de semana. Trabajo a tiempo parcial. Experiencia no necesaria. Sueldo según experiencia. Ascenso garantizado para la persona emprendedora. Enviar fax de su currículum al 3-21-89-64.

Interactive Practice / Ace the Test

Vocabulario útil ❸

00:00:00

*Entra el gerente de **la compañía multinacional**.*

GERENTE: Ana Luisa, ¿no le importa que hable un momento con mi hijo antes de que empecemos la entrevista?

ANILÚ: No, señor, claro que no.

GERENTE: Con permiso.

SERGIO: ¡Nos vemos, Anilú!

ANILÚ: El hijo del gerente. ¡Por Dios! ¿Qué habré hecho?

Los negocios

la bolsa (de valores)	*stock market*
la compañía multinacional	*multinational corporation*
los costos	*costs*
el desarrollo	*development*
el (la) empresario(a)	*businessman / woman*
la fábrica	*factory*
las ganancias y las pérdidas	*profits and losses*
la industria	*industry*
el presupuesto	*budget*
las telecomunicaciones	*telecommunications*

 Flashcards

>>Actividades

❺ **Los negocios** Contesta las siguientes preguntas con oraciones completas.

MODELO: ¿Te gustaría trabajar para una compañía multinacional?
Me gustaría trabajar para una compañía multinacional. Me imagino que los sueldos y los beneficios son buenos y es posible que tenga la oportunidad de viajar.

1. ¿Te gustaría trabajar para una compañía multinacional? ¿Por qué sí o por qué no?
2. ¿Es más importante para ti tener un buen sueldo, un buen seguro médico o muchas vacaciones? Explícate.
3. ¿Cuáles son los factores que se deben considerar en el ascenso de un(a) empleado(a)?
4. ¿Cómo debe ser una persona que supervisa a otras? ¿Por qué crees eso?
5. Describe detalladamente tu puesto ideal.

 Web Search / Interactive Practice / Ace the Test

>> ¡Fíjate! >> Web Links

Servicios de traducción en Internet

Si piensas solicitar empleo en un país hispanohablante y necesitas escribir una carta o e-mail de presentación, ten cuidado con los servicios de traducción en Internet. Estos servicios que abundan en la red son una tentación para muchas personas que no saben el español muy bien o no quieren aprenderlo. A pesar de que estos servicios son útiles *(useful)* hasta cierto punto, la calidad de las traducciones que producen varía mucho y todavía no alcanza el nivel *(doesn't achieve the level)* de una persona que estudia y aprende el idioma. Muchas veces los servicios gratis ofrecen traducciones muy malas y los más caros ni siquiera toman en cuenta *(take into account)* los factores culturales y lingüísticos que afectan la calidad de una traducción buena.

Mira los e-mails a la derecha. El primero es el original, escrito en inglés. El segundo es una versión española escrita por un servicio de traducción. El tercer e-mail es el mismo mensaje escrito por una persona que habla el español muy bien.

Práctica Contesten las siguientes preguntas en grupos.

1. ¿Qué diferencias se notan entre las dos versiones en español?

2. ¿Cuál de los dos mensajes en español les parece más formal o cortés? ¿Por qué? Comparen las dos versiones otra vez. ¿Pueden encontrar algunos errores en la traducción del servicio?

3. ¿Creen que es una buena idea usar servicios de traducción cibernéticos en las siguientes situaciones?

   - para solicitar empleo en un país de habla española
   - para escribir una carta a un amigo chileno que sabe un poco de inglés, pero que prefiere comunicarse en español
   - para traducir un documento de la red

4. Escriban un mensaje en inglés de dos o tres oraciones. Luego, busquen unos servicios gratis de traducción en Internet. Usen los enlaces sugeridos en el sitio web de *Nexos* para ir a algunos posibles sitios web. Cada persona del grupo debe ir a un servicio diferente para buscar una traducción. Luego, comparen sus traducciones. ¿Son muy similares o muy diferentes? ¿Pueden decidir cuál es la mejor?

Fecha: 15 de mayo, 2010
Para: Tráfico Gráfico, S.A. <recursos@tgsa.com>
De: Michael McDonald <mmcdonald@att.net>
Re: Web designer job

Dear Sir or Madam:

I am writing in order to apply for the position of web designer that you advertised in the local paper this Sunday. I am attaching my résumé. I look forward to hearing from you soon.

All the best,

Michael McDonald

Fecha: 15 de mayo, 2010
Para: Tráfico Gráfico, S.A. <recursos@tgsa.com>
De: Michael McDonald <mmcdonald@att.net>
Re: Diseñador de telaraña

Estimado Señor o la Señora:

Escribo para aplicar para la posición de diseñador de telaraña que usted anunció en el papel local este domingo. Conecto mi résumé. Espero con ansia oír de usted pronto.

Todo mejor,

Michael McDonald

Fecha: 15 de mayo, 2010
Para: Tráfico Gráfico, S.A. <recursos@tgsa.com>
De: Michael McDonald <mmcdonald@att.net>
Re: Diseñador de sitios web

Muy estimados señores:

Me dirijo a ustedes con el propósito de solicitar empleo como diseñador de sitios web, puesto que anunciaron en el periódico local del domingo previo. Adjunto encontrarán mi currículum vitae.

Sin más por el momento y a la espera de su respuesta, los saluda atentamente,

Michael McDonald

A ver

Antes de ver el video

●● **1** En el episodio de este capítulo, Sergio y Anilú se conocen por primera vez. Los dos hablan en una oficina, donde Anilú va a tener una entrevista de trabajo con el jefe de la compañía. ¿Qué recuerdan de Sergio y de Anilú? Con un(a) compañero(a) de clase, completen la siguiente tabla, indicando con una X si las características indicadas describen a Sergio, a Anilú o a los dos.

Características	Sergio	Anilú
tímido(a)		
egoísta		
extrovertido(a)		
poco convencional		
un poco dramático(a)		
aburrido(a)		

●● **2** Las entrevistas de trabajo, sean en EEUU o en el mundo hispano-hablante, son similares. Con un(a) compañero(a) de clase, hagan una lista de las cosas que uno debe hacer para prepararse para una entrevista de trabajo.

Ideas: estar bien vestido(a) / llegar a tiempo para la entrevista / practicar las respuestas a preguntas posibles / traer un currículum / averiguar información sobre la empresa / ¿...?

Estrategia

Watching for transitions and listening for words that signal a change in the conversation

In this chapter's video segment, you'll notice that several times Sergio wants to change the topic of the conversation or stall for time while he thinks of something to say. When people converse, this can be done by actions and by words. As you watch the video segment, watch for the actions and words Sergio uses to either change the topic or stall for a little more time.

3 Mientras miras el video, haz una lista de por lo menos una acción y dos palabras, expresiones o preguntas que usa Sergio para cambiar de tema y / o para darse más tiempo antes de contestar. Para *(stop)* el video y vuelve a mirar el episodio si es necesario.

Acciones	Palabras, expresiones, preguntas

El video

 Mira el episodio del **Capítulo 13.** No te olvides de enfocarte en las acciones y palabras que necesitas para completar la tabla de la **Actividad 3.**

Después de ver el video

4 Trabaja con un(a) compañero(a) de clase para contestar las siguientes preguntas sobre el video.

1. ¿En qué ocasiones cambia Sergio de tema cuando habla con Anilú?
2. Al final, sabemos por qué cambia de tema. ¿Cuál es la razón?
3. ¿Por qué está tan nerviosa Anilú?
4. ¿Cómo trata Sergio a Anilú, con mucha o poca simpatía? ¿Cómo saben cuál es su actitud?
5. ¿Por qué no quiere Anilú hablar de las noticias del día?
6. ¿Cómo es Anilú, según Sergio?
7. En la **Actividad 2,** miren la lista de cosas que un candidato para un puesto debe hacer. ¿Cuántas de las cosas aquí —y de su lista— hizo Anilú?
8. En su opinión, ¿cómo va a ser la entrevista entre Anilú y el jefe, buena o mala?

5 Con un(a) compañero(a), representen una de las siguientes escenas.

1. la conversación entre Sergio y su padre
2. la entrevista entre Anilú y el padre de Sergio

6 Con tu compañero(a) de la **Actividad 5,** busquen a otra pareja de estudiantes que representaron la misma conversación que ustedes. Luego, combinen sus ideas y escriban una conversación que contenga ideas y oraciones de las dos conversaciones.

 Interactive Practice / Ace the Test

¡Prepárate!

Gramática útil ①

Talking about what has occurred: The present perfect tense

Can you find the present perfect form in the headline of this advertisement for a bank? What does it mean?

Por más de 75 años, Bank Hapoalim ha estado al servicio de sus clientes,

sin cambiar
nuestro nombre *ni*
nuestro compromiso al servicio superior.

En el mundo de la banca privada la estabilidad es un atributo valioso. En tanto que muchos otros bancos han cambiado su nombre y su carácter en décadas recientes, Bank Hapoalim se ha mantenido sólido, constante y firme.

Eso no quiere decir que no hemos cambiado. En efecto, estamos constantemente mejorando nuestros servicios de banca privada, fideicomiso e inversiones, y refinando nuestros sofisticados sistemas tecnológicos.

Porque somos el banco israelí más grande del mundo, tomamos muy en serio nuestra obligación de proporcionarles servicios de primera categoría a nuestros clientes. El mundo bancario podrá seguir cambiando, pero nuestro nombre, nuestros valores y nuestra dedicación a los clientes permanecerán.

BANK HAPOALIM
www.bankhapoalim.co.il

Oficinas: Israel, Nueva York, Miami, Chicago, Los Ángeles, San Francisco, Montreal, Toronto, Londres, Manchester, Zurich, Ginebra, Luxemburgo, Frankfurt, Berlín, Ciudad de México, Ciudad de Panamá, Buenos Aires, Sao Paulo, Río de Janeiro, Caracas, Montevideo, Punta del Este, Santiago.

Cómo usarlo

Lo básico

- A *past participle* is a verb form that expresses an action that has been completed. In the sentence *I have **walked** to the office every day this week, walked* is the past participle, used with the auxiliary verb *to have*.

- An *auxiliary verb* is a verb that is used with another verb. **Estar** is one example of a Spanish auxiliary verb you have already learned. You used it to form the present progressive with the present participle: **Estoy trabajando ahora.**

1. The present perfect tense is used to talk about actions that have already been completed at the time of speaking. It is used similarly to the preterite, but the present perfect usually gives a greater sense of immediacy to the completion of the action and usually focuses on its relation to the present. Compare the following two sentences.

He hablado con el gerente de la compañía.

I have spoken with the director of the company.

Hablé con el gerente de la compañía.

I spoke with the director of the company.

The first sentence implies a more recent conversation and, because it relates to the present, hints that there may be more information still to come. In the second sentence, the action is viewed as completed and done with.

2. Spanish-speakers' use of the present perfect tense, as compared to the preterite, varies from country to country. For example, in Spain, the present perfect is used more frequently to talk about past actions than it is in many Latin American countries.

> Compare the two usages. Spain: **¿Qué has hecho esta mañana? / He tenido una entrevista para un puesto.** Latin America: **¿Qué hiciste esta mañana? / Tuve una entrevista para un puesto.**

Cómo formarlo

Video Tutorial

Flashcards

1. The present perfect tense is formed using a present-tense form of the auxiliary verb **haber** and the past participle of a second verb.

■ The past participle is formed by removing the **-ar, -er,** or **-ir** ending from the verb and adding the following endings. Notice that the same endings are used for both **-er** and **-ir** verbs.

-ar verb: **trabajar**   -er verb: **conocer**   -ir verb: **imprimir**
-ado: **trabajado**   -ido: **conocido**   -ido: **imprimido**

■ Conjugated forms of **haber** are used with the past participle.

> **Haber** means *to have*, as does the verb **tener**, but the difference is that **haber** is almost always used with another verb, as an auxiliary verb, while **tener** is used alone. The invariable forms **hay** *(there is, there are)* and **había** *(there was, there were)* also come from **haber**.

Present perfect tense		
yo	he	
tú	has	
Ud. / él / ella	ha	+ trabajado / conocido / imprimido, etc.
nosotros(as)	hemos	
vosotros(as)	habéis	
Uds. / ellos / ellas	han	

2. A number of verbs have irregular past participles.

abrir: **abierto**	morir: **muerto**	satisfacer: **satisfecho**
decir: **dicho**	poner: **puesto**	ver: **visto**
escribir: **escrito**	romper: **roto**	volver: **vuelto**
hacer: **hecho**		

> Verbs that end in **-rir** follow the same pattern as **abrir: descubrir → descubierto.** Verbs that end in **-ver** (except **ver**), use the **-uelto** ending: **resolver → resuelto.**

3. When an **-a, -e,** or **-o** precedes the **i** in **-ido,** place an accent on the **i** to maintain the correct pronunciation: **leído, traído, oído.** No accent is used, however, when the **i** of **-ido** is preceded by **-u: construido, destruido.**

4. When using a form of **haber** and the past participle to form the present perfect tense, the form of **haber** changes to agree with the subject. The present participle does not change.

Elena ha tenido tres entrevistas con esa compañía.	**Elena has** had three interviews with that company.
Yo sólo **he** tenido una entrevista con ellos.	**I have** only had one interview with them.

5. The past participle may also be used as an adjective with the verb **estar.** When it is used this way, it changes its form to reflect number and gender, as do all adjectives.

Han escrito los informes hoy.	(past participle used in present perfect)
Los informes ya **están escritos.**	(past participle used as an adjective)
He arreglado la computadora.	(past participle used in present perfect)
La computadora **está arreglada.**	(past participle used as an adjective)

6. When the past participle of reflexive verbs is formed, the reflexive pronoun goes *before* the auxiliary verb. The same is true with direct and indirect object pronouns.

Ya **me he preparado** para la reunión.	**I have** already **prepared myself** for the meeting.
¿El informe? Sí, **lo he escrito.**	The report? Yes, **I have written it.**

> Note that, unlike in English, an adverb cannot separate the auxiliary verb from the past participle; the two components making up the Spanish present perfect tense are never split by another word: *I have already applied for the job*, but *ya he solicitado el puesto.*

>> Actividades

(38) **1 Antes de la entrevista** Es el día antes de la entrevista de Anilú y su mamá quiere saber si Anilú se ha preparado bien. Escucha la conversación entre Anilú y su madre. Marca con una X las cosas que Anilú sí ha hecho para prepararse para la entrevista. Luego, escribe una oración para cada cosa que sí ha hecho y una oración para cada cosa que no ha hecho.

MODELO: *Anilú ha preparado su currículum vitae.*

___X___ preparar su currículum vitae
_____ revisar su currículum vitae varias veces
_____ completar la solicitud que le mandaron
_____ hacer una lista de sus habilidades
_____ averiguar cuáles son los requisitos del puesto
_____ practicar su presentación frente al espejo
_____ escoger lo que se va a poner
_____ confirmar la hora de la entrevista

2 **¿Qué hemos hecho?** Todos queremos cambiar el mundo. ¿Qué han hecho tus compañeros, tu familia, tu gobierno y tú para combatir los problemas de hoy? Haz seis oraciones usando elementos de las tres columnas. Asegúrate que el verbo esté en el presente perfecto.

MODELO: *El gobierno ha tomado medidas para combatir el terrorismo. Mi amigo Geraldo ha participado en una manifestación contra la desigualdad.*

él (mi amigo...)	participar	la discriminación
ella (mi amiga...)	votar	la paz mundial
nosotros	iniciar	la economía global
ustedes	escribir	la desigualdad
usted	tomar medidas	combatir el terrorismo
el gobierno	para / contra	reducir la contaminación
el (la) profesor(a) de...	luchar contra	del aire
mi *(miembro de familia)*	estudiar	en las elecciones
los estudiantes	¿...?	presidenciales
¿...?		una manifestación contra...
		una huelga en...
		artículos sobre...
		¿...?

3 **Alguna vez** Trata de informarte más sobre tu compañero(a) y las cosas que ha hecho y no ha hecho en su vida. Hazle preguntas sobre su pasado usando el presente perfecto, luego que él o ella te haga preguntas sobre el tuyo. Puedes usar las ideas en los dibujos o puedes inventar tus propias preguntas.

visitar las Isla de Pascua

MODELO: Tú: *¿Alguna vez has visitado la Isla de Pascua?*
Compañero(a): *No, nunca he visitado la Isla de Pascua, pero algún día me gustaría hacerlo.*

1. esquiar en los Andes   **2.** probar un vino chileno   **3.** viajar a Viña del Mar   **4.** ver los glaciares de Tierra del Fuego   **5.** conocer a un pescador chileno

4 **Las metas** *(goals)* **que he logrado** *(have achieved)* **y no he logrado**
Escribe cinco actividades o metas que son importantes para ti. Di si hasta este momento las has logrado o no. Luego, en grupos de cuatro o cinco, comparen sus metas y escriban conclusiones sobre las metas que tienen en común.

MODELO: Meta: *completar el curso de español*
Yo: *No he completado el curso de español.*
Grupo: *En el grupo, nadie ha completado el curso de español.*

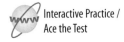

Interactive Practice /
Ace the Test

Gramática útil ②
Talking about events that took place prior to other events: The past perfect tense

Es que **había solicitado** otro puesto y acabo de recibir la mala noticia que no me lo dieron.

Video Tutorial

Flashcards

Cómo usarlo

1. The past perfect tense, like the present perfect tense, is a compound tense (auxiliary verb + verb). It is used to describe past actions that occurred *prior to* other past actions.

Ya **había escrito** el informe cuando la jefa me lo pidió.

I had already *written* the report when the boss asked me for it.

2. The past perfect tense is frequently used in combination with another verb in the *preterite*, since it describes a past action that occurred *before* another past action.

Ya me **habían llamado** cuando **llegué** a la oficina.

They had already *called* me when *I arrived* at the office.

Cómo formarlo

1. The past perfect tense uses the same past participles that you learned to use when forming the present perfect tense.

2. You use the *imperfect tense forms* (instead of the present tense forms) of the verb **haber** with the past participle to form the past perfect.

Past perfect tense		
yo	**había**	
tú	**habías**	
Ud. / él / ella	**había**	
nosotros(as)	**habíamos**	+ **trabajado / conocido / imprimido**, etc.
vosotros(as)	**habíais**	
Uds. / ellos / ellas	**habían**	

3. All of the other rules you learned about the present perfect also apply to the past perfect.

■ **Haber** changes to agree with the subject.

Naty había escrito la carta la semana pasada.
Los gerentes habían escrito dos cartas adicionales.

■ When the past participle is used as an adjective with **estar,** it changes to reflect number and gender.

Las preparaciones para la reunión ya **estaban hechas.**
La presentación para los directores no **estaba lista.**

■ All reflexive and object pronouns precede the form of **haber** and the past participle.

Gonzalo **se había preparado** mucho antes de la entrevista.
La jefa me pidió el informe, pero **se lo había dado** a su secretario para copiar.

Interactive Practice / Ace the Test

>> Actividades

5 **Ya** Usa el pluscuamperfecto para decir que las siguientes personas ya habían hecho lo que se menciona en las oraciones. Sigue el modelo.

MODELO: La profesora Delgado ha vendido su negocio de telecomunicaciones.
La profesora Delgado ya había vendido su negocio de telecomunicaciones.

1. Yo he trabajado para una companía multinacional.
2. El profesor Muñoz ha escrito varios libros sobre los negocios.
3. Nosotros hemos visto varios presupuestos para el negocio.
4. Tú has ido a la entrevista por la mañana.
5. Ustedes han recibido un aumento de sueldo.
6. Él ha dirigido el desarrollo de la fábrica.

6 **¡Pobrecito!** ¡Pobre señor Malapata! Necesita encontrar trabajo, pero cada vez que hace algo para lograrlo, nada le sale bien. Estudia el modelo y combina las dos oraciones para describir su situación en una oración nueva. Pon atención al uso del pluscuamperfecto en la oración.

MODELO: Buscó el periódico para leer los anuncios clasificados. Su hijo lo puso en la basura.
Cuando buscó el periódico para leer los anuncios clasificados, su hijo ya lo había puesto en la basura.

1. Solicitó el puesto de gerente. Le ofrecieron el puesto a otro candidato.
2. Decidió solicitar el puesto de supervisor. Otros tres candidatos lo solicitaron.
3. El día de la entrevista, fue a buscar el carro. Su esposa se llevó el carro.
4. Bajó a la plataforma del metro. El tren salió.
5. Llegó a la entrevista. El jefe se fue.
6. Lo llamaron para ofrecerle el puesto. Aceptó otro puesto menos lucrativo.

(39) **7 La clase de ciencias políticas** Soledad describe su primer año en la universidad. Antes de llegar a la U, no había entendido la importancia de participar en la política del país y del mundo. La clase de ciencias políticas le despertó la conciencia y por eso ella y varios amigos hicieron muchas cosas que nunca habían hecho antes. Escucha a Soledad mientras ella describe su primer año en la U. Escribe una oración que describa lo que ella y sus amigos nunca habían hecho antes. Primero, estudia el modelo.

MODELO: (ella) votar en elecciones nacionales
Nunca había votado en elecciones nacionales.

1. (ellas) contribuir con dinero y tiempo a la campaña de un candidato político
2. (ella) interesarse en la política y la economía global
3. (ella) participar en una manifestación
4. (ellos) ser voluntarios
5. (ella) escribir ensayos para el periódico universitario
6. (ellos) abrir los ojos sobre los problemas globales

8 Antes de llegar a la universidad Quieres informarte más sobre las cosas que tu compañero(a) había hecho o no había hecho antes de llegar a la universidad. Hazle seis preguntas sobre su pasado; luego él o ella te hará seis preguntas. Puedes usar las ideas de la lista o puedes inventar otras.

MODELO: Tú: ¿*Tomaste (Has tomado) clases de español antes?*
Compañero(a): *No, antes de llegar a la universidad, nunca había tomado una clase de español.*
O: *Sí, lo había estudiado un año en la escuela secundaria.*

Ideas

trabajar fuera de casa

viajar al extranjero

vivir fuera de casa

entrevistarse para un puesto

tener tu propio carro

compartir tu habitación

¿...?

Interactive Practice /
Ace the Test

Gramática útil ❸

Expressing doubt, emotion, and will: The present perfect subjunctive

Cómo usarlo

1. In **Chapters 10–12,** you learned to use the subjunctive mood to express a variety of reactions and emotions.

2. The present perfect subjunctive is used in the same contexts where you use the present subjunctive. The difference is that you are using the present perfect subjunctive in a *past-tense context*, rather than a present-tense context. The present perfect subjunctive, like the present perfect indicative, describes actions that recently occurred or have a bearing on the present.

Es posible que **haya buscado** trabajo en alguna u otra ocasión.

¡Me alegro de que hayas conseguido el puesto!	*I'm happy that you have gotten the position!*
Dudo que hayan terminado el proyecto.	*I doubt that they have finished the project.*
Es bueno que él haya estudiado los informes antes de la reunión.	*It's good that he has studied the reports before the meeting.*
Ojalá que hayamos hecho todo antes de las siete.	*I hope that we have done everything before 7:00.*
No hay nadie en la oficina **que haya cumplido** el curso de xtml.	*There is no one in the office who has completed the xtml course.*
Cuando hayas leído los reportes, debes hablar con la directora.	*When you have read the reports, you should talk to the director.*
Tráeme el contrato **tan pronto como lo haya firmado el jefe,** por favor.	*Bring me the contract as soon as the boss has signed it, please.*

Cómo formarlo

The present perfect subjunctive uses the same past participles you have already learned, and follows the same rules as the present perfect tense. The only difference is that it uses the present subjunctive forms of the verb **haber,** rather than its present indicative forms.

 Video Tutorial

 Flashcards

Present perfect subjunctive		
yo	**haya**	
tú	**hayas**	
Ud. / él / ella	**haya**	+ trabajado / conocido / imprimido, etc.
nosotros(as)	**hayamos**	
vosotros(as)	**hayáis**	
Uds. / ellos / ellas	**hayan**	

>> Actividades

9 El siglo veintiuno Usa el presente perfecto del subjuntivo para completar los siguientes comentarios, empezando con una expresión de emoción apropiada. Si no estás de acuerdo con el comentario, escribe su opuesto.

MODELO: Es bueno que el gobierno (haber / hacer) algo para estimular la economía.
Es bueno que el gobierno (no) haya hecho algo para estimular la economía.
Es malo que el gobierno (no) haya hecho algo para estimular la economía.

1. Es una pena que (haber / aumentar) la contaminación del aire en las ciudades grandes.
2. Siento que (haber / ocurrir) tantos desastres naturales recientemente.
3. Temo que el terrorismo (haber / aumentar) drásticamente en todo el mundo en las últimas décadas.
4. Es una pena que los gobiernos (no haber / hacer) suficiente contra las drogas hasta ahora.
5. Espero que nosotros (haber / conseguir) la paz mundial dentro de veinte años.
6. Es bueno que (haber / acabarse) la discriminación en muchas áreas del mundo.

10 Mi opinión Imagínate que los siguientes sucesos han ocurrido. Da tu opinión sobre cada noticia. Sigue el modelo.

MODELO: Tuvieron un huracán devastador en Centroamérica.
Es una pena que hayan tenido un huracán devastador en Centroamérica.

> Use expressions such as **Lamento que…, Siento que…, Me alegro de que…, Estoy muy contento(a) de que…, Es una lástima que…,** etc., to express the emotions of the people involved.

1. Tuvieron una serie de tornados en el sur de Estados Unidos. Varias personas murieron. Pero muchas familias fueron salvadas por los bomberos y la policía.
2. Ya terminaron las elecciones presidenciales en Chile. Se condujeron de una manera pacífica y democrática. La mayoría de la población votó en paz.
3. La tasa de desempleo bajó en Chile. La tasa de inflación también bajó. La economía está muy fuerte.
4. La guerra fría terminó. Los líderes internacionales declararon la paz mundial. Los gobiernos están de acuerdo sobre el futuro de sus relaciones.

11 Esta clase Con un(a) compañero(a), hagan una lista de seis cosas que creen que nadie en su clase haya hecho hasta ahora.

MODELO: *No hay nadie en esta clase que haya escalado los Andes. No hay nadie en esta clase que haya visto las estatuas de Rapa Nui.*

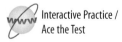
Interactive Practice /
Ace the Test

:) Sonrisas

Expresión En grupos de tres o cuatro estudiantes, imagínense la siguiente situación: Horacio ha conseguido un nuevo puesto. Hay mucho trabajo que hacer y el jefe quiere saber qué ha hecho Horacio mientras él (el jefe) estaba de vacaciones. Escriban una conversación entre Horacio, el nuevo jefe y otras personas de la oficina (si quieren incluir a otras personas). Luego, representen la escena enfrente de la clase.

Exploraciones culturales

Chile

●● **Un país de contrastes** Con un(a) compañero(a), miren el mapa, los textos y las fotos de las páginas 418 a 419. Luego, traten de asociar los textos y las fotos con los números indicados en el mapa. (Cada número del mapa corresponde a una de las fotos o uno de los textos.)

Texto A

Durante los últimos cinco años, la ciudad capital ha pasado por *(has gone through)* varios cambios importantes. Uno de los más notables fue la reciente elección de Michelle Bachelet como presidenta del país. Bachelet es la primera mujer chilena en ganar ese cargo *(position)* y su elección es aun más notable por su simbolismo. Hace más de treinta años, Bachelet, junto con su madre, fue detenida por las fuerzas del dictador Augusto Pinochet y encarcelada *(imprisoned)* por un período breve. Después vivió en el exilio por varios años antes de volver al país. Muchos chilenos creen que su elección en 2006, el mismo año en que murió Pinochet, representa una nueva era para la democracia chilena.

Texto B

Su diversidad geográfica significa que Chile tiene también una gran diversidad industrial y agrícola. Chile está entre los países sudamericanos con economías fuertes y tiene una reputación muy sólida entre las empresas de inversiones *(investments)* internacionales. Es uno de los miembros asociados del Mercosur, un acuerdo *(agreement)* regional entre varios de los países de Sudamérica para promover y ayudar al movimiento económico y social entre los países afiliados. Una de las industrias mejor conocidas de Chile es la vinicultura, o la producción de vinos, los cuales Chile exporta a todo el mundo. Los vinos tintos *(red)* de regiones centrales como Aconcagua y Maipo, al sur de Santiago, han ganado varios premios internacionales.

Texto C

En el extremo norte de Chile se encuentra *(is found)* el desierto de Atacama. El desierto tiene unos 160 kilómetros de ancho *(width)* y casi 1.000 kilómetros de largo. La parte central del Atacama es el sitio más seco del planeta. Pero la gente siempre ha vivido *(have lived)* y sigue viviendo aquí. En 1983 se descubrió la momia de una mujer de la tribu indígena chinchorro en el centro de la ciudad de Arica. La momia tiene más de 5.000 años y es una de las más antiguas que existe. Al explorar la región, los científicos encontraron varios estilos de momias de diferentes edades que representan las distintas épocas de la civilización chinchorro.

Texto D

Al noroeste de Santiago se encuentra la ciudad de Valparaíso. Valparaíso es un puerto *(port)* industrial y la segunda ciudad más grande del país. Además, es un centro cultural muy importante. En 2003 la UNESCO nombró al barrio histórico de Valparaíso como Sitio del Patrimonio Mundial. Una de las atracciones más interesantes de la ciudad son sus ascensores (*elevators*) antiguos, llamados funiculares. Como Valparaíso está construida sobre varios cerros (*hills*), los quince funiculares en funcionamiento llevan a la gente a los barrios que se encuentran en los diferentes cerros. Estos ascensores son monumentos nacionales, todos construidos entre 1883 y 1916.

Foto 1: El Parque Nacional Torres del Paine es una de las maravillas de toda la región de la Patagonia. Sus glaciares, cataratas y montañas atraen a turistas de todo el mundo. Como no está muy lejos de la Antártida, es mejor visitar el parque durante los meses de más calor, entre diciembre y marzo.

Foto 2: Con sus estatuas con cabezas enormes, Rapa Nui, también llamada Isla de Pascua, es un sitio muy remoto y misterioso. Los residentes viven del turismo, pero también es importante aquí la industria pesquera, con énfasis en la exportación de langostas.

Foto 3: Muchos chilenos y visitantes de otros países van a la Isla Grande de Chiloé para ver sus antiguas iglesias de madera (*wood*) y también los pingüinos magallánicos que pasan el invierno en la Playa Brava de la isla. Chiloé es un sitio muy importante para todo tipo de actividad marítima, incluso la pesquería artesanal y la acuicultura.

>> ¡Conéctate!   Web Links

Práctica En grupos de tres o cuatro, hagan una investigación en Internet sobre uno de los siguientes temas. Usen los enlaces sugeridos en el sitio web de *Nexos* para ir a otros sitios web posibles. Después de hacer la investigación, presenten su informe a la clase.

Tema 1: las momias descubiertas en el desierto de Atacama
Tema 2: la historia de Rapa Nui, o la Isla de Pascua
Tema 3: la economía de Chile y su participación en el Mercosur
Tema 4: la historia política reciente de Chile y la elección de Michelle Bachelet
Tema 5: la Isla Grande de Chiloé, Viña del Mar y el Parque Nacional Torres del Paine como destinos turísticos

Interactive Practice

>>Tú en el mundo hispano

Para explorar oportunidades de usar el español para estudiar o hacer trabajos voluntarios o aprendizajes en Chile, sigue los enlaces en el sitio web de *Nexos*.

♪ Ritmos del mundo hispano

Para escuchar música de Chile, sigue los enlaces en el sitio web de *Nexos*.

A leer

Antes de leer

> There is no right or wrong way to cluster words; the goal is just to break up long sentences into smaller chunks that are meaningful to you as a reader.

1 Con un(a) compañero(a) de clase, analicen las siguientes oraciones de la lectura. Juntos hagan círculos que indiquen los grupos de palabras que ven en la oración.

1. Cuando nos comunicamos con otra persona frente a frente o por teléfono, utilizamos gestos, expresiones y / o modulaciones de la voz que ayudan a nuestro interlocutor a interpretar nuestro mensaje.

2. Al contestar algún mensaje, deje alguna cita para que se sepa a qué se está refiriendo usted, pero, por favor, recorte todo lo demás.

3. Las letras MAYÚSCULAS se pueden usar para sustituir acentos o para enfatizar, pero NO escriba todo en mayúsculas, pues esto se interpreta en la red como que ¡USTED ESTÁ GRITANDO!

4. Si decide informarle a alguien de algún tipo de error, hágalo cortésmente, y si es posible, en un e-mail privado en lugar de un e-mail público que recibirá la lista o grupo de discusión.

2 Con el (la) mismo(a) compañero(a) de clase, miren los grupos de palabras que identificaron en la **Actividad 1.** ¿Por qué juntaron (did you group) estas palabras? Miren las siguientes explicaciones y decidan cuál influyó más en sus decisiones.

1. similar meaning
2. the punctuation around them

3. same parts of speech
4. complete phrase

3 Vas a leer un artículo que trata de la etiqueta en Internet y cómo debemos portarnos (behave) cuando nos comunicamos en el ciberespacio. Como el uso de la red y del correo electrónico se hace cada vez más importante en el trabajo y en la vida privada, es esencial que nos comuniquemos con cortesía y claridad. Antes de leer el artículo, haz una lista de por lo menos cinco cosas que debemos o no debemos hacer cuando usamos Internet.

Lectura

4 Lee el siguiente artículo sobre la Netiquette. No te olvides de agrupar las palabras relacionadas para ayudarte a entender algunas de las oraciones más largas.

EN LA OFICINA

La Netiquette (etiqueta en la red)

Cuando nos comunicamos con otra persona frente a frente o por teléfono, utilizamos gestos, expresiones y / o modulaciones de la voz que ayudan a nuestro interlocutor a interpretar nuestro mensaje. Esas importantes ayudas audiovisuales de la comunicación no están presentes en la comunicación escrita, por lo que es más difícil transmitir ciertas ideas, conceptos o sentimientos.

La Netiquette es una serie de reglas[1] de etiqueta que todos debemos conocer y seguir al comunicarnos a través de la red.

Además del sentido común, los buenos modales[2], la cortesía, el respeto, la consideración y la tolerancia, éstas son algunas reglas que todos debemos observar al comunicarnos a través de la red:

• Tenga siempre en mente que al otro lado de su pantalla hay un ser humano real, con sus propias ideas y sentimientos. Nunca escriba nada que no le diría[3] frente a frente a otra persona.
• Mantenga sus comunicados breves y al grano[4].
• No envíe a una lista de distribución anexos[5] largos, como archivos gráficos. El procedimiento correcto es ponerlos en algún lugar en la red y enviar el URL a la lista para que los interesados puedan tener acceso a ellos.
• Al contestar algún mensaje, deje alguna cita[6] para que se sepa a qué se está refiriendo usted, pero, por favor, recorte[7] todo lo demás.
• Nunca conteste un e-mail cuando esté enojado o molesto.

• Sea cuidadoso con información personal o privada. No envíe a una lista de distribución datos de otras personas, como dirección o número de teléfono.
• Asegúrese de que está enviando su correo electrónico al destinatario correcto **antes** de oprimir[8] el botón de "Enviar".
• Las letras MAYÚSCULAS se pueden usar para sustituir acentos o para enfatizar, pero **no** escriba todo en mayúsculas, pues esto se interpreta en la red como que ¡USTED ESTÁ GRITANDO[9]!
• No utilice una lista de distribución para promocionar ni adelantar causas religiosas, filosóficas, políticas, comerciales o para promover su propio sitio web.
• Si usted recibe un mensaje de aviso[10] sobre un virus que se contagia por correo electrónico o algo similar, **no** escriba a su lista de distribución para alertar a todos los miembros. Lo más seguro es que se trate de uno de tantos *hoaxes* que abundan en la red. Notifique sólo a los administradores de la lista y ellos investigarán.

Todo el mundo fue un novato[11] alguna vez y muchos de ellos no tuvieron la oportunidad de leer el *Netiquette*. Por lo tanto, cuando alguien cometa algún error, sea bondadoso[12] con él. Quizás no sea necesario mencionar nada si el error fue mínimo. Tener buenos modales no nos da derecho a corregir a los demás. Si decide informarle a alguien de algún tipo de error, hágalo cortésmente, y si es posible, en un e-mail privado en lugar de un e-mail público que recibirá la lista o grupo de discusión. Dé a la gente el beneficio de la duda. Puede ser que la otra persona haya cometido el error sin darse cuenta. Sobre todo, ¡no sea Ud. arrogante!

---

[1]*rules* [2]*manners* [3]**no**... *you would not say* [4]**al**... *al punto* [5]*attachments* [6]*quotation* [7]*cut* [8]*to push* [9]*shouting* [10]*warning* [11]*newbie, beginner* [12]*simpático*

Después de leer

5 Trabaja con un(a) compañero(a) de clase para indicar si los siguientes consejos sobre la Netiquette son ciertos o falsos, según el artículo. Si un comentario es falso, corríjanlo.

1. _____ La tolerancia es una parte importante de la Netiquette.

2. _____ El correo electrónico es bueno para comunicar las cosas que tienes miedo de decir frente a frente.

3. _____ No debes enviar anexos grandes a una lista de distribución.

4. _____ Cuando contestes un e-mail, debes incluir todos los comentarios anteriores, aunque sean muy largos.

5. _____ Una lista de distribución es una buena manera de comunicar tus opiniones sobre la política y la religión.

6. _____ Debes mantener privada la información de una lista como las direcciones y los números de teléfono.

7. _____ Debes enviar avisos sobre posibles virus a todos los participantes de una lista de distribución.

8. _____ Si decides corregir los errores de un novato, debes hacerlo en privado, no enviando un mensaje a la lista entera.

6 En grupos de tres o cuatro estudiantes, hablen de las reglas de la Netiquette del artículo. ¿Están de acuerdo con todas? Miren las listas de reglas posibles que anotaron en la **Actividad 3**. ¿Hay algunas que quieran añadir a la lista? Después de hablar, hagan una lista de las "Diez reglas de oro" para comunicarse en Internet. Luego, comparen su lista con la de otro grupo.

Interactive Practice

Voces de la comunidad

 Web Links

 NAME Lynda Y. de la Viña

❝ Nunca he hecho nada simplemente por ser la primera en hacerlo. Simplemente sucedió *(happened)* así. Sólo ahora me doy cuenta *(I realize)* que esas cosas, que hice porque quería y porque tenía determinación, han tenido un impacto mayor. ❞

Si alguna palabra caracteriza la vida profesional de Lynda Y. de la Viña es "primera". Esta latina tiene la distinción de ser la primera Mexicoamericana en recibir un doctorado en economía en los Estados Unidos y la primera en ocupar el cargo de secretaria en el Departamento de Tesorería de los EEUU *(U.S. Department of the Treasury)*. También fue la primera latina decana *(dean)* de una facultad de negocios en el país (en la Universidad Johns Hopkins). Hoy en día, de la Viña es decana de la facultad de negocios de la Universidad de Texas en San Antonio. Sus prioridades para esta facultad incluyen crear más programas internacionales y atraer a más estudiantes minoritarios. Además de ser académica, de la Viña es la directora ejecutiva de su propia compañía, el *Center for Global Entrepreneurship*, una compañía que promueve el crecimiento de negocios en mercados emergentes. En el 2005, la revista *Hispanic Business* reconoció a esta pionera Mexicoamericana entre los cien hispanos más influyentes del país.

> ¿Crees que es importante que una universidad ofrezca programas internacionales y que trate de atraer a estudiantes de otros países? ¿Por qué?

A escribir

Antes de escribir

1 Vas a escribir una carta o e-mail de presentación para el trabajo que se describe en el siguiente anuncio de trabajo. Completa la siguiente tabla con tus datos personales en preparación para escribir tu carta o e-mail de presentación.

Datos personales

Estudios y títulos

Experiencia profesional

Otros conocimientos o habilidades

SE BUSCAN JÓVENES

Buena imagen, dinámicos y con afán de superación[1], incorporación inmediata

Categoría:	Área comercial, verano
Subcategoría:	Comercial/ Vendedor, verano
Lugar de trabajo:	Montevideo, Uruguay
Número de vacantes:	20

Se requiere

- Estudios de colegio, título universitario no es necesario
- Formación continuada a cargo de la empresa[2]
- Experiencia laboral no es necesaria

Se recomienda

- Conocimiento de español
- Conocimiento de programas de software

Otros datos

• Licencia de manejar:	No
• Vehículo propio:	No
• Disponibilidad para viajar:	Sí
• Disponibilidad de cambio de residencia:	Sí

Se ofrece

Remuneración de $6,00/hora, con comisión, trabajo completo, costos de traslado remunerados por la empresa

Interesados enviar C.V. por e-mail: solicitudes@trabajonet.net

[1]**afán...** *desire to succeed;*
[2]**formación...** *ongoing training by the company*

2 Trabaja con un(a) compañero(a) de clase. Van a escribir una carta o e-mail de presentación para un trabajo. Necesitan incluir toda la información necesaria, pero deben tratar de que su carta no sea demasiado larga. Van a escribir una carta o e-mail de cuatro párrafos. Miren los datos que anotaron en la tabla de la **Actividad 1** y decidan cuáles son los más importantes. Luego, pongan esta información en el siguiente orden.

Párrafo 1: Preséntate y menciona el empleo que solicitas.

Párrafo 2: Describe brevemente tu preparación profesional y personal.

Párrafo 3: Habla de otros conocimientos o habilidades que tienes que pueden ser útiles para el puesto.

Párrafo 4: Despídete e incluye los datos personales necesarios para que se pongan en contacto contigo.

Composición

3 Ahora escribe el borrador de tu carta o e-mail. Usa el modelo como ejemplo. También puedes usar expresiones y palabras de la siguiente lista.

Introducción

Me dirijo a ustedes para / en relación con...

Estudios / Experiencia / Otros conocimientos

Permítanme destacar *(to point out)*...

Quisiera señalar *(to point out)*...

Me gustaría añadir...

Además de...

Estoy dispuesto(a) a hacer una entrevista con ustedes si consideran adecuado mi currículum.

> <fecha>
>
> <dirección de la compañía>
>
> Estimados señores:
>
> <párrafo 1: introducción>
>
> <párrafo 2: estudios y experiencia>
>
> <párrafo 3: otros conocimientos>
>
> En espera de su respuesta, los saluda atentamente,
>
> <firma, si es una carta>
> <tu nombre, dirección, teléfono, e-mail>

Después de escribir

4 Intercambia tu borrador con otro(a) estudiante. Usen la siguiente lista como guía al corregir el borrador de la otra persona.

- ¿Incluye la carta toda la información necesaria sin ser demasiado larga?
- ¿Describe la carta claramente los estudios, la experiencia y los conocimientos de tu compañero(a)?
- ¿Se usó bien el subjuntivo con los verbos y expresiones negativas, de duda y de emoción?
- ¿Se usaron las formas correctas de todos los verbos?
- ¿Hay concordancia *(agreement)* entre los artículos, los sustantivos *(nouns)* y los adjetivos?
- ¿Hay errores de ortografía?

Después de hacer todas las correcciones necesarias, escribe la versión final de tu carta.

Interactive Practice

Vocabulario

Las noticias del día *Current events*

la campaña	*campaign*
el (la) ciudadano(a)	*citizen*
la contaminación (del aire)	*(air) pollution*
el crimen	*crime*
el desastre natural	*natural disaster*
la (des)igualdad	*(in)equality*
la discriminación	*discrimination*
la economía	*economy*
el ejército	*the army*
las elecciones	*elections*
las fuerzas armadas	*armed forces*
la globalización	*globalization*
el gobierno	*government*
la guerra	*war*
la huelga	*strike*
el huracán	*hurricane*
la inundación	*flood*
el (la) líder	*leader*
la manifestación	*demonstration*
la paz mundial	*world peace*
la política	*politics*
el proceso electoral	*election process*
el terremoto	*earthquake*
el terrorismo	*terrorism*
la violencia	*violence*

iniciar	*to initiate*
luchar contra	*to fight against*
participar en	*to participate in*
sobrevivir	*to survive, overcome*
sufrir (las consecuencias)	*to suffer (the consequences)*
tomar medidas	*to take steps or measures*
votar	*to vote*

Para solicitar empleo *Applying for a job*

La entrevista *The interview*

el currículum vitae	*curriculum vitae, résumé*
darse la mano	*to shake hands*
el formulario	*form*
el maletín	*briefcase*
la solicitud	*application*
la tarjeta	*business card*

El (La) candidato(a) *The candidate*

detallista	*detail-oriented*
disponible	*available*
emprendedor(a)	*enterprising*
llevarse bien con la gente	*to get along with people*
puntual	*punctual*
responsable	*responsible*
tener...	*to have . . .*
... algunos conocimientos de...	*. . . some knowledge of . . .*
... buena presencia	*. . . a good presence*
... (mucha) experiencia en...	*. . . (a lot of) experience in . . .*
... las habilidades necesarias	*. . . the necessary skills*

El puesto *The job, position*

el ascenso	*promotion*
el aumento de sueldo	*salary increase, raise*
los beneficios	*benefits*
el contrato	*contract*
la (des)ventaja	*(dis)advantage*
el (la) empleado(a)	*employee*
el requisito	*requisite, requirement*
el seguro médico	*medical insurance*
averiguar	*to look into, investigate*
contratar	*to hire*
despedir (i, i)	*to fire*
dirigir	*to direct*
emplear	*to employ*
ganar	*to earn*
hacer informes	*to write reports*
jubilarse	*to retire*
requerir (ie, i)	*to require*
satisfacer (like hacer)	*to satisfy*
supervisar	*to supervise*
trabajar a tiempo completo	*to work full time*
trabajar a tiempo parcial	*to work part time*

Los negocios *Business*

la bolsa (de valores)	*stock market*
la compañía multinacional	*multinational corporation*
los costos	*costs*
el desarrollo	*development*
el (la) empresario(a)	*businessman / woman*
la fábrica	*factory*
las ganancias y las pérdidas	*profits and losses*
la industria	*industry*
el presupuesto	*budget*
las telecomunicaciones	*telecommunications*

Participios pasados irregulares

abierto	*open*
dicho	*said*
escrito	*written*
hecho	*done*
muerto	*dead*
puesto	*placed*
roto	*broken*
satisfecho	*satisfied*
visto	*seen*
vuelto	*returned*

Capítulo **14**

¿Te gustaría ir conmigo?

> Comunidad global

Un refrán español dice que "El mundo es un pañuelo *(handkerchief)*", y es verdad. Hoy es posible viajar en poco tiempo a los lugares más remotos del mundo. También es posible hablar instantáneamente por teléfono o Internet con personas que están al otro lado del planeta. ¿Usas Internet para comunicarte con personas en otros países? ¿Has conocido a alguien en Internet que quieres ir a visitar? En este capítulo, vamos a hablar de los viajes a otros países y de las bellezas naturales que nos esperan allí.

Guinea Ecuatorial, un país con muchos bosques y selvas tropicales, tiene dos partes —una parte está dentro del continente de África y la otra es una isla en el Océano Atlántico.

> Communication

By the end of this chapter you will be able to

- talk about travel and make travel plans
- talk about nature and geography
- hypothesize and speculate
- express doubt, emotion, and reactions about past events

> Cultures

By the end of this chapter you will have learned about

- countries with large Spanish-speaking communities
- indigenous languages throughout the Spanish-speaking world

¡Sólo tengo que ir a la Agencia de Viajes Futura para recoger el boleto y mi itinerario!

❯Los datos

Mira la información de la tabla y luego di si las siguientes oraciones son ciertas o falsas.

País	Número aproximado de hispanohablantes	País	Número aproximado de hispanohablantes
México (número 1)	108.700.000	Guinea Ecuatorial (número 22)	450.000
EEUU (número 5)	44.000.000	Canadá (número 23)	300.000
Ecuador (número 10)	13.800.000	Belice (número 24)	80.500
Uruguay (número 20)	3.400.000	Andorra (número 25)	24.600
Filipinas (número 21)	3.200.000	Marruecos (número 26)	20.000

❶ Hay más hispanohablantes en EEUU que en Ecuador.

❷ Hay más hispanohablantes en las Filipinas que en Uruguay.

❸ El número de hispanohablantes en Marruecos y Andorra es más o menos igual.

Andorra, Belice, Filipinas, Guinea Ecuatorial y Marruecos son países que tienen un número significativo de hispanohablantes.

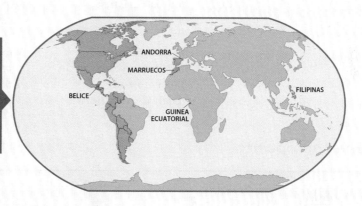

❯¡Adivina!

¿Qué sabes de estos países? Indica si las siguientes oraciones se refieren a Guinea Ecuatorial, Andorra, Belice, Filipinas o Marruecos. (Las respuestas están en la página 450.)

❶ Este país es uno de los más pequeños del mundo.

❷ Este país es famoso por la calidad de sus playas *(beaches)* y sitios para hacer el buceo *(scuba diving)* en el Caribe.

❸ Este país tiene una industria petrolera muy importante.

❹ Este país tiene playas bonitas, montañas impresionantes y áreas desérticas.

❺ En este país también se habla el chabacano, una forma criolla del español.

429

¡Imagínate!

Vocabulario útil ①

00:00:00

JAVIER: ¡Qué suerte!, ¿verdad? Bueno, si resulta que es una oferta legítima. Ojalá que sí. Sí, un fin de semana en las playas de Flamingo, ¡gratis! Necesito unas vacaciones, ¿sabes? Un viaje a la costa me vendría bien… Sí, sí, dice que incluye **el boleto de ida y vuelta**, ¡por **avión**!

> **La guía turística** is a *tourist guidebook;* however, **el / la guía** can also be used to mean a male or female *tour guide.*

Para viajar

la agencia de viajes	*travel agency*
la guía turística	*tourist guide book*
el itinerario	*itinerary*
cambiar dinero	*to exchange money*
hacer una reservación	*to make a reservation*
hacer un tour	*to take a tour*
viajar al extranjero	*to travel abroad*

En el aeropuerto

En el aeropuerto y dentro del avión

la puerta
(de embarque)

el asiento de ventanilla

el pasajero de clase turista

la pasajera de primera clase

la tarjeta de embarque

el asiento de pasillo

el (la) asistente de vuelo	*flight attendant*
el boleto / el billete	*ticket*
... de ida	*. . . one-way*
... de ida y vuelta	*. . . round-trip*
con destino a...	*(headed) to / for . . .*
la lista de espera	*waiting list*
la llegada	*arrival*
el pasaje	*ticket, fare*
el retraso / la demora	*delay*
la salida	*departure*
el vuelo	*flight*
abordar	*to board*
desembarcar	*to disembark, get off (the plane)*
hacer escala en...	*to make a stopover in . . .*

Flashcards

>> Actividades

1 **En el aeropuerto** ¿Qué tienes que hacer en el aeropuerto en las siguientes situaciones? Escoge la mejor opción de la segunda columna. ¡OJO! Una de las opciones se puede usar en dos de las situaciones.

1. _____ Quieres facturar el equipaje.

2. _____ Es hora de abordar el vuelo a Andorra la Vella.

3. _____ Acabas de llegar a tu destino y quieres recoger la maleta.

4. _____ Quieres cambiar tu asiento de ventanilla por un asiento de pasillo.

5. _____ El vuelo está lleno pero quieres esperar para ver si al final queda un asiento vacío.

6. _____ Tomas un vuelo internacional y tienes que enseñar el pasaporte.

7. _____ Tienes el boleto y estás en la puerta, pero no te dejan abordar.

a. Tienes que ir al mostrador de la línea aérea.

b. Tienes que mostrar el boleto para conseguir una tarjeta de embarque.

c. Tienes que poner tu nombre en la lista de espera.

d. Tienes que ir a la puerta de embarque.

e. Tienes que pasar por la aduana.

f. Tienes que ir a la sala de equipajes.

2 **Vamos de viaje.** Vas a viajar a Belmopán, Belice con un(a) amigo(a). Llamas a la agencia Buen Viaje para hacer las reservaciones de avión. Tu compañero(a) hace el papel del (de la) agente y te hace preguntas sobre tus planes. Contesta sus preguntas.

Agente: Tienes que averiguar adónde quiere viajar, cuándo quiere viajar, cuántos pasajes necesita, si quiere boletos de ida y vuelta, qué clase de boletos quiere… Al final, pide el número de teléfono del (de la) pasajero(a) para llamarlo(la) después con toda la información necesaria.

Pasajero(a): Vas a viajar a Belmopán, Belice con un(a) amigo(a). Anota las fechas de tu viaje antes de llamar y prepárate para contestar las preguntas del (de la) agente.

Interactive Practice / Ace the Test

>> ¡Fíjate! >>  Web Links / Web Search

Las lenguas del mundo hispanohablante

Lenguas indígenas De todas las naciones de Latinoamérica, México es la más plurilingüe, con más de 280 lenguas indígenas. Otras naciones con un gran número de lenguas nativas son: Perú (90), Colombia (76), Guatemala (52) y Venezuela (39). Como sabes, Perú, Bolivia y Paraguay son países oficialmente plurilingües —español / quechua (Perú), español / quechua / aymara (Bolivia) y español / guaraní (Paraguay). También en algunos pueblos costeros de Nicaragua hay varios idiomas indígenas, juntos con el inglés, que tienen estado (*status*) oficial.

Además, de los cinco países con poblaciones hispanohablantes que estudiamos en este capítulo, tres tienen lenguas indígenas importantes. En Filipinas, el tagalog, que es uno de los idiomas oficiales, tiene más de 4.000 palabras prestadas (*borrowed*) del español. Aquí también se habla el chabacano, que es una forma del español criollo, y que también tiene palabras en común con el español y el tagalog. En Belice, además del inglés y español, se habla el criollo, el garífuna y varios dialectos mayas. En Guinea Ecuatorial el fang y el bubi son las lenguas indígenas más importantes.

Otras comunidades hispanohablantes Al otro extremo están países como Japón, Israel y Brasil, donde en varias comunidades se habla el español como idioma minoritario. Los nikkeis en Japón son personas de ascendencia japonesa que se han criado (*were raised*) en un país hispanohablante pero ahora residen en Japón, donde hablan el español y el japonés. Hay muchos hispanohablantes nativos de ascendencia judaica que ahora viven en Israel y hablan el español, el hebreo y, a veces, el inglés. En Brasil hay un gran número de hispanohablantes que viven cerca de las fronteras (*borders*) con Venezuela, Colombia, Perú, Bolivia, Paraguay, Uruguay y Argentina. Recientemente el gobierno brasileño aprobó una ley (*approved a law*) por la cual la enseñanza del español es obligatoria, junto con cursos de inglés.

●● **Práctica** Con un(a) compañero(a) de clase, contesten las siguientes preguntas.

1. En su opinión, ¿es importante preservar las lenguas indígenas de Latinoamérica? ¿Por qué sí o no?
2. ¿Pueden nombrar algunas de las lenguas indígenas que se hablan en EEUU y Canadá?
3. ¿Hay otros idiomas que se hablan en EEUU y Canadá, además de las lenguas indígenas y el inglés? ¿Cuáles son algunos de ellos?

Vocabulario útil ❷

JAVIER: Sí, **el hotel** también, **habitación doble, aire acondicionado, desayuno incluido, piscina...** ¡un verdadero paraíso! Bueno, me tengo que ir. Tengo que estar en la Agencia de Viajes Futura a las dos para recoger el paquete.

El hotel

el ascensor	*elevator*
la conexión a Internet	*Internet connection*
el conserje	*concierge*
el desayuno incluido	*breakfast included*
la estampilla	*postage stamp*
la habitación doble	*double room*
... con / sin baño / ducha	*... with / without bath / shower*
... de fumar / de no fumar	*... smoking / non-smoking*
el (la) huésped(a)	*hotel guest*
el lavado en seco	*dry cleaning*
la recepción	*reception desk*
registrarse	*to register*
el servicio despertador	*wake-up call*
la tarjeta postal	*postcard*

> It is much more common to hear **la huésped** rather than **la huéspeda** in everyday speech.

La habitación sencilla

el aire acondicionado

con baño y ducha

el botones

el secador de pelo

NO FUMAR

la televisión por cable

la llave

Flashcards

>> Actividades

3 El huésped El señor García viaja a Casablanca, Marruecos para completar unos negocios de su compañía. Él expresa varias opiniones y necesidades. Según su comentario, indica qué cosa, servicio o persona va a necesitar. Escoge de la segunda columna.

1. _____ Hace mucho calor afuera. No puedo soportar (*to stand, tolerate*) el calor.

2. _____ Tengo que poder comunicarme con la oficina por correo electrónico todos los días.

3. _____ No soporto un cuarto que huele a humo (*smells like smoke*) de cigarrillo.

4. _____ Tengo que secarme el pelo antes de ir a la reunión.

5. _____ Tengo que despertarme temprano y no traje mi despertador.

6. _____ Como voy a tener varias reuniones con clientes de mi compañía, voy a tener que usar el mismo traje varias veces.

7. _____ Tengo muchas maletas y no puedo con ellas solo.

8. _____ Tengo que llevar a mis clientes a cenar y quiero llevarlos a los mejores restaurantes. No conozco los restaurantes de Casablanca.

9. _____ Escribí varias tarjetas postales para mi familia y quisiera enviárselas.

a. el secador de pelo
b. el botones
c. el aire acondicionado
d. la televisión por cable
e. la llave
f. la conexión a Internet
g. el lavado en seco
h. la recepción
i. una habitación de no fumar
j. unas estampillas
k. el servicio despertador
l. el conserje

4 ¡No hay aire acondicionado! Con un(a) compañero(a), representen la siguiente situación: uno de ustedes es recepcionista en el Hotel Colonial y el otro es huésped(a). El (La) huésped(a) tiene muchas preguntas y quiere muchos servicios. El hotel es un poco antiguo y no tiene todas las comodidades modernas. Túrnense para hacer el papel de recepcionista y huésped(a). Si eres el (la) huésped(a), decide si te quieres quedar en este hotel o si prefieres buscar otro.

Servicios que <u>no</u> ofrece el Hotel Colonial

aire acondicionado
servicio despertador
conexión a Internet
desayuno incluido
habitación de no fumar

secador de pelo
televisión por cable
ascensor
baño en la habitación
estacionamiento gratis

MODELO: Compañero(a): *Quiero una habitación, por favor.*
Tú: *Muy bien, señor(a). ¿Sencilla o doble?*
Compañero(a): *Sencilla, por favor, pero tiene que tener aire acondicionado...*

Interactive Practice /
Ace the Test

Vocabulario útil ❸

JAVIER: Ya sabía que no podía ser. Yo nunca me gano nada.
CHELA: Yo tampoco. Y ¡tenía unas ganas de ir a **la playa**!
JAVIER: ¡Yo ya casi podía oler **el mar**!
CHELA: Ay, sí, ¿verdad? El sol contra tu cara, **la arena** debajo de los pies… He tenido tanto trabajo… me parecía un sueño poder tomar un descanso.
JAVIER: Y salir de la ciudad. Estoy tan cansado de tanto estudiar. Si tuviera el dinero, me iría inmediatamente.

00:00:00

La geografía

La isla

el cielo

norte
oeste · este
sur

las ruinas

el mar/
el océano

la selva tropical

el cañón

el volcán

el río

el desierto

el bosque

el lago

la arena

la playa

Flashcards

>> Actividades

5 **La naturaleza** ¿Qué es y dónde se encuentra? Di qué es cada lugar nombrado y en qué país se encuentra. Si no sabes, busca en Internet o en algún atlas geográfico.

MODELO: Punta Gorda *Punta Gorda es una playa en Belice.*

1. Sahara Occidental
2. Bioko
3. Xuanantunich
4. Pico Basilé
5. Tristaina
6. Santa Cruz

6 **Me encanta la naturaleza.** Con un(a) compañero(a), túrnense para hablar de su viaje ideal. ¿Adónde les gustaría viajar? ¿Por qué? ¿Qué pueden hacer allí?

MODELO: Tú: *Me encantaría viajar a Belice en el Mar Caribe. Para mí, el viaje ideal siempre incluye una playa.*
Compañero(a): *¿Sabes lo que me interesa? La selva tropical. Hay muchas especies de plantas y pájaros que me encantaría ver.*

7 **¡Odio la naturaleza!** Con un(a) compañero(a), túrnense para hablar del viaje que no les gustaría hacer jamás. ¿Por qué?

MODELO: Tú: *No tengo ningún interés en ir al desierto. Odio el calor y la arena.*
Compañero(a): *Dicen que los volcanes son impresionantes, pero no quiero acercarme mucho.*

 Interactive Practice / Ace the Test

A ver

Antes de ver el video

1 En el video para este capítulo Javier y Chela por fin se van a conocer. Con un(a) compañero(a) de clase, hagan unas predicciones. ¿Qué va a pasar cuando se conozcan? ¿Van a estar en la misma excursión? ¿Van a llevarse bien *(get along well)* o mal? ¿Qué más?

2 Trabaja con un(a) compañero(a) de clase para hablar de varios viajes que han hecho. ¿Cuáles han sido sus favoritos? ¿Cuáles han sido los peores? ¿Por qué?

3 Trabaja con un(a) compañero(a) de clase. ¿Han tenido una experiencia personal con el fraude? ¿Cómo reaccionas a esas experiencias? Por ejemplo:

1. una oferta de viajar a un sitio para quedarte "gratis" en un hotel
2. una carta o un e-mail que te ofrece la oportunidad de ganar mucho dinero sin hacer nada (o muy poco)
3. un e-mail de una persona que no revela su verdadera identidad electrónica pero que te promete dinero u otras cosas valiosas *(valuable)*
4. una carta, mensaje de teléfono o e-mail que te dice que has ganado un premio *(prize)* en un concurso *(contest)*

Estrategia

Integrating your viewing strategies

Now that you have learned a variety of video-viewing strategies, take a moment to review them, and place a check mark beside the ones you've found most helpful in previous chapters.

_____ viewing a segment several times

_____ using questions as an advance organizer

_____ watching body language to aid in comprehension

_____ watching without sound

_____ listening for the main idea

_____ watching facial expressions

_____ listening for details

_____ using background knowledge to anticipate content

_____ using visuals to aid comprehension

_____ listening to tone of voice

_____ listening for sequencing words

_____ listening for cognates and key words

_____ watching for transitions and listening for words that signal a change in the conversation

4 Mientras ves el video para este capítulo, trata de identificar una o dos estrategias de la lista anterior que te ayudaron a entender el episodio. Si no estás seguro(a) de las estrategias, ¿qué es lo que más te ayuda a entender el video?

El video

 Mira el episodio para el **Capítulo 14.** No te olvides de enfocarte en las estrategias que se usan para entender el contenido del segmento.

Después de ver el video

5 Con un(a) compañero(a) de clase, contesten las siguientes preguntas sobre el video.

1. ¿Qué tiene Chela?
2. ¿Qué cree que ha ganado?
3. ¿Adónde tiene que ir ella para recoger *(to pick up)* el boleto y el itinerario?
4. ¿Qué cree Javier que ha ganado?
5. ¿Cuándo tiene que ir al sitio indicado para recoger el paquete?
6. Cuando Chela y Javier van al sitio indicado, ¿qué encuentran?
7. Según Javier, si tuviera *(if he had)* dinero, ¿qué haría *(would he do)*?
8. ¿Qué pasa al final del episodio?
9. Expliquen la reacción de Sergio, Beto, Anilú y Dulce.

6 Trabaja con otros tres compañeros de clase y representen la conversación que tuvieron Dulce, Anilú, Beto y Sergio antes del comienzo del episodio con Chela y Javier. ¿Por qué hicieron lo que hicieron?

7 Con un(a) compañero(a), escriban la carta que Dulce, Anilú, Beto y Sergio les mandaron a Javier y Chela. Vuelvan a ver el episodio varias veces para sacar todos los detalles sobre el viaje que ofrece la carta misteriosa.

 Interactive Practice / Ace the Test

¡Prepárate!

Gramática útil ①

Expressing doubt, emotion, volition, and nonexistence in the past: The imperfect subjunctive

Cómo usarlo

1. When you use verbs that express influence, doubt, and emotion within a past-tense or hypothetical context, the imperfect subjunctive—instead of the present subjunctive—is used in the dependent clause.

Los niños **querían** que sus padres **compraran** un auto nuevo para el viaje.	*The children **wanted** their parents **to buy** a new car for the trip.*
Era necesario que **estudiaras** los mapas antes del viaje.	*It **was** necessary that **you studied** the maps before the trip.*
No **había** nadie que **supiera** tanto de la región como tú.	*There **was** no one who **knew** the region as well as you.*

2. The imperfect subjunctive is used in the following situations.

main clause verb is in the *imperfect, preterite,* or *past perfect* →	dependent clause verb is in the *imperfect subjunctive*
Los turistas nos **pedían** que... *The tourists **asked** (us) that . . .*	... los **lleváramos** a las montañas. *. . . we **take** them to the mountains.*
Los turistas **se alegraron** de que... *The tourists **were happy** that . . .*	... los **pudiéramos** llevar. *. . . we **could** take them.*
Yo **había dudado** que... *I **had doubted** that . . .*	... **tuviéramos** tiempo para el viaje. *. . . we **had** time for the trip.*

3. The imperfect subjunctive forms of **poder** and **querer** are often used in present-tense situations to express requests more courteously.

Quisiera hacerle una pregunta.	*I **would like** to ask you a question.*
¿**Pudiera** ayudarme con el itinerario?	*Could you (please)** help me with the itinerary?*

4. Note that when the main clause uses **decir** in the preterite or the imperfect, the verb used in the dependent clause varies, depending upon what is meant.

Marta **dijo** que el viaje **fue** fenomenal.	*Marta **said** that the trip **was** phenomenal.*
Marta **dijo** que **nos quedáramos** en su casa.	*Marta **told** us **to stay** in her house.*

In the first example, you are merely reporting what Marta said. This is known as indirect discourse and is often used in newspaper accounts to quote someone's speech. In the second example, Marta is expressing a wish or desire, which means that the subjunctive is required because it says what she wants us to do. Look carefully at past-tense sentences with **decir** to see which meaning is being expressed.

Cómo formarlo

Video Tutorial

Flashcards

1. To form the imperfect subjunctive, take the **ustedes / ellos / ellas** form of the preterite tense. Remove the **-on** ending and add the new endings shown in the following chart. Notice that this formula is the same for **-ar, -er,** and **-ir** verbs.

| regular -ar verb: viajar | | regular -er verb: ver | | regular -ir verb: salir | |
viajaron → viajar-		vieron → vier-		salieron → salier-	
viajara	viajáramos	viera	viéramos	saliera	saliéramos
viajaras	viajarais	vieras	vierais	salieras	salierais
viajara	viajaran	viera	vieran	saliera	salieran

| irregular verb: ir | | stem-change verb: pedir | |
fueron → fuer-		pidieron → pidier-	
fuera	fuéramos	pidiera	pidiéramos
fueras	fuerais	pidieras	pidierais
fuera	fueran	pidiera	pidieran

> Notice that you must put an accent on the **nosotros** form in order to maintain the correct pronunciation.

> You may want to review irregular preterite and preterite stem-changing verbs in **Chapters 7** and **8** in order to refresh your memory on these conjugations.

2. Because you are forming the imperfect subjunctive from an already conjugated preterite form, this form already reflects any irregularities of the verb in the preterite, and any spelling or stem changes.

>> Actividades

1 Las recomendaciones Quieres viajar a Belice. Hablas con una agente de viajes de la Agencia Paraíso. Escucha sus recomendaciones y escribe una oración que explique qué te recomendó. Sigue el modelo.

MODELO: comprar
Me recomendó que comprara un boleto de ida y vuelta.

1. llegar
2. no llevar
3. facturar
4. quedarse
5. reservar
6. registrarse

2 **Los primos** Tus primos vinieron a visitarte. Tenían ciertas expectativas del viaje. ¿Qué esperaban?

MODELO: el vuelo: salir a tiempo
Esperaban que el vuelo saliera a tiempo.

1. sus maletas: llegar con ellos
2. el avión: no hacer escala en ningún sitio
3. el retraso: no ser tan largo
4. la línea aérea: servirles algo de comer durante el vuelo
5. nosotros: recogerlos en el aeropuerto
6. ustedes: llevarlos al hotel
7. el hotel: tener conexión a Internet
8. el botones: ser más cortés

3 **Óscar** Viajas con tu amigo Óscar. ¡A Óscar le gusta quejarse de todo! Después del viaje le explicas a otro amigo de qué dudaba Óscar. Sigue el modelo.

MODELO: Óscar: ¡El agente no nos va a poner en la lista de espera!
Tú: *Dudaba que el agente nos pusiera en la lista de espera.*

1. ¡El vuelo no va a salir a tiempo!
2. ¡No nos van a servir el almuerzo en el vuelo!
3. ¡No vamos a desembarcar a tiempo!
4. ¡No vamos a encontrar las maletas en la sala de equipajes!
5. ¡El hotel no va a tener televisión por cable!
6. ¡El secador de pelo en el baño no va a funcionar!
7. ¡La habitación no va a incluir el desayuno!
8. ¡La habitación no va a estar limpia!

4 **Los consejos** Los amigos y la familia siempre nos dan consejos sobre nuestra vida. Explícale a tu compañero(a) seis consejos que te dieron amigos o parientes y el resultado de esos consejos. Luego, que tu compañero(a) te explique a ti.

Frases útiles

Mis padres me pidieron que…

Mi hermano(a) me aconsejó que…

Mi amigo(a)… me sugirió que…

Mis amigos querían que…

Mi tío(a) me recomendó que…

Mi abuelo(a) insistió en que…

MODELO: *Mis amigos querían que fuera a las Filipinas con ellos. Decidí ir con ellos y nos divertimos mucho.*

Interactive Practice /
Ace the Test

Gramática útil ❷

Saying what might happen or could occur: The conditional

Can you find the conditional form in the headline of this ad? Why do you think it is used here?

Cómo usarlo

Lo básico

So far you have learned a number of *tenses* (the present, the present progressive, the present perfect, the past perfect, the preterite, the imperfect, and the future) and three *moods* (the indicative, imperative, and subjunctive moods). As you recall, *tenses* are associated with *time*, while *moods* reflect *how the speaker views the event* he or she is describing.

1. Both English and Spanish speakers use a mood called the *conditional* to talk about *events that might or could happen* in the future. The conditional is used because the speaker is saying *what could or might occur, under certain conditions.*

Ojalá que me toque la lotería. **Usaría** el dinero para viajar por todo el mundo. Primero **iría** a Sudamérica y luego **viajaría** por África.	*I hope I win the lottery. **I would use** the money to travel all over the world. First **I would go** to South America and later **I would travel** through Africa.*

2. The conditional is used to soften requests or make suggestions in a more courteous way. Verbs frequently used in this way are **poder** and **querer,** similar to the use in the imperfect subjunctive that you learned on pages 440–441.

¿**Podría** decirme cuándo sale el autobús para la playa?	***Can you (please)*** *tell me when the bus for the beach leaves?*
¿**Querría** usted cambiar de asiento?	***Would you like*** *to change seats?*

3. The conditional may also be used to speculate about events that have already occurred, similar to the way that the future tense is used to speculate about current events. It is often used this way with expressions such as **tal vez** and **quizás** *(perhaps)*.

No sé por qué llegó tan tarde el tren. **Tal vez habría** nieve.	*I don't know why the train arrived so late.* ***Perhaps there was*** *snow.*

Video Tutorial

Flashcards

Cómo formarlo

1. The formation of the conditional is very similar to the formation of the future tense, which you learned in **Chapter 12.** As with the future, you add a set of endings to the full *infinitive*, not the *stem*, of regular **-ar, -er,** and **-ir** verbs. Here are the conditional endings.

yo	–ía	**viajaría**	nosotros (as)	–íamos	**viajaríamos**
tú	–ías	**viajarías**	vosotros (as)	–íais	**viajaríais**
Ud. / él / ella	–ía	**viajaría**	Uds. / ellos / ellas	–ían	**viajarían**

2. The following verbs are irregular in the conditional. They attach the regular conditional endings to the irregular stems shown, not the infinitive.

irregular, no pattern:		
decir	**dir–**	diría, dirías, diría, diríamos, diríais, dirían
hacer	**har–**	haría, harías, haría, haríamos, haríais, harían
***e* is dropped from infinitive:**		
poder	**podr–**	podría, podrías, podría, podríamos, podríais, podrían
querer	**querr–**	querría, querrías, querría, querríamos, querríais, querrían
saber	**sabr–**	sabría, sabrías, sabría, sabríamos, sabríais, sabrían
***d* replaces the final vowel:**		
poner	**pondr–**	pondría, pondrías, pondría, pondríamos, pondríais, pondrían
salir	**saldr–**	saldría, saldrías, saldría, saldríamos, saldríais, saldrían
tener	**tendr–**	tendría, tendrías, tendría, tendríamos, tendríais, tendrían
venir	**vendr–**	vendría, vendrías, vendría, vendríamos, vendríais, vendrían

3. The conditional form of **hay** is **habría.**

Habría un problema.	***There must have been*** *a problem.*

>> Actividades

5 **Las situaciones** Escucha las siguientes situaciones y decide cuál de las explicaciones de la segunda columna es la más lógica para cada situación.

1. _____   a. Perdería el número de teléfono de la casa.
2. _____   b. Su vuelo se demoraría.
3. _____   c. Tendría una emergencia en el hospital.
4. _____   d. Estaría enfermo.
5. _____   e. Cambiarían de hotel.
6. _____   f. Se les olvidaría.

6 **Tánger** Imagínate que vives en Tánger, Marruecos. ¿Qué harías?

MODELO: vivir en el barrio de La Medina
Viviría en el barrio de La Medina.

1. ir a ver un espectáculo en el Gran Teatro de Cervantes
2. comprar una alfombra pequeña
3. buscar La Cueva de Hércules en las afueras de la ciudad
4. comer mechoui y bisteeya en uno de los restaurantes famosos
5. salir de compras en el mercado Gran Socco
6. visitar la playa de Achakar con mis amigos
7. pasar las tardes en la Plaza de Francia

7 **En esa situación...** En grupos de tres o cuatro, lean las siguientes situaciones. Luego cada persona en el grupo tiene que hacer por lo menos una sugerencia para la persona en la situación.

1. Acabas de llegar a Manila. En el hotel, al buscar tu tarjeta de crédito, te das cuenta de que te han robado. Sólo tienes un poco de dinero en efectivo. ¿Qué harías?
2. Un amigo tuyo va a graduarse. Le han ofrecido un trabajo muy bueno en Detroit, pero su novia va a estar en Nueva York. Además, quieren casarse pronto. No sabe si aceptar el puesto o pedirle a su novia que renuncie a su trabajo y se vaya con él. ¿Qué debería hacer tu amigo?
3. Tienes unos amigos a quienes les interesa la cinematografía. Quieren hacer un documental sobre los mayas. Saben un poco de español, pero no mucho. Tienen que ir a Belice para hacer las entrevistas para el documental. ¿Qué necesitarían hacer?
4. ¿...? (Inventen otra situación dentro del grupo.)

Interactive Practice /
Ace the Test

Gramática útil ❸

Expressing the likelihood that an event will occur: Si clauses with the subjunctive and the indicative

Si tuviera el dinero, **me iría** inmediatamente.

Cómo usarlo

1. The conditional is often used with **si** *(if)* and the imperfect subjunctive to talk about situations that are contrary to fact or very unlikely to occur (at least in the speaker's opinion). The **si** clause is the dependent clause that expresses the unlikely hypothesis, while the main clause expresses what would occur in the contrary-to-fact situation.

   Si me dieran el trabajo, **viajaría** por todo el mundo.

   If they give me (were to give me) the job, I would travel throughout the world.

   Si tuviéramos el dinero y el tiempo, **haríamos** un viaje de seis meses después de graduarnos de la universidad.

   If we had (were to have) the money and the time, we would make a six-month trip after graduating from the university.

2. In situations where you think an outcome is *likely* to occur, use the present indicative in the **si** clause and the future or **ir + a +** infinitive in the main clause.

   Si tengo tiempo, **haré / voy a hacer** las reservaciones hoy.

   If I have time (and I think I will), I will make / am going to make the reservation today.

   Si estás mejor mañana, **vendrás / vas a venir** en el tren con nosotros.

   If you are better tomorrow (and you probably will be), you will come / are going to come on the train with us.

3. To summarize:

Si clause to express unlikely outcome	*Si* clause to express likely outcome
Si + *imperfect subjunctive* is used with the *conditional.*	**Si** + *present indicative* is used with the *future* or **ir + a +** *infinitive.*
Si tuviera el dinero, **haría** un viaje. *(If [in the unlikely situation that] I were to have the money, I would take a trip.)*	**Si tengo** el dinero, **haré / voy a hacer** un viaje. *(If I have the money—and I think I will—I will take / am going to take a trip.)*

> Note that you do not use the present subjunctive with **si.** You either use the present indicative **(Si tengo el tiempo...)** if you are fairly certain that the event will occur, or the imperfect subjunctive **(Si tuviera el tiempo...)** if you consider it unlikely.

>> Actividades

 Video Tutorial

 Flashcards

8 **Estoy seguro(a).** Escribe cinco oraciones usando los elementos dados. Usa **si + el futuro** o **ir + a + infinitivo** para señalar que estás seguro(a) de que vas a hacer las cosas en la segunda parte de la oración. Luego, escribe por lo menos una oración usando elementos de tu propia imaginación.

MODELO: Si yo _____ (viajar) al extranjero, _____ (ir) a Andorra.
  Si yo viajo al extranjero, iré / voy a ir a Andorra.

1. Si _____ (tener) el tiempo, _____ (pasar) unos días en Marruecos.
2. Si _____ (viajar) al Mar Caribe, _____ (hacer) una excursión a la selva tropical de Belice.
3. Si _____ (estar) en Andorra, _____ (ir a esquiar) en los Pirineos.
4. Si _____ (tener) el dinero, _____ (ir a ver) Las Terrazas de Arroz de Banaue.
5. Si _____ (ir) a Guinea Ecuatorial, _____ (visitar) la Isla de Bioko.
6. Si _____ ¿...?, _____ ¿...?

9 **¿Qué harías?** Túrnense para hacerle preguntas a su compañero(a) sobre lo que haría en diferentes situaciones. Pueden usar las ideas de la lista o pueden inventar otras.

MODELO: Compañero(a): *Si ganaras la lotería, ¿qué harías?*
  Tú: *Me compraría una casa de veinte habitaciones.*

Si...

ganar la lotería
poder ir a cualquier lugar
vivir en Marruecos
ser millonario(a)
trabajar para una línea aérea
viajar al extranjero
tener el tiempo
conocer al (a la) presidente(a)
  de las Filipinas
tener cinco hijos
poder conocer a cualquier persona
¿...?

¿Qué harías?

comprar una casa de veinte
  habitaciones
viajar por todo el mundo hispano
participar en una organización de
  beneficencia *(a charity)*
escribir un libro sobre ...
dar clases de...
¿...?

10 **Mis planes para el futuro** Con un(a) compañero(a), hablen sobre sus planes para el futuro. Algunas cosas saben con certitud que las van a hacer, otras las quisieran hacer y otras son sueños. Cada uno(a) debe mencionar por lo menos cuatro cosas que piensa hacer.

MODELO: Tú: *Si ahorro suficiente dinero, voy a visitar a una amiga en París.*
  Compañero(a): *Si pudiera, yo pasaría tres meses en Belice visitando las áreas ecoturísticas.*

 Interactive Practice / Ace the Test

:) Sonrisas

Expresión En grupos de tres o cuatro estudiantes, hagan lo siguiente.

1. Pongan las ideas de la estudiante en orden de importancia: 1 es para la idea más importante y 4 es para la idea menos importante.
2. Añadan dos ideas más a la lista.
3. Luego, hagan una lista de cinco cosas egoístas o superficiales que harían, empezando con hacer la televisión por cable un derecho constitucional.
4. Al final, pongan las ideas de la segunda lista en orden de importancia.
5. Comparen sus listas con las de otro grupo. ¿Están de acuerdo? ¿Qué diferencias hay?

Voces de la comunidad

 Web Links

NAME Donato Ndongo-Bidyogo

> ¿Qué puede alguien como yo hacer —alguien que sólo tiene el poder *(power)* de la palabra? Yo describo la realidad y quiero que esta realidad sea analizada y estudiada por la sociedad para encontrar una semilla *(seed)* que pueda cambiar nuestras vidas, nuestra mentalidad.

Profesor, escritor y periodista, Donato Ndongo-Bidyogo es una de las voces de habla española más eminentes del continente africano. Originalmente de Guinea Ecuatorial, Donato se vio forzado a abandonar su tierra natal en 1994 por su oposición al gobierno. Desde 2004, reside en los Estados Unidos, donde es profesor en la Universidad de Missouri-Columbia. Su última novela, *El metro,* relata el sufrimiento de un inmigrante africano que busca el sueño europeo. Como muchas de las obras de Donato, la novela ofrece una crítica severa de los dictadores africanos que oprimen a *(oppress)* sus pueblos y de los líderes europeos que permiten esta opresión. En las palabras del autor: **"Tenemos inmensas riquezas, pues no hay un solo país africano pobre, pero no las controlamos los africanos, sino los europeos."**

> ¿Qué derechos y obligaciones tienen los gobiernos con respecto a la expresión personal? ¿Hay situaciones donde el gobierno debe prohibir la publicación de opiniones que critican las acciones de los políticos?

¡Explora y exprésate!

Exploraciones culturales

¿Adivinaste? Answers to the questions on page 429: 1. Andorra 2. Belice, 3. Guinea Ecuatorial 4. Marruecos 5. Filipinas

Andorra, Belice, Filipinas, Guinea Ecuatorial y Marruecos

Raíces diferentes, una lengua en común En parejas, miren los mapas y las tarjetas de información sobre estos cinco países que aparecen en la página 451. Luego, lean los siguientes comentarios y miren las fotos. Traten de escribir el número del comentario o de la foto en la tarjeta más apropiada. Hay un comentario y una foto para cada país.

Comentarios

1. Los grupos indígenas ancestrales de este país son los bantú y los pigmeos.

2. Muchos europeos viajan a este país para hacer compras baratas porque el gobierno no pone tarifas a las mercancías importadas.

3. La ciudad de Fez en este país tiene la universidad más antigua del mundo y fue declarado Sitio del Patrimonio Mundial por la UNESCO en 1981.

4. Este país incluye más de 7.000 islas.

5. Este país es un destino para los turistas que quieren ver los tiburones ballenas (*whale sharks*) que pasan por el Mar Caribe durante el mes de abril.

Fotos

6. Se ve la influencia española en las plazas y en la arquitectura de Malabo.

7. Las Terrazas de Arroz de Banaue, un Sitio UNESCO del Patrimonio Mundial, tienen más de 2.000 años y se las llama "la octava maravilla del mundo".

8. Muchos arqueólogos y antropólogos ahora creen que el centro de la civilización maya estaba situado en este país. Muchas de la ruinas mayas de este lugar todavía no se han explorado.

Andorra
Población: 66.200   **Área:** 468 km^2
Ciudad capital: Andorra la Vella
Atracciones y datos interesantes
- Los residentes no pagan impuestos *(taxes)*.
- Muchos turistas vienen aquí para esquiar y caminar en las montañas de los Pirineos.
- El idioma oficial es el catalán, que también se habla en la provincia española de Cataluña.

Belice
Población: 291.800   **Área:** 22.806 km^2
Ciudad capital: Belmopán
Atracciones y datos interesantes
- Un 6,1% de la población es garífuna.
- Muchos buceadores *(scuba divers)* se refieren a Belice como una de las siete maravillas submarinas del mundo, a causa de sus arrecifes *(reefs)* impresionantes.
- Aproximadamente la mitad de los beliceños hablan español como lengua materna.

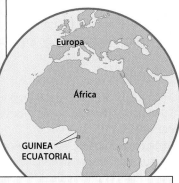

Guinea Ecuatorial
Población: 503.519   **Área:** 28.051 km^2
Ciudad capital: Malabo
Atracciones y datos interesantes
- El país entero incluye un territorio continental y también cinco islas. La Isla de Bioko, con la ciudad capital, es la más grande.
- Debido a las reservas de petróleo, el país tiene el tercer ingreso per cápita más grande del mundo, después de Luxemburgo y Bermudas. Desgraciadamente, todavía existen diferencias muy marcadas entre los ricos y los pobres.
- Ganó la independencia de España en 1968.

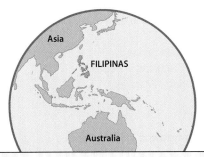

Filipinas
Población: 83.054.480   **Área:** 298.170 km^2
Ciudad capital: Manila
Atracciones y datos interesantes
- Las iglesias barrocas de las Filipinas son una atracción turística importante. Se incluyen en la lista de los Sitios del Patrimonio Mundial de la UNESCO.
- El Parque Nacional Marino Arrecife de Tubbataha en Palawan es también un Sitio del Patrimonio Mundial. Aquí los buceadores pueden ver culebras marinas *(sea snakes)* y corales suaves *(soft)*, entre muchas otras formas de vida marina.
- El español fue la primera lengua oficial de las Filipinas.

Marruecos
Población: 30.168.080   **Área:** 446.300 km^2
Ciudad capital: Rabat
Atracciones y datos interesantes
- Aquí se encuentra el desierto del Sahara Occidental y también las montañas Alto Atlas, unas de las más altas de África.
- Agadir y Essaouria son dos sitios muy populares entre los windsurfistas del mundo entero.
- Ceuta y Melilla, ubicadas en el norte de Marruecos, son municipales especiales de España.

9. Los souks, o mercados, de este país ofrecen una gran variedad de objetos y comidas a precios muy baratos.

10 . Este perro, el gran pirineo, se originó en este país. Los gran pirineos trabajan en las montañas para guardar los rebaños de ovejas *(flocks of sheep)*.

Interactive Practice

¿Te gustaría ir conmigo? 451

>> Conexión cultural

 Mira el segmento cultural para este capítulo. Luego, en grupos de tres o cuatro, decidan cuál de las ciudades o países les gustaría conocer y expliquen por qué. Finalmente, hagan un itinerario de lugares que debe ver un(a) turista en su estado o país.

>> ¡Conéctate! Web Links / Web Search

 Práctica En grupos de tres o cuatro, hagan una investigación en Internet sobre uno de los siguientes temas. Usen los enlaces sugeridos en el sitio web de *Nexos* para ir a otros sitios web posibles. Presenten su informe a la clase.

1. Cinco Sitios UNESCO del Patrimonio Mundial en Belice, Filipinas o Marruecos
2. Sitios para practicar buceo y otros deportes acuáticos en Belice, Filipinas o Marruecos
3. Sitios para practicar esquí en Andorra y Marruecos
4. Las culturas indígenas de Guinea Ecuatorial, Filipinas y Belice
5. Las industrias principales de Guinea Ecuatorial y Filipinas

>> Tú en el mundo hispano

Para explorar oportunidades de estudiar o hacer trabajos voluntarios o aprendizajes en algunos de estos países sigue los enlaces en el sitio web de *Nexos*.

♫ Ritmos del mundo hispano

Para escuchar música de Andorra, Belice, Filipinas, Guinea Ecuatorial y Marruecos, sigue los enlaces en el sitio web de *Nexos*.

A leer

Antes de leer

Estrategia

Understanding an author's point of view

When you read any piece of writing, it's important to understand why the author has written it. Recognizing the author's point of view is an important tool to use when reading in Spanish. In this chapter, you are going to read an excerpt from a short story. When you read a short story, what might be the author's purpose for writing it? Is it to share emotions and experiences? To entertain? To enlighten? Keep these ideas in mind as you read this chapter's reading selection.

1 El extracto del cuento "El reencuentro" que van a leer trata las cuestiones de identidad nacional que existen entre los ciudadanos *(citizens)* de Guinea Ecuatorial. El país ganó su independencia de España en 1968 después de 190 años de dominio español. Después de la independencia, el nuevo gobierno puso mucho énfasis en la idea de ser ciudadano guineano, en vez de identificarse con las diversas tribus que existen en ese pequeño país. Las dos tribus más importantes son los fang y los bôhôbes (también conocidos como los bubis).

Con un(a) compañero(a) de clase, contesten las siguientes preguntas sobre la identidad étnica y la identidad nacional.

1. En su opinión, ¿pueden ser compatibles el orgullo *(pride)* regional y el patriotismo nacional? Piensen en algunos ejemplos para apoyar *(to support)* su punto de vista.

2. ¿Con qué se identifican más—con su identidad étnica, su pueblo o ciudad, su estado o provincia o su país? ¿Hay otras identidades que les son importantes también? ¿Cuáles son?

3. ¿Cómo se define el patriotismo? ¿Cuáles son los elementos más importantes del orgullo nacional?

2 El español guineano deriva del español de España. Por eso, el cuento que vas a leer contiene varias formas de **vosotros**. Antes de leer el cuento, empareja las formas de **vosotros** con sus formas equivalentes en inglés para comprenderlas mejor.

1. _____ sois
2. _____ vuestro
3. _____ ¿Habéis visto...?
4. _____ creedme
5. _____ sabéis
6. _____ daos cuenta
7. _____ os

a. *believe me* (command)
b. *you* (object prounoun)
c. *realize* (command)
d. *Have you seen . . . ?*
e. *you are*
f. *your*
g. *you know*

Lectura

3 Ahora lee el extracto del cuento "El reencuentro", por el autor Juan Balboa Boneke. En esta parte del cuento, Juan, el protagonista, regresa después de pasar varios años en España y habla con unos jóvenes que le han pedido la oportunidad de hacerle preguntas sobre sus experiencias en España y también sobre el futuro de Guinea Ecuatorial. El extracto empieza en medio de *(in the middle of)* su conversación.

El reencuentro

Juan Balboa Boneke

—Entonces, decir que somos bôhôbes, ¿no es separatismo? —preguntó Pablo, interviniendo por primera vez.

—No, mi amigo, no los es... [...] Tras una breve pausa continué.

—Sois bôhôbes y sois guineanos. El amor a vuestro origen y, por tanto, a vuestro pueblo, no impide el amor hacia vuestro país. Guinea, amigos míos, es una[1], pero es diversa.

—¿Qué significa esto de que es diversa? Yo no lo entiendo —dijo Santi levantando la mano.

—Esto significa que nuestro país no está constituido por una sola tribu. Son varias tribus en un mismo país. Vamos a ver, ¿habéis visto algún jardín? Pues nuestro país es el jardín.

—¿Cómo un jardín? ¿Por qué?

—Porque en el jardín hay una gran variedad de flores[2] y de plantas, ¿verdad?

—Así es.

—Las distintas plantas y flores dan belleza, colorido y alegría al lugar. El jardín es uno, pero las plantas y flores son diversas. Cada planta constituye su propia vida dentro del conjunto[3]. Todas en su conjunto, bien tratadas, respetando la realidad de cada una, forman una bella franja[4] de paz y de sosiego[5]. Creedme, así debería ser nuestro país: cada etnia es una flor. El gran problema es que nosotros lo sepamos comprender y reconocer. Y, como tal, con la debida delicadeza, tratarlo.

—Todo esto nunca lo había escuchado, intervino de nuevo Pablo. ¿Estas cosas las ha aprendido en España?

—En España se estudian muchas cosas. Pero no sólo en este país se puede aprender cosas. Aquí mismo se puede estudiar y profundizar en los conocimientos.

[...]

[Antes] ... nos faltó el diálogo. El diálogo entre todos nosotros. Entre las distintas tribus de nuestro país. Sabéis que fuimos colonizados por España, que la colonización duró casi doscientos años; pues en ese tiempo no hubo un intercambio cultural entre nuestros respectivos pueblos. Apenas nos conocemos. Somos unos extraños[6] tribu a tribu.

[...]

—Amigos míos, debéis saber que el diálogo exige voluntad[7] por parte de todos. Exige esfuerzo solidario. Tolerancia y generosidad. No siempre es fácil, pero su dificultad no nos tiene que llevar al convencimiento de que esto es imposible. Quizás la incapacidad se registra también por parte nuestra. Daos cuenta que en

[1]*one (united)* [2]*flowers* [3]*grupo* [4]*border* [5]*peace, serenity* [6]*strangers* [7]**exige...** *demands willpower*

nuestros respectivos pueblos existen personas intratables, intransigentes, intolerantes y totalmente ciegas[8] a la luz de la verdad; el que existan esos pocos no nos tiene que llevar al error de juzgar[9] a todo un pueblo que sabe de sensibilidad y ternura[10]. Me comprendéis, ¿verdad?

—Sí, le comprendo —intervino Roberto.

—¿Vuelves otra vez a España?

—Sí, dentro de tres semanas.

—¿Por qué no te quedas? ¿Por qué os marcháis[11] todos?

—Tienes razón, Agustín, poco a poco iremos reincorporándonos al país. Desde luego yo sí lo haré muy pronto.

[...]

—Os lo aseguro, amigos míos, volveré pronto. Quizás mi vuelta demore[12] un poco porque tengo que resolver algunas cositas en España; pero seguro que pronto me tendréis aquí. ¿Queréis que nos hagamos una promesa?

—¿Cuál? —preguntó Agustín.

—A mi vuelta nos tenemos que reunir de nuevo debajo de este mismo árbol para celebrarlo. ¿Vale[13]?

Todos al unísono contestaron:

—Sí, vale.

---

[8]*blind* [9]*to judge* [10]*tenderness* [11]**os...** *do you all leave* [12]*will be delayed* [13]*OK?*

Después de leer

4 Contesta las siguientes preguntas sobre la lectura.

1. ¿Cuáles son las dos ideas que Roberto trata de conciliar *(reconcile)* al principio de la lectura?
2. ¿Con qué compara Juan, el narrador, al país y a sus tribus?
3. Según Juan, ¿qué es cada etnia?
4. Según Juan, ¿qué les faltó en el pasado?
5. En la opinión de Juan, ¿cuáles son cuatro cosas que exige el diálogo?
6. ¿Qué promesa hacen Juan y los jóvenes al final del extracto?
7. ¿Cuál es el punto de vista del autor? ¿Cómo lo expresa en este cuento?

5 Con un(a) compañero(a) de clase, hablen de una de estas ideas del cuento sobre la diversidad y aplíquenla a la situación en EEUU y / o Canadá. Luego, escriban un párrafo corto en el que resuman *(summarize)* sus ideas y ofrezcan ejemplos específicos.

1. La diversidad puede existir dentro de un país unificado y además ofrece beneficios importantes a todos.
2. El diálogo es esencial para que los distintos grupos y etnias se entiendan.

Interactive Practice

Vocabulario

Para viajar *Travel*

la agencia de viajes	*travel agency*
la guía turística	*tourist guide book*
el itinerario	*itinerary*
cambiar dinero	*to exchange money*
hacer una reservación	*to make a reservation*
hacer un tour	*to take a tour*
viajar al extranjero	*to travel abroad*

En el aeropuerto y dentro del avión
At the airport and in the plane

abordar	*to board*
desembarcar	*to disembark, get off (the plane)*
facturar el equipaje	*to check your baggage*
hacer escala en…	*to make a stopover in . . .*
la aduana	*customs*
el asiento	*seat*
… de pasillo	*. . . aisle*
… de ventanilla	*. . . window*
el (la) asistente de vuelo	*flight attendant*
el boleto / el billete	*ticket*
… de ida	*. . . one-way*
… de ida y vuelta	*. . . round-trip*
con destino a…	*(headed) to / for . . .*
la línea aérea	*airline*
la lista de espera	*waiting list*
la llegada	*arrival*
la maleta	*suitcase*
el mostrador	*counter; check-in desk*
el pasaje	*ticket, fare*
el (la) pasajero(a)	*passenger*
… de clase turista	*. . . coach*
… de primera clase	*. . . first class*
el pasaporte	*passport*
la puerta (de embarque)	*(departure) gate*
el retraso / la demora	*delay*
la sala de equipajes	*baggage claim*
la salida	*departure*
la tarjeta de embarque	*boarding pass*
el vuelo	*flight*

El hotel *The hotel*

el aire acondicionado	*air conditioning*
el ascensor	*elevator*
el botones	*bellhop*
la conexión a Internet	*Internet connection*
el conserje	*concierge*
el desayuno incluido	*breakfast included*
la estampilla	*postage stamp*
la habitación sencilla / doble	*single / double room*
… con / sin baño / ducha	*. . . with / without bath / shower*
… de fumar / de no fumar	*. . . smoking / non-smoking*
el (la) huésped(a)	*hotel guest*
el lavado en seco	*dry cleaning*
la llave	*key*
la recepción	*reception desk*
registrarse	*to register*
el secador de pelo	*hairdryer*
el servicio despertador	*wake-up call*
la tarjeta postal	*postcard*
la televisión por cable	*cable TV*

La geografía *Geography*

este	*east*
oeste	*west*
norte	*north*
sur	*south*
la arena	*sand*
el bosque	*forest*
el cañón	*canyon*
el cielo	*sky*
el desierto	*desert*
la isla	*island*
el lago	*lake*
el mar	*sea*
el océano	*ocean*
la playa	*beach*
el río	*river*
las ruinas	*ruins*
la selva tropical	*tropical jungle*
el volcán	*volcano*

Reference Materials

Appendix: Spanish Verbs

Regular Verbs

SIMPLE TENSES

Infinitive	Past participle / Present participle	Indicative					Subjunctive	
		Present	Imperfect	Preterite	Future	Conditional	Present	Imperfect*
cantar *to sing*	cantado / cantando	canto	cantaba	canté	cantaré	cantaría	cante	cantara
		cantas	cantabas	cantaste	cantarás	cantarías	cantes	cantaras
		canta	cantaba	cantó	cantará	cantaría	cante	cantara
		cantamos	cantábamos	cantamos	cantaremos	cantaríamos	cantemos	cantáramos
		cantáis	cantabais	cantasteis	cantaréis	cantaríais	cantéis	cantarais
		cantan	cantaban	cantaron	cantarán	cantarían	canten	cantaran
correr *to run*	corrido / corriendo	corro	corría	corrí	correré	correría	corra	corriera
		corres	corrías	corriste	correrás	correrías	corras	corrieras
		corre	corría	corrió	correrá	correría	corra	corriera
		corremos	corríamos	corrimos	correremos	correríamos	corramos	corriéramos
		corréis	corríais	corristeis	correréis	correríais	corráis	corrierais
		corren	corrían	corrieron	correrán	correrían	corran	corrieran
subir *to go up, to climb up*	subido / subiendo	subo	subía	subí	subiré	subiría	suba	subiera
		subes	subías	subiste	subirás	subirías	subas	subieras
		sube	subía	subió	subirá	subiría	suba	subiera
		subimos	subíamos	subimos	subiremos	subiríamos	subamos	subiéramos
		subís	subíais	subisteis	subiréis	subiríais	subáis	subierais
		suben	subían	subieron	subirán	subirían	suban	subieran

*In addition to this form, another one is less frequently used for all regular and irregular verbs: **cantase, cantases, cantase, cantásemos, cantaseis, cantasen; corriese, corrieses, corriese, corriésemos, corrieseis, corriesen; subiese, subieses, subiese, subiésemos, subieseis, subiesen.**

Commands

Person	Affirmative	Negative	Affirmative	Negative	Affirmative	Negative
tú	canta	no cantes	corre	no corras	sube	no subas
usted	cante	no cante	corra	no corra	suba	no suba
nosotros	cantemos	no cantemos	corramos	no corramos	subamos	no subamos
vosotros	cantad	no cantéis	corred	no corráis	subid	no subáis
ustedes	canten	no canten	corran	no corran	suban	no suban

STEM-CHANGING VERBS: -AR AND -ER GROUPS

Type of change in the verb stem	Subject	Indicative Present	Subjunctive Present	Commands Affirmative	Commands Negative	Other -ar and -er stem-changing verbs
-ar verbs **e > ie** pensar *to think*	yo	**pienso**	**piense**	—	—	atravesar *to go through, to cross;* cerrar *to close;* despertarse *to wake up;* empezar *to start;* negar *to deny;* sentarse *to sit down* Nevar *to snow* is only conjugated in the third-person singular.
	tú	**piensas**	**pienses**	**piensa**	no **pienses**	
	él/ella, Ud.	**piensa**	**piense**	**piense**	no **piense**	
	nosotros/as	pensamos	pensemos	pensemos	no pensemos	
	vosotros/as	pensáis	penséis	pensad	no penséis	
	ellos/as, Uds.	**piensan**	**piensen**	**piensen**	no **piensen**	
-ar verbs **o > ue** contar *to count, to tell*	yo	**cuento**	**cuente**	—	—	acordarse *to remember;* acostarse *to go to bed;* almorzar *to have lunch;* colgar *to hang;* costar *to cost;* demostrar *to demonstrate, to show;* encontrar *to find;* mostrar *to show;* probar *to prove, to taste;* recordar *to remember*
	tú	**cuentas**	**cuentes**	**cuenta**	no **cuentes**	
	él/ella, Ud.	**cuenta**	**cuente**	**cuente**	no **cuente**	
	nosotros/as	contamos	contemos	contemos	no contemos	
	vosotros/as	contáis	contéis	contad	no contéis	
	ellos/as, Uds.	**cuentan**	**cuenten**	**cuenten**	no **cuenten**	
-er verbs **e > ie** entender *to understand*	yo	**entiendo**	**entienda**	—	—	encender *to light, to turn on;* extender *to stretch;* perder *to lose*
	tú	**entiendes**	**entiendas**	**entiende**	no **entiendas**	
	él/ella, Ud.	**entiende**	**entienda**	**entienda**	no **entienda**	
	nosotros/as	entendemos	entendamos	entendamos	no entendamos	
	vosotros/as	entendéis	entendáis	entended	no entendáis	
	ellos/as, Uds.	**entienden**	**entiendan**	**entiendan**	no **entiendan**	
-er verbs **o > ue** volver *to return*	yo	**vuelvo**	**vuelva**	—	—	mover *to move;* torcer *to twist* Llover *to rain* is only conjugated in the third-person singular.
	tú	**vuelves**	**vuelvas**	**vuelve**	no **vuelvas**	
	él/ella, Ud.	**vuelve**	**vuelva**	**vuelva**	no **vuelva**	
	nosotros/as	volvemos	volvamos	volvamos	no volvamos	
	vosotros/as	volvéis	volváis	volved	no volváis	
	ellos/as, Uds.	**vuelven**	**vuelvan**	**vuelvan**	no **vuelvan**	

STEM-CHANGING VERBS: -IR VERBS

Type of change in the verb stem	Subject	Indicative		Subjunctive		Commands	
		Present	Preterite	Present	Imperfect	Affirmative	Negative
-ir verbs **e > ie or i** **Infinitive:** sentir *to feel* **Present participle:** sintiendo	yo tú él/ella, Ud. nosotros/as vosotros/as ellos/as, Uds.	**siento** **sientes** **siente** sentimos sentís **sienten**	sentí sentiste **sintió** sentimos sentisteis **sintieron**	**sienta** **sientas** **sienta** **sintamos** **sintáis** **sientan**	**sintiera** **sintieras** **sintiera** **sintiéramos** **sintierais** **sintieran**	— **siente** **sienta** **sintamos** sentid **sientan**	— no **sientas** no **sienta** no **sintamos** no **sintáis** no **sientan**
-ir verbs **o > ue or u** **Infinitive:** dormir *to sleep* **Present participle:** durmiendo	yo tú él/ella, Ud. nosotros/as vosotros/as ellos/as, Uds.	**duermo** **duermes** **duerme** dormimos dormís **duermen**	dormí dormiste **durmió** dormimos dormisteis **durmieron**	**duerma** **duermas** **duerma** **durmamos** **durmáis** **duerman**	**durmiera** **durmieras** **durmiera** **durmiéramos** **durmierais** **durmieran**	— **duerme** **duerma** **durmamos** dormid **duerman**	— no **duermas** no **duerma** no **durmamos** no **durmáis** no **duerman**

Other similar verbs: advertir *to warn*; arrepentirse *to repent*; consentir *to consent*, *to pamper*; convertir(se) *to turn into*; divertir(se) *to amuse (oneself)*; herir *to hurt*, *to wound*; mentir *to lie*; morir *to die*; preferir *to prefer*; referir *to refer*; sugerir *to suggest*

Type of change in the verb stem	Subject	Indicative		Subjunctive		Commands	
		Present	Preterite	Present	Imperfect	Affirmative	Negative
-ir verbs **e > i** **Infinitive:** pedir *to ask for; to request* **Present participle:** pidiendo	yo tú él/ella, Ud. nosotros/as vosotros/as ellos/as, Uds.	**pido** **pides** **pide** pedimos pedís **piden**	pedí pediste **pidió** pedimos pedisteis **pidieron**	**pida** **pidas** **pida** **pidamos** **pidáis** **pidan**	**pidiera** **pidieras** **pidiera** **pidiéramos** **pidierais** **pidieran**	— **pide** **pida** **pidamos** pedid **pidan**	— no **pidas** no **pida** no **pidamos** no **pidáis** no **pidan**

Other similar verbs: competir *to compete*; despedir(se) *to say good-bye*; elegir *to choose*; impedir *to prevent*; perseguir *to chase*; repetir *to repeat*; seguir *to follow*; servir *to serve*; vestir(se) *to dress*, *to get dressed*

VERBS WITH SPELLING CHANGES

	Verb type	Ending	Change	Verbs with similar spelling changes
1	buscar *to look for*	-car	• Preterite: yo busqué • Present subjunctive: busque, busques, busque, busquemos, busquéis, busquen	comunicar, explicar *to explain* indicar *to indicate*, sacar, pescar
2	conocer *to know*	*vowel +* -cer or -cir	• Present indicative: conozco, conoces, conoce, and so on • Present subjunctive: conozca, conozcas, conozca, conozcamos, conozcáis, conozcan	nacer *to be born*, obedecer, ofrecer, parecer, pertenecer *to belong*, reconocer, conducir, traducir
3	vencer *to win*	*consonant +* -cer or -cir	• Present indicative: venzo, vences, vence, and so on • Present subjunctive: venza, venzas, venza, venzamos, venzáis, venzan	convencer, torcer *to twist*
4	leer *to read*	-eer	• Preterite: leyó, leyeron • Imperfect subjunctive: leyera, leyeras, leyera, leyéramos, leyerais, leyeran • Present participle: leyendo	creer, poseer *to own*
5	llegar *to arrive*	-gar	• Preterite: yo llegué • Present subjunctive: llegue, llegues, llegue, lleguemos, lleguéis, lleguen	colgar *to hang*, navegar, negar *to negate, to deny*, pagar, rogar *to beg*, jugar
6	escoger *to choose*	-ger or -gir	• Present indicative: escojo, escoges, escoge, and so on • Present subjunctive: escoja, escojas, escoja, escojamos, escojáis, escojan	proteger, *to protect*, recoger *to collect, to gather*, corregir *to correct*, dirigir *to direct*, elegir *to elect, to choose*, exigir *to demand*
7	seguir *to follow*	-guir	• Present indicative: sigo, sigues, sigue, and so on • Present subjunctive: siga, sigas, siga, sigamos, sigáis, sigan	conseguir, distinguir, perseguir
8	huir *to flee*	-uir	• Present indicative: huyo, huyes, huye, huimos, huís, huyen • Preterite: huí, huiste, huyó, huimos, huisteis, huyeron • Present subjunctive: huya, huyas, huya, huyamos, huyáis, huyan • Imperfect subjunctive: huyera, huyeras, huyera, huyéramos, huyerais, huyeran • Present participle: huyendo • Commands: huye tú, huya usted, huyamos nosotros, huid vosotros, huyan ustedes, no huyas tú, no huya usted, no huyamos nosotros, no huyáis vosotros, no huyan ustedes	concluir, contribuir, construir, destruir, disminuir, distribuir, excluir, infuir, instruir, restituir, substituir
9	abrazar *to embrace*	-zar	• Preterite: yo abracé • Present subjunctive: abrace, abraces, abrace, abracemos, abracéis, abracen	alcanzar *to achieve*, almorzar, comenzar, empezar, gozar *to enjoy*, rezar *to pray*

COMPOUND TENSES

	Indicative					Subjunctive	
	Present perfect	**Past perfect**	**Preterite perfect**	**Future perfect**	**Conditional perfect**	**Present perfect**	**Past perfect**
	he	había	hube	habré	habría	haya	hubiera
	has	habías	hubiste	habrás	habrías	hayas	hubieras
	ha cantado	había cantado	hubo cantado	habrá cantado	habría cantado	haya cantado	hubiera cantado
	hemos corrido	habíamos corrido	hubimos corrido	habremos corrido	habríamos corrido	hayamos corrido	hubiéramos corrido
	habéis subido	habíais subido	hubisteis subido	habréis subido	habríais subido	hayáis subido	hubierais subido
	han	habían	hubieron	habrán	habrían	hayan	hubieran

All verbs, both regular and irregular, follow the same formation pattern with **haber** in all compound tenses. The only thing that changes is the form of the past participle of each verb. (See the chart below for common verbs with irregular past participles.) Remember that in Spanish, no word can come between **haber** and the past participle.

COMMON IRREGULAR PAST PARTICIPLES

Infinitive	Past participle	
abrir	**abierto**	*opened*
caer	caído	*fallen*
creer	creído	*believed*
cubrir	**cubierto**	*covered*
decir	**dicho**	*said, told*
descubrir	**descubierto**	*discovered*
escribir	**escrito**	*written*
hacer	**hecho**	*made, done*
leer	leído	*read*

Infinitive	Past participle	
morir	**muerto**	*died*
oír	oído	*heard*
poner	**puesto**	*put, placed*
resolver	**resuelto**	*resolved*
romper	**roto**	*broken, torn*
(son)reír	(son)reído	*(smiled) laughed*
traer	traído	*brought*
ver	**visto**	*seen*
volver	**vuelto**	*returned*

Reflexive Verbs

REGULAR AND IRREGULAR REFLEXIVE VERBS: POSITION OF THE REFLEXIVE PRONOUNS IN THE SIMPLE TENSES

Infinitive	Present participle	Reflexive pronouns	Indicative					Subjunctive	
			Present	**Imperfect**	**Preterite**	**Future**	**Conditional**	**Present**	**Imperfect**
lavarse	**lavándome**	me	lavo	lavaba	lavé	lavaré	lavaría	lave	lavara
to wash	**lavándote**	te	lavas	lavabas	lavaste	lavarás	lavarías	laves	lavaras
oneself	**lavándose**	se	lava	lavaba	lavó	lavará	lavaría	lave	lavara
	lavándonos	nos	lavamos	lavábamos	lavamos	lavaremos	lavaríamos	lavemos	laváramos
	lavándoos	os	laváis	lavabais	lavasteis	lavaréis	lavaríais	lavéis	lavarais
	lavándose	se	lavan	lavaban	lavaron	lavarán	lavarían	laven	lavaran

REGULAR AND IRREGULAR REFLEXIVE VERBS: POSITION OF THE REFLEXIVE PRONOUNS WITH COMMANDS

Person	Affirmative	Negative	Affirmative	Negative	Affirmative	Negative
tú	lávate	no te laves	ponte	no te pongas	vístete	no te vistas
usted	lávese	no se lave	póngase	no se ponga	vístase	no se vista
nosotros	lavémonos	no nos lavemos	pongámonos	no nos pongamos	vistámonos	no nos vistamos
vosotros	lavaos	no os lavéis	poneos	no os pongáis	vestíos	no os vistáis
ustedes	lávense	no se laven	pónganse	no se pongan	vístanse	no se vistan

REGULAR AND IRREGULAR REFLEXIVE VERBS: POSITION OF THE REFLEXIVE PRONOUNS IN COMPOUND TENSES*

Reflexive Pronoun	Indicative						Subjunctive	
	Present Perfect	Past Perfect	Preterite Perfect	Future Perfect	Conditional Perfect		Present Perfect	Past Perfect
me	he	había	hube	habré	habría		haya	hubiera
te	has	habías	hubiste	habrás	habrías		hayas	hubieras
se	ha	había	hubo	habrá	habría		haya	hubiera
nos	hemos	habíamos	hubimos	habremos	habríamos		hayamos	hubiéramos
os	habéis	habíais	hubisteis	habréis	habríais		hayáis	hubiérais
se	han	habían	hubieron	habrán	habrían		hayan	hubieran

(each column followed by: lavado · puesto · vestido)

*The sequence of these three elements—the reflexive pronoun, the auxiliary verb **haber,** and the present perfect form—is invariable and no other words can come in between.

REGULAR AND IRREGULAR REFLEXIVE VERBS: POSITION OF THE REFLEXIVE PRONOUNS WITH CONJUGATED VERB + INFINITIVE**

Reflexive Pronoun	Indicative					Subjunctive	
	Present	Imperfect	Preterite	Future	Conditional	Present	Imperfect
me	voy a	iba a	fui a	iré a	iría a	vaya a	fuera a
te	vas a	ibas a	fuiste a	irás a	irías a	vayas a	fueras a
se	va a	iba a	fue a	irá a	iría a	vaya a	fuera a
nos	vamos a	íbamos a	fuimos a	iremos a	iríamos a	vayamos a	fuéramos a
os	vais a	ibais a	fuisteis a	iréis a	iríais a	vayáis a	fuerais a
se	van a	iban a	fueron a	irán a	irían a	vayan a	fueran a

(each column followed by: lavar · poner · vestir)

**The reflexive pronoun can also be placed after the infinitive: voy a lavarme, voy a ponerme, voy a vestirme, and so on.
Use the same structure for the present and the past progressive: **me** estoy lavando / estoy lavándome; **me** estaba lavando / estaba lavándome.

Irregular Verbs

ANDAR, CABER, CAER

Infinitive	Past participle / Present participle	Indicative					Subjunctive	
		Present	Imperfect	Preterite	Future	Conditional	Present	Imperfect
andar *to walk; to go*	andado andando	ando andas anda andamos andáis andan	andaba andabas andaba andábamos andabais andaban	anduve anduviste anduvo anduvimos anduvisteis anduvieron	andaré andarás andará andaremos andaréis andarán	andaría andarías andaría andaríamos andaríais andarían	ande andes ande andemos andéis anden	anduviera anduvieras anduviera anduviéramos anduvierais anduvieran
caber *to fit; to have enough space*	cabido cabiendo	quepo cabes cabe cabemos cabéis caben	cabía cabías cabía cabíamos cabíais cabían	cupe cupiste cupo cupimos cupisteis cupieron	cabré cabrás cabrá cabremos cabréis cabrán	cabría cabrías cabría cabríamos cabríais cabrían	quepa quepas quepa quepamos quepáis quepan	cupiera cupieras cupiera cupiéramos cupierais cupieran
caer *to fall*	caído cayendo	caigo caes cae caemos caéis caen	caía caías caía caíamos caíais caían	caí caíste cayó caímos caísteis cayeron	caeré caerás caerá caeremos caeréis caerán	caería caerías caería caeríamos caeríais caerían	caiga caigas caiga caigamos caigáis caigan	cayera cayeras cayera cayéramos cayerais cayeran

Commands

andar

Person	Affirmative	Negative
tú	anda	no andes
usted	ande	no ande
nosotros	andemos	no andemos
vosotros	andad	no andéis
ustedes	anden	no anden

caber

Person	Affirmative	Negative
tú	cabe	no quepas
usted	quepa	no quepa
nosotros	quepamos	no quepamos
vosotros	cabed	no quepáis
ustedes	quepan	no quepan

caer

Person	Affirmative	Negative
tú	cae	no caigas
usted	caiga	no caiga
nosotros	caigamos	no caigamos
vosotros	caed	no caigáis
ustedes	caigan	no caigan

DAR, DECIR, ESTAR

Infinitive	Past participle / Present participle	Indicative					Subjunctive	
		Present	Imperfect	Preterite	Future	Conditional	Present	Imperfect
dar *to give*	dado dando	doy das da damos dais dan	daba dabas daba dábamos dabais daban	di diste dio dimos disteis dieron	daré darás dará daremos daréis darán	daría darías daría daríamos daríais darían	dé des dé demos deis den	diera dieras diera diéramos dierais dieran
decir *to say, to tell*	dicho diciendo	digo dices dice decimos decís dicen	decía decías decía decíamos decíais decían	dije dijiste dijo dijimos dijisteis dijeron	diré dirás dirá diremos diréis dirán	diría dirías diría diríamos diríais dirían	diga digas diga digamos digáis digan	dijera dijeras dijera dijéramos dijerais dijeran
estar *to be*	estado estando	estoy estás está estamos estáis están	estaba estabas estaba estábamos estabais estaban	estuve estuviste estuvo estuvimos estuvisteis estuvieron	estaré estarás estará estaremos estaréis estarán	estaría estarías estaría estaríamos estaríais estarían	esté estés esté estemos estéis estén	estuviera estuvieras estuviera estuviéramos estuvierais estuvieran

Commands

Person	dar		decir		estar	
	Affirmative	Negative	Affirmative	Negative	Affirmative	Negative
tú	da	no des	di	no digas	está	no estés
usted	dé	no dé	diga	no diga	esté	no esté
nosotros	demos	no demos	digamos	no digamos	estemos	no estemos
vosotros	dad	no deis	decid	no digáis	estad	no estéis
ustedes	den	no den	digan	no digan	estén	no estén

HABER*, HACER, IR

Infinitive	Past participle / Present participle	Indicative					Subjunctive	
		Present	**Imperfect**	**Preterite**	**Future**	**Conditional**	**Present**	**Imperfect**
haber* *to have*	habido habiendo	he has ha hemos habéis han	había habías había habíamos habíais habían	hube hubiste hubo hubimos hubisteis hubieron	habré habrás habrá habremos habréis habrán	habría habrías habría habríamos habríais habrían	haya hayas haya hayamos hayáis hayan	hubiera hubieras hubiera hubiéramos hubierais hubieran
hacer *to do*	hecho haciendo	hago haces hace hacemos hacéis hacen	hacía hacías hacía hacíamos hacíais hacían	hice hiciste hizo hicimos hicisteis hicieron	haré harás hará haremos haréis harán	haría harías haría haríamos haríais harían	haga hagas haga hagamos hagáis hagan	hiciera hicieras hiciera hiciéramos hicierais hicieran
ir *to go*	ido yendo	voy vas va vamos vais van	iba ibas iba íbamos ibais iban	fui fuiste fue fuimos fuisteis fueron	iré irás irá iremos iréis irán	iría irías iría iríamos iríais irían	vaya vayas vaya vayamos vayáis vayan	fuera fueras fuera fuéramos fuerais fueran

***Haber** also has an impersonal form **hay**. This form is used to express "There is, There are." The imperative of **haber** is not used.

Commands

Person	hacer		ir	
	Affirmative	**Negative**	**Affirmative**	**Negative**
tú	haz	no hagas	ve	no vayas
usted	haga	no haga	vaya	no vaya
nosotros	hagamos	no hagamos	vamos	no vayamos
vosotros	haced	no hagáis	id	no vayáis
ustedes	hagan	no hagan	vayan	no vayan

Infinitive	Past participle / Present participle	Indicative					Subjunctive	
		Present	**Imperfect**	**Preterite**	**Future**	**Conditional**	**Present**	**Imperfect**
jugar *to play*	jugado jugando	**juego** **juegas** **juega** jugamos jugáis **juegan**	jugaba jugabas jugaba jugábamos jugabais jugaban	**jugué** jugaste jugó jugamos jugasteis jugaron	jugaré jugarás jugará jugaremos jugaréis jugarán	jugaría jugarías jugaría jugaríamos jugaríais jugarían	**juegue** **juegues** **juegue** **juguemos** **juguéis** **jueguen**	jugara jugaras jugara jugáramos jugarais jugaran
oír *to hear; to listen*	oído oyendo	**oigo** **oyes** **oye** oímos oís **oyen**	oía oías oía oíamos oíais oían	oí oíste **oyó** oímos oísteis **oyeron**	oiré oirás oirá oiremos oiréis oirán	oiría oirías oiría oiríamos oiríais oirían	**oiga** **oigas** **oiga** **oigamos** oigáis **oigan**	**oyera** **oyeras** **oyera** **oyéramos** **oyerais** **oyeran**
oler *to smell*	olido oliendo	**huelo** **hueles** **huele** olemos oléis **huelen**	olía olías olía olíamos olíais olían	olí oliste olió olimos olisteis olieron	oleré olerás olerá oleremos oleréis olerán	olería olerías olería oleríamos oleríais olerían	**huela** **huelas** **huela** olamos oláis **huelan**	oliera olieras oliera oliéramos olierais olieran

Commands

Person	jugar		oír		oler	
	Affirmative	**Negative**	**Affirmative**	**Negative**	**Affirmative**	**Negative**
tú	**juega**	no **juegues**	**oye**	no **oigas**	**huele**	no **huelas**
usted	**juegue**	no **juegue**	**oiga**	no **oiga**	**huela**	no **huela**
nosotros	**juguemos**	no **juguemos**	**oigamos**	no **oigamos**	olamos	no olamos
vosotros	jugad	no **juguéis**	**oíd**	no **oigáis**	oled	no oláis
ustedes	**jueguen**	no **jueguen**	**oigan**	no **oigan**	**huelan**	no **huelan**

PODER, PONER, QUERER

Infinitive	Past participle / Present participle	Indicative					Subjunctive	
		Present	**Imperfect**	**Preterite**	**Future**	**Conditional**	**Present**	**Imperfect**
poder *to be able to, can*	podido **pudiendo**	**puedo** **puedes** **puede** podemos podéis **pueden**	podía podías podía podíamos podíais podían	**pude** pudiste **pudo** pudimos pudisteis **pudieron**	**podré** podrás podrá podremos podréis podrán	podría podrías podría podríamos podríais podrían	**pueda** **puedas** **pueda** podamos podáis **puedan**	pudiera pudieras pudiera pudiéramos pudierais pudieran
poner* *to put*	**puesto** poniendo	**pongo** pones pone ponemos ponéis ponen	ponía ponías ponía poníamos poníais ponían	**puse** pusiste **puso** pusimos pusisteis **pusieron**	**pondré** pondrás pondrá pondremos pondréis pondrán	pondría pondrías pondría pondríamos pondríais pondrían	**ponga** **pongas** **ponga** **pongamos** **pongáis** **pongan**	pusiera pusieras pusiera pusiéramos pusierais pusieran
querer *to want, to wish; to love*	querido queriendo	**quiero** **quieres** **quiere** queremos queréis **quieren**	quería querías quería queríamos queríais querían	**quise** quisiste **quiso** quisimos quisisteis **quisieron**	**querré** querrás querrá querremos querréis querrán	querría querrías querría querríamos querríais querrían	**quiera** **quieras** **quiera** queramos queráis **quieran**	quisiera quisieras quisiera quisiéramos quisierais quisieran

*Similar verbs to poner: imponer, suponer.

Commands**

poner

Person	Affirmative	Negative
tú	**pon**	no **pongas**
usted	**ponga**	no **ponga**
nosotros	**pongamos**	no **pongamos**
vosotros	poned	no **pongáis**
ustedes	**pongan**	no **pongan**

querer

Affirmative	Negative
quiere	no **quieras**
quiera	no **quiera**
queramos	no queramos
quered	no queráis
quieran	no **quieran**

Note: The imperative of **poder is used very infrequently and is not included here.

SABER, SALIR, SER

Infinitive	Past participle / Present participle	Indicative					Subjunctive	
		Present	Imperfect	Preterite	Future	Conditional	Present	Imperfect
saber *to know*	sabido / sabiendo	sé sabes sabe sabemos sabéis saben	sabía sabías sabía sabíamos sabíais sabían	supe supiste supo supimos supisteis supieron	sabré sabrás sabrá sabremos sabréis sabrán	sabría sabrías sabría sabríamos sabríais sabrían	sepa sepas sepa sepamos sepáis sepan	supiera supieras supiera supiéramos supierais supieran
salir *to go out, to leave*	salido / saliendo	salgo sales sale salimos salís salen	salía salías salía salíamos salíais salían	salí saliste salió salimos salisteis salieron	saldré saldrás saldrá saldremos saldréis saldrán	saldría saldrías saldría saldríamos saldríais saldrían	salga salgas salga salgamos salgáis salgan	saliera salieras saliera saliéramos salierais salieran
ser *to be*	sido / siendo	soy eres es somos sois son	era eras era éramos erais eran	fui fuiste fue fuimos fuisteis fueron	seré serás será seremos seréis serán	sería serías sería seríamos seríais serían	sea seas sea seamos seáis sean	fuera fueras fuera fuéramos fuerais fueran

Commands

Person	saber		salir		ser	
	Affirmative	Negative	Affirmative	Negative	Affirmative	Negative
tú	sabe	no sepas	sal	no salgas	sé	no seas
usted	sepa	no sepa	salga	no salga	sea	no sea
nosotros	sepamos	no sepamos	salgamos	no salgamos	seamos	no seamos
vosotros	sabed	no sepáis	salid	no salgáis	sed	no seáis
ustedes	sepan	no sepan	salgan	no salgan	sean	no sean

SONREÍR, TENER*, TRAER

Infinitive	Past participle / Present participle	Indicative					Subjunctive	
		Present	Imperfect	Preterite	Future	Conditional	Present	Imperfect
sonreír *to smile*	sonreído sonriendo	sonrío sonríes sonríe sonreímos sonreís sonríen	sonreía sonreías sonreía sonreíamos sonreíais sonreían	sonreí sonreíste sonrió sonreímos sonreísteis sonrieron	sonreiré sonreirás sonreirá sonreiremos sonreiréis sonreirán	sonreiría sonreirías sonreiría sonreiríamos sonreiríais sonreirían	sonría sonrías sonría sonriamos sonriáis sonrían	sonriera sonrieras sonriera sonriéramos sonrierais sonrieran
tener* *to have*	tenido teniendo	tengo tienes tiene tenemos tenéis tienen	tenía tenías tenía teníamos teníais tenían	tuve tuviste tuvo tuvimos tuvisteis tuvieron	tendré tendrás tendrá tendremos tendréis tendrán	tendría tendrías tendría tendríamos tendríais tendrían	tenga tengas tenga tengamos tengáis tengan	tuviera tuvieras tuviera tuviéramos tuvierais tuvieran
traer *to bring*	traído trayendo	traigo traes trae traemos traéis traen	traía traías traía traíamos traíais traían	traje trajiste trajo trajimos trajisteis trajeron	traeré traerás traerá traeremos traeréis traerán	traería traerías traería traeríamos traeríais traerían	traiga traigas traiga traigamos traigáis traigan	trajera trajeras trajera trajéramos trajerais trajeran

*Many verbs ending in **-tener** are conjugated like **tener: contener, detener, entretener(se), mantener, obtener, retener.**

Commands

Person	sonreír		tener		traer	
	Affirmative	Negative	Affirmative	Negative	Affirmative	Negative
tú	sonríe	no sonrías	ten	no tengas	trae	no traigas
usted	sonría	no sonría	tenga	no tenga	traiga	no traiga
nosotros	sonriamos	no sonriamos	tengamos	no tengamos	traigamos	no traigamos
vosotros	sonreíd	no sonriáis	tened	no tengáis	traed	no traigáis
ustedes	sonrían	no sonrían	tengan	no tengan	traigan	no traigan

VALER, VENIR*, VER

Infinitive	Past participle / Present participle	Indicative					Subjunctive	
		Present	Imperfect	Preterite	Future	Conditional	Present	Imperfect
valer *to be worth*	valido valiendo	valgo vales vale valemos valéis valen	valía valías valía valíamos valíais valían	valí valiste valió valimos valisteis valieron	valdré valdrás valdrá valdremos valdréis valdrán	valdría valdrías valdría valdríamos valdríais valdrían	valga valgas valga valgamos valgáis valgan	valiera valieras valiera valiéramos valierais valieran
venir* *to come*	venido viniendo	vengo vienes viene venimos venís vienen	venía venías venía veníamos veníais venían	vine viniste vino vinimos vinisteis vinieron	vendré vendrás vendrá vendremos vendréis vendrán	vendría vendrías vendría vendríamos vendríais vendrían	venga vengas venga vengamos vengáis vengan	viniera vinieras viniera viniéramos vinierais vinieran
ver *to see*	visto viendo	veo ves ve vemos veis ven	veía veías veía veíamos veíais veían	vi viste vio vimos visteis vieron	veré verás verá veremos veréis verán	vería verías vería veríamos veríais verían	vea veas vea veamos veáis vean	viera vieras viera viéramos vierais vieran

*Similar verb to venir: prevenir

Commands

valer

Person	Affirmative	Negative
tú	vale	no valgas
usted	valga	no valga
nosotros	valgamos	no valgamos
vosotros	valed	no valgáis
ustedes	valgan	no valgan

venir

Person	Affirmative	Negative
tú	ven	no vengas
usted	venga	no venga
nosotros	vengamos	no vengamos
vosotros	venid	no vengáis
ustedes	vengan	no vengan

ver

Person	Affirmative	Negative
tú	ve	no veas
usted	vea	no vea
nosotros	veamos	no veamos
vosotros	ved	no veáis
ustedes	vean	no vean

Spanish-English Glossary

The vocabulary includes the active vocabulary presented in the chapters and many receptive words. Exceptions are verb conjugations, regular past participles, adverbs ending in **-mente**, superlatives, diminutives, and proper names of individuals and most countries. Active words are followed by a number that indicates the chapter in which the word appears as an active item. **P** refers to the opening pages that precede Chapter 1.

The gender of nouns is indicated except for masculine nouns ending in **-o** and feminine nouns ending in **-a**. Stem changes and spelling changes are shown for verbs, e.g., **dormir (ue, u); buscar (qu).**

The following abbreviations are used. Note that the *adj.*, *adv.*, and *pron.* designations are used only to distinguish similar or identical words that are different parts of speech.

adj.	adjective	*fam.*	familiar	*irreg.*	irregular verb	*p.p.*	past participle
adv.	adverb	*form.*	formal	*m.*	masculine	*pron.*	pronoun
f.	feminine	*inf.*	infinitive	*pl.*	plural	*s.*	singular

A

a   to; **~ cambio de**   in exchange for; **~ menos que**   unless, 12; **~ pesar de**   in spite of; **~ pie**   on foot, walking, 6; **~ través de**   across, throughout
abierto (*p.p. of* **abrir**)   open, 13
abogado(a)   lawyer, 5
abordar   to board, 14
abrelatas eléctrico (*m. s.*)   electric can opener, 10
abrigo   coat, 8
abril   April, 1
abrir   to open, 3; **Abran los libros.**   Open your books. P
abuelo(a)   grandfather (grandmother), 5
abundancia   abundance
aburrido(a)   boring, 2; bored, 4
aburrimiento   boredom
acabar de (+inf.)   to have just (*done something*), 3
académico(a)   academic
accesorio   accessory, 8
acción (*f.*)   action, 5
aceite (*m.*) **de oliva**   olive oil, 9
acero   steel
aconsejar   to advise, 10
acostarse (ue)   to go to bed, 5
acrecentar (ie)   to strengthen; to increase
actividad (*f.*)   activity, P; **~ deportiva**   sports activity, 7
activo(a)   active, 2

actor (*m.*)   actor, 5
actriz (*f.*)   actress, 5
actualidad (*f.*): **en la ~**   at the present time
acudir   to go; to attend
adelantar   to get ahead, to promote
adelante   ahead
además   besides
adinerado(a)   rich, wealthy
adiós   good-bye, 1
adivinar   to guess; **Adivina.** Guess. P
administración (*f.*) **de empresas** business administration, 3
¿adónde?   (to) where?
adquisición (*f.*)   acquisition
aduana   customs, 14
aeropuerto   airport, 6
afán (*m.*)   desire
afeitarse   to shave oneself, 5
afueras (*f. pl.*)   outskirts, 10
agencia de viajes   travel agency, 14
agosto   August, 1
agregar (gu)   to add, 9
agrícola   agricultural
agua (*f.*) (*but:* **el agua**)   water; **~ dulce**   fresh water; **~ mineral** sparkling water, 9
aguacate   avocado, 9
aire (*m.*) **acondicionado**   air conditioning, 14
ajedrez (*m.*)   chess
ajo   garlic, 9
al (a + el)   to the, 3
albergar (gu)   to shelter

albóndiga   meatball
alcalde (alcadesa)   mayor
alcanzar (c)   to achieve
alegrarse de   to be happy about, 11
alemán (alemana)   German, 2
alemán (*m.*)   German language, 3
alergia   allergy, 12
alfabeto   alphabet
alfombra   rug, carpet, 10
algo   something, 6
algodón (*m.*)   cotton, 8
alguien   someone, 6
algún, alguno(a)(s)   some, any, 6
alistar   to recruit; to enroll
allá   over there, 6
allí   there, 6
alma (*f.*) (*but:* **el alma**)   soul
almacén (*m.*)   store, 6
almeja   clam, 9
almohada   pillow
almuerzo   lunch, 9
¿Aló?   hello (*on the phone*), 1
alpinismo: hacer ~   to hike, to (mountain) climb, 7
alquilar videos   to rent videos, 2
alquiler (*m.*)   rent
alrededor de   around
altitud (*f.*)   altitude, height
altivo(a)   arrogant
alto(a)   tall, 2
altoparlante (*m., f.*)   speaker, 4
altura   height
amanecer (zc)   to dawn
amante (*m., f.*)   lover
amarillo(a)   yellow, 4

ambiente (*m.*) atmosphere; **medio ~** (*m.*) environment
ambigüedad (*f.*) ambiguity
ambos(as) both
amenaza threat
amigo(a) friend, P
amor (*m.*) love
análisis (*m.*) **de sangre/orina** blood/urine test, 12
anaranjado(a) orange (*in color*), 4
andar (*irreg.*) to walk, 8
anexo attachment
anfitrión (*m.*) host
anillo ring, 8
anoche last night, 7
anónimo(a) anonymous
Antártida Antarctica
anteayer the day before yesterday, 7
antecesor(a) ancestor
anteojos (*m. pl.*) eyeglasses
antepasado(a) ancestor
antes before, 5; **~ (de) que** before, 12
antibiótico antibiotic, 12
anticuado(a) antiquated, old-fashioned
antipático(a) unpleasant, 2
anuncio personal personal ad
añadir to add, 9
año year, 3; **~ pasado** last year, 7; **tener** (*irreg.*) ... **~** to be ... years old, 1
apacible mild, gentle
apagar (gu) to turn off, 2
aparatos electrónicos electronics, 4
aparecer (zc) to appear
apariencia física physical appearance
apartamento apartment, 6
apenas scarcely
apetecer (zc) to long for
aplicación (*f.*) application, 4
apodo nickname
apoyar to support
apreciar to appreciate
aprender to learn, 3
aprendizaje (*m.*) learning
apropiado(a) appropriate
apto(a) apt, fit; **~ para toda la familia** rated G (for general audiences), 11
apuntes (*m.*) notes, P
aquel/aquella(s) (*adj.*) those (over there), 6

aquél/aquélla(s) (*pron.*) those (over there), 6
aquí here, 6
árbol (*m.*) tree; **~ genealógico** family tree
archivar to file, 4
archivo file, 4
arena sand, 14
arete (*m.*) earring, 8
argentino(a) Argentinian, 2
arquitecto(a) architect, 5
arquitectura architecture, 3
arreglar el dormitorio to straighten up the bedroom, 10
arroz (*m.*) **con pollo** chicken with rice, 9
arrugado(a) wrinkled
arte (*m.*) art, 3; **~ y cultura** the arts, 11
artesanía handicrafts
artículo article, 1
artista (*m., f.*) artist, 5
asado(a) grilled
ascenso (job) promotion, 13
ascensor (*m.*) elevator, 14
asegurarse to make sure
asiento seat, 14; **~ de pasillo** aisle seat, 14; **~ de ventanilla** window seat, 14
asistente (*m., f.*) assistant, 5; **~ de vuelo** flight attendant, 14; **~** (*m.*) **electrónico** electronic notebook, 4
asistir a to attend, 3
aspiradora vacuum cleaner, 10
aspirina aspirin, 12
ataque (*m.*) attack
atardecer (*m.*) late afternoon
atún (*m.*) tuna, 9
audiencia audience
audífonos (*m. pl.*) earphones, 4
auditorio auditorium, 6
aumentar to increase
aumento de sueldo salary increase, 13
aun even
aún yet (*in negative contexts*); still
aunque although, even though, 12
australiano(a) Australian, 2
autobús: en ~ by bus, 6
automóvil: en ~ by car, 6
avenida avenue, 1
avergonzado(a) embarrassed
avergonzar (ue) (c) to embarrass
averiguar (gü) to find out; to look into, to investigate, 13

avión (*m.*) airplane, 14
aviso warning
ayer yesterday, 3
ayuda help
ayudar to help
azúcar (*m., f.*) sugar, 9; **caña de ~** sugar cane
azul blue, 4

B

bacalao codfish, 9
bailar to dance, 2
baile (*m.*) dance, 3
bajar to get down from, to get off of (*a bus, etc.*), 6
bajo(a) short (*in height*), 2
baldosa paving stone
balneario seaside resort, spa
banco (commercial) bank, 6
bañador(a) bather
bañar to swim; to give someone a bath, 5; **bañarse** to take a bath, 5
baño bathroom, 10
barco boat
barrer el suelo/el piso to sweep the floor, 10
barrio neighborhood, 1; **~ residencial** residential neighborhood, suburbs, 10; **~ comercial** business district, 10
básquetbol (*m.*) basketball, 7
bastante somewhat, rather, 4
Bastante bien. Quite well. 1
basura garbage, 10; **sacar la ~** to take out the garbage, 10
basurero wastebasket
batir to beat; to break
beber to drink, 3
bebida beverage, 9
béisbol (*m.*) baseball, 7
belleza beauty
bello(a) beautiful
beneficio benefit, 13
berro watercress
besar to kiss
bicicleta: en ~ on bicycle, 6; **montar en ~** to ride a bike, 7
bien well, 4; **~, gracias.** Fine, thank you. 1; **(no) muy ~** (not) very well, 1
bienestar (*m.*) well-being
bienvenido(a) welcome
bilingüe bilingual

billete (*m.*)   ticket, 14; **~ de ida** one-way ticket, 14; **~ de ida y vuelta**   round-trip ticket, 14
biología   biology, 3
bistec (*m.*)   steak, 6
blanco(a)   white, 4
blusa   blouse, 8
boca   mouth, 12
bocadillo   sandwich, 9
boda   wedding
bodegón (*m.*)   tavern
boleto   ticket, 11; **~ de ida**   one-way ticket, 14; **~ de ida y vuelta** round-trip ticket, 14
bolígrafo   ballpoint pen, P
boliviano(a)   Bolivian, 2
bolsa   purse, 8; **~ de valores**   stock market, 13
bombero(a)   fire fighter, 5
bondadoso(a)   kind; good
bonito(a)   pretty
bordado(a)   embroidered, 8
borrador (*m.*)   rough draft
bosque (*m.*)   forest, 14; **~ tropical/ pluvial**   rainforest
bosquejo   outline
bota   boot, 8
bote (*m.*)   boat
botones (*m. s.*)   bellhop, 14
boxeo   boxing, 7
brazalete (*m.*)   bracelet, 8
brazo   arm, 12
breve   brief
bróculi (*m.*)   broccoli, 9
broma   joke
bueno(a)   good, 2; **Buenas noches.** Good night. Good evening. 1; **Buenas tardes.**   Good afternoon. 1; **Buenos días.**   Good morning. 1; **es bueno**   it's good, 11
bufanda   scarf, 8
buscador (*m.*)   search engine, 4
buscar (qu)   to look for, 2
buzón (*m.*) **electrónico**   electronic mailbox, 4

C

caballo: montar a ~   to ride horse-back, 7
cabeza   head, 12; **dolor** (*m.*) **de ~** headache, 12
cable (*m.*)   cable, 4; cable television, 11
cabo   end

cacao   chocolate
cachemira   cashmere
cadena   chain, 8
caer (*irreg.*)   to fall
café (*m.*)   coffee, 9; (*adj.*)   brown, 4
cafetería   cafeteria, 3
caimán (*m.*)   alligator
cajero automático   automated bank teller, ATM, 6
cajón (*m.*)   large box; drawer
calcetín (*m.*)   sock, 8
calculadora   calculator, P
cálculo   calculus, 3
caldo de pollo   chicken soup, 9
calentar (ie)   to heat, 9
calidad (*f.*)   quality; **de buena (alta) ~**   of good (high) quality, 8
calificación (*f.*)   evaluation
calle (*f.*)   street, 1
calor: Hace ~.   It's hot., 7; **tener** (*irreg.*) **~**   to be hot, 7
caluroso(a)   warm
cama   bed, 10; **guardar ~**   to stay in bed , 12; **hacer la ~**   to make the bed, 10
cámara: ~ digital   digital camera, 4; **~ web**   webcam, 4
camarero(a)   waiter (waitress), 5
camarón (*m.*)   shrimp, 9
cambiar: ~ dinero   to exchange money, 14; **~ el canal**   to change the channel, 11
cambio   change; exchange rate; **a ~ de**   in exchange for
caminar   to walk, 2
camisa   shirt, 8
camiseta   t-shirt, 8
campaña   campaign, 13
campestre   rural
campo: ~ de estudio   field of study, 3; **~ de fútbol**   soccer field, 6
caña de azúcar   sugar cane
canadiense (*m., f.*)   Canadian, 2
canasta   basket
cancha   soccer field, 6; **~ de tenis** tennis court, 6
candidato(a)   candidate, 13
canela   cinnamon
cañón (*m.*)   canyon, 14
cansado(a)   tired, 4
cantante (*m., f.*)   singer
cantar   to sing, 2
capítulo   chapter, P

característica   trait; **~ de la personalidad**   personality trait, 2; **~ física**   physical trait, 2
Caribe (*m., f.*)   Caribbean (sea)
cariño   love, fondness
carne (*f.*)   meat, 9
carnicería   butcher shop, 6
caro: Es (demasiado) caro(a).   It's (too) expensive. 8
carpintero(a)   carpenter, 5
carrera   career, 5
carreta   wooden cart
carro: en ~   by car, 6
carta: a la ~   à la carte, 9
cartera   wallet, 8
cartón (*m.*)   cardboard
casa   house, 6
casarse   to get married, 5
casco   helmet
casero(a)   homemade
caso: en ~ de que   in case, 12; **hacer ~**   to pay attention, to obey
castaño   brown, 2
catarata   waterfall
catarro   cold (e.g., *headcold*), 12
catorce   fourteen, P
CD (*m.*)   compact disc, P; **~ portátil/MP3**   portable CD/MP3 player, 4
cebolla   onion, 9
celebración (*f.*)   celebration
celos: tener (*irreg.*) **~**   to be jealous
celoso(a)   jealous
cena   dinner
cenar   to eat dinner, 2
censo   census
centavo   cent
centro   center; **~ comercial**   mall, 6; **~ de computación**   computer center, 3; **~ de comunicaciones** media center, 3; **~ de la ciudad** downtown, 10; **~ estudiantil** student center, 6
Centroamérica   Central America
cepillarse el pelo   to brush one's hair, 5
cepillo   brush, 5; **~ de dientes** toothbrush, 5
cerca de   close to, 6
cereal (*m.*)   cereal, 9
cero   zero, P
cerrar (ie)   to close; **Cierren los libros.**   Close your books. P
cerveza   beer, 9

chaleco vest, 8

champú (*m.*) shampoo, 5

chaparrón (*m.*) cloudburst, downpour

chaqueta jacket (*outdoor; non-suit coat*), 8

chatear to chat online, 4

Chau. Bye, Good-bye, 1

cheque (*m.*) check; **pagar con ~ / con ~ de viajero** to pay by check / with a traveler's check, 8

chequeo médico physical, checkup, 12

chévere terrific, great (*Cuba, Puerto Rico*)

chico(a) boy (girl), P

chileno(a) Chilean, 2

chimenea fireplace, 10

chino Chinese language, 3

chino(a) Chinese, 2

chisme (*m.*) gossip

chismoso(a) gossiping

chocolate (*m.*) chocolate, 11

chuleta de puerco pork chop, 6

ciberespacio cyberspace, 4

ciclismo cycling, 7

ciego(a) blind; **cita a ciegas** blind date

cielo sky, 14

cien one hundred, P; **~ mil** one hundred thousand, 8

ciencias (*f. pl.*) science, 3; **~ políticas** political science, 3

científico(a) scientific

ciento uno one hundred and one, 8

cierto(a) certain; **no es cierto** it's not certain, 11

cinco five, P; **~ mil** five thousand, 8

cincuenta fifty, P

cine (*m.*) cinema, 6; movies, 11

cinta audiotape, P

cinturón (*m.*) belt, 8

cita appointment, 12; quotation; **~ a ciegas** blind date

ciudad (*f.*) city, 6

ciudadano(a) citizen, 13

claridad (*f.*) clarity

clase (*f.*) class, P; **~ baja** lower class; **~ de película** movie genre, 11

clasificar (qu) con cuatro estrellas to give a four-star rating, 11

clic: hacer ~/doble ~ to click/ double click, 4

cliente (*m., f.*) customer, 8

clínica clinic, 12

clóset (*m.*) closet, 10

cobre (*m.*) copper

cocer (-z) (ue) to cook, 9

coche: en ~ by car, 6

cocina kitchen, 10

cocinar to cook, 2

cocinero(a) cook, chef, 5

código code

codo elbow, 12

colectivo bus

cólera anger

collar (*m.*) necklace, 8

colombiano(a) Colombian, 2

colonia neighborhood, 1

color (*m.*) color, 4; **de un solo ~** solid (colored), 8

coma comma

comedia (romántica) (romantic) comedy, 11

comedor (*m.*) dining room, 10

comenzar (ie) (c) to begin, 4

comer to eat, 3; **~ alimentos nutritivos** to eat healthy foods, 12; **darle de ~ al perro/gato** to feed the dog/cat, 10

cómico(a) funny, 2

comida food, 6

comino cumin, 9

¿cómo? how? 3; **¿~ desea pagar?** How do you wish to pay? 8; **¿~ es?** What's he/she/it like? 2; **¿~ está (usted)?** (*s. form.*) How are you? 1; **¿~ están (ustedes)?** (*pl.*) How are you? 1; **¿~ estás (tú)?** (*s. fam.*) How are you? 1; **¿~ te/le/les va?** How's it going with you? 1; **~ no.** Of course. 6; **¿~ se dice…?** How do you say . . . ? P; **¿~ se llama?** (*s. form.*) What's your name? 1; **¿~ te llamas?** (*s. fam.*) What's your name? 1

cómoda dresser, 10

compañero(a) de cuarto roommate, P

compañía multinacional multinational corporation, 13

comparación (*f.*) comparison, 8

compartir to share, 3

competencia competition, 7

competir (i, i) to compete

complicidad (*f.*) complicity

comportamiento behavior

comprar to buy, 2

compras: hacer las ~ to go shopping, 6

comprender to understand, 3

comprensión (*f.*) understanding

comprometerse to get engaged, 5

computación (*f.*) computer science, 3

computadora computer, P; **~ portátil** laptop computer, 4

común common

comunicación (*f.*) **pública** public communications, 3

con with; **~ destino a** with destination to, 14; **~ tal (de) que** so that, provided that, 12

concordancia agreement

concurso contest

conducir (zc) to drive, to conduct, 5

conectar to connect, 4

conexión (*f.*) connection, 4; **~ a Internet** Internet connection, 14; **hacer una ~** to go online, 4

confección (*f.*) confection

conferencista (*m., f.*) speaker

congelado(a) frozen, 9

congestionado(a): estar ~ to be congested, 12

conmigo with me, 8

conocer (zc) to meet; to know a person, to be familiar with, 5

conocimientos: tener (*irreg.*) **algunos ~ de** to have some knowledge of, 13

conseguir (i, i) to get, to obtain, 8

consejo advice, 12

conserje (*m., f.*) concierge, 14

consultorio del médico doctor's office, 12

contabilidad (*f.*) accounting, 3

contado: al ~ in cash, 8

contador(a) accountant, 5

contaminación (*f.*) **(del aire)** (air) pollution, 13

contar (ue) to tell, to relate, 4; to count; **~ con** to be certain of

contento(a) happy, 4; **estar ~ de** to be pleased about, 11

contestar to answer; **Contesten.** Answer. P

contigo with you (*fam.*), 8

contracción (*f.*) contraction, 3

contrario: al ~ on the contrary

contraseña password, 4
contratar to hire, 13
contrato contract, 13; **~ prenupcial** prenuptual agreement
control (*m.*) **remoto** remote control, 11
conversación (*f.*) conversation
convertir (ie, i) to change
copa wine glass, goblet, 9
coraje (*m.*) courage
corazón (*m.*) heart, 12
cordillera mountain range
coreano(a) Korean, 2
corregir (i, i) (j) to correct
correo electrónico e-mail, 4
correr to run, 3
cortar to cut, 12; **~ el césped** to mow the lawn, 10; **~ la conexión** to go offline, 4; **cortarse** to cut oneself, 12
cortesía courtesy, 4
cortina curtain, 10
corto(a) short (*in length*)
costarricense (*m., f.*) Costa Rican, 2
costo cost, 13
cotidiano(a) daily
crear to create
creativo(a) creative
creer (en) to believe (in), 3; **no creer** to not believe, 11
crema cream, 12
crimen (*m.*) crime, 13
crítica criticism; critique, review, 11
crítico(a) critic, 11
cronología chronology
crucero cruise ship
crudo(a) raw, 9
cruzar (c) to cross, 6
cuaderno notebook, P
cuadra (city) block, 6
cuadro painting; print, 10
cuadros: a ~ plaid, 8
¿cuál? what? which one? 3; **¿~ es tu/su dirección (electrónica)?** (*s. fam./form.*) What's your (e-mail) address? 1; **¿~ es tu/su número de teléfono?** (*s. fam./ form.*) What is your phone number? 1
¿cuáles? what? which ones? 3
cuando when, 12
¿cuándo? when? 3; **¿~ es tu cumpleaños?** When is your birthday? 1

cuanto: en ~ as soon as, 12; **en ~ a** in relation to
¿cuánto(a)? how much? 3; **¿Cuánto cuesta(n)?** How much does it (do they) cost? 8
¿cuántos(as)? how many? 3
cuarenta forty, P
cuarto room, P; bedroom, 10
cuarto(a) fourth, 10
cuate(a) friend, buddy
cuatro four, P
cuatrocientos(as) four hundred, 8
cubano(a) Cuban, 2
cuchara spoon, 9
cucharada tablespoonful, 9
cucharadita teaspoonful, 9
cuchillo knife, 9
cuello neck, 12
cuenta check, bill, 9
cuento de hadas fairy tale
cuero leather, 8
cuerpo body, 12
cuestionario questionnaire
cuidado: tener (*irreg.*) **~** to be careful, 7; **¡~!** careful!
cuidadoso(a) cautious, 2
culinario(a) culinary
cultura culture
cuna cradle
cuñado(a) brother- in-law (sister-in-law), 5
curita (small) bandaid, 12
currículum vitae (*m.*) curriculum vitae, résumé, 13
curso básico basic course, 3
cuy (*m.*) guinea pig
cuyo(a) whose

D

danza dance, 11
dar (*irreg.*) to give, 5; **~ información personal** to give personal information, 1; **~ la hora** to give the time, 3; **~le de comer al perro/gato** to feed the dog/cat, 10
darse la mano to shake hands, 13
dato fact; piece of information
De nada. You're welcome. 1
debajo de below, underneath, 6
deber (+ *inf.*) should, ought to (*do something*), 3
décimo(a) tenth, 10

decir (*irreg.*) to say, to tell, 5; **~ cómo llegar** to give directions, 6; **~ la hora** to tell the time, 3; **Se dice...** It's said . . . , P
decoración (*f.*) decoration, 10
dedo finger, toe, 12
definido(a) definite, 1
dejar to leave, to stop, 2; **~ de** (+ *inf.*) to stop (*doing something*), 3
del (de + el) from the, of the, 3
delante de in front of, 6
delgado(a) thin, 2
demasiado(a) too much, 4
demora delay, 14
demostrar (ue) to demonstrate, to show
demostrativo(a) demonstrative, 6
dentista (*m., f.*) dentist, 5
dentro de inside of, 6; **~ la casa** inside the house, 10
dependiente (*m., f.*) salesclerk, 5
deporte (*m.*) sport, 7
derecha: a la ~ to the right, 6
derecho: (todo) ~ (straight) ahead, 6
desarrollar to develop
desarrollo development, 13
desastre (*m.*) disaster; **~ natural** natural disaster, 13
desayuno breakfast, 9; **~ incluido** breakfast included, 14
descalificar (qu) to disqualify
descalzo(a) barefoot
descansar to rest, 2
descargar to download, 4
descortés rude
describir to describe, 2
descubrir to discover, 3
descuento discount, 8
desear to want; to wish, 10
desembarcar (qu) to disembark, 14
desempeñarse to manage
desengaño disillusionment
desierto desert, 14
desigualdad (*f.*) inequality, 13
desilusión (*f.*) disappointment
desmayarse to faint, 12
desodorante (*m.*) deodorant, 5
despachar to dispatch; to wait on
despacio (*adv.*) slowly; (*adj.*) slow
despedido(a) fired (*from a job*)
despedir (i, i) to fire, 13; **despedirse (i, i)** to say good-bye, 1

despertar (ie) to wake someone up, 5; **despertarse (ie)** to wake up, 5

después after, 5; **~ (de) que** after, 12

destacar (qu) to emphasize

destino: con ~ a with destination to, 14

desventaja disadvantage, 13

detalle (*m.*) detail

detallista detail-oriented, 13

detrás de behind, 6

día (*m.*) day, 3; **~ de la semana** day of the week, 3; **~ de las Madres** Mother's Day, 3; **todos los días** every day, 3

dialecto dialect

dibujo drawing, P; **~ animado** cartoon; (*pl.*) animated film, 11

diccionario dictionary, P

dicha happiness

dicho saying; (*p.p. of* **decir**) said, 13

diciembre December, 1

diecinueve nineteen, P

dieciocho eighteen, P

dieciséis sixteen, P

diecisiete seventeen, P

diez ten, P; **~ mil** ten thousand, 8

diferencia difference

difícil difficult, 4

dinero money

dirección (*f.*) address

dirigir (j) to direct, 13

disco duro hard drive, 4

discreción: se recomienda ~ rated PG-13 (parental discretion advised), 11

discriminación (*f.*) discrimination, 13

Disculpe. Excuse me. 4

diseñador(a) gráfico(a) graphic designer, 5

diseño design; **~ gráfico** graphic design, 3

disfrutar (la vida) to enjoy (life)

disponibilidad (*f.*) availability

disponible available, 13

dispuesto(a) willing

diversidad (*f.*) diversity

diversión (*f.*) amusement

divertido(a) fun, entertaining, 2

divertirse (ie, i) to have fun, 5

divorciarse to get divorced, 5

doblado(a) dubbed, 11

doblar to turn, 6; to fold

doce twelve, P

docena dozen, 9

doctor(a) doctor

documental (*m.*) documentary, 11

dólar (*m.*) dollar

doler (ue) to hurt, 12

dolor (*m.*) pain, ache, 12; **~ de cabeza** headache, 12; **~ de estómago** stomachache, 12; **~ de garganta** sore throat, 12

domesticado(a) tame, tamed

domingo Sunday, 2

dominicano(a) Dominican, 2

don (doña) title of respect used with male (female) first name, 1

¿dónde? where? 3; **¿~ tienes la clase de… ?** Where does your . . . class meet? 3; **¿~ vives/vive?** (*s. fam./form.*) Where do you live? 1

dondequiera: por ~ everywhere

dorado(a) golden, browned, 9

dormir (ue, u) to sleep, 4; **dormirse (ue, u)** to fall asleep, 5

dormitorio bedroom, 10; **~ estudiantil** dormitory, 6

dos two, P; **~ mil** two thousand, 8

doscientos(as) two hundred, 8

drama (*m.*) drama, 11

ducharse to take a shower, 5

dudar to doubt, 11

dudoso(a) doubtful, unlikely, 11

dueño(a) owner, 5

dulce (*m.*) candy, 11; (*adj.*) sweet

duro(a) hard

E

economía economy, 3

ecuador (*m.*) equator

ecuatoriano(a) Ecuadoran, 2

edad (*f.*) age

edificio building, 6

educación (*f.*) education, 3

efectivo: en ~ in cash, 8

egoísta selfish, egotistic, 2

ejemplo example, 10; **por ~** for example, 10

ejercicio: hacer ~ to exercise, 7

ejército army, 13

el (*m.*) the, 1

él he, 1; him, 8

elección (*f.*) election, 13

electricidad (*f.*) electricity

electrodoméstico appliance, 10

elefante (*m.*) elephant

ella she, 1; her, 8

ellos(as) they, 1; them, 8

e-mail (*m.*) e-mail, 4

embajador(a) ambassador

emergencia emergency, 12

emoción (*f.*) emotion, 4

empapado(a) drenched

emparejar to match

empezar (ie) (c) to begin, 4

empleado(a) employee, 13

emplear to employ, 13

emprendedor(a) enterprising, 13

empresario(a) businessman/woman, 13

en in, on, at; **~ autobús/tren** by bus/train, 6; **~ bicicleta** on bicycle, 6; **~ carro/coche/automóvil** by car, 6; **~ caso de que** in case, 12; **~ cuanto** as soon as, 12; **~ cuanto a** in relation to; **~ línea** online, 4; **~ metro** on the subway, 6; **~ realidad** actually

enamorarse to fall in love, 5

Encantado(a). Delighted to meet you. 1

encantar to like a lot, 4; to enchant, to please, 11

encima de on top of, on, 6

encuentro encounter; meeting

encuesta survey

enero January, 1

enfatizar (c) to emphasize

enfermarse to get sick, 5

enfermedad (*f.*) sickness, illness, 12

enfermero(a) nurse, 5

enfermo(a) sick, 4

enfrente de in front of, opposite, 6

enfriarse to get cold, 9

engañar to fool

engaño hoax

enlace (*m.*) link, 4

enojado(a) angry, 4

ensalada salad, 9; **~ de fruta** fruit salad, 9; **~ de lechuga y tomate** lettuce and tomato salad, 9; **~ de papa** potato salad, 9; **~ mixta** tossed salad, 9

ensayo essay

enseñar to teach

entender (ie) to understand, 4

entonces then

entrada ticket (*to a movie, concert, etc.*), 11

entre between, 6

entregar (gu)   to turn in; **Entreguen la tarea.**   Turn in your homework. P

entrenador(a)   trainer

entrenarse   to train, 7

entresemana   during the week, on weekdays, 3

entretener (*like* **tener**)   to entertain

entrevista   interview, 13

entrevistador(a)   interviewer, 11

enviar   to send, 4

episodio   episode, 11

equilibro: poner en ~   to balance

equipaje (*m.*)   baggage, luggage, 14; **facturar el ~**   to check one's baggage, 14

equipo   team, 7

erupción (*f.*) **volcánica**   volcanic eruption

escala: hacer ~ en   to make a stopover in, 14

escaleras (*f. pl.*)   stairs, 10

esclavo(a)   slave

escoger (j)   to choose

esconder   to hide

escribir   to write, 3; **Escriban en sus cuadernos.**   Write in your notebooks. P

escrito (*p.p. of* **escribir**)   written, 13

escritorio   desk, P

escuchar   to listen; **~ música**   to listen to music, 2; **Escuchen la cinta/el CD.**   Listen to the tape/CD. P

escultura   sculpture, 11

ese (esa) (*s. adj.*)   that, 6

ése (ésa) (*s. pron.*)   that one, 6

eso: por ~   so, that's why, 10

esos (esas) (*pl. adj.*)   those, 6

ésos (ésas) (*pl. pron.*)   those (ones), 6

espalda   back, 12

España   Spain

español (española)   Spanish, 2

español (*m.*)   Spanish language, 3

espárragos (*m.pl.*)   asparagus, 9

especie (*f.*)   species

espectáculo   show, 11

espejo   mirror, 10

esperanza   wish, hope

esperar   to hope, 10; to wait, 11

esposo(a)   husband (wife), 5

esquí (*m.*)   ski, skiing; **~ acuático** water skiing, 7; **~ alpino**   downhill skiing, 7

esquiar   to ski, 7

esquina   corner, 6

estación (*f.*)   season, 7; station, 11; **~ de autobús**   bus station, 6; **~ de trenes**   train station, 6

estacionamiento   parking lot, 6

estadio   stadium, 6

estadística   statistics, 3

estado   state, 5; **~ civil**   marital status

Estados Unidos   United States

estadounidense (*m., f.*)   U. S. citizen, 2

estampado(a)   print, 8

estampilla   postage stamp, 14

estancia   ranch

estar (*irreg.*)   to be, 1; **~ congestionado(a)**   to be congested, 12; **~ contento(a) de**   to be pleased about, 11; **~ mareado(a)**   to feel dizzy, 12

estatura   height (*of a person*)

este (*m.*)   east, 14

este (esta) (*s. adj.*)   this, 6

éste (ésta) (*s. pron.*)   this one, 6

estilo   style

estos(as) (*pl. adj.*)   these, 6

estómago   stomach, 12; **dolor** (*m.*) **de ~**   stomachache, 12

estornudar   to sneeze, 12

éstos(as) (*pl. pron.*)   these (ones), 6

estrategia   strategy

estrella de cine   movie star, 11

estudiante (*m., f.*)   student, P

estudiar   to study; **~ en la biblioteca (en casa)**   to study at the library (at home), 2; **Estudien las páginas... a...**   Study pages . . . to . . . P

estudio   studio, 3

estufa   stove, 10

Europa   Europe

evitar   to avoid

exhibir   to exhibit

exigir (j)   to demand

éxito   success

exótico(a)   exotic, strange

exposición (*f.*) **de arte**   art exhibit, 11

expresar preferencias   to express preferences, 2

expresión (*f.*)   expression, 1

extraño(a)   strange, 11

extrovertido(a)   extroverted, 2

F

fábrica   factory, 13

fácil   easy, 4

facturar el equipaje   to check one's baggage, 14

falda   skirt, 8

falso(a)   false

familia   family; **~ nuclear**   nuclear family, 5; **~ política**   in-laws, 5

fantasía   fantasy

fantástico(a)   fantastic, 11

farmacia   pharmacy, 6

fascinar   to fascinate, 4

fatal   terrible, awful, 1

favor: por ~   please, 1

febrero   February, 1

fecha   date, 3; **¿A qué ~ estamos?** What is today's date? 3

felicidad (*f.*)   happiness

femenino(a)   feminine

feo(a)   ugly, 2

ferrocarril (*m.*)   railroad

fiebre (*f.*)   fever, 12

filantrópico(a)   philanthropic

filosofía   philosophy, 3

fin (*m.*)   end; intention; **~ de semana** weekend, 2; **por ~**   finally, 9

final   final

financiero(a)   financial

física   physics, 3

físico(a)   physical, 5

flan (*m.*)   custard, 9

flor (*f.*)   flower

florecer (zc)   to flower, to flourish

flotador(a)   floating

fondo   background

formulario   form, 13

fortaleza   fortress

foto (*f.*)   photo, P; **sacar fotos** to take photos, 2

fractura   fracture, 12

francés (francesa)   French, 2

francés (*m.*)   French language, 3

frecuentemente   frequently, 4

freír (i, i)   to fry, 9

frente a   in front of, facing, opposite, 6

fresa   strawberry, 9

fresco(a)   fresh, 9; **Hace fresco.** It's cool. 7

frijoles (*m.*) **(refritos)**   (refried) beans, 9

frío(a)   cold; **Hace frío.**   It's cold. 7; **tener** (*irreg.*) **frío**   to be cold, 7

frito(a) fried, 9

frontera border

fruta fruit, 6

fuego fire; **a ~ suave/lento** at low heat, 9

fuente (*f.*) source

fuera de outside of, 6; **~ de la casa** outside the house, 10

fuerte strong, filling (*e.g., a meal*), 9

fuerzas armadas armed forces, 13

funcionar to function, 4

funciones (*f.*) **de la computadora** computer functions, 4

fundador(a) founder

furioso(a) furious, 4

fútbol (*m.*) soccer, 7; **~ americano** football, 7

G

gafas (*f. pl.*) **de sol** sunglasses, 8

galleta cookie, 9

galón (*m.*) gallon, 9

ganadería cattle, livestock

ganado cattle

ganancia profit, 13

ganar to win, 7; to earn (*money*), 13

ganas: tener (*irreg.*) **~ de** to have the urge to, to feel like, 7

garaje (*m.*) garage, 10

garganta throat, 12; **dolor** (*m.*) **de ~** sore throat, 12

gato(a) cat, 2

gazpacho cold tomato soup (*Spain*), 9

general: por lo ~ generally, 9

género genre

generoso(a) generous, 2

geografía geography, 3

gerente (*m., f.*) manager, 5

gimnasio gymnasium, 3

globalización (*f.*) globalization, 13

gobernador(a) (*m.*) governor

gobierno government, 13

golf (*m.*) golf, 7

gordo(a) fat, 2

gorra cap, 8

gotas (*f. pl.*) drops, 12

gozar (c) to enjoy

grabador (*m.*) **de discos compactos/ DVD** CD/DVD recorder, 4

grabar to record, 4; to videotape, 11

gracias: Muchas ~. Thank you very much. 1

grado degree; **~ centígrado** Celsius degree, 7; **~ Fahrenheit** Fahrenheit degree, 7

gráfica graph

grande big, great, 2

grano: al ~ to the point

gripe (*f.*) flu, 12

gris gray, 4

gritar to shout, to scream

grito scream

grupo group; **~ de conversación** chat room, 4; **~ de debate** news group, 4

guagua bus (*Cuba, Puerto Rico*)

guante (*m.*) glove, 8

guapo(a) handsome, attractive, 2

guardar to store; **~ cama** to stay in bed, 12; **~ la ropa** put away the clothes, 10; to save, 4

guatemalteco(a) Guatemalan, 2

guerra war, 13

guía turística tourist guide, brochure, 14

guión (*m.*) script

guionista (*m., f.*) script writer

guisado beef stew, 9

guisante (*m.*) pea, 9

guitarra guitar, 2

gustar to like, to please, 11; **A mí/ti me/te gusta...** I/You like ... , 2; **A... le gusta...** He/She likes ... , 2; **A... les gusta...** They/You (*pl.*) like ... , 2; **Me gustaría** (*+ inf.*) **...** I'd like (*+ inf.*) ... , 6

gusto taste; **al ~** to individual taste, 9; **El ~ es mío.** The pleasure is mine. 1; **Mucho ~.** My pleasure. 1; **Mucho ~ en conocerte.** A pleasure to meet you. 1

H

haba (*f.*) (*but:* **el haba**) bean

habichuela green bean, 9

habilidades necesarias necessary skills, 13

habitación (*f.*) bedroom, 10; **~ con baño/ducha** room with a bath/shower, 14; **~ de fumar/de no fumar** smoking/non-smoking room, 14; **~ doble** double room, 14; **~ sencilla** single room, 14; **~ sin baño/ducha** room without a bath/shower, 14

habitante (*m., f.*) inhabitant

hablar por teléfono to talk on the telephone, 1

hacer (*irreg.*) to make, to do, 5; **Hace buen/mal tiempo.** It's nice/bad weather. 7; **Hace calor/fresco/frío.** It's hot/cool/ cold. 7; **Hace sol/viento.** It's sunny/windy. 7; **~ alpinismo** to hike, 7; **~ caso** to pay attention, to obey; **~ clic/doble clic** to click/double click, 4; **~ ejercicio** to exercise, 7; **~ el reciclaje** to do the recycling, 10; **~ escala en** to make a stopover in, 14; **~ informes** to write reports, 13; **~ la cama** to make the bed, 10; **~ las compras** to go shopping, 6; **~ preguntas** to ask questions, 3; **~ surfing** to surf, 7; **~ un análisis de sangre/orina** to give a blood/urine test, 12; **~ un tour** to take a tour, 14; **~ una conexión** to go online, 4; **~ una radiografía** to take an X-ray, 12; **~ una reservación** to make a reservation, 14; **Hagan la tarea para mañana.** Do the homework for tomorrow. P

hambre (*f.*) (*but:* **el hambre**) hunger; **tener** (*irreg.*) **~** to be hungry, 7

hamburguesa hamburger, 9; **~ con queso** cheeseburger, 9

hardware (*m.*) hardware, 4

harina flour, 9

hasta until, 12; **~ luego.** See you later, 1; **~ mañana.** See you to-morrow. 1; **~ pronto.** See you soon. 1; **~ que** until, 12

hay there is, there are, 1

hecho fact

hecho(a) (*p. p.*) done, 13; **Está ~ de...** It's made out of ... , 8

helado de vainilla/chocolate vanilla/chocolate ice cream, 9

herencia heritage

herida injury, wound, 12

hermanastro(a) stepbrother (stepsister), 5

hermano(a) (menor, mayor) (younger, older) brother (sister), 5

hermoso(a) handsome, beautiful

hervido(a) boiled, 9
hervir (ie, i) to boil, 9
hierba herb, 12
hierro iron
hijo(a) son (daughter), 5
hilo: al ~ stringed, 9
himno hymn
hispano(a) Hispanic
hispanohablante Spanish-speaking
historia history, 3
hockey (*m.*) **sobre hielo/hierba** ice/field hockey, 7
hogar (*m.*) home; **sin ~** homeless
hoja de papel sheet of paper, P
hola hello, 1
hombre (*m.*) man, P; **~ de negocios** businessman, 5
hombro shoulder, 12
hondureño(a) Honduran, 2
honesto(a) honest
hora hour; time; **dar** (*irreg.*) **la ~** to give the time, 3; **decir la ~** to tell the time, 3
horario schedule
horno oven; **al ~** roasted (in the oven), 9
horrible horrible, 11
hospital (*m.*) hospital, 6
hotel (*m.*) hotel, 14
hoy today, 3; **~ es martes treinta.** Today is Tuesday the 30th. 3; **¿Qué día es ~?** What day is today? 3
huelga strike, 13
huella footprint
huésped(a) hotel guest, 14
huevo egg, 6; **~ estrellado** egg sunny-side up, 9; **~ revuelto** scrambled egg, 9
humanidades (*f. pl.*) humanities, 3
húmedo(a) humid
humilde humble
huracán (*m.*) hurricane, 13

I

ícono del programa program icon, 4
identidad (*f.*) identity
idioma (*m.*) language, 3
iglesia church, 6
igualdad (*f.*) equality, 13
Igualmente. Likewise. 1
impaciente impatient, 2
impermeable (*m.*) raincoat, 8
importante important, 11

importar to be important, to matter, 4
imprescindible extremely important, 11
impresionante impressive
impresora printer, 4
imprimir to print, 3
improbable improbable, unlikely, 11
impulsivo(a) impulsive, 2
incendio forestal forest fire
increíble incredible
indefinido(a) indefinite, 1
índice (*m.*) index; **~ de audiencia** movie ratings, 11
indio(a) Indian, 2
indígena indigenous
industria industry, 13; **~ ganadera** cattle-raising industry
infección (*f.*) infection, 12
influencia influence
influir (y) to influence
informática computer science, 3
informe (*m.*) report; **hacer informes** to write reports, 13
ingeniería engineering, 3
ingeniero(a) engineer, 5
inglés (inglesa) English, 2
inglés (*m.*) English language, 3
ingrediente (*m.*) ingredient, 9
ingreso revenue
iniciar to initiate, 13
inmigración (*f.*) immigration
insistir to insist, 10
instalar to install, 4
instrucción (*f.*) instruction, 12
instructor(a) instructor, P
inteligente intelligent, 2
intentar to attempt
intercambiar to exchange
interesante interesting, 2
interesar to interest, to be interesting, 4
Internet (*m.* or *f.*) Internet
intérprete (*m., f.*) interpreter
íntimo(a) intimate
introvertido(a) introverted, 2
inundación (*f.*) flood, 13
invierno winter, 7
inyección (*f.*) injection, 12
ir (*irreg.*) to go, 3; **~ a** (+ *inf.*) to be going to (*do something*), 3; **~ de compras** to go shopping, 8; **irse** to leave, to go away, 5

irresponsable irresponsible, 2
isla island, 14
italiano(a) Italian, 2
italiano (*m.*) Italian language
itinerario itinerary, 14
izquierda: a la ~ to the left, 6

J

jabón (*m.*) soap, 5
jamás never, 6
jamón (*m.*) ham, 6
japonés (japonesa) Japanese, 2
japonés (*m.*) Japanese language, 3
jarabe (*m.*) **(para la tos)** (cough) syrup, 12
jardín (*m.*) garden, 10
jeans (*m. pl.*) jeans, 8
jornada laboral workday
joven young, 2
joyas (*f. pl.*) jewelry, 8
joyería jewelry store, 6
jubilarse to retire, 13
juego interactivo interactive game, 4
jueves (*m.*) Thursday, 3
jugar (ue) (gu) to play, 4; **~ tenis (béisbol, etc.)** to play tennis (baseball, etc.), 7
jugo de fruta fruit juice, 9
juguete (*m.*) toy, 10
juguetón (juguetona) playful
julio July, 1
junio June, 1
juntar to group
juventud (*f.*) youth

K

kilo kilo, 9; **medio ~** half a kilo, 9

L

la (*f.*) the, 1
labio lip
lado side; **al ~ de** next to, on the side of, 6
ladrillo brick
lago lake, 7
lámpara lamp, 10
lana wool, 8
langosta lobster, 9
lanzarse (c) to throw oneself
lápiz (*m.*) pencil, P

lástima: es una ~ it's a shame, 11
lastimarse to hurt/injure oneself, 12
lavado en seco dry cleaning, 14
lavadora washer, 10
lavandería laundry room, 10
lavaplatos (*m. s.*) dishwasher, 10
lavar to wash, 5; **~ los platos (la ropa)** to wash the dishes (the clothes), 10
lavarse to wash oneself, 5; **~ el pelo** to wash one's hair, 5; **~ los dientes** to brush one's teeth, 5
le to/for you (*form. s.*), to/for him, to/for her, 8
lección (*f.*) lesson, P
leche (*f.*) milk, 6
lector (*m.*) **de CD-ROM o DVD** DVD/CD-ROM drive, 4
leer (y) to read, 3; **Lean el Capítulo 1.** Read Chapter 1. P
lejos de far from, 6
lema (*m.*) slogan
lengua language, 3; tongue, 12; **sacar la ~** to stick out one's tongue, 12
lentes (*m. pl.*) eyeglasses
lento(a) slow, 4
les to/for you (*form. pl.*), to/for them, 8
letrero sign
levantar to raise, to lift, 5; **~ pesas** to lift weights, 2
levantarse to get up, 5
libra pound, 9
librería bookstore, 3
libro book, P
licencia de manejar driver's license
licuado de fruta fruit shake, smoothie
licuadora blender, 10
líder (*m., f.*) leader, 13
ligero(a) light, lightweight, 9
limonada lemonade, 9
limpiar el baño to clean the bathroom, 10
lindo(a) pretty, 2
línea: ~ aérea airline, 14; **en ~** online, 4
lingüístico(a) linguistic
lino linen, 8
lista de espera waiting list, 14
literatura literature, 3
litro liter, 9

llamar to call, 2; **llamarse** to name, 2; **Me llamo…** My name is . . . , 1
llano(a) flat
llanura plain
llave (*f.*) key (*to a lock*), 14
llegada arrival, 14
llegar (gu) to arrive, 2
llevar to take, to carry; **~ una vida sana** to lead a healthy life, 12; **llevarse bien con la gente** to get along well with people, 13
llover to rain; **Está lloviendo. (Llueve.)** It's raining. 7
lobo wolf
locutor(a) announcer, 11
lógico(a) logical, 11
lograr to achieve
lomo de res prime rib, 9
los (las) (*pl.*) the, 1
luchar (contra) to fight (against), 13
luego later, 5
lugar (*m.*) place; **~ de nacimiento** birthplace
lujoso(a) luxurious
lunares: de ~ polka-dotted, 8
lunes (*m.*) Monday, 3
luz (*f.*) light; **~ solar** sunlight

M

madera wood
madrastra stepmother, 5
madre (*f.*) mother, 5
maestro(a) teacher, 5
maíz (*m.*) corn
mal badly, 4
maleta suitcase, 14
maletín (*m.*) briefcase, 13
malo(a) bad, 2
mamá mother, 5
mañana morning, 3; tomorrow, 3; **de la ~** in the morning (*with precise time*), 3; **por la ~** during the morning, 3
mandar to send; to order, 10
mandato command
manejar to drive, 5
manifestación (*f.*) demonstration, 13
mano (*f.*) hand, 12; **darse la ~** to shake hands, 13
mantel (*m.*) tablecloth, 9
mantequilla butter, 9
manzana apple, 9

maquillaje (*m.*) makeup, 5
maquillarse to put on makeup, 5
máquina de afeitar electric razor, 5
mar (*m., f.*) sea, 14
maravilla wonder
marcar (qu) to mark; to point out
mareado(a): estar ~ to feel dizzy, 12
marisco shellfish, 9
marrón brown, 4
martes (*m.*) Tuesday, 3
marzo March, 1
más more; **~ que** more than, 8
masculino(a) masculine
matemáticas (*f. pl.*) mathematics, 3
mayo May, 1
mayonesa mayonnaise, 9
mayor older, greater, 8
mayoría majority
mayúsculo(a) capital (letter)
me to/for me, 8
mecánico(a) mechanic, 5
medio(a) hermano(a) half-brother (half-sister), 5
medianoche (*f.*) midnight, 3
medicina medicine, 3
médico(a) doctor, 5
medida measurement, 9
medio ambiente (*m.*) environment
mediodía (*m.*) noon, 3
medios de transporte means of transportation, 6
medir (i, i) to measure
meditación (*f.*) meditation
mejilla cheek
mejor better, 8; **es ~** it's better, 11
melón (*m.*) melon, 9
menor younger; less, 8
menos: ~ que less than, 8; **a ~ que** unless, 12; **por lo ~** at least, 10
mensajero(a) messenger
mentiroso(a) dishonest, lying, 2
menú (*m.*) menu, 9
mercadeo marketing, 3
mercado market, 6
merecer (zc) to deserve
merienda snack
mes (*m.*) month, 3; **~ pasado** last month, 7
mesa table, P; **poner la ~** to set the table, 9; **quitar la ~** to clear the table, 10
mesita de noche night table, 10
meta goal
metro: en ~ on the subway, 6

mexicano(a) Mexican, 2
mezcla mix
mezclar to mix, 9
mezclilla denim, 8
mi (*adj.*) my, 3
mí (*pron.*) me, 8
micro bus (*Chile*)
micrófono microphone, 4
microondas (*m. s.*) microwave, 10
miedo: tener (*irreg.*) **~ (a, de)** to be afraid (of), 7
mientras while, during
miércoles (*m.*) Wednesday, 3
mil (*m.*) one thousand, 8
millón (*m.*): **un ~** one million, 8; **dos millones** two million, 8
mío(a) (*adj.*) my, 10; (*pron.*) mine, 10
mirar televisión to watch television, 2
misionero(a) missionary
mismo(a) same; **lo mismo** the same (thing)
misterio mystery, 11
mitad (*f.*) half
mixto(a) mixed
mochila backpack, P; knapsack
moda fashion, 8; **(no) estar de ~** (not) to be fashionable, 8; **pasado(a) de ~** out of style, 8
modales (*m. pl.*) manners
módem (*m.*) **externo/interno** external/internal modem, 4
molestar to bother, 4
molido(a) crushed, ground, 9
monitor (*m.*) monitor, 4
mono monkey
montañoso(a) mountainous
montar to ride; **~ a caballo** to ride horseback, 7; **~ en bicicleta** to ride a bike, 7
monte (*m.*) mountain
morado(a) purple, 4
morirse (ue, u) to die, 8
mortalidad (*f.*) mortality
mostaza mustard, 9
mostrador (*m.*) counter; check-in desk, 14
mostrar (ue) to show
muchacho(a) boy (girl), P
muchedumbre (*f.*) crowd
mucho a lot, 4; **~ que hacer** a lot to do; **No ~.** Not much. 1
mudarse to move (*change residence*)
muebles (*m. pl.*) furniture, 10

muerto(a) dead, 13
mujer (*f.*) woman, P; **~ de negocios** businesswoman, 5
muleta crutch, 12
mundial: música ~ world music, 11
mundo world
muñeca doll
museo museum, 6
música music, 3; **~ clásica** classical music, 11; **~ country** country music, 11; **~ moderna** modern music, 11; **~ mundial** world music, 11; **~ pop** pop songs, 11
musical musical, 11
muy very, 2

N

nacer (zc) to be born
nacionalidad (*f.*) nationality, 2
nada nothing, 1; **De ~.** You're welcome. 1
nadar to swim, 7
nadie no one, nobody, 6
naranja orange (*fruit*), 9
nariz (*f.*) nose, 12
narrador(a) narrator
natación (*f.*) swimming, 7
naturaleza nature; **~ muerta** still life
náuseas (*f. pl.*) nausea, 12
navegación (*f.*) navegation
navegar (gu): ~ en rápidos to go white-water rafting, 7; **~ por Internet** to surf the Internet, 2
necesario(a) necessary, 11
necesitar to need, 2
negocio business, 3
negro(a) black, 4
nervioso(a) nervous, 4
nevar to snow, 7; **Está nevando. (Nieva.)** It's snowing. 7
ni... ni neither . . . nor, 6
nicaragüense (*m., f.*) Nicaraguan, 2
nieto(a) grandson (granddaughter), 5
niñero(a) baby-sitter
ningún, ninguno(a) none, no, not any, 6
niño(a) boy (girl), P
nivel (*m.*) level
noche (*f.*) night, 3; **de la ~** in the evening (*with precise time*), 3; **por la ~** during the evening, 3

nombre (*m.*) name; **Mi ~ es...** My name is . . . , 1; **~ completo** full name
normal normal, 4
norte (*m.*) north, 14
Norteamérica North America
nos to/for us, 8
nosotros(as) we, 1; us, 8
nota grade, P
noticias (*f. pl.*) news, 11; **~ del día** current events, 13
novato(a) newbie, novice
novecientos(as) nine hundred, 8
novedoso(a) novel, new
novelista (*m., f.*) novelist
noveno(a) ninth, 10
noventa ninety, P
noviembre November, 1
novio(a) boyfriend (girlfriend)
nublado: Está ~. It's cloudy. 7
nuera daughter-in-law, 5
nuestro(a) (*adj.*) our, 3; (*pron.*) ours, 10
nueve nine, P
número number, 8; **~ ordinal** ordinal number, 10
nunca never, 5

O

o... o either . . . or, 6
obra teatral play, 11
obvio(a) obvious, 11
océano ocean, 14
ochenta eighty, P
ocho eight, P
ochocientos(as) eight hundred, 8
octavo(a) eighth, 10
octubre October, 1
ocupado(a) busy, 4
odio hatred
oeste (*m.*) west, 14
oferta especial special offer, 8
oficina office, 6; **~ de correos** post office, 6
oído inner ear, 12
oír (*irreg.*) to hear, 5
ojalá (que) I wish, I hope, 11; **¡ ~ se mejore pronto!** I hope you'll get better soon! 12
ojear to scan
ojo eye, 12
ola wave
ómnibus (*m.*) bus

once eleven, P
onda: en ~ in style
ópera opera, 11
oprimir to push
opuesto(a) opposite
oración (*f.*) sentence
ordenar to order, 9
oreja outer ear, 12
organización (*f.*) **benéfica** charity
organizador (*m.*) **electrónico** electronic organizer, 4
orgulloso(a) proud
originar to originate
orilla shore
oro gold, 8
ortografía spelling
os to/for you (*fam. pl.*), 8
otoño fall, autumn, 7

P

paciente (*m., f.*) patient, 2
padrastro stepfather, 5
padre (*m.*) father, 5; **padres** (*m. pl.*) parents, 5
pagar (gu) to pay, 9
página page, P; **~ web** web page, 4
pago: método de ~ form of payment, 8
país (*m.*) country
paisaje (*m.*) scenery
pájaro bird
palomitas (*f. pl.*) popcorn, 11
palpitar to palpitate, 12
pan (*m.*) bread, 6; **~ tostado** toast, 9
panameño(a) Panamanian, 2
pandilla gang
pantalla screen, 4
pantalones (*m. pl.*) pants, 8; **~ cortos** shorts, 8
pañuelo handkerchief
papá (*m.*) father, 5
papas fritas (*f. pl.*) French fries, 9
papel role; paper; **hoja de ~** sheet of paper, P
papelería stationery store, 6
papitas fritas (*f. pl.*) potato chips, 6
paquete (*m.*) package, 9
para for, toward, in the direction of, in order to (+ *inf.*), 10; **~ que** so that, 12
paracaídas (*m.*) parachute
parada stop

paraguayo(a) Paraguayan, 2
parar to stop
parecer (zc) to seem
pared (*f.*) wall, P
pariente (*m., f.*) family member, relative, 5
parque (*m.*) park, 6
párrafo paragraph
parrilla: a la ~ grilled, 9
participante (*m., f.*) participant, 11
participar en to participate in, 13
partido game, match, 7
pasaje (*m.*) ticket, 14
pasajero(a) passenger, 14; **~ de clase turista** coach passenger, 14; **~ de primera clase** first class passenger, 14
pasaporte (*m.*) passport, 14
pasar to pass (by), 2; **~ la aspiradora** to vacuum clean, 10
pasear: sacar a ~ al perro to take the dog for a walk, 10
pasillo hallway, 10
pasta de dientes toothpaste, 5
pastel (*m.*) cake, 9
pastilla tablet, 12
patinar to skate, 2; **~ en línea** to inline skate (rollerblade), 7; **~ sobre hielo** to ice skate, 7
patio patio, 10
patrocinador(a) sponsor
pavo turkey, 6
paz (*f.*) peace; **~ mundial** world peace, 13
pecho chest, 12
pedazo piece, slice, 9
pedir (i, i) to ask for (*something*), 1; to request, 10; **~ la hora** to ask for the time, 3
peinarse to brush/comb one's hair, 5
peine (*m.*) comb, 5
pelar to peel, 9
pelearse to have a fight, 5
película movie, film, 11; **~ de acción** action movie, 11; **~ de ciencia ficción** science fiction movie, 11; **~ de horror/terror** horror movie, 11; **~ titulada…** movie called . . . , 11
peligro danger, 7
peligroso(a) dangerous, 7
pelirrojo(a) redheaded , 2
pelo hair; **~ castaño/rubio** brown/blond hair, 2

pelota ball, 7
peluquero(a) barber/hairdresser, 5
pendiente (*m.*) earring, 8
pensar (ie) to think, 4; **~ de** to have an opinion about, 4; **~ en (de)** to think about, to consider, 4
penúltimo(a) next-to-last
peor worse, 8
pequeño(a) small, 2
perder (ie) to lose, 4; **perderse (ie)** to lose oneself, to get lost
pérdida loss, 13
Perdón. Excuse me. 4
perejil (*m.*) parsley
perezoso(a) lazy, 2
periódico newspaper
periodismo journalism, 3
periodista (*m., f.*) journalist, 5
permiso: Con ~. Pardon me. 4
permitir to permit, to allow, 10
pero but, 2
perro(a) dog, 2; **perro caliente** hot dog, 9
persiana Venetian blind, 10
personalidad (*f.*) personality
peruano(a) Peruvian, 2
pesar: a ~ de in spite of
pesas: levantar ~ to lift weights, 2
pescado fish (*caught*), 9
pescar (qu) to fish, 7
pez (*m.*) fish (*alive*)
piano piano, 2
picante spicy, 9
picar (qu) to chop, to mince, 9
pie (*m.*) foot, 12; **a ~** on foot, walking, 6
piel (*f.*) leather, 8
pierna leg, 12; **~ quebrada/rota** broken leg, 12
píldora pill, 12
pimienta pepper, 9
pingüino penguin
pintar to paint, 2
pintoresco(a) picturesque
pintura painting, 3
pirata (*m.*) pirate
pisar to step on
piscina swimming pool, 6
piso floor; **primer (segundo, etc.) ~** first (second, etc.) floor, 10
pista de atletismo athletics track, 6
pizarra chalkboard, P
pizzería pizzeria, 6
placer: Un ~. My pleasure. 1

plancha iron, 10
planchar to iron, 10
plata silver, 8
plátano banana, 9
plato plate, 9; ~ **hondo** bowl, 9; ~ **principal** main dish, 9
playa beach, 14
plaza plaza, 6
plomero(a) plumber, 5
poblar (ue) to populate
pobre poor
poco little, small amount, 4
poder (*m.*) power; (*irreg.*) to be able to, 4
poderoso(a) powerful
poesía poetry
poeta (poetisa) poet
policía (*m., f.*) policeman (policewoman), 5
política politics, 13
político(a) political
pollo chicken, 6; ~ **asado** roasted chicken, 9; ~ **frito** fried chicken, 9
polvo dust
poner (*irreg.*) to put, 5; ~ **en equilibro** to balance; ~ **la mesa** to set the table, 9; ~ **mis juguetes en su lugar** to put my toys where they belong, 10; ~ **una inyección** to give an injection, 12; ~ **una vacuna** to vaccinate, 12; **ponerse (la ropa)** to put on (clothing), 5
por for, during, in, through, along, on behalf of, by, 10; ~ **avión** by plane, 6; ~ **ejemplo** for example, 10; ~ **eso** so, that's why, 10; ~ **favor** please, 1; ~ **fin** finally, 9; ~ **lo menos** at least, 10; ~ **satélite** by satellite dish, 11; ~ **supuesto** of course, 10
¿por qué? why? 3
porcentaje (*m.*) percentage
porque because, 3
portarse to behave
portugués (portuguesa) Portuguese, 2
postre (*m.*) dessert, 9
pozo well; hole
practicar (qu) to practice; ~ **alpinismo** to hike, to (mountain) climb, 7; ~ **deportes** to play sports, 2; ~ **surfing** to surf, 7

precio: Está a muy buen ~. It's a very good price. 8
preferencia preference
preferir (ie, i) to prefer, 4
pregunta question, 12; **hacer preguntas** to ask questions, 3
premio prize
prenda de ropa article of clothing, 8
preocupado(a) worried, 4
preocuparse to worry, 5
preparación (*f.*) preparation, 9
preparar to prepare, 2; ~ **la comida** to prepare the food, 10; **prepararse** to get ready, 5
prepararse to get ready, 5
preposición (*f.*) preposition, 6
presa dam
presentador(a) host (*of a show*), 11
presentar a alguien to introduce someone, 1
préstamo loan, 8
presupuesto budget, 13
primavera spring, 7
primer(o)(a) first, 10; **primer piso** first floor, 10
primo(a) cousin, 5
principiante(a) beginner
prisa haste, hurry; **tener** (*irreg.*) ~ to be in a hurry, 7
probable probable, likely, 11
probarse (ue): Voy a probármelo/la(los/las). I'm going to try it (them) on. 8
proceso electoral election process, 13
producto electrónico electronic product, 4
profesión (*f.*) profession, 5
profesor(a) professor, P
programa (*m.*) program; ~ **antivirus** anti-virus program, 4; ~ **de concursos** game show, 11; ~ **de entrevistas** talk show, 11; ~ **de procesamiento de textos** word-processing program, 4; ~ **de televisión** television program, 11
programador(a) programmer, 5
prohibido para menores rated R (minors restricted), 11
prohibir to forbid, 10
promover (ue) to promote
pronombre (*m.*) pronoun, 1

propina tip, 9
propósito purpose
proveedor (*m.*) **de acceso** Internet service provider, 4
provocador(a) provocative
próximo(a) next
psicología psychology, 3
publicidad (*f.*) public relations, 3
publicitario(a) (*adj.*) pertaining to advertising
público audience, 11
pueblo town, 6
puerta door, P; ~ **(de embarque)** (departure) gate, 14
puerto de USB USB port, 4
puertorriqueño(a) Puerto Rican, 2
puesto job, position, 13
puesto (*p.p. of poner*) placed, 13
pulgada inch
pulmón (*m.*) lung, 12
pulsera bracelet, 8
punto de vista viewpoint
punto period
puntual punctual, 13

Q

¿qué? what? which? 3; ¿~ **hay de nuevo?** What's new? 1; ¿~ **hora es?** What time is it? 3; ¿~ **le duele?** What hurts (you)? 12; ¿~ **significa...?** What does . . . mean? P; ¿~ **síntomas tiene?** What are your symptoms? 12; ¿~ **tal?** How are things going? 1; ¿~ **te gusta hacer?** What do you like to do? 2
quebrado(a) broken, 12
quedar to fit; **Me queda bien/mal.** It fits nicely/badly. 8; **Me queda grande/apretado.** It's too big/too tight. 8; **quedar(se)** to remain; to be
quehacer (*m.*) **doméstico** housechore, 10
quejarse to complain, 5
querer (*irreg.*) to want, to love, 4; to wish, 10
queso cheese, 6
¿quién(es)? who? 3; ¿**De ~ es?** Whose is this? 3; ¿**De ~ son?** Whose are these? 3
química chemistry, 3
quince fifteen, P

quinientos(as) five hundred, 8
quinto(a) fifth, 10
quisiera (+ *inf.*) I'd like (+ *inf.*), 6
quitar to take off, to remove 5; **~ la mesa** to clear the table, 10; **quitarse (la ropa)** to take off (one's clothing), 5
quizás perhaps

R

R & B Rhythm and Blues, 11
radiografía: tomar una ~ to take an X-ray, 12
raíz (*f.*) root
rango rank
rap (*m.*) rap, 11
rápido(a) fast, 4
rasgar (gu) to tear up
rasuradora razor, 5
ratón (*m.*) mouse, 4
rayado(a) striped, 8
rayas: a ~ striped, 8
razón (*f.*) reason; **tener** (*irreg.*) **~** to be right, 7
reacción (*f.*) **crítica** critical reaction, 11
realidad: en ~ actually
realizarse (c) to take place
rebajado(a): estar ~ to be reduced (in price)/on sale, 8
recámara bedroom, 10
recepción (*f.*) reception desk, 14
receta recipe, 9; prescription, 12
recetar una medicina to prescribe a medicine, 12
recibir to receive, 3
reciclaje (*m.*) recycling, 10
recomendar (ie) to recommend, 10
reconocer (zc) to recognize
recorte (*m.*) cutting
recuerdo souvenir
recurrir to fall back on, to resort to
red (*f.*) web, Internet; **~ mundial** World Wide Web, 4
redactar to edit
reflejar to reflect
reflexión (*f.*) reflection
refresco soft drink, 6; beverage, 9; **tomar un ~** to have a soft drink, 2
refrigerador (*m.*) refrigerator, 10
regalo present, gift
regar (ie) (gu) las plantas to water the plants, 10

registrarse to register, 14
regla rule
regresar to return, 2
regular so-so, 1
reina queen
reírse (*irreg.*) to laugh, 5
relajarse to relax
reloj (*m.*) watch, 8
remar to row, 7
remero(a) rower
renombre (*m.*) renown
renovar (ue) to renovate
repente: de ~ suddenly, 9
repetir (i, i) to repeat, 4; **Repitan.** Repeat. P
reproductor (*m.*) **de discos compactos/DVD** CD/DVD recorder, 4
requerir (ie, i) to require, 10
requisito requisite, 13
reseña review, 11
reservación (*f.*) reservation, 14
resfriado cold (*e.g., headcold*), 12
resfriarse to get chilled; to catch cold, 12
residencia estudiantil dorm, 3
respirar to breathe; **Respire hondo.** Breathe deeply. 12
responder to respond, 1
responsable responsible, 2
restaurante (*m.*) restaurant, 6
resuelto (*p.p. of* **resolver**) determined
resumen: en ~ in short, to sum up
reto challenge
retraso delay, 14
reunión (*f.*) meeting
reunirse to meet, to get together, 5
revista magazine
rey (*m.*) king
ridículo(a) ridiculous, 11
riesgo risk
rima rhyme
río river, 7
riqueza wealth
rock (*m.*) rock (music), 11
rodeado(a) surrounded
rodilla knee, 12
rojo(a) red, 4
ropa clothing, 5
rosa rose, 4
rosado(a) pink, 4
roto (*p.p. of* **romper**) broken, 13
rubio(a) blond(e), 2
rueda wheel

ruina ruin, 14
ruta route

S

sábado Saturday, 2
saber (*irreg.*) to know (*a fact, information*), 5; **~** (+ *inf.*) to know how (*to do something*), 5
sabor (*m.*) flavor
sacar (qu) to take out; **~ a pasear al perro** to take the dog for a walk, 10; **~ fotos** to take photos, 2; **~ la basura** to take out the garbage, 10; **~ la lengua** to stick out one's tongue, 12
sacerdote (*m.*) priest
saco jacket, sports coat, 8
sacudir los muebles to dust the furniture, 10
sal (*f.*) salt, 9
sala living room, 10; **~ de emergencias** emergency room, 12; **~ de equipajes** baggage claim, 14; **~ de espera** waiting room, 12
salchicha sausage, 6
salida departure, 14
salir (*irreg.*) to leave, to go out, 5
salmón (*m.*) salmon, 9
salón (*m.*) **de clase** classroom, P
salud (*f.*) health, 3
saludable healthy
saludar to greet, 1
saludo greeting
salvadoreño(a) Salvadoran, 2
salvaje wild, untamed
salvavidas (*m. s.*) lifejacket
sandalia sandal, 8
sandwich (*m.*) sandwich, 9; **~ de jamón y queso con aguacate** ham and cheese sandwich with avocado, 9
sangre (*f.*) blood, 12
satisfacer (*like* **hacer**) to satisfy, 13
satisfecho (*p.p. of* **satisfacer**) satisfied, 13
secador (*m.*) **de pelo** hairdryer, 14
secadora dryer, 10
secar (qu) to dry (*something*), 5; **secarse (qu) el pelo** to dry one's hair, 5
secretario(a) secretary, 5

secreto secret

sed (*f.*) thirst; **tener** (*irreg.*) ~ to be thirsty, 7

seda silk, 8

seguido(a) continued

seguir (i, i) to continue, 6; ~ **derecho** to go straight ahead

según according to

segundo(a) second, 10

seguro(a) sure, 4; safe, 7; **no es seguro** it's not sure, 11; **no estar ~ de** to not be sure, 11; **seguro médico** medical insurance, 13

seis six, P

seiscientos(as) six hundred, 8

selva: ~ amazónica Amazonian jungle, 14; ~ **tropical** tropical jungle, 14

semana week, 3; ~ **pasada** last week, 7; **fin** (*m.*) **de ~** weekend, 2; **todas las semanas** every week, 5

semejanza similarity

sencillo(a) simple; single (*room*)

sentarse (ie) to sit down, 5

sentir (ie, i) to feel, 4; to feel sorry, to regret, 11; **Lo siento.** I'm sorry. 4

señalar to point out

señor (*abbrev.* **Sr.**) Mr., Sir, 1

señora (*abbrev.* **Sra.**) Mrs., Ms., Madam, 1

señorita (*abbrev.* **Srta.**) Miss, Ms., 1

separarse to get separated, 5

septiembre September, 1

séptimo(a) seventh, 10

ser (*irreg.*) to be, 1

serio(a) serious, 2

servicio despertador wake-up call, 14

servilleta napkin, 9

servir (i, i) to serve, 4; **¿En qué puedo servirle?** How can I help you? 8

sesenta sixty, P

setecientos(as) seven hundred, 8

setenta seventy, P

sexto(a) sixth, 10

show (*m.*) show, 11

sí yes, 1

siempre always, 5

siete seven, P

siglo century

significar (qu): Significa… It means . . . , P

significado meaning

siguiente following, next

silla chair, P

sillón (*m.*) armchair, 10

símbolo symbol

simpático(a) nice, 2

sin without; ~ **embargo** nevertheless; ~ **que** without, 12

sincero(a) sincere, 2

sino but instead

síntoma (*m.*) symptom, 12

sistemático(a) systematic

sitio place; ~ **web** website, 4

soberanía sovereignty

sobre on, above, 6

sobrepasar to surpass

sobresaliente outstanding

sobrevivir to survive, to overcome, 13

sobrino(a) nephew (niece), 5

sofá (*m.*) sofa, 10

software (*m.*) software, 4

sol (*m.*) sun; **Hace ~.** It's sunny. 7

solicitar empleo to apply for a job, 13

solicitud (*f.*) application, 13

soltero(a) single (unmarried)

sombrero hat, 8

sonar (ue) to ring, to go off (*phone, alarm clock, etc.*), 4

sonido sound

sonreír (*irreg.*) to smile, 8

sonrisa smile

soñar (ue) con to dream about, 4

sopa soup, 9; ~ **de fideos** noodle soup, 9

sorprender to surprise, 11

sorpresa surprise

sorteo raffle; evasion

sortija ring

sótano basement, cellar, 10

su (*adj.*) your (*s. form., pl.*), his, her, their, 3

suave soft

subir to go up, to get on, 6

subtítulos: con ~ en inglés with subtitles in English, 11

suburbio suburb, 10

sucio(a) dirty

sudadera sweatsuit, 8

Sudamérica South America

suegro(a) father-in-law (mother-in-law), 5

sueño dream; **tener** (*irreg.*) ~ to be sleepy, 7

suéter (*m.*) sweater, 8

sufrir (las consecuencias) to suffer (the consequences), 13

sugerencia suggestion

sugerir (ie, i) to suggest, 8

superación (*f.*) overcoming

supermercado supermarket, 6

supervisar to supervise, 13

supuesto: por ~ of course, 10

sur (*m.*) south, 14

surfing: hacer/practicar (qu) ~ to surf, 7

sustantivo noun

sustituir (y) to substitute

suyo(a) (*adj.*) your (*form. s., pl.*), his, her, its, their, 10; (*pron.*) yours (*form. s., pl.*), his, hers, its, theirs, 10

T

tal vez perhaps

talla size, 8

también also, 2

tampoco neither, not either, 2

tan… como as . . . as, 8

tanto(a)(s)… como as much (many) . . . as, 8

tarde (*f.*) afternoon, 3; **de la ~** in the afternoon (*with precise time*), 3; **por la ~** during the afternoon, 3; (*adv.*) late, 3

tarea homework, P

tarjeta business card, 13; ~ **de crédito** credit card, 8; ~ **de débito** (bank) debit card, 8; ~ **de embarque** boarding pass, 14; ~ **postal** postcard, 14

taza cup, 9

te to/for you (*fam. s.*), 8

té hot tea, 9; ~ **helado** iced tea, 9

teatro theater, 6

tecnología technology, 4

techo roof, 10

tecla key (*on a keyboard*), 4

teclado keyboard, 4

tejer to weave

tejido weaving

tela fabric, 8

telecomedia sitcom, 11

telecomunicaciones (*f. pl.*) telecommunications, 13

teledrama (*m.*) drama series, 11

teleguía TV guide, 11

telenovela soap opera, 11

teleserie (*f.*) TV series, 11

televidente (*m., f.*) TV viewer, 11
televisión (*f.*) television broadcasting, 11; **~ por cable** cable TV, 14
televisor (*m.*) television set, 10
temer to fear, 11
temperatura temperature, 7; **La ~ está a 20 grados centígrados (Fahrenheit).** It's 20 degrees Celsius (Fahrenheit). 7
temporada: ~ de lluvias rainy season; **~ de secas** dry season
temprano early, 3
tenedor (*m.*) fork, 9
tener (*irreg.*) to have, 1; **~ 4 GB de memoria** to have 4 GB of memory, 4; **~ ... años** to be . . . years old, 1; **~ algunos conocimientos de...** to have some knowledge of . . ., 13; **~ buena presencia** to have a good presence, 13; **~ calor** to be hot, 7; **~ cuidado** to be careful, 7; **~ frío** to be cold, 7; **~ ganas de** to have the urge to, to feel like, 7; **~ las habilidades necesarias** to have the necessary skills, 13; **~ hambre** to be hungry, 7; **~ miedo (a, de)** to be afraid (of), 7; **~ mucha experiencia en** to have a lot of experience in, 13; **~ prisa** to be in a hurry, 7; **~ que** (+ *inf.*) to have to (+ *verb*), 1; **~ razón** to be right, 7; **~ sed** to be thirsty, 7; **~ sueño** to be sleepy, 7; **~ vergüenza** to be embarrassed, ashamed, 7
tenis (*m.*) tennis, 7
teoría theory
tercer(o, a) third, 10
término term
terremoto earthquake, 13
terrible terrible, awful, 1
terrorismo terrorism, 13
tesoro treasure
texto text
tez (*f.*) skin, complexion
ti you (*fam. s.*), 8
tiburón (*m.*) shark
tiempo weather, 7; **a ~ completo** full-time (*work*), 13; **a ~ parcial** part-time (*work*), 13; **¿Qué ~ hace?** What's the weather like? 7
tienda store, 6; **~ de música (ropa, videos)** music (clothing, video) store, 6

tierra earth, ground
tímido(a) shy, 2
tinto: vino ~ red wine, 9
tío(a) uncle (aunt), 5
típico(a) typical, 9
tira cómica comic strip
tirita (small) bandaid, 12
tiroteo shooting
titular to title
título title, 1
tiza chalk, P
toalla towel, 5; **~ de mano** hand-towel, 5
tobillo ankle, 12; **~ torcido** twisted ankle, 12
tocador (*m.*) dresser, 10
tocar (qu) un instrumento musical to play a musical instrument, 2
todavía still
todo everything
todo(a) all, every; **todas las semanas** every week, 9; **todos los días (años)** every day (year), 9
tomar to take; **~ medidas** to take measures, 13; **~ la presión** to take blood pressure, 12; **~ una radiografía** to take an X-ray, 12; **~ un refresco** to have a soft drink, 2; **~ el sol** to sunbathe, 2; **~ la temperatura** to take the temperature, 12
tonto(a) silly, stupid, 2
tormenta thunderstorm
torpe awkward
tos (*f.*) cough, 12; **jarabe** (*m.*) **para la ~** cough syrup, 12
toser to cough, 12
tostadora toaster, 10
trabajador(a) (*adj.*) hard-working, 2; (*noun*) worker, 5
trabajar to work, 2; **~ a tiempo completo** to work full-time, 13; **~ a tiempo parcial** to work part-time, 13
traducir (zc) to translate, 5
traer (*irreg.*) to bring, 5
Trague. Swallow. 12
traje (*m.*) suit, 8; **~ de baño** bathing suit, 8
trama plot
transmitir to broadcast, 3
trapear el piso to mop the floor, 10
tratarse de to be a matter of; to be; **Se trata de...** It's about . . . , 11

través: a ~ de across, throughout
trece thirteen, P
trecho distance, period
treinta thirty, P
tren: en ~ by train, 6
tres three, P
trescientos(as) three hundred, 8
trigo wheat
tripulación (*f.*) crew
triste sad, 4
triunfar to triumph
trompeta trumpet, 2
trozo chunk, 9
trucha trout, 9
truco trick
tu your (*fam.*), 3
tú you (*fam.*), 1
tuyo(a) (*adj.*) your (*fam.*), 10; (*pron.*) yours (*fam.*), 10

U

ubicado(a) located
Ud. (*abbrev. of* **usted**) you (*form. s.*), 8
Uds. (*abbrev. of* **ustedes**) you (*fam. or form. pl.*), 8
último: lo ~ the latest (thing)
un(a) a, 1
único(a) only, unique
unido(a) united
unir to mix together, to incorporate, 9
universidad (*f.*) university, 6
uno one, P
unos(as) some, 1
uruguayo(a) Uruguayan, 2
usar to use, 2
usted you (*s. form.*), 1
ustedes you (*fam. or form. pl.*), 1
usuario(a) user, 4
útil useful
uva grape, 9

V

vacío(a) empty
vacuna vaccination, 12
valer (*irreg.*) **la pena** to be worthwhile
valioso(a) valuable
valle (*m.*) valley
valor (*m.*) value
vanidoso(a) vain
vapor: al ~ steamed, 9
vaquero cowboy

variedad (*f.*)   variety
varios(as)   various, several
varonil   manly
vaso   glass, 9
veces (*f. pl.*)   times; **a ~**   sometimes, 5; **(dos) ~ al día/por semana** (two) times a day/per week, 5
vecino(a)   neighbor, 6
vegetal (*m.*)   vegetable, 6
vegetariano(a)   vegetarian
vehículo   vehicle
veinte   twenty, P
veintiuno   twenty-one, P
venda de gasa   gauze bandage, 12
vender   to sell, 3
venezolano(a)   Venezuelan, 2
venir (*irreg.*)   to come, 5
venta: estar en ~   to be for sale, 8
ventaja   advantage, 13
ventana   window, P
ver (*irreg.*)   to see, 5; **Nos vemos.** See you later. 1
verano   summer, 7
veras: de ~   truly, really
verbo   verb, 3
verdad   true; **(no) es ~**   it's (not) true, 11; **~** (*f.*)   truth
verde   green, 4

vergüenza: tener (*irreg.*) **~**   to be embarrassed, ashamed, 7
verso libre   blank verse
vestido   dress, 8
vestir (i, i)   to dress (*someone*), 5; **vestirse (i, i)**   to get dressed, 5
veterinario(a)   veterinarian, 5
vez (*f.*)   time; **de ~ en cuando** sometimes; **en ~ de**   instead of; **rara ~**   hardly ever; **tal ~**   perhaps; **una ~**   once, 9
viajar   to travel, 14; **~ al extranjero** to travel abroad, 14
vida   life
videocámara   videocamera, 4
viejo(a)   old, 2
viento   wind; **Hace ~.**   It's windy. 7
viernes (*m.*)   Friday, 2
vinagre (*m.*)   vinegar, 9
vino: ~ blanco   white wine, 9; **~ tinto**   red wine, 9
violencia   violence, 13
violín (*m.*)   violin, 2
viraje (*m.*)   turn
visitante (*m., f.*)   visitor
visitar a amigos   to visit friends, 2
visto (*p. p. of* **ver**)   seen, 13
vitamina   vitamin, 12

vivienda   housing
vivir   to live, 3
vivo: en ~   live, 11
volcán (*m.*)   volcano, 14
volibol (*m.*)   volleyball, 7
volver (ue)   to return, 4
vomitar   to throw up, 12
vosotros(as)   you (*fam. pl.*), 1
votar   to vote, 13
voz (*f.*)   voice
vuelo   flight, 14
vuelto (*p.p. of* **volver**)   returned, 13
vuestro(a) (*adj.*)   your (*fam. pl.*), 3; (*pron.*)   yours (*fam. pl.*), 3

Y

yerno   son-in-law, 5
yeso   cast, 12
yo   I, 1
yogur (*m.*)   yogurt, 6

Z

zanahoria   carrot, 9
zapato   shoe, 8; **~ de tacón alto** high-heeled shoe, 8; **~ de tenis** tennis shoe, 8

English-Spanish Glossary

A

a un(a), 1
à la carte a la carta, 9
above sobre, 6
abundance abundancia
academic académico(a)
accessory accesorio, 8
according to según
accountant contador(a), 5
accounting contabilidad (*f.*), 3
ache dolor (*m.*), 12
achieve alcanzar (c), lograr
acquisition adquisición (*f.*)
across a través de
action acción (*f.*), 5
active activo(a), 2
activity actividad (*f.*), P
actor actor (*m.*), 5
actress actriz (*f.*), 5
actually en realidad
ad: personal ~ anuncio personal
add agregar, añadir, 9
address dirección (*f.*)
advantage ventaja, 13
advertising (*adj.*) publicitario(a)
advice consejo, 12
advise aconsejar, 10
after después, 5; después (de) que, 12
afternoon tarde (*f.*), 3; **during the ~** por la tarde, 3; **Good ~.** Buenas tardes. 1; **in the ~** (*with precise time*) de la tarde, 3; **late ~** atardecer (*m.*)
age edad (*f.*)
agreement concordancia
agricultural agrícola (*m., f.*)
ahead adelante
air conditioning aire (*m.*) acondicionado, 14
airline línea aérea, 14
airplane avión (*m.*), 14
airport aeropuerto, 6
all todo(a)
allergy alergia, 12
alligator caimán (*m.*)
along por, 10
alphabet alfabeto

also también, 2
although aunque, 12
altitude altitud (*f.*)
always siempre, 5
ambassador embajador(a)
ambiguity ambigüedad (*f.*)
amusement diversión (*f.*)
ancestor antecesor(a), antepasado(a)
anger cólera
angry enojado(a), 4
animated film dibujos animados, 11
ankle tobillo, 12; **twisted ~** tobillo torcido, 12
announcer locutor(a), 11
anonymous anónimo(a)
answer contestar; **Answer.** Contesten. P
Antarctica Antártida
antibiotic antibiótico, 12
antiquated anticuado(a)
any algún, alguno(a) 6
apartment apartamento, 6
appear aparecer (zc)
apple manzana, 9
appliance electrodoméstico, 10
application aplicación (*f.*), 4; solicitud (*f.*), 13
apply for a job solicitar empleo, 13
appointment cita, 12
appreciate apreciar
appropriate apropiado(a)
April abril, 1
apt apto(a)
architect arquitecto(a), 5
architecture arquitectura, 3
Argentinian argentino(a), 2
arm brazo, 12
armchair sillón (*m.*), 10
armed forces fuerzas armadas, 13
army ejército, 13
around alrededor de
arrival llegada, 14
arrive llegar, 2
arrogant altivo(a)
art arte (*m.*), 3; **~ exhibit** exposición (*f.*) de arte, 11; **arts** arte y cultura, 11
article artículo, 1

artist artista (*m., f.*), 5
as como; **~ . . . ~** tan... como, 8; **~ many . . . ~** tantos(as)... como, 8; **~ much . . . ~** tanto(a)(s)... como, 8; **~ soon ~** en cuanto, tan pronto como, 12
ask: ~ questions hacer (*irreg.*) preguntas, 3; **~ for something** pedir (i, i), 1; **~ for the time** pedir (i, i) la hora, 3
asparagus espárragos (*m. pl.*), 9
aspirin aspirina, 12
at en; **~ least** por lo menos, 10; **~ low heat** a fuego suave/lento, 9
athletics track pista de atletismo, 6
atmosphere ambiente (*m.*)
attachment anexo
attack ataque (*m.*)
attempt intentar
attend acudir; asistir a, 3
attractive guapo(a), 2
audience audiencia; público, 11
audiotape cinta, P
auditorium auditorio, 6
August agosto, 1
aunt tía, 5
Australian australiano(a), 2
automated bank teller cajero automático, 6
autumn otoño, 7
availability disponibilidad (*f.*)
available disponible, 13
avenue avenida, 1
avoid evitar
awful fatal, terrible, 1
awkward torpe

B

baby-sitter niñero(a)
back espalda, 12
background fondo
backpack mochila, P
bad malo(a), 2; **it's ~** es malo, 11
badly mal, 4
baggage equipaje (*m.*), 14; **~ claim** sala de equipajes, 14
balance poner (*irreg.*) en equilibro
ball pelota, 7

ballpoint pen bolígrafo, P
banana plátano, 9
bandaid curita, tirita, 12
bank (commercial) banco, 6
barber peluquero(a), 5
barefooted descalzo(a)
baseball béisbol (*m.*), 7
basement sótano, 10
basket canasta
basketball básquetbol (*m.*), 7
bather bañador(a)
bathing suit traje (*m.*) de baño, 8
bathroom baño, 10
be estar (*irreg.*), ser (*irreg.*), 1; ~ . . .
   years old tener (*irreg.*)... años, 1;
   ~ **a matter of** tratarse de; ~ **able**
   to poder (*irreg.*), 4; ~ **afraid (of)**
   tener (*irreg.*) miedo (a, de), 7; ~
   ashamed tener (*irreg.*) vergüenza,
   7; ~ **born** nacer (zc); ~ **careful**
   tener (*irreg.*) cuidado, 7; ~ **certain**
   of contar (ue) con; ~ **cold** tener
   (*irreg.*) frío, 7; ~ **congested** estar
   (*irreg.*) congestionado(a), 12; ~
   embarrassed tener (*irreg.*)
   vergüenza, 7; ~ **familiar with**
   conocer (zc), 5; ~ **going to** ir a, 3;
   ~ **happy about** alegrarse de, 11; ~
   hot tener (*irreg.*) calor, 7; ~ **hun-**
   gry tener (*irreg.*) hambre, 7; ~ **im-**
   portant importar, 4; ~ **in a hurry**
   tener (*irreg.*) prisa, 7; ~ **interesting**
   interesar, 4; ~ **jealous** tener (*ir-*
   reg.) celos; ~ **pleased about** estar
   (*irreg.*) contento(a) de 11; ~ **right**
   tener (*irreg.*) razón, 7; ~ **sleepy**
   tener (*irreg.*) sueño, 7; ~ **sure** estar (*irreg.*) seguro(a) de, 11; ~
   thirsty tener (*irreg.*) sed, 7; ~
   worthwhile valer (*irreg.*) la pena
beach playa, 14
bean haba (*f. but* el haba); **(green)** ~
   habichuela, 9; **refried beans**
   frijoles refritos, 9
beat batir
beautiful bello(a), hermoso(a)
beauty belleza
because porque, 3
bed cama, 10
bedroom cuarto, dormitorio,
   habitación (*f.*), recámara, 10
beef stew guisado, 9
beer cerveza, 9
before antes, 5; antes (de) que, 12

begin comenzar (ie) (c), empezar (ie)
   (c), 4
beginner principiante
behave portarse
behavior comportamiento
behind detrás de, 6
believe (in) creer (en), 3; **not** ~ no
   creer, 11
bellhop botones (*m. s.*), 14
below debajo de, 6
belt cinturón (*m.*), 8
benefit beneficio, 13
besides además
better mejor, 8; **it's** ~ es mejor, 11
between entre, 6
beverage bebida, refresco, 9
bicycle: on ~ en bicicleta, 6
big grande, 2
bilingual bilingüe
bill cuenta, 9
biology biología, 3
bird pájaro
birthplace lugar (*m.*) de nacimiento
black negro(a), 4
blank verse verso libre
blender licuadora, 10
blind ciego(a); ~ **date** cita a ciegas
block cuadra, 6
blond(e) rubio(a), 2
blood sangre (*f.*), 12
blouse blusa, 8
blue azul, 4
board abordar, 14
boarding pass tarjeta de
   embarque, 14
boat barco, bote (*m.*)
body cuerpo, 12
boil hervir (ie, i), 9
boiled hervido(a), 9
Bolivian boliviano(a), 2
book libro, P
bookstore librería, 3
boot bota, 8
border frontera
boredom aburrimiento
bored aburrido(a), 4
boring aburrido(a), 2
both ambos(as)
bother molestar, 4
bowl plato hondo, 9
box: large ~ cajón (*m.*)
boxing boxeo, 7
boy chico, P; muchacho, P; niño, P
boyfriend novio

bracelet brazalete (*m.*), pulsera, 8
bread pan (*m.*), 6
break (a record) batir
breakfast desayuno, 9; ~ **included**
   desayuno incluido, 14
breathe respirar; ~ **deeply.**
   Respire hondo. 12
brick ladrillo
brief breve
briefcase maletín (*m.*), 13
bring traer (*irreg.*), 5
broadcast transmitir, 3
broccoli brócoli (*m.*), 9
broken quebrado(a), 12; roto(a)
   (*p.p.*), 13; ~ **leg** pierna
   quebrada/rota, 12
brother (younger, older) hermano
   (menor, mayor), 5
brother-in-law cuñado, 5
brown castaño, 2; café, marrón, 4
brush cepillo, 5; ~ **one's hair**
   cepillarse el pelo, peinarse, 5;
   ~ **one's teeth** lavarse los dientes, 5
buddy cuate(a)
budget presupuesto, 13
building edificio, 6
bus ómnibus (*m.*), colectivo, guagua
   (*Cuba, Puerto Rico*), micro (*Chile*)
business negocio, 3; ~ **administra-**
   tion administración (*f.*) de empresas, 3; ~ **card** tarjeta, 13;
   ~ **district** centro comercial, 10
businessman hombre (*m.*) de
   negocios, 5; empresario, 13
businesswoman mujer (*f.*) de
   negocios, 5; empresaria, 13
busy ocupado(a), 4
but pero, 2; ~ **instead** sino
butcher shop carnicería, 6
butter mantequilla, 9
buy comprar, 2
by por, 10; ~ **bus** en autobús, 6;
   ~ **car** en carro/coche/automóvil, 6;
   ~ **check** con cheque, 8; ~ **plane**
   por avión, 6; ~ **satellite dish** por
   satélite, 11; ~ **train** en tren, 6
Bye. Chau. 1

C

cable cable (*m.*), 4; ~ **TV** cable
   (*m.*), 11; televisión (*f.*) por cable, 14
cafeteria cafetería, 3
cake pastel (*m.*), 9

calculator calculadora, P
calculus cálculo, 3
call llamar, 2
campaign campaña, 13
can opener (electric) abrelatas (*m.*) (eléctrico), 10
Canadian canadiense (*m., f.*), 2
candidate candidato(a), 13
candy dulce (*m.*), 11
canyon cañón (*m.*), 14
cap gorra, 8
capital (letter) mayúsculo(a)
card tarjeta; **credit ~** tarjeta de crédito, 8; **debit ~** tarjeta de débito, 8
cardboard cartón (*m.*)
career carrera, 5
Careful! ¡Cuidado!
Caribbean (Sea) Caribe (*m., f.*)
carpenter carpintero(a), 5
carpet alfombra, 10
carrot zanahoria, 9
carry llevar
cartoons dibujos animados, 11
cash: in ~ en efectivo, al contado, 8
cashmere cachemira
cast yeso, 12
cat gato(a), 2
cattle ganado, ganadería
cattle-raising industry industria ganadera
cautious cuidadoso(a), 2
CD CD, P; **CD/DVD recorder** grabador (*m.*) de discos compactos/DVD, reproductor (*m.*) de discos compactos/DVD, 4
celebration celebración (*f.*)
cellar sótano, 10
Celsius degree grado centígrado, 7
census censo
cent centavo
center centro
Central America Centroamérica
century siglo
cereal cereal (*m.*), 9
certain cierto(a); **it's not ~** no es cierto, 11
chain cadena, 8
chair silla, P
chalk tiza, P
chalkboard pizarra, P
challenge reto
change cambio; convertir (ie, i); **~ the channel** cambiar el canal, 11

chapter capítulo, P
charity organización (*f.*) benéfica
chat chatear (*online*), 4; **~ room** grupo de conversación, 4
check cheque (*m.*); (*restaurant check*) cuenta, 9; **~ one's baggage** facturar el equipaje, 14
check-in desk mostrador (*m.*), 14
checkup chequeo médico, 12
cheek mejilla
cheese queso, 6
cheeseburger hamburguesa con queso, 9
chef cocinero(a), 5
chemistry química, 3
chess ajedrez (*m.*)
chest pecho, 12
chicken pollo, 6; **~ soup** caldo de pollo, 9; **~ with rice** arroz (*m.*) con pollo, 9; **fried ~** pollo frito, 9; **roasted ~** pollo asado, 9;
Chilean chileno(a), 2
Chinese chino(a), 2; **~ language** chino, 3
chocolate cacao; chocolate (*m.*), 11
choose escoger (j)
chronology cronología
chunk trozo, 9
church iglesia, 6
cinema cine (*m.*), 6
cinnamon canela
citizen ciudadano(a), 13
city ciudad (*f.*), 6
clam almeja, 9
clarity claridad (*f.*)
class clase (*f.*), P; **lower ~** clase baja
classroom salón (*m.*) de clase, P
clean the bathroom limpiar el baño, 10
clear the table quitar la mesa, 10
click hacer (*irreg.*) clic, 4; **double ~** hacer (*irreg.*) doble clic, 4
clinic clínica, 12
close cerrar (ie); **~ your books.** Cierren los libros. P
close to cerca de, 6
closet clóset (*m.*), 10
clothing ropa, 5; **article of ~** prenda de ropa, 8
cloudburst chaparrón (*m.*)
cloudy: It's ~. Está nublado. 7
coat abrigo, 8
code código
codfish bacalao, 9

coffee café (*m.*), 9
cold (*e.g., headcold*) catarro, resfriado, 12; (*adj.*) frío(a); **It's ~.** Hace frío. 7
Colombian colombiano(a), 2
color color (*m.*), 4; **solid ~** de un solo color, 8
comb peine (*m.*), 5; **~ one's hair** peinarse, 5
come venir (*irreg.*), 5
comedy comedia, 11; **romantic ~** comedia romántica, 11
comic strip tira cómica
comma coma
command mandato
compact disc CD, disco compacto (*m.*)
comparison comparación (*f.*), 8
compete competir (i, i)
competition competencia, 7
complain quejarse, 5
complexion tez (*f.*)
complicity complicidad (*f.*)
computer computadora, P; **~ center** centro de computación, 3; **~ functions** funciones (*f. pl.*) de la computadora, 4; **~ science** computación (*f.*), informática, 3
concierge conserje (*m., f.*), 14
conduct conducir (zc), 5
confection confección (*f.*)
connect conectar, 4
connection conexión (*f.*), 4
consider pensar (ie) en (de), 4
contest concurso
continue seguir (i, i), 6
continued seguido(a)
contract contrato, 13
contraction contracción (*f.*), 3
contrary: on the ~ al contrario
conversation conversación (*f.*)
cook cocinar, 2; cocer (-z) (ue), 9; cocinero(a), 5
cookie galleta, 9
cool: It's cool. Hace fresco. 7
copper cobre (*m.*)
corn maíz (*m.*)
corner esquina, 6
corporation: multinational ~ compañía multinacional, 13
correct corregir (i, i) (j)
cost costo, 13
Costa Rican costarricense (*m., f.*), 2
cotton algodón (*m.*), 8

cough toser, 12; tos (*f.*), 12; **~ syrup** jarabe (*m.*) para la tos, 12
counter mostrador (*m.*), 14
country país (*m.*)
courage coraje (*m.*)
course: basic ~ curso básico, 3
courtesy cortesía, 4
cousin primo(a), 5
cowboy vaquero
cradle cuna
cream crema, 12
create crear
creative creativo(a)
crew tripulación (*f.*)
crime crimen (*m.*), 13
critic crítico(a), 11
critical reaction reacción (*f.*) crítica, 11
criticism crítica, 11
crowd muchedumbre (*f.*)
cruise ship crucero
crushed molido(a), 9
crutch muleta, 12
Cuban cubano(a), 2
culinary culinario(a)
culture cultura
cumin comino, 9
cup taza, 9
current events noticias (*f. pl.*) del día, 13
curriculum vitae currículum vitae (*m.*), 13
curtain cortina, 10
custard flan (*m.*), 9
customer cliente (*m., f.*), 8
customs aduana, 14
cut (oneself) cortar(se), 12
cutting recorte (*m.*)
cyberspace ciberespacio, 4
cycling ciclismo, 7

D

daily cotidiano(a)
dam presa
dance bailar, 2; baile (*m.*), 3; danza, 11
danger peligro, 7
dangerous peligroso(a), 7
date fecha, 3; **blind ~** cita a ciegas
daughter hija, 5
daughter-in-law nuera, 5
dawn amanecer (zc)

day día (*m.*), 3; **~ before yesterday** anteayer, 7; **~ of the week** día de la semana, 3; **every ~** todos los días, 3
dead muerto(a), 13
December diciembre, 1
decoration decoración (*f.*), 10
definite definido(a), 1
degree grado
delay demora, retraso, 14
Delighted to meet you. Encantado(a). 1
demand exigir (j)
demonstrate demostrar (ue)
demonstration manifestación (*f.*), 13
demonstrative demostrativo(a), 6
denim mezclilla, 8
dentist dentista (*m., f.*), 5
deodorant desodorante (*m.*), 5
departure salida, 14
describe describir, 2
desert desierto, 14
deserve merecer (zc)
design diseño; **graphic ~** diseño gráfico, 3
designer: graphic ~ diseñador(a) gráfico(a), 5
desire afán (*m.*)
desk escritorio, P
dessert postre (*m.*), 9
destination: with ~ to con destino a, 14
detail detalle (*m.*)
detail-oriented detallista, 13
determined resuelto (*p.p. of* resolver)
develop desarrollar
development desarrollo, 13
dialect dialecto
dictionary diccionario, P
die morirse (ue, u), 8
difference diferencia
difficult difícil, 4
digital camera cámara digital, 4
dining room comedor (*m.*), 10
dinner cena
direct dirigir (j), 13
dirty sucio(a)
disadvantage desventaja, 13
disappointment desilusión (*f.*)
disaster desastre (*m.*); **natural ~** desastre natural, 13
discount descuento, 8

discover descubrir, 3
discrimination discriminación (*f.*), 13
disembark desembarcar (qu), 14
dish: main ~ plato principal, 9
dishonest mentiroso(a), 2
dishwasher lavaplatos (*m. s.*), 10
disillusionment desengaño
dispatch despachar
disqualify descalificar (qu)
distance trecho
diversity diversidad (*f.*)
do hacer (*irreg.*), 5; **a lot to ~** mucho que hacer; **~ the home-work for tomorrow.** Hagan la tarea para mañana. P; **~ the recy-cling** hacer el reciclaje, 10
doctor doctor(a); médico(a), 5
doctor's office consultorio del médico, 12
documentary documental (*m.*), 11
dog perro(a), 2
doll muñeca
dollar dólar (*m.*)
Dominican dominicano(a), 2
done hecho (*p.p. of* hacer), 13
door puerta, P
dorm residencia estudiantil, 3; dormitorio estudiantil, 6
doubt dudar, 11
doubtful dudoso(a), 11
download descargar, 4
downpour chaparrón (*m.*)
downtown centro de la ciudad, 10
dozen docena, 9
drama drama (*m.*), 11; **~ series** teledrama (*m.*), 11
drawing dibujo, P
dream sueño; **~ (about)** soñar (ue) con, 4
drenched empapado(a)
dress vestido, 8; **~ (*someone*)** vestir (i, i), 5; **get dressed** vestirse (i, i), 5
dresser cómoda, tocador (*m.*), 10
drink beber, 3
drive manejar, conducir (zc), 5
driver's license licencia de manejar
drops gotas, 12
dry (*something*) secar (qu), 5; **~ cleaning** lavado en seco, 14; **~ one's hair** secarse (qu) el pelo, 5
dryer secadora, 10
dubbed doblado(a), 11

during mientras, por, 10
dust polvo; **~ the furniture** sacudir los muebles, 10
DVD/CD-ROM drive lector (*m.*) de CD-ROM o DVD, 4

E

ear (inner) oído, 12; **(outer)** oreja, 12
early temprano, 3
earn (money) ganar, 13
earphones audífonos (*m. pl.*), 4
earring arete (*m.*), pendiente (*m.*), 8
earth tierra
earthquake terremoto, 13
east este (*m.*), 14
easy fácil, 4
eat comer, 3; **~ dinner** cenar, 2; **~ healthy foods** comer alimentos nutritivos, 12
economy economía, 3
Ecuadoran ecuatoriano(a), 2
edit redactar
education educación (*f.*), 3
egg huevo, 6; **~ sunny-side up** huevo estrellado, 9; **scrambled ~** huevo revuelto, 9
egotistic egoísta, 2
eight ocho, P; **~ hundred** ochocientos(as), 8
eighteen dieciocho, P
eighth octavo(a), 10
eighty ochenta, P
either . . . or o... o, 6
elbow codo, 12
election elección (*f.*), 13; **~ process** proceso electoral, 13
electricity electricidad (*f.*)
electronic electrónico(a); **~ mailbox** buzón (*m.*) electrónico, 4; **~ notebook** asistente (*m.*) electrónico, 4; **~ organizer** organizador (*m.*) electrónico, 4; **electronics** aparatos electrónicos, 4
elephant elefante (*m.*)
elevator ascensor (*m.*), 14
eleven once, P
e-mail correo electrónico, e-mail (*m.*), 4
embarrass avergonzar (ue) (c)
embarrassed avergonzado(a)
embroidered bordado(a), 8

emergency emergencia, 12; **~ room** sala de emergencias, 12
emotion emoción (*f.*), 4
emphasize destacar (qu), enfatizar (c)
employ emplear, 13
employee empleado(a), 13
empty vacío(a)
enchant encantar, 11
encounter encuentro
end cabo; fin (*m.*)
engineer ingeniero(a), 5
engineering ingeniería, 3
English inglés (inglesa), 2; **~ language** inglés (*m.*), 3
enjoy gozar (c); **~ (life)** disfrutar (la vida)
enroll alistar
enterprising emprendedor(a), 13
entertain entretener (*like* tener)
entertaining divertido(a), 2
environment medio ambiente (*m.*)
episode episodio, 11
equality igualdad (*f.*), 13
equator ecuador (*m.*)
essay ensayo
Europe Europa
evaluation calificación (*f.*)
evasion sorteo
even aun; **~ though** aunque, 12
evening noche (*f.*); **during the ~** por la noche, 3; **Good ~.** Buenas noches. 1; **in the ~** (*with precise time*) de la noche, 3
everything todo
everywhere por dondequiera
example ejemplo, 10
exchange intercambiar; **~ money** cambiar dinero, 14; **in ~ for** a cambio de; **~ rate** cambio
Excuse me. Disculpe. Perdón. 4
exercise hacer (*irreg.*) ejercicio, 7
exhibit exhibir; **art ~** exposición (*f.*) de arte, 11
exotic exótico(a)
expensive: It's (too) ~. Es (demasiado) caro(a). 8
express preferences expresar preferencias, 2
expression expresión (*f.*), 1
extroverted extrovertido(a), 2
eye ojo, 12
eyeglasses lentes (*m. pl.*), anteojos (*m. pl.*)

F

fabric tela, 8
fact dato, hecho
factory fábrica, 13
Fahrenheit degree grado Fahrenheit, 7
faint desmayarse, 12
fairy tale cuento de hadas
fall caer (*irreg.*); **(autumn)** otoño, 7; **~ asleep** dormirse (ue, u), 5; **~ back on** recurrir; **~ in love** enamorarse, 5
false falso(a)
family familia; **~ member** pariente (*m., f.*), 5; **nuclear ~** familia nuclear, 5; **~ tree** árbol (*m.*) genealógico
fantastic fantástico(a), 11
fantasy fantasía
far from lejos de, 6
fascinate fascinar, 4
fashion moda, 8
fashionable: (not) to be ~ (no) estar de moda, 8
fast rápido(a), 4
fat gordo(a), 2
father padre (*m.*), papá (*m.*), 5
father-in-law suegro, 5
fax: external/internal ~ fax (*m.*) externo/interno, 4
fear temer, 11
February febrero, 1
feed the dog darle de comer al perro, 10
feel sentir (ie, i), 4; **~ dizzy** estar (*irreg.*) mareado(a), 12; **~ like** tener (*irreg.*) ganas de, 7; **~ sorry** sentir (ie, i), 11
feminine femenino(a)
fever fiebre (*f.*), 12
field of study campo de estudio, 3
fifteen quince, P
fifth quinto(a), 10
fifty cincuenta, P
fight (against) luchar (contra), 13
file archivar, 4; archivo, 4
film película, 11
final final
finally por fin, 9
financial financiero(a)
find out averiguar (gü)
Fine, thank you. Bien, gracias. 1
finger dedo, 12

fire (*from a job*) despedir (i, i), 13; fuego; **~ fighter** bombero(a), 5

fired despedido(a)

fireplace chimenea, 10

first primer(o)(a), 10; **~ floor** primer piso, 10

fish pescar (qu), 7; pez (*m.*) (*alive*); pescado (*caught*), 9

fit apto(a); **It fits nicely/badly.** Me queda bien/mal. 8

five cinco, P; **~ hundred** quinientos(as), 8; **~ thousand** cinco mil, 8

flat llano(a)

flavor sabor (*m.*)

flight vuelo, 14; **~ attendant** asistente (*m., f.*) de vuelo, 14

floating flotador(a)

flood inundación (*f.*), 13

floor piso; **first ~** primer piso, 10

flour harina, 9

flourish florecer (zc)

flower florecer (zc); flor (*f.*)

flu gripe (*f.*), 12

fold doblar, 6

following siguiente

fondness cariño

food comida, 6

fool engañar

foot pie (*m.*), 12; **on ~** a pie, 6

football fútbol americano, 7

footprint huella

for para, por, 10; **~ example** por ejemplo, 10

forbid prohibir, 10

forest bosque (*m.*), 14; **~ fire** incendio forestal

fork tenedor (*m.*), 9

form formulario, 13

fortress fortaleza

forty cuarenta, P

founder fundador(a)

four cuatro, P; **~ hundred** cuatrocientos(as), 8

fourteen catorce, P

fourth cuarto(a), 10

fracture fractura, 12

French francés (francesa), 2; **~ fries** papas fritas, 9; **~ language** francés (*m.*), 3

frequently frecuentemente, 4

fresh fresco(a), 9

Friday viernes (*m.*), 2

fried frito(a), 9

friend amigo(a), P; cuate(a)

from the del (de + el), 3

front: in ~ of delante de, frente a, enfrente de, 6

frozen congelado(a), 9

fruit fruta, 6; **~ juice** jugo de fruta, 9; **~ salad** ensalada de fruta, 9; **~ shake** licuado de fruta

fry freír (i, i), 9

fun divertido(a), 2

function funcionar, 4

funny cómico(a), 2

furious furioso(a), 4

furniture muebles (*m. pl.*), 10

G

G (for general audiences) apto para toda la familia, 11

gallon galón (*m.*), 9

game partido, 7; **~ show** programa (*m.*) de concursos, 11; **interactive ~** juego interactivo, 4

gang pandilla

garage garaje (*m.*), 10

garbage basura, 10

garden jardín (*m.*), 10

garlic ajo, 9

gate: (departure) ~ puerta (de embarque), 14

gauze bandage venda de gasa, 12

generally por lo general, 9

generous generoso(a), 2

genre género

gentle apacible

geography geografía, 3

German alemán (alemana), 2; **~ language** alemán (*m.*), 3

get conseguir (i, i), 8; **~ ahead** adelantar; **~ along well with people** llevarse bien con la gente, 13; **~ chilled** resfriarse, 12; **~ cold** enfriarse, 9; **~ divorced** divorciarse, 5; **~ down from** bajar, 6; **~ dressed** vestirse (i, i), 5; **~ engaged** comprometerse, 5; **~ married** casarse, 5; **~ off of** (*a bus, etc.*) bajar, 6; **~ on** subir, 6; **~ ready** prepararse, 5; **~ separated** separarse, 5; **~ sick** enfermarse, 5; **~ together** reunirse, 5; **~ up** levantarse, 5

gift regalo

girl chica, P; muchacha, P; niña, P

girlfriend novia

give dar (*irreg.*), 5; **~ a blood/urine test** hacer (*irreg.*) un análisis de sangre/orina, 12; **~ a four-star rating** clasificar (qu) con cuatro estrellas, 11; **~ an injection** poner (*irreg.*) una inyección, 12; **~ directions** decir (*irreg.*) cómo llegar, 6; **~ personal information** dar (*irreg.*) información personal, 1; **~ someone a bath** bañar, 5; **~ the time** dar (*irreg.*) la hora, 3

glass vaso, 9

globalization globalización (*f.*), 13

glove guante (*m.*), 8

go acudir; ir (*irreg.*), 3; **~ away** irse (*irreg.*), 5; **~ off** (*alarm clock, etc.*) sonar (ue), 4; **~ offline** cortar la conexión, 4; **~ online** hacer (*irreg.*) una conexión, 4; **~ out** salir (*irreg.*), 5; **~ shopping** hacer (*irreg.*) las compras, 6; ir de compras, 8; **~ straight** seguir (i, i) (g) derecho; **~ to bed** acostarse (ue), 5; **~ up** subir, 6

goal meta

gold oro, 8

golden dorado(a), 9

golf golf (*m.*), 7

good bueno(a), 2; bondadoso(a); **it's ~** es bueno, 11

good-bye adiós, 1

gossip chisme (*m.*)

gossiping chismoso(a)

government gobierno, 13

governor gobernador(a)

grade nota, P

granddaughter nieta, 5

grandfather abuelo, 5

grandmother abuela, 5

grandson nieto, 5

grape uva, 9

graph gráfica

gray gris, 4

great chévere (*Cuba, Puerto Rico*); grande, 2

greater mayor, 8

green verde, 4

greet saludar, 1

greeting saludo

grilled asado(a); a la parrilla, 9

ground molido(a), 9; tierra

group juntar

Guatemalan guatemalteco(a), 2
guess adivinar; ~. Adivina. P
guinea pig cuy (*m.*)
guitar guitarra, 2
gymnasium gimnasio, 3

H

hair: blond ~ pelo rubio, 2; **brown
~** pelo castaño, 2
hairdresser peluquero(a), 5
hairdryer secador (*m.*) de pelo, 14
half mitad (*f.*)
half-brother medio hermano, 5
half-sister media hermana, 5
hallway pasillo, 10
ham jamón (*m.*), 6
hamburger hamburguesa, 9
hand mano (*f.*), 12
handicrafts artesanía
handkerchief pañuelo
handsome hermoso(a); guapo(a), 2
handtowel toalla de mano, 5
happiness dicha; felicidad (*f.*)
happy contento(a), 4
hard duro(a); **~ drive** disco duro, 4
hardly ever rara vez
hardware hardware (*m.*), 4
hard-working trabajador(a), 2
haste prisa
hat sombrero, 8
hatred odio
have tener (*irreg.*), 1; **~ 4 GB of
memory** tener (*irreg.*) 4 GB de
memoria, 4; **~ a fight** pelearse, 5;
~ a good presence tener (*irreg.*)
buena presencia, 13; **~ a lot of
experience in** tener (*irreg.*) mucha
experiencia en, 13; **~ a
soft drink** tomar un refresco, 2;
~ fun divertirse (ie, i), 5; **~ some
knowledge of** tener (*irreg.*)
algunos conocimientos de, 13;
~ the necessary skills tener
(*irreg.*) las habilidades necesarias, 13;
~ the urge to tener (*irreg.*) ganas
de, 7; **~ to** (+ *inf.*) tener (*irreg.*) que
(+ *inf.*), 1
he él, 1
head cabeza, 12
headache dolor (*m.*) de cabeza, 12
health salud (*f.*), 3
healthy saludable
hear oír (*irreg.*), 5

heart corazón (*m.*), 12
heat calentar (ie), 9
heavy fuerte, 9
height altitud (*f.*), altura; (*of a
person*) estatura
hello hola, ¿Aló? (*on the phone*), 1
helmet casco
help ayudar; ayuda
her (*pron.*) ella, 8; (*adj.*) su, 3;
suyo(a), 10; **to/for ~** le, 8
herb hierba, 12
here aquí, 6
heritage herencia
hers (*pron.*) suyo(a), 10
hide esconder
hike hacer (*irreg.*) alpinismo,
practicar (qu) alpinismo, 7
him (*pron.*) él, 8; **to/for ~** le, 8
hire contratar, 13
his (*adj.*) su, 3; (*adj., pron.*) suyo(a), 10
Hispanic hispano(a)
history historia, 3
hoax engaño
hockey: field ~ hockey (*m.*) sobre
hierba, 7; **ice ~** hockey (*m.*) sobre
hielo, 7
hole pozo
home hogar (*m.*)
homeless sin hogar
homemade casero(a)
homework tarea, P
Honduran hondureño(a), 2
honest honesto(a)
hope esperanza; esperar, 10; **I ~
(that)** ojalá (que), 11
I hope you'll get better soon!
¡Ojalá se mejore pronto! 12
horrible horrible, 11
hospital hospital (*m.*), 6
host anfitrión (*m.*); (*of a show*)
presentador(a), 11
hot: be ~ tener (*irreg.*) calor, 7;
~ dog perro caliente, 9; **It's ~.**
Hace calor. 7
hotel hotel (*m.*), 14; **~ guest**
huésped(a), 14
hour hora
house casa, 6
housechore quehacer (*m.*)
doméstico, 10
housing vivienda
how? ¿cómo? 3; **~ are things
going?** ¿Qué tal? 1; **~ are you?**
(*form. s.*) ¿Cómo está (usted)? /

(*form. pl.*) ¿Cómo están (ustedes)? /
(*s. fam.*) ¿Cómo estás (tú)? 1; **~ can
I help you?** ¿En qué puedo
servirle? 8; **~ do you say . . . ?**
¿Cómo se dice…? P; **~ do you wish
to pay?** ¿Cómo desea pagar?, 8;
~ many? ¿cuántos(as)? 3;
~ much? ¿cuánto(a)? 3; **~ much
does it cost?** ¿Cuánto cuesta? 8;
How's it going with you?
¿Cómo te/le(s) va? 1
humanities humanidades (*f. pl.*), 3
humble humilde
humid húmedo(a)
hunger hambre (*f. but* el hambre)
hurricane huracán (*m.*), 13
hurry prisa; **be in a ~** tener (*irreg.*)
prisa, 7
hurt doler (ue), 12; **~ oneself**
lastimarse, 12
husband esposo, 5
hymn himno

I

I yo, 1
ice: (vanilla/chocolate) ~ cream
helado (de vainilla/de chocolate), 9;
~ hockey hockey (*m.*) sobre
hielo, 7; **~ skate** patinar sobre
hielo, 7
identity identidad (*f.*)
illness enfermedad (*f.*), 12
immigration inmigración (*f.*)
impatient impaciente, 2
important importante, 11;
extremely ~ imprescindible, 11
impressive impresionante
improbable improbable, 11
impulsive impulsivo(a), 2
in en; por, 10; **~ case** en caso de que,
12; **~ order to** (+ *inf.*) para, 10; **~
relation to** en cuanto a; **~ short**
en resumen; **~ spite of** a pesar de;
~ the direction of para, 10
inch pulgada
increase acrecentar (ie), aumentar
incredible increíble
indefinite indefinido(a), 1
index índice (*m.*)
Indian indio(a), 2
indigenous indígena
industry industria, 13
inequality desigualdad (*f.*), 13

infection infección (*f.*), 12
influence influir (y); influencia
ingredient ingrediente (*m.*), 9
inhabitant habitante (*m., f.*)
initiate iniciar, 13
injection inyección (*f.*), 12
injure oneself lastimarse, 12
injury herida, 12
in-laws familia política, 5
inline skate (rollerblade) patinar en línea, 7
inside of dentro de, 6; ~ **the house** dentro de la casa, 10
insist insistir, 10
install instalar, 4
instead of en vez de
instruction instrucción (*f.*), 12
instructor instructor(a), P
intelligent inteligente, 2
intention fin (*m.*)
interest interesar, 4
interesting interesante, 2
Internet Internet (*m.* or *f.*), red (*f.*); ~ **connection** conexión (*f.*) a Internet, 14; ~ **provider** proveedor (*m.*) de acceso, 4
interpreter intérprete (*m., f.*)
interview entrevista, 13
interviewer entrevistador(a), 11
intimate íntimo(a)
introduce someone presentar a alguien, 1
introverted introvertido(a), 2
investigate averiguar (gü), 13
iron planchar, 10; (*metal*) hierro; (*appliance*) plancha, 10
irresponsible irresponsable, 2
island isla, 14
Italian italiano(a), 2; ~ **language** italiano, 3
itinerary itinerario, 14
its (*adj.*) su, 3; (*pron.*) suyo(a), 10

J

jacket (*suit jacket, blazer*) saco; (*outdoor, non-suit coat*) chaqueta 8
January enero, 1
Japanese japonés (japonesa), 2; ~ **language** japonés (*m.*), 3
jealous celoso(a); **be ~** tener (*irreg.*) celos
jeans jeans (*m. pl.*), 8
jewelry store joyería, 6

jewelry joyas (*f. pl.*), 8
job puesto, 13
joke broma
journalism periodismo, 3
journalist periodista (*m., f.*), 5
July julio, 1
June junio, 1
jungle: Amazonian ~ selva amazónica, 14; **tropical ~** selva tropical, 14

K

key (*on a keyboard*) tecla, 4; (*to a lock*) llave (*f.*), 14
keyboard teclado, 4
kilo kilo, 9; **half a ~** medio kilo, 9
kind bondadoso(a)
king rey (*m.*)
kiss besar
kitchen cocina, 10
knapsack mochila, P
knee rodilla, 12
knife cuchillo, 9
know: ~ a person conocer (zc), 5; ~ **a fact, ~ how to** saber (*irreg.*), 5
Korean coreano(a), 2

L

lake lago, 7
lamp lámpara, 10
language idioma (*m.*), lengua, 3
laptop computer computadora portátil, 4
late tarde, 3
later luego, 5
latest: the ~ lo último
laugh reírse (*irreg.*), 5
laundry room lavandería, 10
lawn césped (*m.*), 10; **mow the ~** cortar el césped, 10
lawyer abogado(a), 5
lazy perezoso(a), 2
lead a healthy life llevar una vida sana, 12
leader líder (*m., f.*), 13
learn aprender, 3
learning aprendizaje (*m.*)
leather piel (*f.*), cuero, 8
leave dejar, 2; salir (*irreg.*), irse (*irreg.*), 5

left: to the ~ a la izquierda, 6
leg pierna, 12; **broken ~** pierna quebrada/rota, 12
lemonade limonada, 9
less menor, 8; ~ **than** menos que, 8
lesson lección (*f.*), P
level nivel (*m.*)
life vida
lifejacket salvavidas (*m. s.*)
lift levantar, 5; ~ **weights** levantar pesas, 2
light luz (*f.*); (*adj.*) ligero(a), 9
like gustar, 11; ~ **a lot** encantar, 4; (**They/You** [*pl.*]) ~ **...** A... les gusta... 2; **He/She likes ...** A... le gusta... 2; **I/You ~ ...** A mí/ti me/te gusta... 2; **I'd ~** (+ *inf.*) quisiera (+ *inf.*), 6; Me gustaría (+ *inf.*)... 6
likely probable, 11
Likewise. Igualmente. 1
linen lino, 8
linguistic lingüístico(a)
link enlace (*m.*), 4
lip labio
listen escuchar; ~ **to music** escuchar música, 2; ~ **to the tape/ CD.** Escuchen la cinta/el CD. P
liter litro, 9
literature literatura, 3
little poco, 4
live vivir, 3; (*adj., e.g., a live show*) en vivo, 11
livestock ganadería
living room sala, 10
loan préstamo, 8
lobster langosta, 9
located ubicado(a)
logical lógico(a), 11
long for apetecer (zc)
look: ~ for buscar (qu), 2; ~ **into** averiguar (gü), 13
lose perder (ie), 4; ~ **oneself** perderse (ie)
loss pérdida, 13
love querer (*irreg.*), 4; amor, cariño
lover amante (*m., f.*)
lunch almuerzo, 9
lung pulmón (*m.*), 12
luxurious lujoso(a)
lying mentiroso(a), 2

M

made: It's ~ out of . . . Está hecho(a) de... 8; **They're ~ out of . . .** Están hechos(as) de... 8
magazine revista
mailbox buzón (*m.*)
majority mayoría
make hacer (*irreg.*), 5; **~ a reservation** hacer una reservación, 14; **~ a stopover in** hacer escala en, 14; **~ sure** asegurarse; **~ the bed** hacer la cama, 10
makeup maquillaje (*m.*), 5
mall centro comercial, 6
man hombre (*m.*), P
manager gerente (*m., f.*), 5
manly varonil
manners modales (*m. pl.*)
March marzo, 1
marital status estado civil
mark marcar (qu)
market mercado, 6
marketing mercadeo, 3
masculine masculino(a)
match emparejar; (*sports*) partido, 7
mathematics matemáticas (*f. pl.*), 3
matter importar, 4
May mayo, 1
mayonnaise mayonesa, 9
mayor alcalde (alcadesa)
me mí, 8; **to/for ~** me, 8; **with ~** conmigo, 8
mean: It means . . . Significa... P
meaning significado
means of transportation medios de transporte, 6
measure medir (i, i)
measurement medida, 9
meat carne (*f.*), 9
meatball albóndiga
mechanic mecánico(a), 5
media center centro de comunicaciones, 3
medical insurance seguro médico, 13
medicine medicina, 3
meditation meditación (*f.*)
meet conocer (zc), reunirse, 5
meeting encuentro, reunión (*f.*)
melon melón (*m.*), 9
menu menú (*m.*), 9
messenger mensajero(a)
Mexican mexicano(a), 2
microphone micrófono, 4

microwave microondas (*m. s.*), 10
midnight medianoche (*f.*), 3
mild apacible
milk leche (*f.*), 6
mine (*pron.*) mío, 10
mirror espejo, 10
Miss señorita (*abbrev.* Srta.), 1
missionary misionero(a)
mix mezclar, 9; mezcla
mixed mixto(a)
modem: external/internal ~ módem (*m.*) externo/interno, 4
Monday lunes (*m.*), 3
money dinero
monitor monitor (*m.*), 4
monkey mono
month mes (*m.*), 3; **last ~** mes pasado, 7
mop the floor trapear el piso, 10
more más; **~ than** más que, 8
morning mañana, 3; **during the ~** por la mañana, 3; **Good ~.** Buenos días. 1; **in the ~** (*with precise time*) de la mañana, 3
mortality mortalidad (*f.*)
mother madre (*f.*), mamá, 5; **Mother's Day** día (*m.*) de las Madres, 3
mother-in-law suegra, 5
mountain monte (*m.*); **~ range** cordillera
mountainous montañoso(a)
mouse ratón (*m.*), 4
mouth boca, 12
move (*change residence*) mudarse
movie película, 11; **action ~** película de acción, 11; **horror ~** película de horror/terror, 11; **~ called . . .** película titulada..., 11; **~ genre** clase (*f.*) de película, 11; **~ star** estrella de cine, 11; **science fiction ~** película de ciencia ficción, 11
movies cine (*m.*), 11
mow the lawn cortar el césped, 10
Mr. señor (*abbrev.* Sr.), 1
Mrs. señora (*abbrev.* Sra.), 1
Ms. señorita (*abbrev.* Srta.), 1
much mucho, 4
museum museo, 6
music música, 3; **classical ~** música clásica, 11; **country ~** música country, 11; **modern ~** música moderna, 11; **world ~** música mundial, 11

musical musical, 11
mustard mostaza, 9
my (*adj.*) mi, 3; (*pron.*) mío(a), 10; **~ pleasure.** Mucho gusto. Un placer. 1
mystery misterio, 11

N

name llamar, 2; nombre (*m.*); **full ~** nombre (*m.*) completo; **My ~ is . . .** Me llamo..., Mi nombre es..., 1
napkin servilleta, 9
narrator narrador(a)
nationality nacionalidad (*f.*), 2
nature naturaleza
nausea náuseas (*f. pl.*), 12
navegation navegación (*f.*)
necessary necesario(a), 11
neck cuello, 12
necklace collar (*m.*), 8
need necesitar, 2
neighbor vecino(a), 6
neighborhood barrio, colonia, 1
neither tampoco, 2; **~ . . . nor** ni... ni, 6
nephew sobrino, 5
nervous nervioso(a), 4
never nunca, 5; jamás, 6
nevertheless sin embargo
new novedoso(a)
news noticias (*f. pl.*), 11; **~ group** grupo de debate, 4
newspaper periódico
next próximo(a); **~ to** al lado de, 6; **~ to last** penúltimo(a)
Nicaraguan nicaragüense (*m., f.*), 2
nice simpático(a), 2
nickname apodo
niece sobrina, 5
night noche (*f.*), 3; **Good ~.** Buenas noches. 1; **last ~** anoche, 7
nine hundred novecientos(as), 8
nine nueve, P
nineteen diecinueve, P
ninety noventa, P
ninth noveno(a), 10
no one nadie, 6
nobody nadie, 6
none ningún, ninguno(a), 6
noodle soup sopa de fideos, 9
noon mediodía (*m.*), 3
normal normal, 4
North America Norteamérica

north   norte (*m.*), 14; **~ America**
Norteamérica

nose   nariz (*f.*), 12

not: ~ any   ningún, ninguno(a), 6;
~ either   tampoco, 2; **~ much**
no mucho, 1

notebook   cuaderno, P

notes   apuntes (*m. pl.*), P

nothing   nada, 1

noun   sustantivo

novel   novedoso(a)

novelist   novelista (*m., f.*)

November   noviembre, 1

novice   novato(a)

number   número, 8

nurse   enfermero(a), 5

O

obey   hacer (*irreg.*) caso

obtain   conseguir (i, i), 8

obvious   obvio(a), 11

ocean   océano, 14

October   octubre, 1

of: ~ course   cómo no, 6; por
supuesto, 10; **~ the**   del (de + el),
3

offer: special ~   oferta especial, 8

office   oficina, 6

old   viejo(a), 2; old

old-fashioned   anticuado(a)

olive oil   aceite (*m.*) de oliva, 9

on   en, sobre, encima de, 6; **~ behalf
of**   por, 10

once   una vez, 9

one   uno, P; **~ hundred**   cien, P;
~ hundred and ~   ciento uno, 8;
~ hundred thousand   cien mil, 8;
~ million   millón (*m.*), un millón,
8; **~ thousand**   mil (*m.*), 8

one-way ticket   boleto de ida, billete
(*m.*) de ida, 14

onion   cebolla, 9

online   en línea, 4

only   único(a)

open   abrir, 3; abierto (*p.p. of* abrir),
13; **~ your books.**   Abran los
libros. P

opera   ópera, 11

opposite   enfrente de, frente a, 6;
opuesto(a)

orange   (*color*) anaranjado(a), 4;
(*fruit*) naranja, 9

order   ordenar, 9; mandar, 10

ordinal number   número
ordinal, 10

originate   originar

ought   deber (+ *inf.*), 3

our   (*adj.*) nuestro(a)(s), 3

ours   (*pron.*) nuestro(a)(s), 10

outline   bosquejo

outside of   fuera de, 6; **~ the house**
fuera de la casa, 10

outskirts   afueras (*f. pl.*), 10

outstanding   sobresaliente

oven   horno

overcome   sobrevivir, 13

overcoming   superación (*f.*)

owner   dueño(a), 5

P

package   paquete (*m.*), 9

page   página, P

pain   dolor (*m.*), 12

paint   pintar, 2

painting   pintura, 3; cuadro, 10

palpitate   palpitar, 12

Panamanian   panameño(a), 2

pants   pantalones (*m. pl.*), 8

paper   papel (*m.*), P

parachute   paracaídas (*m. s.*)

paragraph   párrafo

Paraguayan   paraguayo(a), 2

Pardon me.   Con permiso. 4

parents   padres (*m. pl.*), 5

park   parque (*m.*), 6

parking lot   estacionamiento, 6

parsley   perejil (*m.*)

participant   participante (*m., f.*), 11

participate in   participar en, 13

pass (by)   pasar, 2

passenger   pasajero(a), 14; **coach ~**
pasajero de clase turista, 14; **first
class ~**   pasajero de primera
clase, 14

passport   pasaporte (*m.*), 14

password   contraseña, 4

patient   paciente (*m., f.*), 2

patio   patio, 10

paving stone   baldosa

pay   pagar (gu), 9; **~ attention**
hacer (*irreg.*) caso

payment: form of ~   método de
pago, 8

pea   guisante (*m.*), 9

peace   paz (*f.*); **world ~**   paz
mundial, 13

peel   pelar, 9

pencil   lápiz (*m.*), P

penguin   pingüino

pepper   pimienta, 9

percentage   porcentaje (*m.*)

perhaps   quizás, tal vez

period   (*punctuation*) punto; trecho

permit   permitir, 10

personality   personalidad (*f.*); **~ trait**
característica de la personalidad, 2

Peruvian   peruano(a), 2

PG-13   (*parental discretion advised*) se
recomienda discreción, 11

pharmacy   farmacia, 6

philanthropic   filantrópico(a)

philosophy   filosofía, 3

photo   foto (*f.*), P

physical   chequeo médico, 12;
físico(a), 5; **~ appearance**
apariencia física; **~ trait**
característica física, 2

physics   física, 3

piano   piano, 2

picturesque   pintoresco(a)

piece   pedazo, 9

pill   píldora, 12

pillow   almohada

pink   rosado(a), 4

pirate   pirata (*m.*)

pizzeria   pizzería, 6

place   lugar (*m.*), sitio

placed   puesto(a), 13

plaid   a cuadros, 8

plain   llanura

plate   plato, 9

play   jugar (ue) (gu), 4; obra
teatral, 11; **~ a musical
instrument**   tocar (qu) un
instrumento musical, 2; **~ sports**
practicar (qu) deportes, 2; **~ tennis
(baseball, etc.)**   jugar tenis
(béisbol, etc), 7

playful   juguetón (juguetona)

plaza   plaza, 6

please   encantar, gustar, 11; por
favor, 1

pleasure: A ~ to meet you.   Mucho
gusto en conocerte. 1

plot   trama

plumber   plomero(a), 5

poet   poeta (poetisa)

poetry   poesía

point: ~ out   marcar (qu), señalar; **to
the ~**   al grano

policeman (policewoman) policía (*m., f.*), 5

political político(a); **~ science** ciencias políticas (*f. pl.*), 3

politics política, 13

polka-dotted de lunares, 8

pollution: air ~ contaminación (*f.*) (del aire), 13

poor pobre

pop songs música pop, 11

popcorn palomitas (*f. pl.*), 11

populate poblar (ue)

pork chop chuleta de puerco, 6

portable CD/MP3 player CD portátil/MP3, 4

Portuguese portugués (portuguesa), 2

position puesto, 13

post office oficina de correos, 6

postage stamp estampilla, 14

postcard tarjeta postal, 14

potato: ~ chips papitas fritas, 6; **~ salad** ensalada de papa

pound libra, 9

power poder (*m.*)

powerful poderoso(a)

practice practicar (qu)

prefer preferir (ie, i), 4

preference preferencia

prenuptual agreement contrato prenupcial

preparation preparación (*f.*), 9

prepare preparar, 2; **~ the food** preparar la comida, 10

preposition preposición (*f.*), 6

prescribe a medicine recetar una medicina, 12

prescription receta, 12

present (*gift*) regalo; **at the ~ time** en la actualidad

presenter presentador(a), 11

pretty bonito(a); lindo(a), 2

price: It's a very good ~. Está a muy buen precio. 8

priest sacerdote (*m.*)

prime rib lomo de res, 9

print imprimir, 3; (*patterned fabric*) estampado(a), 8; (*art*) cuadro, 10

printer impresora, 4

prize premio

probable probable, 11

profession profesión (*f.*), 5

professor profesor(a), P

profit ganancia, 13

program programa (*m.*); **anti-virus ~** programa antivirus, 4; **~ icon** ícono del programa, 4

programmer programador(a), 5

promote adelantar, promover (ue)

promotion ascenso, 13

pronoun pronombrc (*m.*), 1

proud orgulloso(a)

provided that con tal (de) que, 12

provocative provocador(a)

psychology psicología, 3

public: ~ communications comunicación (*f.*) pública, 3; **~ relations** publicidad (*f.*), 3

Puerto Rican puertorriqueño(a), 2

punctual puntual, 13

purple morado(a), 4

purpose propósito

purse bolsa, 8

push oprimir

put poner (*irreg.*), 5; **~ away the clothes** guardar la ropa, 10; **~ my toys where they belong** poner mis juguetes en su lugar, 10; **~ on (clothing)** ponerse (la ropa), 5; **~ on makeup** maquillarse, 5

Q

quality calidad (*f.*); **of good (high) ~** de buena (alta) calidad, 8

queen reina

question pregunta, 12

questionnaire cuestionario

quotation cita

R

R (minors restricted) prohibido para menores, 11

raffle sorteo

railroad ferrocarril (*m.*)

rain llover (ue); **~ forest** bosque (*m.*) tropical, bosque (*m.*) pluvial; **It's raining.** Está lloviendo. (Llueve.), 7

raincoat impermeable (*m.*), 8

raise levantar, 5

ranch estancia

rank rango

rap rap (*m.*), 11

rather bastante, 4

ratings índice (*m.*) de audiencia, 11

raw crudo(a), 9

razor rasuradora, 5; **electric ~** máquina de afeitar, 5

read leer (y), 3; **~ Chapter 1.** Lean el Capítulo 1. P

really de veras

reason razón (*f.*)

receive recibir, 3

reception desk recepción (*f.*), 14

recipe receta, 9

recognize reconocer (zc)

recommend recomendar (ie), 10

record grabar, 4

recruit alistar

recycling reciclaje (*m.*), 10

red rojo(a), 4

redheaded pelirrojo(a), 2

reduced: It's ~. Está rebajado(a). 8

reflect reflejar

reflection reflexión (*f.*)

refrigerator refrigerador (*m.*), 10

register registrarse, 14

regret sentir (ie, i), 11

relate contar (ue), 4

relative pariente (*m., f.*), 5

relax relajarse

remain quedar(se)

remote control control (*m.*) remoto, 11

renovate renovar (ue)

renown renombre (*m.*)

rent alquiler (*m.*); **~ videos** alquilar videos, 2

repeat repetir (i, i), 4; **~.** Repitan. P

report informe (*m.*)

request pedir (i, i), 10

require requerir (ie, i), 10

requisite requisito, 13

reservation reservación (*f.*), 14

residential neighborhood barrio residencial, 10

resort to recurrir

respond responder, 1

responsible responsable, 2

rest descansar, 2

restaurant restaurante (*m.*), 6

résumé currículum vitae (*m.*), 13

retire jubilarse, 13

return regresar, 2; volver (ue), 4

returned vuelto (*p.p. of* volver), 13

revenue ingreso

review crítica, reseña, 11

rhyme rima

Rhythm and Blues R & B (*m.*), 11
rich adinerado(a)
ride montar; **~ a bike** montar en bicicleta, 7; **~ horseback** montar a caballo, 7
ridiculous ridículo(a), 11
right: to the ~ a la derecha, 6
ring sonar (ue), 4; anillo, 8; sortija
risk riesgo
river río, 7
roasted (in the oven) al horno, 9
rock (*music*) rock (*m.*), 11
role papel (*m.*)
roof techo, 10
room cuarto, P; **double ~** habitación (*f.*) doble (*f.*), 14; **single ~** habitación (*f.*) sencilla, 14; **smoking/non-smoking ~** habitación (*f.*) de fumar/de no fumar, 14; **~ with/without bath/shower** habitación (*f.*) con/sin baño/ducha, 14
roommate compañero(a) de cuarto, P
root raíz (*f.*)
rose rosa, 4
rough draft borrador (*m.*)
round-trip ticket boleto de ida y vuelta, billete (*m.*) de ida y vuelta, 14
route ruta
row remar, 7
rower remero(a)
rude descortés
rug alfombra, 10
ruin ruina, 14
rule regla
run correr, 3
rural campestre

S

sad triste, 4
safe seguro(a), 7
said dicho(a) (*p.p. of* decir), 13; **It's said . . .** Se dice…, P
salad ensalada, 9; **lettuce and tomato ~** ensalada de lechuga y tomate, 9; **tossed ~** ensalada mixta, 9
salary increase aumento de sueldo, 13
sale: It's for ~. Está en venta. 8
salesclerk dependiente (*m., f.*), 5
salmon salmón (*m.*), 9

salt sal (*f.*), 9
Salvadoran salvadoreño(a), 2
same mismo(a); **~ (thing)** lo mismo
sand arena, 14
sandal sandalia, 8
sandwich bocadillo, sandwich (*m.*), 9; **ham and cheese ~ with avocado** sandwich de jamón y queso con aguacate, 9
satisfied satisfecho(a), 13
satisfy satisfacer (like hacer), 13
Saturday sábado, 2
sausage salchicha, 6
save guardar, 4
say decir (*irreg.*), 5; **~ good-bye** despedirse (i, i), 1
saying dicho
scan ojear
scarcely apenas
scarf bufanda, 8
scenery paisaje (*m.*)
schedule horario
science ciencia, 3
scientific científico(a)
scream gritar; grito
screen pantalla, 4
script guión (*m.*); **~ writer** guionista (*m., f.*)
sculpture escultura, 11
sea mar (*m., f.*), 14
search engine buscador (*m.*), 4
seaside resort balneario
season estación (*f.*), 7; **dry ~** temporada de secas; **rainy ~** temporada de lluvias
seat asiento, 14; **aisle ~** asiento de pasillo, 14; **window ~** asiento de ventanilla, 14
second segundo(a), 10
secret secreto
secretary secretario(a), 5
see ver (*irreg.*), 5; **~ you later.** Hasta luego. Nos vemos. 1; **~ you soon.** Hasta pronto. 1; **~ you tomorrow.** Hasta mañana. 1
seem parecer (zc)
seen visto (*p.p. of* ver), 13
selfish egoísta, 2
sell vender, 3
send enviar, 4; mandar, 10
sentence oración (*f.*)
September septiembre, 1
serious serio(a), 2

serve servir (i, i), 4
set the table poner (*irreg.*) la mesa, 9
seven siete, P; **~ hundred** setecientos(as), 8
seventeen diecisiete, P
seventh séptimo(a), 10
seventy setenta, P
several varios(as)
shake hands darse (*irreg.*) la mano, 13
shame: it's a shame es una lástima, 11
shampoo champú (*m.*), 5
share compartir, 3
shark tiburón (*m.*)
shave oneself afeitarse, 5
she ella, 1
sheet of paper hoja de papel, P
shellfish marisco, 9
shelter albergar (gu)
shirt camisa, 8
shoe zapato, 8; **high-heeled ~** zapato de tacón alto, 8; **tennis ~** zapato de tenis, 8
shooting tiroteo
shore orilla
short (*in length*) corto(a); (*in height*) bajo(a), 2
shorts pantalones (*m. pl.*) cortos, 8
should deber (+ *inf.*), 3
shoulder hombro, 12
shout gritar
show demostrar (ue), mostrar (ue); espectáculo, show (*m.*), 11
shred picar (qu), 9
shrimp camarón (*m.*), 9
shy tímido(a), 2
sick enfermo(a), 4
sickness enfermedad (*f.*), 12
side lado; **on the ~ of** al lado de, 6
sign letrero
silk seda, 8
silly tonto(a), 2
silver plata, 8
similarity semejanza
simple sencillo(a)
sincere sincero(a), 2
sing cantar, 2
singer cantante (*m., f.*)
single soltero(a)
sister (younger, older) hermana (menor, mayor), 5
sister-in-law cuñada, 5
sit down sentarse (ie), 5
sitcom telecomedia, 11

six seis, P; **~ hundred** seiscientos(as), 8
sixteen dieciséis, P
sixth sexto(a), 10
sixty sesenta, P
size talla, 8
skate patinar, 2
ski esquiar, 7; esquí (*m.*)
skiing esquí (*m.*); **downhill ~** esquí alpino, 7; **water ~** esquí acuático, 7
skin tez (*f.*)
skirt falda, 8
sky cielo, 14
slave esclavo(a)
sleep dormir (ue, u), 4
slice pedazo, 9
slogan lema (*m.*)
slow lento(a), 4
slowly despacio
small pequeño(a), 2; **a ~ amount** un poco, 4
smile sonreír (*irreg.*), 8; sonrisa
snack merienda
sneeze estornudar, 12
snow nevar (ie); **It's snowing.** Está nevando. (Nieva.), 7
so por eso, 10; **~ that** para que, con tal (de) que, 12
soap jabón (*m.*), 5; **~ opera** telenovela, 11
soccer fútbol (*m.*), 7; **~ field** cancha, campo de fútbol, 6
sock calcetín (*m.*), 8
sofa sofá (*m.*), 10
soft suave; **~ drink** refresco, 6
software software (*m.*), 4
some unos(as), 1; algún, alguno(a), 6
someone alguien, 6
something algo, 6
sometimes de vez en cuando; a veces, 5
somewhat bastante, 4
son hijo, 5
son-in-law yerno, 5
sore throat dolor de garganta, 12
sorry: I'm sorry. Lo siento. 4
So-so. Regular. 1
soul alma (*f.*) (*but* el alma)
sound sonido
soup sopa, 9; **cold ~** gazpacho (*Spain*), 9
source fuente (*f.*)
south sur (*m.*), 14; **~ America** Sudamérica

souvenir recuerdo
sovereignty soberanía
spa balneario
Spain España
Spanish español (española), 2; **~ language** español (*m.*), 3
Spanish-speaking hispanohablante
speaker conferencista (*m., f.*); altoparlante (*m., f.*), 4
species especie (*f.*)
spelling ortografía
spicy picante, 9
sponsor patrocinador(a)
spoon cuchara, 9
sport deporte (*m.*), 7; **~ activity** actividad (*f.*) deportiva, 7
sports coat saco, 8
spring primavera, 7
stadium estadio, 6
stairs escaleras (*f. pl.*), 10
state estado, 5
station estación (*f.*), 11; **bus ~** estación de autobús, 6; **train ~** estación de trenes, 6
stationery store papelería, 6
statistics estadística, 3
stay in bed guardar cama, 12
steak bistec (*m.*), 6
steamed al vapor, 9
steel acero
step on pisar
stepbrother hermanastro, 5
stepfather padrastro, 5
stepmother madrastra, 5
stepsister hermanastra, 5
Stick out your tongue. Saque la lengua. 12
still todavía; **~ life** naturaleza muerta
stock market bolsa de valores, 13
stomach estómago, 12
stomachache dolor (*m.*) de estómago, 12
stop (*e.g., bus stop*) parada ; **~ (doing something)** dejar de (+ *inf.*), 2; parar (de), 3
store guardar; almacén (*m.*), tienda, 6; **music (clothing, video) ~** tienda de música (ropa, videos), 6
stove estufa, 10
straight ahead todo derecho, 6
straighten out the bedroom arreglar el dormitorio, 10
strange exótico(a); extraño(a), 11
strategy estrategia

strawberry fresa, 9
street calle (*f.*), 1
strengthen acrecentar (ie)
strike huelga, 13
stringed al hilo, 9
striped rayado(a), a rayas, 8
strong fuerte
student estudiante (*m., f.*), P; **~ center** centro estudiantil, 6
studio estudio, 3
study estudiar; **~ at the library (at home)** estudiar en la biblioteca (en casa), 2; **~ pages . . . to . . .** Estudien las páginas… a…, P
stupid tonto(a), 2
style estilo; **in ~** en onda; **out of ~** pasado(a) de moda, 8
substitute sustituir (y)
subtitle: with subtitles in English con subtítulos en inglés, 11
suburb barrio residencial, suburbio, 10
subway: on the ~ en metro, 6
success éxito
suddenly de repente, 9
suffer (the consequences) sufrir (las consecuencias), 13
sugar azúcar (*m., f.*), 9; **~ cane** caña de azúcar
suggest sugerir (ie, i), 8
suggestion sugerencia
suit traje (*m.*), 8; **bathing ~** traje (*m.*) de baño, 8
suitcase maleta, 14
summer verano, 7
sun sol (*m.*)
sunbathe tomar el sol, 2
Sunday domingo, 2
sunglasses gafas (*f. pl.*) de sol, 8
sunlight luz (*f.*) solar
sunny: It's ~. Hace sol. 7
supermarket supermercado, 6
supervise supervisar, 13
support apoyar
sure seguro(a), 4; **it's not ~** no es seguro, 11
surf hacer (*irreg.*) surfing, practicar (qu) surfing, 7; **~ the Internet** navegar (gu) por Internet, 2
surpass sobrepasar
surprise sorprender, 11; sorpresa
surrounded rodeado(a)
survey encuesta
survive sobrevivir, 13

Swallow. Trague. 12

sweater suéter (*m.*), 8

sweatsuit sudadera, 8

sweep the floor barrer el suelo / el piso, 10

sweet dulce (*m.*); (*adj.*) dulce

swim bañar, 5; nadar, 7

swimming natación (*f.*), 7; **~ pool** piscina, 6

symbol símbolo

symptom síntoma (*m.*), 12

systematic sistemático(a)

T

table mesa, P; **night ~** mesita de noche, 10; **set the ~** poner (*irreg.*) la mesa, 9

tablecloth mantel (*m.*), 9

tablespoon cucharada, 9

tablet pastilla, 12

take tomar, llevar; **~ a bath** bañarse, 5; **~ a shower** ducharse, 5; **~ a tour** hacer (*irreg.*) un tour, 14; **~ an X-ray** tomar/hacer una radiografía, 12; **~ blood pressure** tomar la presión, 12; **~ measures** tomar medidas, 13; **~ off clothing** quitarse la ropa, 5; **~ out the garbage** sacar (qu) la basura, 10; **~ photos** sacar (qu) fotos, 2; **~ place** realizarse (c); **~ the temperature** tomar la temperatura, 12; **~ the dog for a walk** sacar (qu) a pasear al perro, 10

talk hablar; **~ on the telephone** hablar por teléfono, 1; **~ show** programa (*m.*) de entrevistas, 11

tall alto(a), 2

tamed domesticado(a)

taste gusto; **to individual ~** al gusto, 9

tavern bodegón (*m.*)

tea: hot ~ té (*m.*), 9; **iced ~** té (*m.*) helado, 9

teach enseñar

teacher maestro(a), 5

team equipo, 7

tear up rasgar (gu)

teaspoon cucharadita, 9

technology tecnología, 4

telecommunications telecomunicaciones (*f. pl.*), 13

television: ~ broadcasting televisión (*f.*), 11; **~ program** programa de televisión, 11; **~ set** televisor (*m.*), 10;

tell contar (ue), 4; decir (*irreg.*), 5; **~ the time** decir la hora, 3

temperature temperatura, 7

ten diez, P; **~ thousand** diez mil, 8

tennis tenis (*m.*), 7; **~ court** cancha de tenis, 6; **~ shoes** zapatos (*m. pl.*) de tenis, 8

tenth décimo(a), 10

term término

terrible fatal, terrible, 1

terrific chévere (*Cuba, Puerto Rico*)

terrorism terrorismo, 13

test: blood/urine ~ análisis (*m.*) de sangre/orina, 12

text texto

Thank you very much. Muchas gracias. 1

that (*adj.*) ese(a), 6; (*pron.*) ése(a), 6; **~ over there** (*adj.*) aquel (aquella), 6; (*pron.*) aquél (aquélla), 6

that's why por eso, 10

the el, la, los, las, 1

theater teatro, 6

their su, 3; suyo(a), 10

theirs (*pron.*) suyo(a), 10

them ellos(as), 8; **to/for ~** les, 8

then entonces

theory teoría

there allí, 6; **over ~** allá, 6; **~ is / ~ are** hay, 1

these (*adj.*) estos(as), 6; (*pron.*) éstos(as), 6

they ellos(as), 1

thin delgado(a), 2

think (about) pensar (ie) (en, de), 4

third tercer(o, a), 10

thirst sed (*f.*)

thirsty: be ~ tener (*irreg.*) sed, 7

thirteen trece, P

thirty treinta, P

this (*adj.*) este(a), 6; (*pron.*) éste(a), 6

those (*adj.*) esos, 6; (*pron.*) ésos(as), 6; **~ (over there)** (*adj.*) aquellos(as), 6; (*pron.*) aquéllos(as), 6

threat amenaza

three tres, P; **~ hundred** trescientos(as), 8

throat garganta, 12

through por, 10

throughout a través de

throw: ~ oneself lanzarse (c); **~ up** vomitar, 12

thunderstorm tormenta

Thursday jueves (*m.*), 3

ticket boleto, entrada, 11; billete (*m.*), pasaje (*m.*), 14; **one-way ~** boleto de ida, billete de ida, 14; **round-trip ~** boleto de ida y vuelta, billete de ida y vuelta, 14;

time hora; vez (*f.*)

times veces (*f. pl.*); **(two, three, etc.) ~ a day/per week** (dos, tres, etc.) veces al día/por semana, 5

tip propina, 9

tired cansado(a), 4

title titular; título, 1

to a; **to the** al (a + el), 3

toast pan (*m.*) tostado, 9

toaster tostadora, 10

today hoy, 3; **~ is Tuesday the 30th.** Hoy es martes treinta. 3

toe dedo, 12

tomorrow mañana, 3

tongue lengua, 12

too much demasiado, 4

toothbrush cepillo de dientes, 5

toothpaste pasta de dientes, 5

top: on ~ of encima de, 6

tourist guidebook guía turística, 14

toward para, 10

towel toalla, 5

town pueblo, 6

toy juguete (*m.*), 10

train (*for sports*) entrenarse, 7; tren, 6

trainer entrenador(a) (*m.*)

trait característica

translate traducir (zc), 5

travel (abroad) viajar (al extranjero), 14; **~ agency** agencia de viajes, 14

traveler's check cheque (*m.*) de viajero, 8

treasure tesoro

tree árbol (*m.*)

trick truco

triumph triunfar

trout trucha, 9

true verdad; **it's (not) ~** (no) es verdad, 11

truly de veras

trumpet trompeta, 2

try: I'm going to ~ it on. Voy a probármelo(la). 8

t-shirt camiseta, 8

Tuesday martes (*m.*), 3
tuna atún (*m.*), 9
turkey pavo, 6
turn cruzar (c), doblar, 6; viraje (*m.*); **~ in** entregar; **~ in your home-work.** Entreguen la tarea. P; **~ off** apagar (gu), 2
TV (*see also* **television**): **~ guide** teleguía, 11; **~ series** teleserie (*f.*), 11; **~ viewer** televidente (*m., f.*), 11
twelve doce, P
twenty veinte, P
twenty-one veintiuno, P
twice dos veces, 9
two dos, P; **~ hundred** doscientos(as), 8; **~ million** dos millones, 8; **~ thousand** dos mil, 8
typical típico(a), 9

U

U. S. citizen estadounidense (*m., f.*), 2
ugly feo(a), 2
uncle tío, 5
underneath debajo de, 6
understand comprender, 3; entender (ie), 4
understanding comprensión (*f.*)
unique único(a)
unite unir, 9
united unido(a); **~ States** Estados Unidos
university universidad (*f.*), 6
unless a menos que, 12
unlikely dudoso(a), improbable, 11
unpleasant antipático(a), 2
untamed salvaje
until hasta (que), 12
Uruguayan uruguayo(a), 2
us nosotros(as), 8; **to/for ~** nos, 8
use usar, 2
useful útil
user usuario(a), 4

V

vaccinate poner (*irreg.*) una vacuna, 12
vaccination vacuna, 12
vacuum (*verb*) pasar la aspiradora, 10; **~ cleaner** aspiradora, 10
vain vanidoso(a)
valley valle (*m.*)

valuable valioso(a)
value valor (*m.*)
variety variedad (*f.*)
various varios(as)
vegetable vegetal (*m.*), 6
vegetarian vegetariano(a)
vehicle vehículo
Venetian blind persiana, 10
Venezuelan venezolano(a), 2
verb verbo, 3
very muy, 2
vest chaleco, 8
veterinarian veterinario(a), 5
videocamera videocámara, 4
videotape (*verb*) grabar, 11; (*noun*) video
viewpoint punto de vista
vinegar vinagre (*m.*), 9
violence violencia, 13
violin violín (*m.*), 2
visit friends visitar a amigos, 2
visitor visitante (*m., f.*)
vitamin vitamina, 12
voice voz (*f.*)
volcanic eruption erupción (*f.*) volcánica
volcano volcán (*m.*), 14
volleyball volibol (*m.*), 7
vote votar, 13

W

wait esperar, 11; **~ on** despachar
waiter camarero, 5
waiting: ~ list lista de espera, 14; **~ room** sala de espera, 12
waitress camarera, 5
wake up despertarse (ie), 5; **wake someone up** despertar (ie), 5
wake-up call servicio despertador, 14
walk caminar, 2; andar (*irreg.*), 8
walking a pie, 6
wall pared (*f.*), P
wallet cartera, 8
want desear, querer (*irreg.*), 10
war guerra, 13
warm caluroso(a)
warning aviso
wash lavar, 5; **~ one's hair** lavarse el pelo, 5; **~ oneself** lavarse, 5; **~ the dishes (the clothes)** lavar los platos (la ropa), 10
washer lavadora, 10
wastebasket basurero

watch reloj (*m.*), 8; **~ television** mirar televisión, 2
water agua (*f.*) (*but:* el agua); **fresh ~** agua dulce; **sparkling ~** agua mineral, 9; **~ skiing** esquí acuático, 7; **~ the plants** regar (ie) las plantas, 10
watercress berro
waterfall catarata
wave ola
we nosotros(as), 1
wealth riqueza
wealthy adinerado(a)
weather tiempo, 7; **It's nice/bad ~.** Hace buen/mal tiempo. 7
weave tejer
weaving tejido
web red (*f.*); **~ page** página web, 4
webcam cámara web, 4
website sitio web, 4
wedding boda
Wednesday miércoles (*m.*), 3
week semana, 3; **during the ~** entresemana, 3; **every ~** todas las semanas, 5; **last ~** semana pasada, 7
weekend fin (*m.*) de semana, 2
welcome bienvenido(a); **You're ~.** De nada. 1
well bien, 4; **(Not) Very ~.** (No) Muy bien. 1; **Quite ~.** Bastante bien. 1; (*for drawing water*) pozo
well-being bienestar (*m.*)
west oeste (*m.*), 14
what? ¿cuál(es)? ¿qué? 3; **~ are your symptoms?** ¿Qué síntomas tiene? 12; **~ day is today?** ¿Qué día es hoy? 3; **~ do you like to do?** ¿Qué te gusta hacer? 2; **~ does . . . mean?** ¿Qué significa…? P; **~ hurts?** ¿Qué le duele? 12; **~ is today's date?** ¿A qué fecha estamos? 3; **~ is your phone number?** ¿Cuál es tu/su número de teléfono? (*s. fam./form.*), 1; **~ time is it?** ¿Qué hora es? 3; **~'s he/she/it like?** ¿Cómo es? 2; **~'s the weather like?** ¿Qué tiempo hace? 7; **~'s your (e-mail) address?** ¿Cuál es tu/su dirección (electrónica)? (*s. fam./form.*), 1; **~'s your name?** ¿Cómo se llama (*s. form.*) / te llamas (*s. fam.*)? 1; **~'s new?** ¿Qué hay de nuevo? 1

which? ¿qué? 3; **~ one(s)?** ¿cuál(es)? 3

wheat trigo

wheel rueda

when cuando, 12

when? ¿cuándo? 3; **~ is your birthday?** ¿Cuándo es tu cumpleaños? 1

where? ¿dónde? 3; **~ (to)?** ¿adónde?; **~ do you live?** ¿Dónde vives/vive? (*s. fam./form.*), 1; **~ does your . . . class meet?** ¿Dónde tienes la clase de… ? 3

while mientras

white blanco(a), 4

whitewater rafting: go ~ navegar en rápidos, 7

who? ¿quién(es)? 3

whose cuyo(a)(s); **~ are these?** ¿De quiénes son? 3; **~ is this?** ¿De quién es? 3

why? ¿por qué? 3

wife esposa, 5

wild salvaje

willing dispuesto(a)

win ganar, 7

wind viento

window ventana, P; **~ seat** asiento de ventanilla, 14

windy: It's ~. Hace viento. 7

wine: red ~ vino tinto, 9; **white ~** vino blanco, 9

wineglass copa, 9

winter invierno, 7

wish desear, querer (*irreg.*), 10; esperanza

with con

without sin (que), 12

wolf lobo

woman mujer (*f.*), P

wonder maravilla

wood madera

wooden cart carreta

wool lana, 8

word-processing program programa (*m.*) de procesamiento de textos, 4

work trabajar, 2; **~ full-time** trabajar a tiempo completo, 13; **~ part-time** trabajar a tiempo parcial, 13

workday jornada laboral

worker trabajador(a), 5

world mundo; **~ Wide Web** red (*f.*) mundial, 4

worried preocupado(a), 4

worry preocuparse, 5

worse peor, 8

wound herida, 12

wrinkled arrugado(a)

write escribir, 3; **~ in your notebooks.** Escriban en sus cuadernos. P; **~ reports** hacer (*irreg.*) informes, 13

written escrito (*p.p. of* escribir), 13

Y

year año, 3; **every ~** todos los años, 9; **last ~** año pasado, 7

yellow amarillo(a), 4

yes sí, 1

yesterday ayer, 3

yogurt yogur (*m.*), 6

you vosotros(as) (*fam. pl.*), tú (*fam. s.*), usted (Ud.) (*form. s.*), ustedes (Uds.) (*fam. or form. pl.*), 1; ti (*fam. s.*), Ud(s). (*form.*), 8; **to/for ~** os (*fam. pl.*), te (*fam. s.*), le (*form. s.*), les (*form, pl.*), 8; **with ~** contigo (*fam.*), 8

young joven, 2

younger menor, 8

your (*adj.*) tu (*fam.*), su (*s. form. pl.*), vuestro(a) (*fam.*), 3; suyo(a) (*form. s., pl.*), tuyo(a) (*fam.*), 10

yours (*pron.*) vuestro(a) (*fam. pl.*), suyo(a) (*form. s., pl.*), tuyo(a) (*fam. s.*), 10

youth juventud (*f.*)

Z

zero cero, P

Index

negative sentences, 190–191
  with **gusta** and **gustan**, 55, 118
  present indicative tense, 88
Netiquette, La, 421
neutral pronouns, 194
news, 400–401, 426
Nicaragua, 307, 332–333
ningún / ninguno, 190–191
nonexistent and indefinite situations,
  subjunctive with, 356–357, 440
nouns
  adjective agreement with, 58–60
  definition of, 18
  gender of, 18–19
  with **gustar**, 118
  singular and plural of, 18, 19
numbers, 3
  ordinal, 308, 336
  over 100, 246, 271

obligation, expressing, 28
ojalá, 350, 356
¡ojo!, 32
ordinal numbers, 308, 336

Panama, 230–231
para, choosing between **por** and,
  327–328
Paraguay, 273, 297
past participles
  as adjectives with the verb **estar**, 410
  irregular, 409
  with present perfect tense, 408–410
  of reflexive verbs, 410
past perfect tense, 412–413
payment methods, 246, 271
people, 4
People en español, 66–67
personal **a**, 153
  in affirmative and negative
    expressions, 190
  with prepositional pronoun, 119
personal information, exchanging, 11, 36
personality traits, 33, 45, 70, 122
Peru, 238, 264–266
pharmacies, 376, 397
phone calls and conversations, 10–12, 37
phone numbers, 10–12, 14, 22
physical traits, 43, 70, 122
plural articles, 19–20
plural nouns, 18, 19
poder
  conditional, 444
  imperfect subjunctive forms of, 440

imperfect tense of, 286
  preterite tense of, 250, 251
por, choosing between **para** and, 327–328
por la mañana / tarde / noche, 53,
  77, 78, 105
porque, 85, 105
por qué, 85
possession
  asking questions about, 85
  expressing, 28, 122
  stressed possessives, 323–324
  with **tener**, 28
possessive adjectives, 92–93, 105
prefixes as comprehension aid, 361
prepositional pronouns, 271
  with **a**, 256
  with **gustar**, 119
prepositions
  function of, 96
  of location, 182
present indicative, 318
  of **-ar** verbs, 50–51
  definition of, 22
  of **-er** and **-ir** verbs, 88–89
  estar in, 123
  irregular **yo** verbs, 152–153
  in **que** clauses, 356–357
  stem-changing verbs in, 127–128
present participles, 160–161
present perfect subjunctive, 415
present perfect tense, 408–410
present progressive tense, 160–161
  direct object pronouns with, 223
  indirect object pronouns with, 256
present subjunctive, 318–320
  with expressions of emotion and
    impersonal expressions, 350–351
preterite tense
  choosing between the imperfect
    tense and, 285–286
  of irregular verbs, 219–220, 250–251
  of **-ir** stem-changing verbs, 253
  present perfect tense compared
    to, 409
  of regular verbs, 216–217
professions and careers, 20, 122,
  144–146, 147, 170
pronouns
  alguno and **ninguno** as, 191
  definition of, 22
  demonstrative, 193–194, 203
  direct object, 222–223, 289–290
  double object, 289–290
  with **gusta**, 54

indirect object. See indirect object
    pronouns
  neutral, 194
  prepositional, 119, 256, 271
  reflexive, 156–157, 223
  stressed possessives as, 324
  subject, 22–23

que
  with **ojalá**, 350, 356
  with present indicative, 356–357
  with subjunctive, 318–319, 350, 356,
    357
qué, 84
querer
  conditional, 444
  imperfect subjunctive forms of, 440
  imperfect tense, 286
  preterite tense of, 250, 251
question marks, 51, 85
questions, 84–85, 105
  and answers, 5
  with **hace** and **hacía**, 325–326
  yes / no, 85
quién / quiénes, 85

recipes, 277, 278, 305
reflexive pronouns, 156–157
  condition or emotion, change in,
    158
  direct object pronouns with, 223
  tú commands with, 228
reflexive verbs, 156–158, 171
  command forms of, 186
  past participle of, 410
  present participle of, 161
  se used with, 293
relative location, 193
relatives, 142
requests, making, 187, 203
restaurants, 274–275, 277, 279, 304

saber
  conocer *vs.*, 153
  imperfect tense, 286
  preterite tense of, 250, 251
se, 293
seasons, 208, 237
ser
  estar *vs.*, 122
  present tense of, 23
  preterite tense of, 219, 220
  uses of, 22
shops and shopping, 174, 178–179,
  202, 244, 270–271

Credits

The authors and editors wish to thank the following persons and publishers for permission to include the works or excerpts mentioned.

Text

Chapter 3
p. 98: Adapted from "Escuela Plena y Bomba Rafael Cepeda," from Diálogo, Marzo 2000, Año 13, Núm. 127, pg. 37.

Chapter 4
p. 114: From *Newsweek en Español*, January 12, 2000, pg. 9. Reprinted with permission.

Chapter 5
p. 167: Reprinted by permission of the Organization of American States.

Chapter 6
p. 196: Map, "Mexican Cultural Zones," from Guía Turística, México, Guatemala y Belice, Second Edition, © 2000, pp. 46–47.
p. 200: From El Universal online.

Chapter 7
p. 234: From *Aboard*, In-Flight, January/February 1998, pp. 52–60. Reprinted with permission.

Chapter 8
p. 268: Adapted from "El jean impone su encanto," from *El Comercial*, Familia Magazine, Número 643, February 8 1998, Año XII, pg. 27.

Chapter 9
p. 278: From www.bolivian.com.
p. 299: Reprinted with permission from Tierra Lejana, from the column by Hernán Maldonado.

Chapter 10
p. 314: Reprinted with permission of the publisher, Children's Book Press, San Francisco, CA www.childrensbookpress.org. Poem copyright © 1997 by Francisco X. Alarcón. From the book, *Laughing Tomatoes and Other Spring Poems*.
p. 335: "Dos canciones de amor para el otoño," I and II by José Coronel Urtecho. Reprinted with permission.

Chapter 12
p. 393: Ana Laura Pérez, "El reposo de la guerrera," from *Revista Viva*, La revista de Clarín, 09/24/06. Reprinted courtesy of the author.

Chapter 13
p. 417: Adapted from www.diariolarepublica.com/foro/netiquettes.html.

Chapter 14
pp. 454–455: From Juan Balboa Boneke, "El reencuentro," in *Literatura de Guinea Ecuatorial* (Antología), Donato Ndongo-Bidyogo y Mbaré Ngom (eds.), Casa de África, SIAL ediciones, Madrid 2000.

Photos and realia

Chapter 1
p. 6: Ian Shaw/Alamy
p. 10: David Hall/Alamy
p. 17: Jeff Greenberg/Alamy
p. 19: Revista Ecuador

Chapter 2
p. 38: Royalty Free/Alamy
p. 49: Courtesy of Isabel Valdéz
p. 58: QUO Magazine
p. 64 (top left): Schwartz Shaul/Sygma/Corbis
p. 64 (center): Jeff Greenberg/Alamy
p. 64 (bottom left): AP Wide World Photos
p. 64 (bottom right): Jeff Greenberg/Alamy
p. 67: People en español, mayo de 1999, p. 114
p. 67 (top left): Luz Montero
p. 67 (top middle): Andy Lyon/Allsport/Getty
p. 67 (top right): Courtesy of Chef Pepín
p. 67 (bottom left): Brian Smith/Outline/Corbis
p. 67 (bottom right): Univision
p. 69: Christies Images

Chapter 3
p. 72: Kevin Dodge/Corbis
p. 76: Beryl Goldberg
p. 81: Courtesy of María Carreira
p. 92: Porvenir Chile
p. 98 (top): Getty Images
p. 98 (bottom): AP/Wide World Photos
p. 99: John McLean/Alamy
p. 101 (top): Courtesy of David Sanchez
p. 101 (left): Courtesy of Altos de Chavon/Alex Otero
p. 101 (right): Paul Bennett/Corbis

Chapter 4
p. 106 (top): Jose Fusta Raza/Corbis
p. 106 (bottom): Drawing courtesy of Frank O'Gehry
p. 114: Newsweek en español
p. 117: PRN Images
p. 121: Peter Von Felbert/Alamy
p. 132: Multiservicio Informático
p. 134 (top left): Jose Fusta Raza/Corbis

Illustrations and Maps

Fian Arroyo: pp. 4 (middle), 5, 27, 40, 41 (both), 43, 44 (all), 47, 56, 77 (all), 90, 94 (all), 95, 108, 126, 149 (top all), 158 (all), 162 (all), 163, 175 (all), 177 (all), 178 (both), 183 (top), 189, 195, 207 (both), 226, 241 (both), 263, 275 (small insert illustrations), 295, 313 (bottom all), 322, 343 (reality show only), 355, 383, 401 (all), 411 (all), 417, 436, 448

Carlos Castellanos: pp. 4 (bottom), 9, 12, 21, 33, 61 (all), 78 (all), 125, 144 (both), 148, 174, 183 (bottom), 208 (all), 212 (all), 240, 247, 278 (small insert illustration), 279, 298, 309, 311 (all), 312 (all), 313 (top), 370 (both), 371, 376 (both), 402, 430 (both), 431 (both), 434

Rick Morgan: pp. 4 (top), 14, 68, 143, 210, 218 (bottom), 251, 262, 340 (all), 341 (all), 343 (all except reality show)

Rossi Illustration & Design: pp. 7, 31, 34, 39 (both), 73, 103, 107 (both), 109, 110, 141 (all), 149 (bottom), 173 (all), 187 (all), 205 (bottom), 213 (all), 218 (top), 230, 239 (both), 273, 275 (El menú box), 278 (Picadillo box), 285 (AIE annotation), 307, 330, 339, 369, 399, 403 (both), 405 (all), 419, 421, 425, 429, 451 (all)

Anna Veltfort: pp. 205 (both cards; see also Photo credit lines); 424, 454

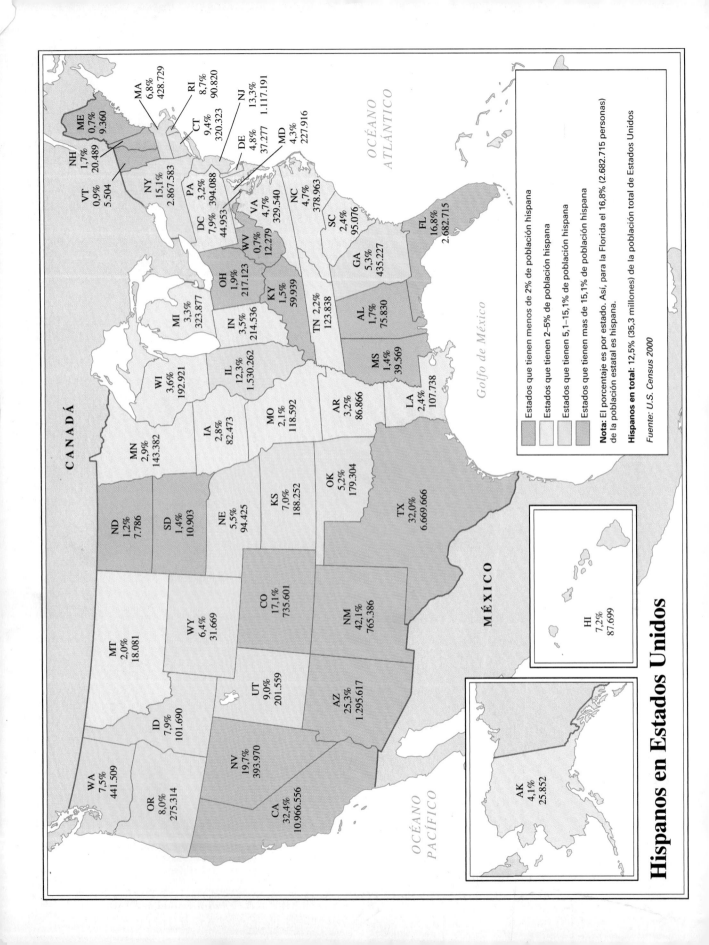

Hispanos en Estados Unidos

CANADÁ

OCÉANO ATLÁNTICO

OCÉANO PACÍFICO

Golfo de México

MÉXICO

WA 7,5% 441.509
OR 8,0% 275.314
CA 32,4% 10.966.556
NV 19,7% 393.970
ID 7,9% 101.690
MT 2,0% 18.081
WY 6,4% 31.669
UT 9,0% 201.559
AZ 25,3% 1.295.617
NM 42,1% 765.386
CO 17,1% 735.601
ND 1,2% 7.786
SD 1,4% 10.903
NE 5,5% 94.425
KS 7,0% 188.252
OK 5,2% 179.304
TX 32,0% 6.669.666
MN 2,9% 143.382
IA 2,8% 82.473
MO 2,1% 118.592
AR 3,2% 86.866
LA 2,4% 107.738
WI 3,6% 192.921
IL 12,3% 1.530.262
MI 3,3% 323.877
IN 3,5% 214.536
KY 1,5% 59.939
TN 2,2% 123.838
MS 1,4% 39.569
AL 1,7% 75.830
GA 5,3% 435.227
FL 16,8% 2.682.715
SC 2,4% 95.076
NC 4,7% 378.963
OH 1,9% 217.123
WV 0,7% 12.279
VA 4,7% 329.540
DC 7,9% 44.953
PA 3,2% 394.088
NY 15,1% 2.867.583
MD 4,3% 227.916
DE 4,8% 37.277
NJ 13,3% 1.117.191
CT 9,4% 320.323
RI 8,7% 90.820
MA 6,8% 428.729
ME 0,7% 9.360
NH 1,7% 20.489
VT 0,9% 5.504

HI 7,2% 87.699

AK 4,1% 25.852

Estados que tienen menos de 2% de población hispana

Estados que tienen 2–5% de población hispana

Estados que tienen 5,1–15,1% de población hispana

Estados que tienen más de 15,1% de población hispana

Nota: El porcentaje es por estado. Así, para la Florida el 16,8% (2.682.715 personas) de la población estatal es hispana.

Hispanos en total: 12,5% (35,3 millones) de la población total de Estados Unidos

Fuente: U.S. Census 2000